·北京师范大学史学探索丛书·

ShiLi Yu BoYi
20 ShiJi ZhongMeiSu SanDaGuo GuanXi TanJiu

实力与博弈
——20世纪中美苏三大国关系探究

张宏毅 著

北京师范大学出版集团
BEIJING NORMAL UNIVERSITY PUBLISHING GROUP
北京师范大学出版社

图书在版编目(CIP)数据

实力与博弈:20世纪中美苏三大国关系探究/张宏毅著.—北京:北京师范大学出版社,2018.10
(北京师范大学史学探索丛书)
ISBN 978-7-303-23417-2

Ⅰ.①实… Ⅱ.①张… Ⅲ.①国际关系－研究－中国、美国、俄罗斯 Ⅳ.①D819

中国版本图书馆 CIP 数据核字(2018)第 020833 号

营 销 中 心 电 话 010-58805072 58807651
北师大出版社高等教育与学术著作分社 http://xueda.bnup.com

出版发行:	北京师范大学出版社　www.bnup.com
	北京市海淀区新街口外大街 19 号
	邮政编码:100875
印　　刷:	北京京师印务有限公司
经　　销:	全国新华书店
开　　本:	730 mm×980 mm　1/16
印　　张:	23.75
字　　数:	363 千字
版　　次:	2018 年 10 月第 1 版
印　　次:	2018 年 10 月第 1 次印刷
定　　价:	60.00 元

策划编辑:刘东明　刘松弢		责任编辑:赵媛媛　姚安峰	
美术编辑:李向昕		装帧设计:李向昕	
责任校对:韩兆涛		责任印制:马　洁	

版权所有　侵权必究
反盗版、侵权举报电话:010-58800697
北京读者服务部电话:010-58808104
外埠邮购电话:010-58808083
本书如有印装质量问题,请与印制管理部联系调换。
印制管理部电话:010-58805079

北京师范大学史学探索丛书
编辑委员会

顾　问　刘家和　瞿林东　陈其泰　郑师渠　晁福林
主　任　杨共乐
副主任　李　帆
委　员（按姓氏笔画排序）
　　　　马卫东　王开玺　王冠英　宁　欣　汝企和
　　　　张　皓　张　越　张荣强　张建华　郑　林
　　　　侯树栋　耿向东　梅雪芹

出版说明

在北京师范大学的百余年发展历程中，历史学科始终占有重要地位。经过几代人的不懈努力，今天的北师大历史学院业已成为史学研究的重要基地，是国家"211"和"985"工程重点建设单位，首批博士学位一级学科授予权单位。拥有国家重点学科、博士后流动站、教育部人文社会科学重点研究基地等一系列学术平台。科研实力颇为雄厚，在学术界声誉卓著。

近年来，北师大历史学院的教师们潜心学术，以探索精神攻关，陆续完成了众多具有原创性的成果，在历史学各分支学科的研究上连创佳绩，始终处于学科前沿。特别是崭露头角的部分中青年学者的作品，已在学术界引起较大反响。为了集中展示北师大历史学院的这些探索性成果，也为了给中青年学者的后续发展创造更好条件，我们组编了这套"北京师范大学史学探索丛书"，希冀在促进北师大历史学科更好发展的同时，为学术界和全社会贡献一批真正立得住的学术力作。这些作品或为专题著作，或为论文结集，但内在的探索精神始终如一。

当然，作为探索丛书，特别是以中青年学者作品为主的学术丛书，不成熟乃至疏漏之处在所难免，还望学界同仁不吝赐教。

北京师范大学历史学院

北京师范大学史学理论与史学史研究中心

北京师范大学史学探索丛书编辑委员会

2014年3月

前　言

《实力与博弈——20世纪中美苏三大国关系探究》一书，是我多年来从事教学与研究积累的一些心得体会。这是一部力求将20世纪中美苏三大国实力变迁和外交博弈合为一体加以考察的专题论文集。

我的专业是世界现代史和现代国际关系史，其中中美苏三大国关系是我教学、科研关注的重点。1981年至1983年年底，我作为公派访问学者在美国加州大学伯克利分校历史系进修期间，即以美苏关系史作为研究的重点。这里要感谢当年负责与我联系并在业务上给予我具体帮助指导的理查德·艾布拉姆斯教授，他建议我在研究美苏关系史时，首先要利用在美国的机会，深入对美国史本身的研究，这会大有助于我对美苏关系史的理解。这是一个很重要的提醒。在后来的学术生涯中，我始终把美国、苏联的内政和外交结合起来研究。首先力求搞清楚这两个国家历史、政治、经济和社会发展的一些基本问题，进而力求比较深入地揭示其外交特点和根由。在美国两年进修期间，我利用一切机会，力求更多地了解美国的历史和社会，今天想来仍受益匪浅。我回国后发表的第一篇论文就是《早期美利坚人的民族性格》（发表于《世界历史》1986年第8期）。回国后不久，我受南开大学已故著名美国史专家杨生茂教授邀请，参与《美国外交政策史（1775—1989）》的撰写和其中第二次世界大战后内容的通稿工作。杨先生渊博的学识和对美国历史的深邃见解，影响我后半生对美国史的研究。至于为什么把中国摆进去，进行中美苏三大国关系的互动研究，我想，有一点是不言自明的：我们是中国人，研究历史应当起到"外为中用"的作用。更何况在美苏两国20世纪的对外关系以及他们之间的相互关系中，始终把中国作为无法避开的最重要因素之一。我们中国在某种程度上也是在正确认识美苏两国并在与这两国深度交往与博弈过程中发展起来的。为了深入思考与探讨中国的发展道路，以及具体的政策举措，把中美苏三国的纵横交错关系作为一个有机整体并将美苏历史作为我国发展的重要参照系加以研究，是大有裨益的。这里，我要特别感谢我国两位著名历史学家齐世荣教授和刘家和教授对我的指导和忠告。搞世界史研究的人，必须也研究中国。这是他们的一个基本思想。事实上，他们一直身体力行地这样坚持着。齐世荣教授主要从事世界史研究，但是他对中国史熟悉的程度，理解的深度，以及他对古汉语掌握之娴熟，令我钦佩不已；我还有幸参加由他主编的《世界史·现代篇》英、俄文资料的翻译工作，从中受益匪浅。刘家和教授运用他兼通中外的优势，长期从事中外古史的深层次研究，取得丰硕成果。在和他的频繁交往和促膝谈心中，我深深体会到研究中国在研究整个国际关系中居于何等重要的地位。总之，两位教授的研究成果和深邃见解，都具有重要启示作用，也为我从事世界史和大国关系史研究研究指明了方向。

综观世界，中美苏三大国是20世纪世界上最具举足轻重地位的三个国家。美国在第一次世界大战后发展成为头号资本主义国家，1945年第二次世界大战后更成为世界超级大国；苏联在1917年十月革命后成为世界上第一个社会主义国家，1945年后发展成为与美国并列的世界超级大国，虽然在1991年突然崩溃，其对世界历史发展的正反面影响，不可低估。中国在20世纪前半期仍处在积贫积弱的半殖民地半封建社会，但是中国人民经过长期艰苦卓绝的斗争，1949年迎来了新中国的成立，并迅速走上独立富强的康庄大道。半个多世纪过去了，中国一跃而成世界第二大经济体。三大国的跌宕起伏是如此令人眼花瞭乱，以至于有人认为中美苏三国、尤其是中苏两国如此大起大伏的变化真让人有点难以捉摸。其中每一重大事件都足以引起我们深深的思索和多年的潜心研究。正是基于上述认识，我虽然自知才疏学浅，仍抱着很大兴趣和热情，试图对三大国国情和相互关系作一追踪与探究。之所以取书名为"实力与博弈"，是由于三大国地位的升降，首先源于综合实力，即一般讲硬实力和软实力的竞争和变化。其中包括意识形态因素的变化。而实力的强弱则是由一国的基本国情即国家的社会制度、自然资源、历史、政治、科技、经济、军事、文化教育等方面基本情况决定的，也与各国的外交博弈密不可分。外交较量中除政治、经济、军事等等外，意识形态是不可忽视的一个重要方面。特别是社会主义国家，作为世界历史发展中的新生事物，如果不能坚持马克思主义的内外政策，就可能在具有传统优势的西方国家和平攻势面前败下阵来；同样，如果因此而自我封闭、僵化保守，也会加速内部的腐烂和衰亡。因此，马克思主义指导下的改革开放仍是最可取的积极进取姿态。这也是在实力较量与外交博弈中得以立于不败之地的关键。

全书共分六章。

第一章：中美苏（俄）三大国关系特点

本章着重探讨自近代以来三国关系的特点。其中也把有关日本的内容包括在内，是因为自近代以来中美苏（俄）三大国关系特别是美苏（俄）对中国政策始终离不开日本因素，把日本摆进去有助于加深对问题的认识。雅尔塔协定和由此形成的二战后雅尔塔体系，在中美苏关系中具有转折意义，因此一并加以考察。至于意识形态在美国对苏、中政策中的地位和作用，是中美苏三国关系中绕不过去的大问题。由于这一问题已在我和几位青年学者共同撰写的《意识形态与美国对中国和苏联的政策》（人民出版社，2011年版）一书中有较详细说明，此处不再赘述，仅通过该书序言向读者简要介绍我们的研究状况和基本观点。

第二章：美国崛起与世界霸权

本章着重考察美国崛起为超级大国的原因及未来走向。既肯定得天独厚的自然地理条件和变动性在促进美国发展中的积极作用，又揭示扩张性和追求世界霸权这一美国对外政策的基本特点。其中还着重探讨了美国意识形态这一软实力的特点及其在对外政策中的运用。

第三章：苏联成败的经验教训与美国在苏联解体中的作用

本章突出强调苏联的命运是与马克思列宁主义紧密相连的。苏联之兴得益于坚持并结合苏联实际情况创造性地运用马克思主义，并把马克思主义推进到列宁主义阶段。但是后来苏联把马克思列宁主义僵化和教条化，并在戈尔巴乔夫时期最终抛弃了马克思列宁主义。这对苏联是致命性的，教训极为深刻。这其中也绝不能忘记美国意识形态因素在苏联解体中的潜移默化的腐蚀作用。

第四章：美国对华政策及中美关系中的人权问题

自1949年新中国建立，特别是20世纪70年代末实行改革开放政策以来，中国社会主义事业蒸蒸日上。包括美国有识之士在内的西方人士预见到21世纪中国的光明前景，并有可能在21世纪前半期取代美国地位而在世界经济中占居首位。面对中国的崛起，美国当局竭力散布"中国威胁论"并挑起新的冷战。由此我着重揭示美国这样做深刻的经济政治和战略根源，以有助于加深对美国对华政策的本质和规律性的认识。美国对华政策中的人权问题是美国自以为可以置中国于被动，甚至置中国于死地的武器，并到处滥用这一武器。我结合国际斗争实例予以充分揭露，并阐明中国在人权问题上的原则立场。

第五章：中国和平发展的必然性及其世界影响

本章着重阐明和平发展道路是中国历史和世界历史发展的必然要求。中国几千年历史发展的特点与西方大国有很大不同，中国特色的社会主义制度和理念决定了中国走和平发展道路和必然性，而中国和平发展是对世界的重大贡献。本章结合史实对中国抗美援朝的正义性做了科学说明，对美国和西方世界关于中国只能"非和平崛起"的臆断和攻击进行了有说服力的批驳，并从国际社会的反响中进一步阐明新中国的建立及其和平发展的划时代意义。

第六章：国际关系研究中若干方法论问题

研究中美苏（俄）三国发展及相互关系问题，与研究一般国家的发展及国际关系，在方法论上是一致的，但也有其特殊性。就一般而言，各国对20世纪以来的发展都不能不注意科学技术、经济发展和政治变革这几个基本问题，同时还不能忘记在经济全球化条件下何种价值取向才是代表人类前进方向这个重大问题。只有把握好这些基本问题，才能在激烈的国际竞争和国际交往中立于不败之地。为此，必须做到"兼听则明"，在国与国比较中变得聪明。这些都属于共性。但在中美苏三大国的发展与相互关系中，不能忽视社会制度这个问题。中苏同属社会主义国家，而美国是资本主义国家的代表。不同性质的国家自有其不同发展的轨迹。在与资本主义国家交往中，坚持不同社会制度国家的和平共处是我们国家的一贯方针。但是，资本主义的根本性弊病和美国等西方国家亡我之心不死，又是客观存在。对于这些，只有坚持辩证唯物主义和历史唯物主义的方法论，才能看得清楚，而不致迷失方向。

在研究中美苏三国关系过程中，我力求做到以马克思主义为指导，努力把握学术前沿，并在论述中尽量运用相关的第一手中、英、俄文资料。在一些问题的探索上力求具有新意，其中包括较早发表有关美国对外政策中意识形态因素和深入揭示美国人权外交实质等问题的文章。受教育部高等学校社会科学发展研究中心之托，主持出版了全国第一部揭露美国人权外交的著作——《美国人权与人权外交》（人民出版社1993年版）。本书还包括了1996年应约为江泽民同志讲述"近代以来中美苏日关系的特点"的内容，以及2003年应约与齐世荣、钱乘旦二位教授一道为中央政治局第九次集体学习"15世纪以来世界主要国家发展历史考察"的讲述内容所做的准备，此次书中收入的"冷静看美国——促使美国迅速崛起的三个关键因素及美国未来走向"，就是在当年讲述内容基础上扩充、提炼而成的。其内容先后被收入"资政文库"《15世纪以来世界九强兴衰史》（人民出版社2009年版）和《干部选学大讲堂》第5辑（党建读物出版社，2014年）。这些由中央领导提出的学术探讨问题本身就具有重要的创新价值，而通过这些为讲述做准备的过程，能够从中真切感受到中央领导对历史学和以史资政的重视和对学术民主的尊重。

改革开放30多年来我一直从事中美苏（俄）关系的研究。自觉对这一领域的学习钻研不敢有丝毫懈怠，但毕竟水平有限、精力有限，能做出的贡献实在太少。只是想借此书的出版，得到与同行和广大读者交流的机会，并希望得到批评指正。俗话说：活到老，学到老。我仍想在有生之年，在力所能及条件下，对我深爱的教学与研究工作，能够再有新的贡献。

最后，我想说，此书的出版很大程度上得益于北京师范大学历史学院和出版社的大力支持。两单位领导对学术工作的重视和实际资助使此书终于顺利面世。我还要特别感谢北京师范大学外语学院俄语系章景琪教授。每当我在俄文翻译中遇到拦路虎时，都是在请教他之后得到解决。借此机会，对他宝贵的帮助和指教，表示我衷心的感谢。

北京师范大学历史学院

张宏毅

2018 年 6 月 13 日

目 录

第一章 中美苏三大国关系特点 …… 1
 一、近代以来中美苏日关系的特点 …… 1
 二、雅尔塔秘密协定与美苏对中国的政策 …… 42
 三、评价雅尔塔体系应坚持正确的方法论 …… 52
 四、美国对苏联、中国政策中的意识形态因素 …… 56

第二章 美国崛起与世界霸权 …… 60
 一、早期美利坚人的民族性格 …… 60
 二、冷静看美国——促使美国迅速崛起的三个关键因素及美国未来走向 …… 75
 三、美国政治价值观与世界霸权 …… 99
 四、美利坚"新帝国"与两极格局解体后的国际关系走向 …… 106
 五、现代美国对外政策中的意识形态因素 …… 113

第三章 苏联成败的经验教训及美国在苏联解体过程中的作用 …… 134
 一、马列主义与苏联命运 …… 134
 二、美国对苏政策中意识形态因素及其在苏联解体过程中的作用 …… 156

  三、美国是如何从意识形态上影响赫鲁晓夫的 …………… 179
  四、美国意识形态进攻和戈尔巴乔夫的"非意识形态化"
   ………………………………………………………………… 188

第四章 **美国对华政策及中美关系中的人权问题** ………………… 199
  一、中国的发展与美国对华政策走向 …………………… 199
  二、意识形态的差异与中美两国的和平共处（附：一位美国读者
   的来信）………………………………………………… 205
  三、美国对华意识形态渗透政策及我们的对策 ………… 218
  四、当前国际人权斗争形势和我们对人权问题的基本态度
   ………………………………………………………………… 259

第五章 **中国和平发展的必然性及其世界影响** ………………… 285
  一、抗美援朝的正义性不容否定 ………………………… 285
  二、独立自主外交思想更放光芒 ………………………… 288
  三、坚持和平共处五项原则，抵制西方意识形态的挑战 …… 295
  四、中国和平发展的必然性及其世界影响——从《中国的非和平
   崛起》一文谈起 ………………………………………… 301
  五、从国际社会反响看新中国成立的划时代意义 ……… 311

第六章 **国际关系研究中若干方法论问题** ……………………… 319
  一、重视国与国之间的横向比较研究 …………………… 319
  二、加强对国际科技格局、经济格局与政治格局及其相互关系的
   研究 ……………………………………………………… 321
  三、经济全球化与 21 世纪的价值取向 ………………… 323
  四、坚持正确历史观　开创人类美好未来 ……………… 325

大事年表 …………………………………………………………… 331
参考书目举要 ……………………………………………………… 340
后　记 ……………………………………………………………… 358

第一章　中美苏三大国关系特点

一、近代以来中美苏日关系的特点①

在当今世界，美、日、欧、俄、中被称为是"一超四强"，是对国际事务发挥最大影响的五种力量，他们之间的关系对世界局势及其未来走向在一定程度上具有决定性的作用。而这五大力量中的四个，即中美俄日，都在亚太地区。这四国的战略关系不仅是亚太地区迈向21世纪战略格局的主要构架，而且也在极大程度上影响着世界格局。从中国的角度看，美俄日三国在地理上与我国或隔洋相望，或山水相连，或一衣带水，都有着密切的关系。回顾与考察中美俄日四国自近代以来关系的特点，有助于我们从历史与现实的结合上把握四国关系的发展趋向，从而有利于我国的改革开放事业，也有利于维护亚太地区的稳定、发展与世界和平。

(一)近代以来美苏(俄)日与中国关系的一般特点

1. 1949年以前，强国与弱国、欺侮与被欺侮关系贯穿其间

中国是一个历史悠久的文明古国。在人类文明发展史上，古老和发达的中国文明举世称颂。一位美国记者1993年在一篇文章中写道："在有文字记载的多数历史年代中，中国比西方更为发达、更为繁荣、更有经验和更加文明。仅仅在最后500年欧洲设法超过了中国。"②其实，直到18世纪

---

① 本文是作者1996年4月应时任中共中央总书记江泽民同志的邀请，就近代以来中美苏日关系特点进行的一次讲解(发表于《中外历史问题八人谈》，中共中央党校出版社1998年版)。现作为本书第一章的开篇，与读者见面。这里除探讨近代以来中美苏(俄)三国关系外，还把日本与三国的关系包括在内。这样做，除了想保留原文的内容与面貌，也有助于从一个侧面拓展和加深对中美苏关系的理解。相信读者在阅读后，并不觉得是一种多余。

② 尼古拉斯·克里斯托夫：《中国的兴起》，载《外交》，1993(11/12)。

末和19世纪初,中国的经济发展水平还在世界经济总量中占有相当的份额①。但是,由于中国封建社会制度的长期延续,以及清政府的腐败和闭关锁国政策,中国的国力在西方资本主义国家的急速发展面前,已是江河日下。正是在这种情况下,中国遭受了英国发动的侵略中国的鸦片战争。在随后的100年里,中国屡遭西方的侵略与压榨,饱尝了殖民地和半殖民地的苦难,被迫签订了数百个丧权辱国的条约,并一度面临被瓜分的危险。

这些侵略和不平等条约究竟给中国造成了多大的危害?香港知名爱国人士霍英东先生有过一段刻骨铭心的表述。他说,从1842年中英《南京条约》到1949年中华人民共和国成立,签订的不平等条约迫使中国"割地100多万平方公里,总计赔款19.53亿万两银元,相当于清政府1901年收入的16倍,1901年全国工矿资产总值的82倍,被疯狂掠夺的财物还未计算在内,战争造成的损失亦未计算在内。仅仅8年抗日战争,中国便伤亡3500万人,损失600亿美元②。还有总计62亿多银元的外债,其中约88%为军事、政治性恶债"。他指出,一部中国近代史,就是中国人在这一系列不平等条约下"受侵略、欺侮、凌辱、践踏、宰割、歧视、挨打和蒙受奇耻大辱的历史。这就是中国衰落时,列强给我们的东西。百年来,以中国之大,历史之悠久,文化之深厚,竟被挤到世界舞台的边缘,受尽大小各国的欺侮,简直焦头烂额。人类古今之耻,实以此为最"③。而霍先生所指的这些丧权辱国的条约,其中有相当一部分就是当年美、俄、日统治当局强迫中国签订的。

---

① 据美国学者保罗·肯尼迪在其所著《大国的兴衰》中引用的贝罗克的计算,中国制造业在世界制造业产量中的比例,1750年为32.8%,1830年为29.8%;相应于这两个年份的整个欧洲为23.2%和34.2%,美国为0.1%和2.4%,日本为3.8%和2.8%,俄国为5.0%和5.6%。1840年以后中国制造业产量在世界上所占份额急剧下降。1860年为19.7%,1880年为12.5%,1900年为6.2%。见保罗·肯尼迪:《大国的兴衰》,181页,北京,求实出版社,1988。

② 据2015年纪念抗日战争胜利70周年提供的史料,实际上直接军事损失为1000亿美元,间接经济损失为5000亿美元。

③ 霍英东:《中国之现代化与香港"九七"》,载《中外论坛》,1995(6),转引自《高校理论战线》,1996(2)。

还必须指出的是，不平等条约并非都是在反侵略斗争失败时被迫接受的，即使中国作为胜利的一方时，也仍然遭受部分丧失主权的耻辱，突出的就有以下两次。

第一次是1919年巴黎和会上中国外交的失败。

1918年11月，第一次世界大战以德、奥等同盟国的失败而告终。中国由于在大战中参加协约国一方而成为战胜国之一。但是，当中国政府代表在1919年召开的巴黎和会上提出废除"二十一条"的要求和七项"希望条件"①，要求将德国在山东的租借地、胶济铁路以及其他权利直接归还中国时，竟然被在中国有着共同利益的美英法日等国所拒绝。日本无理地向和会提出："日本政府以为胶州湾租借地及铁路，并德人在山东所有其他一切权利，德国应无条件让予日本。"②日本并对中国政府进行威胁恫吓。最后，在美、英、法三国支持下，日本将德国在山东掠夺的权利全部收入囊中，并写进了《协约国和参战各国对德和约》即《凡尔赛和约》之中。推行卖国外交的北京军阀政府竟电令中国代表在和约上签字，只是因为在中国引发了一场轰轰烈烈的反帝爱国的五四运动，中国代表最后才拒绝在和约上签字。

第二次是雅尔塔秘密协定对中国主权的侵犯。

在第二次世界大战行将结束的1945年2月，美苏两国在美、英、苏三国首脑举行的雅尔塔会议上，背着第二次世界大战反法西斯主力之一的中国，达成了侵犯中国主权的《雅尔塔协定》。协定包括：规定中国大连商港国际化，苏联拥有优越权；苏联租用旅顺港为海军基地；苏中共同经营中东铁路和南满铁路，并保证苏联在满洲的优越权等。作为交换条件，苏联表示愿与中国国民党政府订立一项苏中友好同盟条约，并支持国民党政权。美国则企图通过把在中国东北的权益送给苏联，争取苏联出兵，加速击溃日本，以减少美军损失，同时支持蒋介石统一中国，达到通过蒋介石消灭中国共产党及其领导的人民力量，把中国变为美国事实上的殖民地的

---

① 这七项"希望条件"是：废弃势力范围、撤退外国军队巡警、裁撤外国邮局及有线无线电报机关、撤销领事裁判权、归还租借地、归还租界、关税自主。

② 刘彦：《最近三十年中国外交史》，121页，上海，太平洋书店，1930。

目的。

无论是第一次世界大战后的《凡尔赛和约》，还是第二次世界大战末期的《雅尔塔协定》，都说明由于中国国力的相对弱小，加上当时中国当权者甘愿屈服于外来压力和诱力的态度，使得中国即使作为战胜国也仍然改变不了屈辱的半殖民地地位。

一面是美、日、俄(苏)①的强权政治，一面是中国政府的屈膝外交②。这就是当时美日俄与中国关系的大体状况。

但是，在考察1949年以前中国与美俄日关系的特点时，绝不能忘记一个基本事实，那就是中国人民顽强的反抗精神和自强不息精神。毛泽东指出："帝国主义和中国封建主义相结合，把中国变为半殖民地和殖民地的过程，也就是中国人民反抗帝国主义及其走狗的过程。""中国人民，百年以来，不屈不挠、再接再厉的英勇斗争，使得帝国主义至今不能灭亡中国，也永远不能灭亡中国。"③这种精神来自何处？它和中国数千年文明史有何联系？我国著名史学家白寿彝教授主编的《中国通史》第1卷即"导论"中做了深刻的阐述。该书指出，在世界各文明古国中，中国文明发展所具有的几乎是独一无二的连续性曾经造就了中国昔日的辉煌。这种连续性表现为中国作为一个政治实体在其发展过程中未曾为外来因素所中断；中国文明在文化发展史上也未曾有断裂现象。④"中国文明发展的连续性的真正特点，在于她历尽危机而未残壮志，在于她屡经考验而能活泼泼地生存下来。"⑤即使在鸦片战争以后的灾难深重的岁月里，"中国文明并未在这次危机中失去自己的独立存在。近百年来的历史证明，中国文明经过反帝反封建的革命，终于在中国共产党领导下走向复兴。'天行健，君子以自强不

---

① 此处不对苏联对外政策做全面评价。当时苏联的外交政策与美日仍有本质的区别。
② 关于这一点，周恩来有过深刻的揭露。他说："中国的反动分子在外交上一贯是神经衰弱怕帝国主义的。清朝的西太后，北洋政府的袁世凯，国民党的蒋介石，哪一个不是跪倒在地上办外交呢？中国一百年来的外交史是一部屈辱的外交史。"见《周恩来外交文选》，4~5页，北京，中央文献出版社，1990。
③ 《毛泽东选集》，第2卷，632页，北京，人民出版社，1991。
④ 白寿彝主编：《中国通史》，第1卷，349页，上海，上海人民出版社，1989。
⑤ 白寿彝主编：《中国通史》，第1卷，360页。

息。'这大体可以表明中国文明发展连续性的基本特色"①。许多蜚声西方的外国中国史专家都在探讨中国历史的特点，并做出过许多有益的贡献，但是很少有人像上述著作那样揭示出中国历史的本质特点，他们也就难以回答，为什么曾陷于瓜分境地的中国竟能再一次转危为安，走向辉煌。

由此可以得出这样一个结论：任何大国在他们企图干预和驾驭中国时，应当先扪心自问，自己是否真正"读懂"了中国几千年的文明史，掌握了其中的真谛？否则，他们就会像1949年美国国务卿艾奇逊那样，面对中国人民革命的胜利，尽管也承认"这是中国内部势力的产物"，"这些势力美国也曾试图加以影响，但不能有效"②，却永远无法理解这些力量的本质和美国失败的根由。

2. 1949年以来，中国由弱转强，美苏日终于开始重新认识中国

中国与美苏日等国的关系在中国抗日战争时期达到了一个新的转折点。在全面抗日战争刚刚爆发的1937年，日本侵略者是何等的趾高气扬。日本统治者普遍认为中日战争只需日本"对支一击"，便可凯旋班师。陆军省的头子们和几乎所有的幕僚都把中国看作"一个不可能统一的分裂的弱国，日本只要表示一下强硬态度，中国立即就会屈服"。在美国当政者眼里，中国也是个弱国，"在大多数美国人的心目中，中国仍旧是个抽象的概念，是个基本上乱糟糟的、并不重要的外国"。美国当局对中国抗战发展趋势的基本看法是"也许一年之内，国民党政府就会变成一个日本大满洲国了"③。

上述看法终于为事实所纠正。由于中国人民的英勇斗争，抗日战争成为我国自鸦片战争以来第一次获得胜利的反侵略战争。日本的侵华战争以战败投降而告终。美国当局则在中国抗日战争进程中逐渐改变了对中国的看法，后来成为与中国共同抗击日本侵略者的同盟者，并考虑到美国近期

---

① 白寿彝主编：《中国通史》，第1卷，360页。
② 世界知识出版社编：《中美关系资料汇编》，第1辑，163页，北京，世界知识出版社，1957。
③ 迈克尔·沙勒：《美国十字军在中国(1938—1945)》，郭济祖译，17、19页，北京，商务印书馆，1982。

与长远的国家利益而给予中国抗战以有力的支援。但是，对于战后中国的前途，他们则寄希望于蒋介石。1943年11月德黑兰会议期间罗斯福就明确表态：蒋介石是唯一能把中国合在一起的人①。把蒋介石看作今后美国推行对华政策的工具。1945年4月后，罗斯福的继任人杜鲁门则更是推行了一条扶蒋、限共、反共的对华政策，而把蒋介石作为其推行对华政策的主要代理人。至于苏联，当时确曾对中国抗战在政治上和精神上以重大支持并给予物资援助。但是，苏联当局对于中国的前途和中国共产党的作用也没能持正确的看法。据1944年访问苏联的美国总统罗斯福的私人代表赫尔利称，苏联表示第二次世界大战后将继续支持蒋介石政权，"斯大林完全不相信毛(泽东)及其追随者们"。莫洛托夫说："中国共产党人并不是真正的共产党人。在俄国人看来，他们实际上是由要求进行土地改革的穷人组成的奇怪的一帮。除非中国共产党人被置于受过莫斯科训练并具有明确方向的领导人的控制之下，由苏联独自给他们以支持是不明智的。"②从斯大林到莫洛托夫，都不把中国共产党看成真正共产党人，并且还急于向外界表白他们与中国共产党的界限。并非偶然的是，1945年春，中国共产党举行第七次全国代表大会时，"苏联报刊上没有报道这次代表大会的主要报告"③。苏联领导人对中国共产党的不信任，终于导致了它在中国革命的关键时刻，采取抑此兴彼的错误立场，支持蒋介石统一中国。

可见，美苏日当局都没能正确认识中国。这种情形之出现，或出于资产阶级的偏见，或出于大国主义的骄傲，或出于对中国实情的无知。从根本上说，他们看不到或低估了决定中国前进的动力——中国共产党领导的人民力量。

但是，有那么一些有识之士，他们在深入考察中国之后看到了中国的

---

① 谈话根据哈里曼的译员爱德华·佩奇的记录稿，见 Herbert Feis, *The China Tangle*, 140页，转引自《战后世界历史长编》编委会：《战后世界历史长编》，第1编，353页，上海，上海人民出版社，1975。

② A. 伊瑞依：《亚洲的冷战》(Akira Iriye, *The Cold War in Asia: A Historical Introduction*), 140~141、79、139页，新泽西，1977。

③ 弗拉迪米尔·德迪耶尔：《苏南冲突经历(1948—1953)》，达洲译，13页，北京，生活·读书·新知三联书店，1977。

光明前程。其中的一位卓越代表就是埃德加·斯诺。这位美国记者以美国人具有的求实精神，冒着生命的危险，在中国大转变的关键性一年（1936年）来到红色的陕甘宁边区进行深入的采访调查，并且在1937年"七七事变"后三个月就发表了他的通讯报道——《红星照耀中国》（译本用了《西行漫记》的书名）。在这本西方作者"忠实描绘中国红色区的第一本著作"中，斯诺以一般西方的所谓"中国通"所无法具有的惊人的洞察力和敏锐的分析力，指出"中国已有成千上万青年为了民主、社会主义思想捐躯牺牲，这种思想或者这种思想的背后动力，都是不容摧毁的。中国社会革命运动可能遭受挫折，可能暂时退却，可能有一个时候看来好像奄奄一息，可能为了适应当时的需要和目标而在策略上做重大的修改，可能甚至有一个时期隐没无闻，被迫转入地下，但不仅一定会继续成长，而且在一起一伏之中，最后终于会获得胜利，原因很简单，产生中国社会革命运动的基本条件本身包含着这个运动必胜的有力因素。而且这种胜利一旦实现，将是极其有力的，它所释放出来的分解代谢的能量将是无法抗拒的，必然会把目前奴役东方世界的帝国主义的最后野蛮暴政投入历史的深渊"①。

这位正直的美国人的真知灼见和预言，在12年后的1949年变成了活生生的现实。一个崭新的中华人民共和国在这一年耸然屹立于世界。这不能不以无比震撼的力量改变着世人对中国的看法。但同时他们也带着疑惑不解的目光注视着东方地平线上兴起的这支力量。

新中国成立后一系列问题提了出来。中国是个什么样的国家？它对西方国家特别是美国会采取什么态度？它是苏联的附庸吗？中国今后会走向何方？等等。如美国学者亚洲问题专家塞利格·哈里逊所指出的，"大多数美国人对1949年中国革命的民族主义内容一无所知。他们认识不到，人民共和国是作为中国民族特性的公认的保护者出现的，是孙中山要建立一个现代化中国并使它列入强国之林的这一使命的合法继承者，因此，在50年代和60年代最初仅把中国看作是苏联势力的延伸。由于同样的原因，当

---

① 埃德加·斯诺：《西行漫记》，董乐山译，406页，北京，生活·读书·新知三联书店，1979。

中苏之间的紧张关系表面化以后,许多美国人盲目地认为,在美国与苏联的全球斗争中,北京事实上会成为美国的代理人"①。当时西方人的看法就是如此的肤浅。然而1949年以来,中国以其独立自主的坚定立场,不畏强暴的浩然正气,鲜明独特的内外政策,平等待人的大国风范,一次又一次改变着他们对中国的认识,一次又一次使他们调整对中国的政策。其中突出的事例有以下几件。

第一个例子是新中国成立初期的抗美援朝。

新中国成立刚半年多就发生了美国侵朝战争,这不能不是对我国外交政策的巨大考验。

朝鲜于1910年被日本帝国主义侵吞后,朝鲜人民始终没有停止过争取独立的斗争。1945年8月10日,日本投降,朝鲜理应重新获得独立。但是当时美国当局由于其军队远离朝鲜本土,担心苏军会单独参与解放朝鲜,遂急忙向苏提出以"三八线"作为美苏军队接受侵朝日军投降的临时分界线,得到苏方同意。后来这条分界线就变成了美苏两个军事占领区的分界线。朝鲜被人为地分割成两个部分。由此就"埋下了朝鲜悲剧的种子"②。

1950年6月25日,朝鲜战争爆发。这场战争基本上属于内战,属于朝鲜统一的内部事务。但美国却在当天联合国召开的紧急会议上,利用苏联代表缺席的情况,通过决议,指责北朝鲜是"侵略者"。6月27日,美国政府宣布正式参战,并在联合国的旗帜下,纠集15国军队,悍然发动侵朝战争。作为分裂朝鲜祸首之一的美国,这次又成了发动侵略战争的元凶。并且,美国不顾中国的一再警告,把战火一直烧到中朝边境。美国战机不断侵犯中国东北领空,进行侦察、扫射和轰炸。美国学者指出,美国总统杜鲁门和国务卿艾奇逊企图"利用(朝鲜)战争的天赐良机去发展美国新的

---

① 塞利格·哈里逊:《扩大中的鸿沟》,徐孝骞等译,2页,北京,中国社会科学出版社,1985。

② 戴维·霍罗威茨:《美国冷战时期的外交政策》,上海市"五·七"干校六连翻译组译,92页,上海,上海人民出版社,1974。

全球政策"，一种"全球进攻"的政策。①

当时中国百废待兴，面临着完成祖国统一和恢复发展生产的严峻任务，自然不愿再被拖入战争。但是，新中国政权的本质又决定了中国必定要奋起反击侵略者以捍卫自己的独立主权和边境的安宁。在美国不顾中国的多次警告仍一意孤行时，中国人民志愿军毅然赴朝与朝鲜人民并肩抗击侵略者，发动五大战役，把侵略军赶回到"三八线"附近，取得重大胜利，充分表现出新中国不惧强暴、敢于竞争的大无畏精神。而对于美国来说，却如同经历了一场噩梦。当时的美国参谋长联席会议主席奥马尔·布雷德利在自传中哀叹道："朝鲜战争出乎意料地一下子从胜利变成了丢脸的失败——我军历史上最可耻的一次失败。"②这次失败对美国统治当局的打击是巨大的。如一些历史学家所说，从历史角度看，美国人认为，"以往每当美国参与国际事务，其作为总是能够获致迅速的成功。他们曾经击败过英国人、墨西哥人、西班牙人、德国人和日本人。美国和世界上大部分的国家不同，从未有过被侵略击败或占领的经验。……对这样一个国家，失败是个全新的经验"③。

尽管美国当局并没有从侵朝战争的失败中真正吸取教训，反而在20世纪五六十年代更加煽起反共浪潮，但是毕竟它第一次领教了中国人民的力量。并非偶然的是，一批美国军官在朝战后成立了"决不再干俱乐部"，主张尽量避免与中国走向军事对抗。④

---

① 沃尔特·拉菲伯：《美国、苏联和冷战（1945—1992）》（Walter Lafeber, America, Russia, and the Cold War, 1945—1992），105页，纽约，1993。

② 奥马尔·布雷德利、克莱·布莱尔：《将军的一生：奥马尔·N.布雷德利自传》（Omar N. Bradley and Clay Blair, A General's life, An Autobiography by General of the Army Omar N. Bradley），581页，纽约，1983。

③ 约翰·W.斯班尼尔：《第二次世界大战以来的美国对外政策》（John W. Spanier, American Foreign Policy Since World War II），51页，纽约，1965。

④ 沃尔特·拉菲伯在《美国、苏联和冷战（1945—1992）》一书中说："朝鲜战争对美国人思想的影响是巨大的"，朝鲜战争期间任参谋长的柯林斯和马修·李奇微等美国军官成立了"决不再干俱乐部"，"他们发誓决不再把美国军队投入亚洲，除非华盛顿做出可靠保证，即一定要对满洲和中国境内作为敌人的城市和补给线的庇护所进行轰炸，来支援美军"。

第二个例子是顶住了中苏关系破裂给中国带来的巨大压力和威胁。

中华人民共和国成立后,西方国家普遍把中国看成是莫斯科的"代理人"和"附庸"。社会主义国家中则一度把中苏关系形容为"坚如磐石"和"牢不可破"的友谊。新中国成立初期,中国也确实得到了苏联大量的可贵援助,并在经济建设等许多领域以苏联的模式为楷模。这种情形就更加加重了世人的上述看法。

但是,中国领导人一开始就保持了清醒的头脑。在新中国成立初期确定"一边倒"政策,即主张"我国站在以苏联为首的和平民主阵营之内"[①]时,毛泽东和周恩来都一再强调,对苏联不能有依赖之心,对苏联的经验不能盲目照搬,要用自己的头脑思考,用自己的腿走路。1956年,苏联共产党召开第二十次代表大会,中苏分歧由此开始。中国共产党和一部分兄弟党对苏共二十大提出的有关国际共运的路线和观点,特别是对赫鲁晓夫"全盘否定斯大林"和片面强调"和平过渡"持有不同意见。但苏联把苏共二十大的纲领、路线、政策当作金科玉律,强迫兄弟党接受,遭到了中国共产党的坚决抵制。此后,赫鲁晓夫和苏共以社会主义阵营和国际共运中"一家之主"自居,热衷于谋求与美国共同主宰世界,并把中国视为最大障碍,接连向中国施加外交、经济乃至军事压力,力图控制中国。1960年,苏共领导把中苏两党之间的理论分歧扩大到两国关系,于4月片面撤走全部在华苏联专家,废除科技合作项目,企图使中国屈服;1961年,逼迫中国连本带息偿还在抗美援朝时苏联支持中国军事物资的贷款;1969年3月,苏联武装入侵中国珍宝岛地区,制造严重流血事件。在所有这些斗争中中国以大无畏的气概和灵活的全方位的外交策略顶住了巨大压力,挫败了苏联的图谋,使苏联大党大国主义受到震慑。世人也再一次认识到中国作为独立自主大国的力量。由此人们也不难得出结论,为什么苏联在1991年年底解体,东欧一系列国家发生剧变,而中国却岿然不动。其重要原因在于中国始终坚持独立自主地建设社会主义而反对外国势力(包括苏联)的控制,走的是一条有中国特色的社会主义道路。

---

① 《周恩来外交文选》,50页。

第三个例子是中国反对霸权主义的鲜明态度和1982年9月宣布不与任何超级大国结盟的立场，使美苏日等国不能不更加重视中国独立自主的外交政策及其影响。

中国外交有几个显著特点：一是坚持独立自主的和平外交，二是反对霸权主义，三是一贯把加强同第三世界的团结和合作作为外交工作的基本立足点。这也是由我国社会主义本质所决定的。早在1974年4月，邓小平在联合国大会第六届特别会议上就代表中国政府和人民庄严宣告："中国现在不是，将来也不做超级大国"，并说："如果中国有朝一日变了颜色，变成一个超级大国，也在世界上称王称霸，到处欺负人家，剥削人家，那么，世界人民就应当……揭露它、反对它，并且同中国人民一道打倒它。"①这既充分表达了中国人民和第三世界站在一道反对霸权主义的意志和决心，又反映了对内政外交辩证关系的深刻理解。马克思主义的一个基本原则是，压迫别的民族的民族，是不自由的。一个号称社会主义的国家，不管以何种理由和借口去压迫别国、干涉别国，说明他们在基本原则问题上已背叛了国际主义，并开始了社会主义的部分质变。迄今为止，包括美苏日在内，世界上还没有一个国家敢于像中国那样以如此明白无误的语言，把自己反对霸权主义的决心昭告于世。这恰恰反映了我们对自己正义的事业充满信心。进入20世纪80年代，我国外交政策更加成熟，更加完善，更加具有鲜明特色。特别是我国于1982年9月宣布："中国决不依附于任何一个超级大国，也决不同它们任何一方结盟建立战略关系。"而是谁搞霸权，就反对谁，真正做到不结盟，独立自主按中国自己的意愿办事。对于第三世界，则正如1986年6月邓小平在会见马里总统特拉奥雷时所说，中国将来发展了，还是搞社会主义，仍然属于第三世界，不会忘记全世界所有的穷朋友，还是把帮助穷朋友摆脱贫困作为自己的任务。

中国的真诚态度得到第三世界国家的普遍赞同和好评。许多第三世界国家把中国称作是"全天候的可靠朋友"。至于那些指望中国会站在某个搞霸权主义的大国一边，跟在它们后面亦步亦趋，那是永远地失算了。

---

① 《人民日报》，1974-04-10。

第四个例子是中国改革开放的深入和社会主义市场经济体制改革目标的确立,使全世界进一步重新认识中国。

由美国著名历史学家费正清主编的《剑桥中华人民共和国史(1949—1965)》一书的序言中说:"前赴后继的中国精英为解决从晚清时代遗留下来的国内问题和回答工业化西方一个世纪之久的挑战所做的努力,在1949年达到了一个新的阶段。"新中国成立后,"第一次提出了国家政治、经济和社会的全面现代化。随之而来的几十年的历史是有史以来在社会工程方面的最大规模的实验"①。

上述评论指出了新中国成立以来历史的一个特点,那就是,在中国这个约占世界人口1/5,经济相对落后的广袤土地上,如何成功地建设社会主义,确实是一场前无古人的"社会工程方面的最大规模的实验"。

从1949年10月中华人民共和国成立至今②半个多世纪里,我国社会主义改造和建设获得了巨大的成功,也经历了严重的挫折,包括十年"文化大革命"的严重的错误。但是,自1978年12月党的十一届三中全会以来,以邓小平同志为代表的中国共产党人在总结新中国成立以来正反两方面经验的基础上,在研究国际经验和国际形势的基础上,在改革开放的崭新实践中,在建立社会主义市场经济体制的深刻变革中,开始找到了中国自己的建设道路,创立了邓小平建设有中国特色的社会主义理论,从而成功地实现了新中国成立以来我党历史上具有深远意义的伟大转折,开创了社会主义现代化建设的新局面。近年来,我国国民经济持续快速健康发展,人民生活水平不断提高,综合国力大大增强。正是靠着中共十一届三中全会以来党的基本路线和建设成就,使我国不仅经受住了1989年至1991年东欧剧变和苏联解体的严峻考验,而且变得更加强大。

---

① 费正清、罗德里克·麦克法夸尔:《剑桥中华人民共和国史(1949—1965)》,王建朗等译,本书序1页,上海,上海人民出版社,1990。世界上许多有见识的学者也持有类似观点。例如,日本住友公司驻中国代表石光春认为,中国正在从事一项在世界史上前所未有的试验。见《我的中国观》,载《中央公论》,1994(12)。

② 编辑说明:本书是作者多年来有关中美苏三大国关系研究的论文集,其中所涉时间的说法,如"至今""目前""近几年来"等,皆以作者发表文章的时间为准。本书以下同类情况,不再另加说明。

中国的发展产生了巨大的国际反响。西方一些报刊把中国的发展称之为"奇迹"。美国《华盛顿邮报》1997年10月26日一篇文章援引世界银行的估计，认为以国民购买力衡量，中国已成为世界第三经济大国。日本报刊认为，中国已成为美国、欧共体、日本、中国四极中的一极。俄罗斯《真理报》1993年3月的一篇文章说，对中国"我们俄罗斯只能羡慕"。"中国已形成多种成分的经济，其中起主要作用的是公有制，并以个体和私营成分吸引外资作为补充。……更应想到的是中国是在丝毫也没有丧失自己的主权、民族自豪感和道德价值观念的情况下取得如此巨大成就的。"原苏联政府总理、俄罗斯人民爱国联盟协调委员会执行主席雷日科夫1997年8月在一次讲话中说，中国的经济改革取得了举世瞩目的成果，中国正在沿着一条正确的道路稳步前进[①]。更有外国朋友称，"中国共产党拯救了社会主义在全世界的威望"。

由于中国自改革开放以来走的是改革开放和国际竞争合作的道路，这就不仅调动了本国人民的积极性，提高了人民生活水平，而且为外国企业家到中国这个大市场经商、投资提供了良好的机遇。这与实行计划经济时期的中国和苏联有着很大的不同。这种机遇对于一切愿意尊重中国主权和从事合法经营的外商都是平等的。在西方经济陷入持续衰退或复苏乏力的情况下，中国这个大市场的潜力正在变成现实。据统计，到1996年年底，我国累计批准外资项目28万件，实施金额达1772亿美元。其中，外国大企业，特别是跨国大企业的投资增加很快，至1996年已有二百多家跨国企业进入中国。[②] 正是在这种背景下，越来越多的有识之士认识到，世界的和平与发展需要中国。孤立中国做不到，也没有什么出路，只会使自己受损。[③] 日本一位学者说得明白，"在世界工业产品的出口中及不同产品的供求预测中，不能没有中国。世界已经出现了这样的格局：中国说话时，世

---

① 《人民日报》，1997-08-21。
② 转引自冯昭奎：《"我们欢迎外资"——试论引进外资与发展民族工业的关系》，载《世界知识》，1997(13)。
③ 钱其琛：《1993年：世界开始重新认识中国》，载《人民日报》，1993-12-15。

界都在倾听"①。

但是，西方国家中少数人始终坚持顽固的反华立场。自从1991年年底苏联解体后，他们就把社会主义中国看成是"最后一个眼中钉"。随着中国经济的发展，他们正在拼命散布"中国威胁论"，挑起"新的冷战"。他们有意夸大中国的实力，刻意歪曲中国的政策。美国《纽约时报》1995年8月15日的一篇文章指出，正当中国摆脱200年软弱和耻辱，并终于能"博得他们应受的尊敬和尊重时"，"中国人不论朝哪个方向看，美国都在对它进行挑衅"②。他们推行"西化"和"分化"中国的政策，暗示"今后的10年要努力把中国引导到理想的方向"③，企图和平演变中国。同时他们还鼓吹"分裂中国"。日本也有一部分人把中国视为其实现亚洲霸权的障碍，也在利用各种机会攻击中国，散布"中国威胁论"。但是，美日朝野仍有相当一批有识之士反对遏制中国而主张与中国友好交往。美国政要人士一再表示，"美国经不起再失掉中国"，"遏制中国肯定会违背美国利益"。美国总统国家安全顾问塞缪尔·伯杰于1997年8月指出，"中国作为世界上最大的国家，今后10年的发展将对我们未来产生重大影响"。他们都表示要"加深"同中国的"对话"。至于一些前总统和前政府要员，都非常强调中美关系的重要性。1997年6月，3位前总统布什、福特和卡特，6位前国务卿舒尔茨、基辛格等，10位前国防部长佩里、麦克纳马拉等联名写信给白宫，要求保持中国的最惠国贸易地位。基辛格公开反对煽动美中对抗，强调美中关系是亚洲稳定的关键。在日本，当内阁官房长官梶山静六于1997年8月17日发表侵犯中国主权的谬论称，日美两国的防卫合作范围"理所当然地包括台湾海峡"后，立即遭到执政的社民党和先驱新党的反对。

尽管俄国当局从长远看对中国的崛起会做何种进一步的反应尚有待观察，但俄中之间和解气氛越来越浓，这是一个不争的事实。美国报刊指出，"一些俄罗斯分析家认为，与西方的现代化相比，中国的现代化对俄

---

① 田中直毅：《中国经济将会持续增长》，载《朝日新闻》，1996-12-16。
② 沃尔特·拉塞尔·米德：《同中国人发生更大麻烦的危险》，载《纽约时报》，1995-08-15。
③ 《美中会迎来"新的冷战时代"吗？》，载《世界周报》，1995-08-15。

罗斯是更好的经济和政治发展样板。俄中两国的强硬派认为，抵制西方民主国家颠覆性政治文化侵袭是他们的共同事业"。而且中俄都一致反对建立单极世界。他们还指出，"中俄关系比中美关系和俄美关系都好，这自50年代以来还是第一次"①。虽然，也有个别人对中国的崛起抱有错误看法，如俄军中有个别领导人"随意散布中国威胁论"，但立即遭到俄联邦国防部长的严厉批评②。当前，俄联邦政府和军队领导人均对中国的发展和中俄关系持积极的乐观态度。总的来说，中国的崛起对于推动世界经济的发展，保持亚太乃至世界的和平与稳定都是不可或缺的积极因素。这已成为美日俄三国政治家和学者中有识之士的共识，并将在今后一再为事实所证实。

(二)中美、中俄、中日关系的特点

中国与美、俄、日的关系，首先是国家间、政府间的关系，同时存在民间交往。此处论及的关系特点，更多地是指国家政府间的政治、经济、军事、文化等方面的关系，也包含各国人民间的友谊。

1. 中美关系特点

(1)中美关系四阶段与美国扩张三时期密不可分

近代以来中美关系的进程是跟美国对外政策的演变密不可分的。扩张是贯穿整个美国对外政策的主线，这是美国进步学者也承认的③。扩张也是理解美国外交政策发展的关键。美国外交政策的发展大致分为三个时期：大陆扩张时期(1775年大陆会议秘密通讯委员会建立至1897年美西战争前)、海外扩张时期(1898年美西战争至1945年第二次世界大战结束)和全球称霸时期(第二次世界大战结束至今)。从三大分期的角度看，美国外交上有三个具有时代意义的口号：一是孤立主义，二是门户开放政策，三

---

① 彼得·罗得曼：《新的俄中联盟?》，载《洛杉矶时报》，1996-03-26。
② 国际文传电讯社莫斯科电，1997-01-14。
③ 如曾任美国外交史学家协会主席的托马斯·帕特森教授在他和另两名美国学者合著的《美国外交政策》序言上就说，他们在书中"强调了扩张主义这一主题"。见托马斯·G. 帕特森等：《美国外交政策》，上册，李庆余译，序言2页，北京，中国社会科学出版社，1989。

是遏制政策。三者都是为其扩张主义服务的。①

与此相应的美国对华政策和中美关系大体经历了以下四个阶段。

第一阶段，从1784年美国"中国皇后号"商船来华揭开中美关系序幕到1840年鸦片战争前，五十多年，两国关系基本上平等友好。

早在北美殖民地时期，"在美国人中间对茶叶和丝绸的来源地……遥远的中国有了某些知晓"②。茶叶在当时成了北美殖民地人民的生活必需品。但是在英国的殖民统治下，北美殖民地人民同其他国家的贸易是被禁止的。1775—1783年北美独立战争的胜利为美中贸易创造了有利条件。同时，为了彻底摆脱英国的经济奴役，美国当局开始向海外各地寻求贸易伙伴，对具有极大诱惑力的中国市场发生了浓厚的兴趣。这样就有了1784年美国商船"中国皇后号"远渡重洋，来到中国，揭开中美关系序幕的历史性事件。这艘载重360吨的"中国皇后号"，满载着皮货、粗棉、铅和30吨贵重的人参，于1784年8月28日到达广州，受到中国商人和百姓的热烈欢迎，认为他们是不同于盛气凌人的英国人的"新国民"。"中国皇后号"在中国待了三个多月，于年底满载着茶叶、丝织品、棉布、瓷器等货物返航。此后，在美国掀起了一股"中国热"。一般中产之家，均以陈列中国摆设为荣。③ 中美贸易额也有了很大增长。仅据1821—1841年的统计，美国对华进出口额年平均在1000万美元以上④，居西方国家对华贸易的第二位，仅次于英国。这一段平等贸易交往给两国都带来了经济利益，同时，也促进了两国人民的交往和友谊。当然，一些美国商人出于其唯利是图的本性，也对中国从事了非法的鸦片贸易。但与英国相比，数额要小得多。大约只

---

① 杨生茂主编：《美国外交政策史（1775—1989）》，绪论，北京，人民出版社，1991。

② A. T. 斯蒂尔：《美国人民与中国》（A. T. Steele, *The American People and China*），7页，纽约，1996。

③ 以上参见宋子海：《试论早期中美关系》，见中国美国史研究会编：《美国史论文集》，24页，北京，生活·读书·新知三联书店，1980；黄绍湘：《中美人民之间的传统友谊》，载《世界历史》，1979(1)。

④ 福斯特·杜勒斯：《旧时中国贸易》（Foster R. Dulles, *The Old China Trade*），114页，波士顿，1930。

占各国输入中国鸦片总额的 1/10。中美两国之所以保持了半个多世纪的平等友好关系，究其原因，一方面是由于美国是一个刚从殖民压迫下解放出来并正在争取经济独立的新兴国家，他们对亲身经历过的殖民压迫的痛苦还记忆犹新；另一方面，也在于当时美国正紧张地进行大陆扩张，还无暇东顾。

第二阶段，从 1840 年到 1899 年，五十多年，美国开始追随英国等国侵略中国。

19 世纪上半叶，随着北部工业革命的发展和向西部大陆扩张的步步得手，美国向太平洋和亚洲扩张的势头也开始加强。而中国在清政府统治下，则日益暴露出它腐朽的本质。从 19 世纪 40 年代起，美国开始走上侵略中国的道路，重要标志就是 1844 年的中美《望厦条约》。当时，美国趁中国在鸦片战争中失败之机，强迫清政府签订了这第一个中美不平等条约。与中英《南京条约》相比，美国获得了不亚于英国攫取的特权，而且开了列强对华外交上"最惠国待遇"的先例。美国谈判代表顾盛甚至自称他与清政府所签订的《望厦条约》，有 16 项"优点"，认为在侵华方面有 16 处胜过了中英《南京条约》。后来，美国趁英法联军侵略中国之机，又于 1858 年强迫清政府订立中美《天津条约》，进一步扩大了自己在中国的势力。更有甚者，1860 年，美国流氓华尔与上海官僚、买办相勾结组织"洋枪队"，协助清政府镇压太平天国起义，开创了西方列强直接组织反革命武装、援助清政府屠杀中国人民的恶劣先例。美国历史学家丹涅特对美国的这种做法，做了深刻剖析。他说："对于列强来说，以支持一个它们所能威胁、控制的懦弱政府，自是最为有利。""中国的懦弱无能、四分五裂，才使得领事裁判权、低到不合理程度的税则以及千百种类似的特权，有继续下去的可能。"①但由于当时美国的经济和海军力量都不足以与英国相匹敌，他们的对华侵略主要是尾随英国炮舰之后而从中谋利。

第三阶段，从 1899 年美国提出对华"门户开放"政策到 1949 年中华人

---

① 泰勒·丹涅特：《美国人在东亚》，姚曾廙译，551 页，北京，商务印书馆，1959。

民共和国成立前，50年时间。

当时，美国资本主义已进入垄断阶段。为了适应海外扩张的需要，美国提出"门户开放"政策。这一政策不仅是对华政策，也是向海外特别是向亚太地区扩张的总政策。这一政策以经济扩张、政治控制为主，军事征服为辅，是单方面强加给中国和亚太各国的利己政策。这种"门户开放"体系不同于古老的旧殖民主义体系，其重点是要凭借强大的经济实力，力图把中国和太平洋地区变成"开放式"市场，以便于其霸权主义的推行。这种体系与老殖民主义相比具有相对的活力和随机性，同时也就有较大隐晦性和迷惑性。其实，这种单向的以"他"为主的政策，其开放是强加于人的"开放"。只要对于向美国"开放"有利，别国再独裁的政权美国也照样支持不误。美国史学家奥尼·拉铁摩尔指出，辛亥革命时期，大多数美国专家（当然也有欧洲人在内）强烈主张共和政体绝对不适宜于中国人。中国人只知道皇帝。[①]"北洋军阀袁世凯被这般人描写为正是中国所需要、中国人所能理解的一个有力人物，孙中山则不过是一个和蔼可亲但不务实际的理想主义者，不然便是一个轻举妄动的幻想家。"[②]结果，在日本和美国的支持下，袁世凯当上了"中华帝国皇帝"。

在中国抗日战争期间，美国的"门户开放"政策与力图关闭中国门户、独占中国市场的日本，发生了日益尖锐的矛盾和冲突。1941年的珍珠港事变爆发，促成中美两国的第一次结盟。中美结盟以及整个反法西斯联盟的形成有利于中美两国人民的反法西斯正义斗争。美国政府也给予中国一定援助。美国人民则采取各种方式支持中国人民，曾发起"一碗饭、一元钱"运动，来救济因抗战而流离失所的中国难民。1939年1月20日，美国加利福尼亚州朗比区的码头工人，拒绝将废铁装上两艘赴日本的货船，群众3000人为此游行，支援这一正义行动，结果获得了胜利。美国海员也拒绝将废铜、废铁运往日本，去制造枪炮，残害中国人民。当时一些美国友人远涉重洋来到中国，有的冲破国民党的重重封锁，到达中共陕甘宁边区和

---

① 拉铁摩尔：《亚洲的决策》，曹未风等译，5~6页，北京，商务印书馆，1962。
② 拉铁摩尔：《亚洲的决策》，5~6页。

其他抗日根据地进行采访，其中就有写出轰动世界的著作《红星照耀中国》的美国著名记者埃德加·斯诺，以及艾格尼丝·史沫特莱、安娜·路易斯·斯特朗和斯诺夫人海伦·佛斯特·斯诺等。他们以饱满的政治热情，大量地报道了中国人民的革命事迹，引起了全世界人民的注意和重视，为中美两国人民的友谊做出了宝贵的贡献。① 此外，当时因执行任务来中国的美方官员，如罗斯福政府派到中国担任美军中国战区司令和国民党军队参谋长的史迪威将军和1944年驻华美军总司令部派至延安的美军观察组，都对中国共产党领导的抗日正义斗争给予了同情和支持。但是，就美国整个当权集团而言，他们念念不忘的仍然是在中国的利益和特权。因此，第二次世界大战结束后，它们不仅继续着自己传统的对华"门户开放"政策，而且在战后的新形势下，使之推进到登峰造极的地步。

根据美国历史学家沃尔特·拉菲伯的记载，"1945年9月，他（指杜鲁门总统——笔者）对一位顾问说：'美国未来的外交利益在西半球和太平洋地区。'总统认为，亚洲的利益取决于强化中国蒋介石的国民党政权。蒋介石要取代日本的地位，成为亚洲的稳定力量。美国还可以因此获得经济利益。华盛顿的官员们认为：假手蒋介石，他们不仅能开辟巨大的中国市场，还可以开辟其他亚洲国家的市场，一个多世纪以来美国商人梦寐以求的市场终于要成为现实了，10亿亚洲主顾会大有助于避免另一次经济危机。国务院的中国问题专家约翰·卡特·文森竭力主张我们要开足马力，来恢复战后贸易，'为了我们自己商人的利益，也为了中国的利益（这后半句不过是官样文章罢了——笔者），我们正竭力动员他们再度到中国去'"②。为了霸占中国市场，美国以支持蒋介石国民党打内战作为交换条件，于1946年11月与国民党政府签订了《中美商约》。根据这个条约，从陆地到海洋，从商品到教育，中国的一切将对美国开放。当时上海市民形象地把"条约赋予双方的权利比作赋予一辆汽车和黄包车使用马路的同样

---

① 见黄绍湘：《中美人民之间的传统友谊》，载《世界历史》，1979(1)。
② 沃尔特·拉菲伯：《美国、苏联和冷战(1945—1992)》，29~30页。

权利"①。难怪连当时对蒋介石政府小骂大帮忙的《大公报》都说，"在实质上，我们觉得它几乎是一个新的不平等条约"，"就连工商业先进的英国也不能与资本主义发达到顶点的美国贸然签定这样的条约"②。也正是基于独占中国市场的强烈欲望，美国积极支持蒋介石于第二次世界大战结束不久，发动了全面内战。杜鲁门一厢情愿地认为，"没有理由认为国民党就不能在这个斗争中取得胜利"③。但后来当他发现蒋介石不过是个扶不起的阿斗，并大为抱怨"我们是在把钱往一个耗子洞里头扔"④时，却为时已晚。1949年10月1日，中华人民共和国诞生。

第四阶段，从中华人民共和国成立至20世纪末，也大约是50年。

这一阶段美国对华政策与其全球霸权主义相连。新中国成立初期，美国政府中具有现实感的人和过去的驻华外交官纷纷指出，国民党的垮台是其本身制度的腐败所决定的，美国如再继续援蒋，将使自己丧失威信，无法逃避被指责为"支持一个腐朽的封建政权，干涉中国内政"。在这种情况下，美国当局曾有过摇摆，但他们并没有真正吸取教训。尽管中国政府早在新中国成立之初就明确昭告于世，中国愿与一切对中国采取友好态度的国家，在平等、互利及相互尊重领土主权的基础上建立外交关系；尽管中国总理周恩来在1955年4月的亚非会议上庄严宣告"中国人民同美国人民是友好的。中国人民不要同美国打仗。中国政府愿意同美国政府坐下来谈判，讨论和缓远东紧张局势的问题，特别是和缓台湾地区的紧张局势问题"⑤。美国仍然坚持一条遏制、孤立、反对中国的路线，坚持侵占我国领土台湾。但结果对谁的损害更大呢？一位美国观察家评论说，结果是"7亿

---

① 任东来：《争吵不休的伙伴——美援与中美抗日同盟》，211页，桂林，广西师范大学出版社，1995。
② 周鲸文：《论中国对美苏的外交关系》，42页，香港，时代批评社，1947。
③ 哈里·杜鲁门：《杜鲁门回忆录》，第2卷，李石译，90页，北京，生活·读书·新知三联书店，1974。
④ 西奥多·怀特：《美国的自我探索》，2页，北京，中国对外翻译出版公司，1985。
⑤ 《周恩来外交文选》，134页。

有购买力的顾客，变成了7亿危险的冤家"①。作为美国中央情报局外国研究机构的康伦公司在1960年关于《美国对亚洲的外交政策》的报告中指出，中国"在过去10年中几乎在所有主要赌博上都取得了胜利，他们对将来并不显得过分担心"，"中国正再度走向光辉的时代"。② 正是在这种情况下，加上美国的霸权地位已无可挽回地处于相对衰弱之中，美国一些比较正视现实、从全球战略和美国切身利益考虑问题的政治家，开始认识到，长期顽固坚持过时的对华政策是危险的。正因此，时任总统的尼克松等采取主动措施，改善与中国的关系。1972年，中美两国领导人做出了重大的决策，结束了两国长达二十多年的相互隔绝与敌对的局面。作为这一进程的积极结果，两国在1979年1月1日建立了外交关系。这种来之不易的关系的改善，受到了中美两国人民的热烈欢迎。但遗憾的是，在美国，总有那么一小部分人，仍然不想吸取过去失败的教训，不想以主权国家对待中国，看不到中国人民的意志和力量，仍然认为自己有权不顾中国人民的意愿，任意干涉中国内部事务。他们不断在中美关系正常化道路上设置障碍。这首先表现在中美建交后不久美国国会即通过《与台湾关系法》③，公然阻挠台湾与大陆统一，为此甚至不惜动用武力。继而，美国在贸易问题、人权问题、西藏问题、最惠国待遇问题、香港问题、"政治捐款"④问题和宗教问题上，不断制造事端，还日盛一日地宣扬"中国威胁论"，竭力往中国脸上抹黑。对于美国的图谋，世人自然是一清二楚。台湾一位学者

---

① A.T.斯蒂尔：《美国人民与中国》，60页。
② 康伦公司：《美国对亚洲的外交政策——美国康伦公司研究报告》，何慧译，235页，北京，世界知识出版社，1960。
③ 《与台湾关系法》称，美国"认为以非和平方式包括抵制，或禁运来决定台湾前途的任何努力，是对太平洋地区的和平与安全的威胁，并为美国严重关切之事"；要"使美国保持能力，以抵御会危及台湾人民的安全或社会经济制度的任何诉诸武力的行为或其他强制形式"。还表示，美国要继续向台湾提供所谓"防御服务"。见李长久等主编：《中美关系二百年》，260页，北京，新华出版社，1984。
④ 1997年春，美国的反华势力以美国司法部门和情报部门一些官员向舆论界透露的所谓内部情况为由，无端指责中国政府及中国驻美使馆参与美国的"政治捐款"，试图在美国国会"收买影响"。美国一些媒体借此捕风捉影，在没有任何事实根据的情况下制造耸人听闻的新闻，向中国大泼冷水。

指出，"正当世界饱经战乱之苦以后，冷战结束为全球和平带来一线曙光之际，美国发起了所谓'中国威胁论'，不但要'遏阻'中国的发展，更进而要'拆散中国'(Breaking China Apart)①，苏联解体后，美国在这方面真是竭尽所能，矢志不渝。而肇始于《马关条约》的'台湾问题'，便是目前这一切斗争的焦点"②。台湾另一位学者向世人发出警告：美国正在制造"一个真正的危机"，在"冷战后时期"掀起对中国的"新冷战"。③

(2)第二次世界大战后美国对华政策有着深刻的经济、政治和意识形态的根源

第一，从经济上看。早在第二次世界大战后初期，美国就企图建立在它控制下的以美元为中心的"世界经济秩序"，而占有"巨大的中国市场"乃是"一个多世纪以来美国商人梦寐以求的"。但是，中国革命的胜利打破了美国的迷梦。它怎能不痛心疾首？今天，中国一天天强盛起来，它又怎能甘心呢？特别是美国非常清楚，"资本主义基本上是一个国际体系，一旦在国际上行动不开，就要彻底崩溃的"④。当今天美国的安全更取决于美国经济的强大，而美国经济又更加有赖于美国开发国外市场时，美国所要做的首先是维持和扩大其在世界上的经济霸权地位。克林顿上台后提出"扩展战略"，"即扩大全世界市场民主国家的自由大家庭"⑤，不过是由美国实现经济霸权主义的同义语。仅仅为此目的，它也绝不容忍中国社会主义经济独立地发展下去。

第二，从政治和战略上看。美国一向自诩为世界文明的"灯塔"和各国效法的榜样，从来不允许有另一种社会经济制度与之竞争，何况这是一种比资本主义制度更先进的社会主义制度。它们从来认为社会主义存在本身就构成了一种威胁。对于苏联它就是这样做的。美国对外关系委员会成

---

① 这也是《纽约时报》1992年11月8日一篇文章的标题。
② 冯启人：《美国对华企图之演变——兼评〈东亚战略调整报告〉对中国的新围堵》，载《海峡评论》，1995(58)。
③ 毛铸伦：《新冷战的警号响了》，载《海峡评论》，1995(55)。
④ 沃尔特·拉菲伯：《美国、苏联和冷战(1945—1992)》，9页。
⑤ 《美国改变对外方针》，载《纽约时报》，1993-09-22。

员，东西方关系问题专家迈克尔·曼德尔鲍姆曾说："像苏联这样一个国家，即使它更自由化一些，也很难逃脱来自美国的指责，无疑，使俄罗斯人和其他原苏联人建立起一整套资本主义经济和政治体系，应该成为美国的一个长期奋斗目标；美国的最终目的应该使全世界每一个国家都实现这一点。"①苏联解体后，美国又把矛头对准中国。早在十多年前，美国著名史学家费正清就把美国当局对中国的心态刻画得入木三分。他说："我们感到我们的基本价值标准直接受到威胁。如果中国人自愿选择共产主义，那就可以断定人类的大多数是不会走我们的路——至少目前是如此。因此，我们在这场危机中聊以自慰的是，认为新的中共独裁政权并不代表中国人民相当大的一部分人利益，认为它只是靠武力和操纵手段才能维持下去。总之，我们认为它太坏，不能持久。因此作为一种原则和义务，我们必须反对它。"②这样，就很清楚地把反对社会主义中国提到了美国对外战略的高度。20世纪80年代以来，美国《国别人权报告》(中国部分)每次开篇第一段就是指责中国是"共产党一党专政"的国家，正是他们反华策略的表现。

第三，从意识形态上看。作为一个以商业精神立国而在"新大陆"逐渐发展起来的纯粹资本主义社会的美国，其价值观中包含着积极的因素，诸如美利坚民族的开拓革新精神、奋斗竞争精神、"沃伦梯尔"(志愿者)精神以及求实态度等，都有值得其他民族学习借鉴之处。但其占主导地位的价值观念则是统治当局竭力鼓吹的个人主义。1929年大危机时期担任总统的胡佛曾经说过："三个世纪来个人主义是美国文明的基本动力。"这种个人主义虽在美国社会早期发展中起过一定的积极作用，但随着时间的推移，社会的发展，个人主义已越来越走向自身的反面。正如美国学者丹尼尔·贝尔所指出，这种价值观强调的是"不受束缚的自我"和"享乐主义"，它正构成"西方所有资产阶级社会的历史性文化危机，这种文化矛盾将作为关

---

① 迈克尔·曼德尔鲍姆：《结束冷战》，载《外交》，1989(4)。
② 费正清：《美国与中国》，张理京译，334~335页，北京，商务印书馆，1987。

系到社会存亡的最重大分歧长期存在下去"①。卡特执政时期的国家安全顾问布热津斯基在《大失控与大混乱》一书中列出美国面临的十分严重的20个难题,包括贪婪的富有阶级;日益加深的种族和贫困问题;广泛的犯罪和暴力行为;大规模吸毒现象的蔓延;过度的性自由;社会上绝望情绪在内部滋生以及日益弥漫的精神空虚感等,无一不与美国个人主义价值观有关。但是美国却迫不及待地要把这种价值观推销到全世界。1992年2月,美国国务卿詹姆斯·贝克说:"苏联的崩溃产生了一个世纪才有一次的机会,在全世界推行美国的利益和价值观念。"②他们这样做是推行全球霸权主义的一个必然步骤。也正因此,他们对于坚持社会主义集体主义价值观的中国怀有仇恨和恐惧。美国《纽约时报》在一篇评论中露骨地攻击中国是"日渐缩小的共产党国家的代言人",还说,"当今世界上没有哪个国家比中国更敢于这么大胆地维护大部分美国人认为是过时或邪恶的意识形态和价值观念"③。

(3) 中美关系中的变与不变

当然,也不是说今后美国对华政策会一成不变。这里的关键是美国对外政策固然首先受制于以国内垄断集团为代表的各种利益集团的意愿,但同时也受制于其他各阶层、集团的利益和情绪,受制于其国力和国际形势,以及其外交对象国的状况。基于此,我们看到美国对华政策走向存在着若干制约因素。

首先,在世界日益多元化的今天,美国一家说了算的时代早已过去。其次,全球的包括美国的对外政策重点均已转向经济,一味遏制中国的做法会损害美国自身。正如外界一些报刊所指出的,"今天的安全就是贸易的权利。稳定就是搞好贸易平衡。……商人们利用外交为自己的事业服务"④。作为资本家总代表的美国白宫自然不甘心丢掉中国这个大市场。因

---

① 丹尼尔·贝尔:《资本主义文化矛盾》,赵一凡等译,132页,北京,生活·读书·新知三联书店,1989。
② 路透社华盛顿电,1992-02-05。
③ 《纽约时报》,1991-09-10。
④ 斯特罗坎:《当睡狮醒来时》,载《莫斯科新闻周刊》,1994-02-06。

此，每当它们举起人权大棒时，立刻就会出现一种两难处境，"是输出价值观，还是只输出商品"①。在"经济学对人权"的辩论中，美国有时不得不有所后退。这是其自身经济利益使然。再次，中国的经济改革和经济发展使世界重新认识中国，美国顽固的反华立场不得人心。中国的日益强大已为世人所共识，中国正在建立社会主义市场经济体制。一切尊重我国主权、愿与我国平等贸易的国家和商人都能在与中国的正常交往中得到好处。中国市场正越来越具吸引力。在这种情况下美国千方百计遏制中国的做法，日益显现出违时悖理、倒行逆施的特点。连"美国大企业对满足政府野心而失去自己的机会也感到厌烦"。"中国的繁荣触及美国差不多所有资本货物部门，当然也影响着几百万为工作岗位拼搏的美国人。"②此外，美国始终有一批老资格战略家如基辛格、布热津斯基等，他们对中美关系有深远的谋略，对美国整体利益看得清楚。还有一批前任、现任政府官员以及温和保守派思想者，如前国防部、国务院重要官员傅立民、洛德、哈里·哈丁等，他们也主张为了美国的长远利益而和中国建立一种稳定的战略关系③。他们的主张不能不对美国当局的决策产生影响。正因此，美国对华政策在不断调整过程中。1997年5月，时任美国国务卿奥尔布赖特在一次演讲中明确指出，"在影响亚洲21世纪的发展进程方面，没有一个国家的作用会超过中国。中国人口众多，幅员广大，它成为不断发展的现代经济和军事强国是历史上的一件大事"，遏制"政策设想实际上肯定会得出违背美国利益的结果"④。看来，这句话抓住了问题的实质。

那么，美国当局会不会从此就不再遏制与干涉中国？不会，因为至少美国目前不会放弃其世界霸权的梦想。再说，白宫椭圆形会议桌边的脑袋即"垄断资本家集体"的脑袋总要比单个或部分的资本家高出一头。他们不会忘记作为一种更先进的制度——社会主义制度的崛起，不能不是对资本主义制度和价值观的信誉的直接挑战。他们鼓励本国商人在中国做买卖，

---

① 《贸易对人权》，载《纽约时报》，1994-02-06。
② 《克林顿对华政策深陷死胡同》，载《新德意志报》，1994-04-26。
③ 李正信：《美国对华政策大辩论时起时伏》，载《世界知识》，1997(8)。
④ 《航空和空间技术周刊》，1997-05-12。

一是为了商业利益，二是由此自然可以作为从政治上、经济上、价值观上影响中国的一个渠道。这又是不会改变的。

2. 中俄关系特点

(1)1917年十月革命前中俄关系三特点

一是，中俄是最晚发生外事往来的邻国。虽然，中俄两国之间确有史证的传闻和接触在中国元朝时期已经开始，但那是通过蒙古作为中俄两国早期联系的桥梁。中俄两国直接接触开始于17世纪中叶。这之前，中国历代政府先后同西方、东方及南方国家均发生了外事往来，唯独北方是空白。同样，中俄两国接触之前，俄国同北方、西方和南方诸国发生了外交关系，但未同东方大国中国发生关系。①

二是，接触之初，俄国东进先锋哥萨克与先前欧洲海上殖民者一样，在东进过程中使用野蛮的手段，烧杀抢掠。16世纪下半叶，沙俄势力开始越过乌拉尔山向东方扩张，逐步吞并了西伯利亚广大地区。17世纪上半叶，他们到达兴安岭以北地区和贝加尔湖，扩张到我国边境。1643年（崇祯十六年），这伙哥萨克南下闯入我国黑龙江北面支流精奇里江一带，对达斡尔等族人民进行侵扰。他们杀人抢劫，无恶不作，甚至丧心病狂地吃了50个我国居民，达斡尔人称他们为"食人兽"。此后，俄国殖民主义分子哈巴罗夫按照沙皇指令，又一次纠集哥萨克军侵入中国境内。1651年（顺治八年），强占了黑龙江上游北岸的雅克萨。同年6月，在攻下一座达斡尔族居住的城堡时，残忍地杀害了600多人，掠走300多名妇女、儿童，还抢走300多头牲口和大量谷物。在遭到我国军兵英勇反击后，哈巴罗夫被迫向黑龙江上游退去。此后，沙俄侵略者的多次侵扰均被我国军队击退。面对当时强大的中国，沙俄政府被迫接受清康熙皇帝的严正要求，与中国谈判。1689年9月7日（康熙二十八年七月二十四日）中俄代表正式签订了《尼布楚条约》，确定了两国之间沿格尔必齐河、外兴安岭至海的东段边界，从法律上肯定了黑龙江和乌苏里江流域的广大地区是中国领土。条约

---

① 林军：《中苏关系(1689—1989)》，3~4、7页，哈尔滨，黑龙江教育出版社，1989。

还规定了两国边界贸易互市，确定了中俄两国关系"永敦睦谊"的原则。《尼布楚条约》是第一个中俄边界条约，也是一个平等条约。此后两国大体上保持了一个半世纪的和平交往。也正是在这以后，中俄商业贸易、文化交流有了发展并日益密切。1731年，雍正皇帝曾派使团赴俄。俄国著名文学家普希金、冈察洛夫、列夫·托尔斯泰、契诃夫等均对中国和中国文化颇感兴趣。1828—1829年，普希金在诗中吐露："我准备好啦，……哪怕去到遥远的中国万里长城边。"①托尔斯泰1862年写的一篇名为《教育的定义和进步》的文章，谴责了欧洲文明的传播者在中国的行为。他最有名的一篇文章是1906年写的《致中国人的信》。②

三是，19世纪夺去了中国大片领土。19世纪下半叶俄国逐渐发展为军事封建帝国主义国家。由于农奴制残余的存在，垄断资本的软弱，国内市场狭小，国际上又缺乏竞争力，便主要靠沙皇政府的扩张政策来扩展地盘，开辟国外市场。对于中国富饶的领土，沙俄早已垂涎欲滴。由于沙俄是一个被恩格斯称之为"有多大本领就能干出多大的伤天害理的事情"③的国家，其侵略中国的手段也极为凶狠狡诈。1858年(咸丰八年)沙俄政府趁鸦片战争后中国日渐衰微之机强迫清政府签订了不平等的中俄《瑷珲条约》，同年又强迫清政府签订不平等的中俄《天津条约》，1860年(咸丰十年)签订不平等的中俄《北京条约》和1864年(同治三年)签订不平等的勘界议定书——中俄《勘分西北界约记》，共割占了150多万平方公里的中国领土(相当于三个法国)，还从政治、军事、经济、文化等方面攫取了许多侵略权益，突出表明其以领土扩张为重要内容的特点。

(2)十月革命后对华关系的两重性

十月革命后，苏俄对华关系与沙俄时期有本质不同。1919年和1920年苏俄两次发表对华宣言，宣布废除沙俄同中国缔结的不平等条约，放弃在中国的租界和特权，放弃庚子赔款，并且给予中国人民革命斗争以真诚的支持。对华宣言传至中国后，在中国民众中激起强烈反响。全国30余个

---

① 孙成木：《俄罗斯文化一千年》，312～313页，北京，东方出版社，1995。
② 俄通社—塔斯社图拉电，1997-04-25。
③ 《马克思恩格斯全集》，第22卷，17页，北京，人民出版社，1965。

重要团体通电苏俄政府表示感谢。南方中国政府在复信中亦充满感激之情。

但是无产阶级掌握政权后,并不意味着国家利益和民族利益的消失,也不意味着在外交领域中的传统影响立刻就可以荡然无存。即使苏俄早期对华政策也仍然存在着民族利己主义和某种程度的干涉内政,其中亦不乏"输出革命"的成分。例如,1921年苏俄以追击白卫分子为名,将军队开进外蒙古并拒不撤兵,甚至于同年11月5日与外蒙古签订了"友好条约",苏俄政府"承认蒙古人民政府为蒙古的唯一合法政府"①。遭到中国北京政府的严重抗议。关于中东铁路,苏俄也于1921年11月宣布"中东铁路乃用俄国人民之款筑成……该路向系我国之产业",不肯归还中国。

这种两重性政策在第二次世界大战结束前夕又一次凸显出来,这就是前文已提到的苏联根据1945年《雅尔塔协定》攫取了在我国东北的权益。这里还暴露出苏联领导人这样做的深刻思想根源,即相当程度上继承了沙俄的大国沙文主义。斯大林在1945年9月3日发表的演说中称:"俄国军队1904年在俄日战争中的失败在我国人民的意识中留下了沉痛的回忆。这是我国的奇耻大辱。我国人民相信并期待着有朝一日粉碎日本,洗刷掉这一奇耻大辱。我们老一代等待这一天等了40年。"②显然,斯大林把反法西斯的第二次世界大战和1904年日俄之间一场狗咬狗的帝国主义战争相提并论,这种错误观念不能不在苏联外交政策中打上深深的烙印。当然,也不能把苏联当时的政策与帝国主义政策做同等看待,苏联政府从总的方面还是给了中国人民以多方面的关心和援助。例如,在中国全面抗日战争爆发初期的1938年,苏联两次贷款给国民党政府,无论从规模和品种来看都远远超过当时美国的援华。苏联还向中国派出了军事顾问和志愿飞行员。在中国人民解放战争时期,尽管一开始苏联担心中国人民的革命战争前景暗淡,甚至要求中国共产党解散自己的军队,加入蒋介石领导的政府。但在以后的实践中并未站在蒋介石一边。后来,斯大林还在1948年2月当着季

---

① 世界知识出版社编:《国际条约集(1917—1923)》,716页,北京,世界知识出版社,1961。
② 转引自弗拉迪米尔·德迪耶尔:《苏南冲突经历(1948—1953)》,99页。

米特洛夫和南斯拉夫同志的面承认在中国问题上犯了"错误"①。1949年7月，斯大林在与刘少奇会谈时又一次深感内疚地做自我批评说，"我们觉得我们是妨碍过你们的"，"因为我们常常是不够了解你们事情的实质，可能讲错话"②。这表现出一个无产阶级革命家的胸襟。

在一些重大问题上斯大林也曾尊重中国的意见。这一点可从1949年1月中旬斯大林和毛泽东6封往来电报中看出。电报背景是当时蒋介石政权已处于岌岌可危的境地，共产党领导的军队即将横渡长江，打到南京，解放全中国。蒋介石为保存反动势力，于1949年元旦亲自出马"求和"，请求美苏英法出面"调停"，以摆脱困境，伺机卷土重来。对于如何答复蒋介石的请求，斯大林征询毛泽东的意见，双方来往了6封电报。最后，斯大林接受毛泽东的意见，通过《消息报》发表报道，拒绝了南京政府的请求，声明"中国的统一是中国人民自己的事情"，苏联无权干涉。这说明，斯大林并没有反对中国人民解放军横渡长江，解放全中国；同时中国共产党则是完全独立自主的。

(3)1949年中华人民共和国成立后两国由兄弟关系转变为长达30年的争论和敌对

关于这一历史过程，前文已从中国反对苏联大党大国主义角度做了论述。对两党两国长达30年的争论和敌对究竟应做何种评价，固然是个复杂的问题，需要认真加以研究，但是，目前一些著作的提法也是令人难以苟同的。例如，俄罗斯科学院俄国历史研究所出版的《"冷战"年代苏联对外政策(1945—1985)》一书中提到中苏论战时说，"这种思想争论带有纯粹经院哲学的性质"，并认为"中苏两党领导人的巨大悲剧在于，他们都不善于辨别意见分歧的真正原因"。似乎这场争论纯属无谓争吵。显然，这种看法把问题大大简单化了。中苏争论自1956年苏共二十大起，到1961年苏共二十二大时更形加剧了。其中的对立难道就不带有某种原则性？人们把

---

① 弗拉迪米尔·德迪耶尔：《苏南冲突经历(1948—1953)》，98页。
② 师哲回忆，李海文整理：《在历史巨人身边》，414页，北京，中央文献出版社，1991。

戈尔巴乔夫称之为"二十二大产儿"①并非偶然。这位把苏联引向解体的主要代表人物,正是从听了赫鲁晓夫二十大秘密报告后开始形成其"政治个性",而在"五年之后,在苏共二十二大上"便把这一个性"固定下来"②了。实际上,赫鲁晓夫时代培养了一批民主社会主义的崇拜者。正是他们把一场社会主义自我完善的改革引向了资本主义的道路。

当然,无可否认,中苏争论也确实给中国造成了严重的"左"的氛围。随着中苏两党矛盾的激化和国际性大论战的展开,"以阶级斗争为纲"的"左"倾观点逐步系统化和理论化,最后导致在国内发动"文化大革命"的严重错误。③

中苏关系于20世纪80年代后期逐步走上正常化轨道。1991年年底苏联解体后,俄罗斯联邦与中国的睦邻友好关系有了发展。中俄两国拥有的4000多公里的共同边界,其中绝大部分已经用法律的形式确定下来,历史遗留的并不时造成摩擦的边界问题正在逐步得到解决。两国经贸和科技合作日益扩大。两国都反对建立单极世界。中俄的战略协作伙伴关系正在全面发展。然而,这种既非结盟,又非针对任何第三国的新型关系,却引起美国当局一些人的惊恐不安。他们沿用冷战思维方式,不断揣度"是否将开创一个莫斯科对美国打中国牌,而北京则对华盛顿打俄罗斯牌的新时代?"④这也许就是庸人自扰吧。

3. 中日关系特点

(1)日本走上侵略道路时即以推行侵略中国和朝鲜的"大陆政策"为基本国策

中日两国友谊源远流长,据我国史书记载,远在两千多年前中国就已有人前往日本。其后两国人民的往来史不绝书。中国隋唐时代与日本天

---

① 达斯科·多德尔、路易斯·布兰森:《戈尔巴乔夫——克里姆林宫的异教徒》,隋丽君、施鲁佳译,23页,北京,新华出版社,1991。
② 达斯科·多德尔、路易斯·布兰森:《戈尔巴乔夫——克里姆林宫的异教徒》,隋丽君、施鲁佳译,23页。
③ 席宣、金春明:《"文化大革命"简史》,52~56页,北京,中共党史出版社,1996。
④ 《叶利钦访问北京使华盛顿惊恐不安》,载《香港虎报》,1996-04-24。

平、平安时期的友好往来，更堪称国际关系之楷模；李白、王维与阿倍仲麻吕之深情厚谊，更是举世共赏的千古佳话。①

但是，自19世纪下半叶开始，中日关系剧变，人民之间的传统友谊也遭到严重破坏。1868年日本实行明治维新，从封建主义向资本主义转变，同时就走上了对外侵略的道路。在当年以天皇的名义发表的"宸翰"中即宣布要"开拓万里波涛，布国威于四方"②，而其主要矛头则是中国和朝鲜。特别是1894—1895年的中日甲午战争为日本经济发展带来了极大的好处。日本通过签订不平等的《马关条约》夺取了中国的台湾和澎湖列岛，从中国攫取了2亿两白银赔款，以及大量经济特权，使日本的工业革命进入了完成阶段，并迅速挤进帝国主义列强的行列。对中国则是灾难性的。这2亿两白银加上赎还辽东半岛的款项③，共达2.3亿两，接近于清朝政府全年总收入的3倍。清政府大借外债，使列强通过侵略性的政治贷款进一步控制中国。

(2)19世纪末以来，日本"时刻都在迫害着中国各民族的生存"

毛泽东曾经指出："日本帝国主义利用其和中国接近的关系，时刻都在迫害着中国各民族的生存，迫害着中国人民的革命。"

事实是，日本帝国主义把灭亡中国作为既定国策，甲午战争后变本加厉地侵略中国，包括参加八国联军，残酷镇压义和团运动，1901年强迫清政府签订《辛丑条约》；1904年至1905年同沙皇俄国在中国东北进行争夺远东霸权的战争；1915年向袁世凯提出灭亡中国的"二十一条"等，一直到1931年发动"九一八事变"，制造伪满洲国，继而于1937年发动"七七事变"，赤裸裸地对中国发动大规模侵略战争，给中国人民带来了空前深重的灾难，同时也给日本人民造成了重重苦难。

---

① 吴学文等著：《中日关系（1945—1994）》，前言1页，北京，时事出版社，1995。

② 藤田省三：《日本思想大系54》，193页，东京，岩波书店，1978，转自中国社会科学院近代史研究所编：《日本侵华七十年史》，4页，北京，中国社会科学出版社，1992。

③ 《马关条约》还规定将中国辽东半岛割让给日本，因此举与列强在华利益发生冲突，特别是遭到俄、德、法三国的强烈反对和武力威胁，日本被迫还辽，但从中国索取还辽巨款3000万两白银。

但是，中华民族自强不息，经过浴血奋战，取得了抗日战争的光辉胜利。这一胜利扭转了一百多年来中国同帝国主义武装侵略作战屡遭失败的局面，成为我国近代史上一个重要转折点，大大提高了我们的民族自觉性和自信心。

(3)"民间先行，以民促官"，实现中日关系正常化，成为国际关系史上一大创举

日本在第二次世界大战中失败，中国人民抗战胜利和中华人民共和国的诞生，使日中两国改变了侵略与被侵略的关系，有条件在新的形势下，以平等的地位重新建立正常的国家关系。这是战后中日关系的一个显著的特点。但美国通过1951年9月签订片面的对日和约和在它操纵下使日本与蒋介石集团签订"日台条约"，在中日关系正常化的道路上设置了重重障碍。中国政府和中国人民从两国关系及亚洲及太平洋地区的和平与发展的大局出发，与日本人民一道，展开了"国民外交"，即从民间往来开始，以积累渐进的方式，逐渐创造条件，进而推动日本官方改变对华政策，使中日关系向前推进。周恩来总理明确指出，"中日建交问题上有困难，困难不仅在内部，而且更大的困难是由于外来的干涉和压力"[1]。"要打破恢复中日邦交的困难局面应该采取什么步骤呢？……我们的想法是，先从中日两国人民进行国民外交，再从国民外交发展为官方外交，这样来突破美国对日本的控制。……总有一天，日本外交的独立性会更加强，水到渠成，日本撤消对台湾的承认，中日会恢复邦交。"[2]为了争取中日关系正常化的实现，中日两国人民历经无数艰难曲折，无数仁人志士为之耗费了大量心血，献出了毕生的精力，在中日关系史上写下了可歌可泣、激动人心的篇章。它像一条醒目的主线，贯穿在战后中日关系史的进程之中[3]。1972年9月中日终于实现了关系正常化。这在国际关系史上是一个创举[4]。值得一提的是当时有这样一个插曲。一贯追随美国的日本政府，在美国尼克松

---

[1] 《周恩来外交文选》，170、228页。
[2] 《周恩来外交文选》，170、228页。
[3] 林代昭：《战后中日关系史》，6页，北京，北京大学出版社，1992。
[4] 吴学文等著：《中日关系(1945—1994)》，序言。

总统动身访华前还一直蒙在鼓里，1972年2月28日尼克松访华公报发表时，据说佐藤首相简直被弄得呆若木鸡。日本人惊呼被美国搞了"越顶外交"。佐藤被迫下台，新上任的田中下决心赶在美国之前与中国建交。

(4) 中日关系的进展和问题

迄今为止，中日关系已迈出了历史性的三大步：1972年9月中日两国政府发表《中日联合声明》，正式建立外交关系，实现了邦交正常化；1978年签订了和平友好条约；1992年实现了江泽民总书记和明仁天皇的互访。中日经济关系和民间往来也日益密切。中日关系正常化25年来，两国贸易额是正常化前的60倍，日本已成为中国最大的贸易对象国，中国已成为日本的第二大贸易国。日本对华投资不断增长，目前直接投资达44亿美元，与美国不相上下；人员交流增长了约100倍。但是，百年来中日关系中的两大问题：台湾问题和侵略战争问题仍未真正解决。日本政界始终有一股势力与台湾当局搞所谓"实质关系"，不时有不利于中日关系的言行。1997年8月17日，日本内阁官房长官梶山静六发表台湾地区包括在日美"防卫范围"的严重侵犯中国主权的言论就是一例。日本一些政界人士至今还在"上次战争的侵略性质"以及"南京大屠杀"等问题上一再发表谬论。20世纪90年代以来，日本政治右倾化明显发展，"中国威胁论"甚嚣尘上，中日关系有所倒退。日本的历史传统中一种消极的因素再次浮现出来。1997年9月上旬，日本首相桥本龙太郎访华，对过去日本的侵略表示深刻反省和由衷道歉。日本《朝日新闻》和《东京新闻》等报在肯定这种态度之余纷纷表态，不能"止于口头"，"如果'一方面表示反省战争，另一方面又有内阁成员发表歪曲历史的言论'，是不能解决问题的"[①]。

(三) 美苏、苏日、日美关系的特点

1. 美苏关系

(1) 沙俄为美国发表"门罗宣言"和"门户开放"政策提供了机会

早在美国独立战争时期，俄国因不满英国的海上封锁政策，曾于1780年组成以它为首的"武装中立"同盟，在一定程度上打破了英国的海上封

---

① 《日本报纸就桥本首相访华发表社论》，载《人民日报》，1997-09-04。

锁，有利于美国独立战争。后来由于美国执行孤立主义政策，俄国除了1867年以720万美元把阿拉斯加这块地大物博的地区卖给美国外，俄美交往并不密切。但是1823年美国"门罗宣言"和1899年"门户开放"政策的提出，都是美国利用俄国作为自己制造舆论的工具。这种情形是耐人寻味的。

19世纪20年代美国企图通过支持当时拉美各国的独立，向拉美扩张，这与欧洲列强特别是与英国发生了利益冲突。英国外交大臣于1823年8月向美国提出由英美共同保证不占有拉美的任何部分，不允许原西属殖民地的任何部分转让给其他国家，并以共同抵御神圣同盟对拉美的武力干涉为由，要求美国从速同英国发布共同宣言，以约束美国在拉美的行动。美国不敢公开拒绝英国，担心英国会倒向神圣同盟；但又不愿接受英国建议，怕由此中了英国的圈套。正在这时，1823年10月，俄国政府表示出于自己的"政治原则"，不打算承认拉美各国的独立，并要求美国保持中立。这恰好给了美国一个机会，摆出一副同俄国论战的姿态，在不得罪英国的情况下，向世界宣布美国对拉丁美洲问题的原则立场。1823年12月2日，美国总统门罗发表了国情咨文，加上致俄国照会等，全面阐述了美国对拉美的政策，提出了"美洲殖民体系""互不干涉原则"和"不准殖民原则"三项基本原则，强调美洲与欧洲政治制度根本不同，对于欧洲干涉美洲事务的行为，美国不能置之不理。这在当时有防卫性的一面，但排斥欧洲是为了拓清地盘，由美国取代欧洲列强在美洲的地位①。显然，与俄国公开仇视拉美独立相比较，美国的外交策略带有极大的隐晦性。19世纪末，沙俄于侵占中国旅顺、大连后，在全世界面前充分暴露了自己独占满洲的野心。为了抚慰列强，避免孤立，1899年由沙皇发表了宣布大连为自由港的敕令，还假惺惺地希望美国和它一起采取步骤，"保护中国的独立"。沙皇的敕令给了美国阐述其对华政策的"天赐良机"。美国正是借着这一良机而于1899年9月发表了第一个"门户开放"照会，承认列强在华均势，同时要求保护美国在华利益。照会成为美国对华侵略的得心应手的工具。这里，美

---

① 见杨生茂主编：《美国外交政策史(1775—1989)》，85~99、221~223页。

国又显得比俄国技高一筹。俄国由于其经济实力不足，主要靠的是强力侵占，美国却主要用的是经济手段。美国之所以承认列强在华均势，目的在于以其雄厚资本同列强竞争，以扩大美国在华经济扩张的地盘。当时的美国国务卿约翰·海伊私下里说，美国利用"门户开放"政策同列强在中国角逐，"我们将使他们浑身冒汗"①。

美俄两家外交的不同特点，在往后的历史发展中一再表现出来。

(2)十月革命后美国始终从根本上与苏联势不两立

1917年俄国十月革命胜利后，时任美国国务卿兰辛当时把苏俄于11月8日通过的"和平法令"叫作"对各国现存社会制度的直接威胁"②。他向威尔逊总统报告说，"如果布尔什维克继续掌握政权，我们就毫无指望"③。威尔逊1919年也说，"莫斯科政体在一切方面都是对美国的否定"④。美国学者认为，美苏冷战从1917年即已开始。在资本主义国家中，美国第一个对苏维埃国家实行了经济封锁。美国又是最晚正式承认苏联的资本主义大国(1933年才承认)。尽管在20世纪20年代苏俄以及列宁本人多次表示与美国恢复发展正常贸易关系的愿望，强调苏俄"决定与美国和一切国家特别是美国达成协议"⑤，美国根本不予理睬。他们陶醉于20世纪20年代的暂时繁荣，自觉财大气粗，认为苏俄没有外国首先是美国的经济援助，其陨落指日可待。后来证明他们是完全失算了。

1929—1933年世界经济大危机，把美国扰得惶惶不可终日。而这时的苏联，正在顺利地执行第一个五年计划。在这种情况下，美国消灭苏联的希望已成泡影，而且不得不对苏联刮目相看了。1933年6月，苏联代表在

---

① 见杨生茂主编：《美国外交政策史(1775—1989)》，85～99、221～223页。

② 《兰辛文件》，第2件，344页，转引自瓦里科夫：《苏联和美国——它们的政治经济关系》，北京编译社译，24页，北京，生活·读书·新知三联书店，1965。

③ 《兰辛文件》，第2件，344页，转引自瓦里科夫：《苏联和美国——它们的政治经济关系》，24页。

④ 罗伯特·布劳德：《苏美外交的起源》(Robert Paul Browder, *The Origins of Soviet-American Diplomacy*)，13页，普林斯顿，1953。

⑤ 帕·特·波德莱斯内依：《苏美五十年的外交关系》(П·Т·ПОДНЕСНИЙ, *СССР И США 50 ЛЕТ ДИЛОМАТИИ ОТНОШЕНИЙ*)，11页，莫斯科，国际关系出版社，1983。

伦敦国际经济会议上宣称，苏联打算在近期内从国外订购价值10亿美元的货物，这使得美国工商界大为不安，他们生怕由于美国执行拒不承认苏联的政策而可能使这块"肥肉"被欧洲商号抢走。这些美国商人的心态被当时美国著名的政治评论家伍·罗杰斯一针见血地指了出来。他说："只要有人买美国的东西，它就会连魔鬼也承认。"①加上共同反对德日法西斯威胁的需要，而使美国把当年的寇仇变成了盟友。在第二次世界大战中，美苏两国相互支援，对战胜共同敌人法西斯起了积极作用，对人类做出了贡献。但是美国统治当局中总有一些人对苏联抱着敌对态度。最典型的就是，当1941年6月22日希特勒背信弃义地进攻苏联时，当时的参议员哈里·杜鲁门幸灾乐祸地声明，"如果我们看到德国快要打胜，我们就应当帮助俄国，而如果俄国快要打胜，我们就帮助德国，这样一来，就可以使他们尽量彼此歼灭"。即使主张援助苏联的罗斯福总统，在1941年6月给美国前驻莫斯科大使约·戴维斯的信中也说，"不论我，还是您，都不接受共产主义，但是为了过桥，我向魔鬼伸出手来"②。据记载，早在1941年6月，"遏制"一词已充斥华盛顿官员的头脑。

第二次世界大战结束，美国的势力达于全球顶峰。为了推行全球霸权主义，它把苏联看成最危险的敌人。苏联则采取措施与之对抗。这是战后40年美苏冷战的一个基本原因。

(3)美苏争霸两败俱伤

20世纪50年代中期起，赫鲁晓夫执政时，苏联走上了与美国争霸的道路，企图实现"苏美合作，主宰世界"。勃列日涅夫时期则进入与美国全球争霸期。赫鲁晓夫说："国际紧张局势的情况就像一棵卷心菜。如果你把菜叶一片一片地剥去，就会看到菜心。而国际紧张局势的核心就是苏美关系。"③这是他吹嘘美苏关系之重要，但也不无道理。从50年代起，美苏

---

① H.H.雅科夫列夫：《轮椅总统罗斯福》，宋竹音等译，219页，北京，北京出版社，1987。
② J.加迪斯：《俄国、苏维埃联邦与合众国》，149页，转引自H.H.雅科夫列夫：《轮椅总统罗斯福》，404页。
③ 《纽约时报》，1959-11-05。

两家争霸世界，愈演愈烈，特别是美国深陷越南战争不能自拔，其国力的鼎盛期到 60 年代末终于告一段落，而所面临的是内外交困的局面。苏联则以 70 年代末出兵阿富汗，支持越南侵柬为标志，也进一步陷入内外交困的境地。正如《大国的兴衰》一书作者保罗·肯尼迪所指出的，过度侵略扩张并造成经济科技相对衰退落后，是导致大国衰落的原因。

(4) 美国等国的压力和戈尔巴乔夫的民主社会主义是导致苏联解体的一个重要因素

苏联的改革势在必行，但到底沿着什么方向改革，却是关系苏联前途命运的大问题。美国不断地通过经济、政治、人权等方式向苏联施加压力。他们始终追求着一个既定的目标，即"使俄罗斯人和其他苏联人建立起一整套资本主义社会经济和政治体系"。而戈尔巴乔夫则在这种压力面前步步倒退。1985 年他刚上台时还没有否定社会主义，主导思想大体是积极的。但是，在美国和西方的压力下，他原有的民主社会主义思想便日益抬头，开始鼓吹用所谓"全人类标准"来改造社会主义。进入 20 世纪 90 年代，戈尔巴乔夫和其他一些苏联领导人为了"逃脱来自美国的指责"，更进一步地去迎合西方的口味。戈尔巴乔夫于 1991 年 6 月说："我们已经摆脱了一种制度，更准确地说是完成了一种制度的瓦解工作，但还没有进入新的制度。"及至"8·19"事件以后，戈尔巴乔夫公开宣称，"从今以后，苏联已经被看作是民主社会不可分割的一部分了"①。这一切说明，戈尔巴乔夫已为 1991 年 12 月 25 日苏联的解体预先敲起了丧钟。难怪 1991 年 12 月时任美国国务卿詹姆斯·贝克在一次讲话中对戈尔巴乔夫大加褒奖。他说，瓦解共产主义的"成就可能主要归功于一个人：戈尔巴乔夫，如果没有他，我们目前正在应付的转变便不会发生"，"因为这一点，世界感激他"②。苏联解体的原因是多方面的，但是美国和戈尔巴乔夫等人内外的合力，是其中关键因素之一。

---

① 戈尔巴乔夫会见欧洲人权会议的各国代表团团长时的谈话。塔斯社莫斯科电，1991-09-10。转自宋以敏：《苏联巨变和战后世界格局的解体》，见杜攻主编：《转换中的世界格局》，31 页，北京，世界知识出版社，1992。

② 贝克 1991 年 12 月 12 日在美国倡议召开帮助苏联人的世界会议上的讲话。

2. 苏日关系

(1)近代以来日俄关系长期敌对

日俄两国接触时间相对较晚，迄今最多 300 年时间。然而从 17 世纪俄罗斯向东亚远征到第二次世界大战中日俄之间兵戎相见，两国关系始终如一对冤家。两国曾为库页岛和千岛群岛发生领土争执，经过两个世纪争夺，才于 1875 年 5 月由两国签署《桦太（库页岛）与千岛交换条约》，明确将库页岛划归俄国，而将千岛群岛全部划给日本。然而，两国只维持了约 30 年的和平，又于 1904 年至 1905 年发生了日俄帝国主义战争。十月革命后，日本曾出兵西伯利亚进行武装干涉。1938 年 8 月两国在哈勒欣河发生冲突。第二次世界大战末期苏联出兵东北，为最后战胜日本法西斯做出了贡献。但战争期间苏军占领了国后、择捉、齿舞（群岛）和色丹等被认为是日本领土的"北方四岛"。在日本人内心深处，这是旧恨加新仇。

(2)第二次世界大战后日苏关系受制于世界冷战大格局和领土问题，一直处于低水平

第二次世界大战后初期，日本为重返联合国，有求于苏联，在美国认可下于 1956 年与苏联实现邦交正常化。但一直未能就"北方四岛"的领土悬案和缔结和平条约问题达成协议，日苏关系少有进展。从 20 世纪 70 年代中期到 20 世纪 80 年代中期两国关系还进一步恶化。此时美中、日中关系发展起来，苏联担心其对外扩展受到中美日三国抑制，大力分化日美关系，挑拨中日关系。日本也对苏联采取强硬立场，称苏军对日本是"潜在威胁"，宣布日本是"西方一员"。日苏关系进入冷战后"最冷时期"。这种局面在戈尔巴乔夫上台后有所缓解，但"北方四岛"问题仍然悬而未决，这成了日俄关系"在喉的硬骨"。

(3)苏联解体后日俄关系处于过渡期

1991 年年底苏联解体后，日俄力量对比对日有利，日本力图利用俄地位降低的机会建立日俄新关系。但由于"北方四岛"所具有的重要战略价值，日俄两民族强烈的民族主义情绪以及两国长期以来的对立，使得领土问题一时难以解决。但日俄关系与以往日苏关系相比已有很大转变。军事上，日俄双方互为威胁的程度有所减少。今后决定日俄关系的不仅有领土

争议，更主要的是俄罗斯所处的国内国际形势和两国经济的实际利益。20世纪90年代中期以来，俄日关系有进一步好转迹象。对俄国而言，由于在西侧未能成功地阻止北约东扩，因此希望在东侧外交上取得进展。俄国在开发能源问题上的困境，又使它迫切希望借助日本的经济技术力量。日本报纸还提及俄国想以此"应付中国的大国化"①。对日本而言，也试图改善与俄关系以形成东亚的"势力均衡"。时任日本首相桥本于1997年7月24日提出了改善日俄关系三原则："信任""互利"和"长远观点"，为的是在强化日美关系，加强日中关系之后，也打开对俄关系，完成日本的全方位外交战略，从而使日本在外交方面也成为不逊于其他国家的政治大国②，并且由此加强日俄经济合作。

3. 日美关系

（1）日本在美国压力下被迫"开国"

19世纪前半期，西方列强力图把日本纳入资本主义世界市场，成为它的组成部分。但鸦片战争后，英国等国把侵略目标集中在中国身上，在日本开国问题上被美国抢了先。

美国为了牢固占领中国市场，要求在日本设立船只停泊地、储煤基地和供应基地。1854年日本在美国武力威胁下，被迫与美国签订《日美亲善条约》。从此日本放弃了200多年来闭关自守政策。日本在面临半殖民地化危机的情况下于1868年实行明治维新，走上资本主义发展道路。

（2）日美矛盾尖锐，冲突不可避免

日本在19世纪末发展成军事封建帝国主义国家，疯狂向外特别是向中国侵略扩张，企图把中国变为日本的独占殖民地。这对急于夺取远东和太平洋地区霸权的美国来说，是不能容许的。因而在远东与太平洋地区，日美矛盾日益突出。正如列宁所说，"几十年来这两个国家的经济发展，积下了无数的易燃物，使这两个大国为争夺太平洋及其沿岸地区的霸权而必然展开殊死的搏斗。远东的全部外交史和经济史使人毫不怀疑，在资本主

---

① 佐佐木芳隆：《俄罗斯远东部队接近日美，两侧针对中国和欧洲》，载《朝日新闻》，1997-08-03。

② 张国成：《桥本提出对俄新政策》，载《人民日报》，1997-07-28。

义基础上，要防止日美之间日益尖锐的冲突是不可能的"①。1941年太平洋战争的爆发正是这一矛盾的必然结果。

(3) 第二次世界大战后作为日本外交基石的日美关系三阶段

战后至今，美国是日本最重要的对象国，日美关系是日本外交的基石，这种局面在可以预见的将来很难改变。战后以来日美关系经历了三个阶段，即从战后初期到20世纪70年代日对美依赖关系；20世纪70年代到20世纪80年代末的相互依赖关系；20世纪90年代后竞赛与合作关系。② 这种变化的根本动因是经济。日本经过20世纪60年代的高速发展，到20世纪70年代初，已一跃而为仅次于美苏两国的世界第三经济大国。进入20世纪80年代，整个国家的发展又进入一个新的时期。由此而来的是日美经济摩擦的加剧。到20世纪80年代末，日美商品性对抗在美国上升为国民感情上的对抗和日美国家之争。当时美国大多数人认为，"日本的经济力量比苏联的军事力量对美国的安全更有威胁"。有的人甚至说，"对美国资本主义的唯一最大的威胁来自另一个资本主义社会，即日本"③。美国还于1988年7月举行了以日本为假想敌的秘密演习。当然，由于日美经济上又有相互渗透，相互依赖的一面，双方在战略上也有共同利益，因之整个20世纪80年代两国摩擦中也有协调，"日美同盟"关系依然是日本对外政策的基轴。

及至20世纪90年代苏联解体后，日本强调积极参与建立世界"新秩序"，因而强调日美两国在亚太地区的协调合作，这也是日本背靠世界最强大国家，谋取自身发展的一贯做法在新形势下的表现。1997年6月8日，日美通过了修改《日美防卫合作方针》的中间报告。报告规定，在"日本周边地区发生紧急事态"的情况下，日本的军事力量将在"日美两国视为需要的时候"，出现在"日本的周边地区"。修改后的《日美防卫合作方针》

---

① 《列宁全集》，第34卷，308页，北京，人民出版社，1985。
② 以上内容参见刘江永主编：《跨世纪的日本——政治、经济、外交新趋势》，582页，北京，时事出版社，1995。
③ 诺曼·卡曾斯：《日本对美国的真正"威胁"》，载《基督教科学箴言报》，1988-02-25。

将成为日本军事力量从本土扩大到周边地区的第一个法理依据。有的日本报纸指出，日美"新同盟关系"已开始启动，而"新同盟的关键是对华战略"①。这不能不引起世人的警觉。

纵观近代以来特别是第二次世界大战结束以来中美俄日四大国关系发展的历程，不难看出这些国家在亚太地区乃至全球国际关系中的地位和作用。在美苏冷战结束，世界加速向多极化方向发展，经济日益成为国际关系重点的今天，大国关系既带有历史的痕迹，又具有新的特点。从历史角度看，美日俄三家都参加过帝国主义战争，都对中国进行过干涉和侵略，唯独中国成为受害的一方，遭受了巨大的痛苦和灾难。"己所不欲，勿施于人"，中国人民不仅强烈地渴望自由与和平，而且对霸权主义深恶痛绝。这已经成为中华民族性格特征中的一个组成部分。这在所有大国中是少有的。一些大国的当政者，对于中国的崛起，或故作惊讶，或惊恐不安，就是不愿意看到中国的富强。他们的这种心态，既是对旧时"荣光"的怀念，也是受现实利益的驱动。但在今天的国际形势下，要想阻挡中国的崛起是决然行不通的。对于我们中国而言，我们在处理大国关系时将既坚持与它们平等友好的交往，加强经济联系，借鉴各国一切对我们有益的经验和长处，发展与各国人民的友谊；同时要坚持独立自主，不屈服于任何大国的压力，不管这种压力是来自政治的、经济的、军事的，还是来自思想文化的。邓小平同志说得好："中国的事情要按照中国的情况来办，要依靠中国人自己的力量来办。独立自主、自力更生，无论过去、现在和将来，都是我们的立足点。中国人民珍惜同其他国家和人民的友谊和合作，更加珍惜自己经过长期奋斗而得来的独立自主权利。任何外国不要指望中国做他们的附庸，不要指望中国会吞下损害我国利益的苦果。"②这就是我们永远立于不败之地的根本法宝。

当我们分析大国关系时，我们绝不会忘记，第三世界的崛起是当代世界的头等大事，第三世界是推动世界历史进程的主力军。作为一个社会主

---

① 《开始启动的"新同盟"》，载《朝日新闻》，1997-04-27。
② 《邓小平文选》，第3卷，3页，北京，人民出版社，1993。

义国家，中国永远属于第三世界。毛泽东、周恩来、邓小平等老一辈革命家的这一重要遗训，我们将铭记在心。

（原载国家教委高校社会科学发展研究中心组织编写：《中外历史问题八人谈》，北京，中共中央党校出版社，1998年。此书1999年获中宣部"五个一工程"一本好书奖）

二、雅尔塔秘密协定与美苏对中国的政策

第二次世界大战末期，1945年2月4日至11日，美、英、苏三国首脑罗斯福、丘吉尔和斯大林在克里米亚半岛的雅尔塔举行战时第二次三国首脑会议。这次会议对加速大战进程无疑起了积极作用。但值得注意的是，会议期间，罗斯福和斯大林在讨论苏联对日作战条件时，达成了一项涉及中国权益的秘密协议。① 两国首脑的会谈是如此之保密，连英国首相丘吉尔也只是在美苏商妥之后，被请去在协定上签字。至于中国，直到同年6月14日，才接到这份秘密协定。

那么，美苏为什么要背着中国达成这一协定？美苏在这一时期的对华政策又是怎样的？本文试图对这些问题做一初步的分析。

（一）

从《雅尔塔秘密协定》字面上看，主要获利者是苏联，美国似乎并未捞取半点实惠，而且还要承担义务去向蒋介石做"说服"工作，使蒋介石接受苏联的条件。美国政界一些人士在雅尔塔会议以后曾大攻罗斯福。赫尔利宣称，罗斯福政府"投降了苏联"，美国没有必要在当时为了争取苏联对日作战而做出"让步"。这种攻评不过是抓住了事情的表面。其实，它有着更为复杂的背景和更深沉的底蕴。这就是，美国和苏联的基本目的在于，通过《雅尔塔秘密协定》划分势力范围并据此来解决中国问题。为了说明这一点，有必要对当时美苏所处经济政治地位及它们的外交政策做一番考察。

---

① 萨纳柯耶夫、崔布列夫斯基编：《德黑兰、雅尔塔、波茨坦会议文件集》，亚·菲舍尔注释，196页，北京，生活·读书·新知三联书店，1978。

《雅尔塔秘密协定》签订于大战末期。第二次世界大战后各西方国家政治经济实力消长上的一个重要特点是，英法严重削弱，德、意、日战败，只有美国通过战争使经济军事实力空前膨胀，爬上了资本主义世界的顶峰。这一结果，即使在雅尔塔会议召开前也已看得十分清楚。实力的增强，促使美国的称霸野心与日俱增，力图"建立美国在世界上的统治地位"①，从而明确地提出了其称霸世界的全球战略。而在美国全球战略中，占世界人口四分之一的中国，又是其全部侵略计划中的一个非常重要的组成部分。

为了把中国变为美国独占的殖民地，美国自第二次世界大战后期起，从总统罗斯福到杜鲁门，推行了一条扶蒋、限共、反共的对华政策。1945年1月，在美国国务院为罗斯福出席雅尔塔三国首脑会议所准备的《美国对华长期目标和政策大纲》及《英、美、苏的对华政策的统一》这两个文件上说："美国政府的长期对华政策是根据这样的信念：我们需要中国成为一个在远东起稳定作用的主要因素，这是出于该地区和平与安全的根本要求。"为此，美国"继续支持中国现在的政府，作为中国人民承认的中央政府。我们盼望在它的体系之内，建立中国所需要的、统一的、有效的政府"。文件还建议，"应争取英国和俄国的合作来达到这个目标"。美国之所以需要这样一个政府，完全是为了使中国在战后充当美国在亚洲忠实可靠的附庸。1943年3月，罗斯福就表示，中国一定要参加"大国圈子"，因为"中国由于同俄国存在着严重的政策冲突，将会毫无疑义地站在我们这一边"②。至于中国政府由谁来主持，早在1943年11月德黑兰会议期间罗斯福就做了明确表态。他说："蒋介石是唯一能把中国合成一块的人。"③因此，当中国战区美军司令、蒋介石参谋长史迪威等人对蒋介石消极抗战、

---

① 沃尔特·拉菲伯：《冷战的起源（1941—1947）》（Walter Lafaber, *The Origins of the Cold War*, 1941—1947），纽约，1971。

② 舍伍德：《罗斯福与霍普金斯》，下册，福建师范大学外语系编译室译，350页，北京，商务印书馆，1980。

③ 这次谈话根据哈里曼的译员爱德华·佩奇的记录稿，见 Herbert Feis, *The China Tangle*, 140页。

腐败顽固表示不满时，罗斯福对这种"降低蒋（介石）在中国威信"的做法大为不满。① 最后，在蒋介石要求下，于1944年10月将史迪威撤换。显然，为了把中国彻底地变为美国的附庸和殖民地就必须扶植蒋介石。有了蒋介石这样一个中国大地主大资产阶级的政治代表，美国才能顺利地推行对中国的计划。这是美国统治集团的既定政策。但是，"这项雄心勃勃的政策立即遇到了一大障碍：毛泽东领导的中国共产党军队正在逐步削弱蒋介石的统治"②。为了去掉这块最大的心病，"罗斯福和杜鲁门相继采取了以离间毛泽东和苏联为首要目标的政策"③。在他们看来，"苏联的影响将支配中国共产党的行动"④。

苏联对华的态度和政策究竟怎样？美国统治者对此一直忐忑不安，曾通过各种方式进行探询。1944年6月10日美国驻苏大使哈里曼在和斯大林、莫洛托夫的会见中，才算把底细摸得比较清楚。根据哈里曼的译员爱德华·佩奇的记录，斯大林曾说，在目前情况下，蒋介石是最恰当的人，因而必须给予支持。他说，他对任何中国领导人都不大了解。但是，他觉得蒋介石是中国领导人中最好的。统一中国的人，将是蒋介石。他说，他看不到其他可能成为领袖的人，并且举例说，他不相信中国共产党的领袖们有蒋介石那样好，也不相信他们有能力完成中国的统一。哈里曼问斯大林，在他看来，美苏共同对华政策应怎样？斯大林说，美国应该而且可以在这方面起领导作用，因为大不列颠和苏联都不能做到这一点。⑤ 这样，在支持蒋介石统一中国这一点上，美苏达成了一致。苏联的这种观点与态度，在1945年美方代表与斯大林的谈话中不止一次地得到确证。

正是由于得到了苏联的一再保证，美国便竭力向国民党政府施加影

---

① A.伊瑞依：《亚洲的冷战》，79页。
② 沃尔特·拉弗贝：《美苏冷战史话 1945—1975》，游燮庭等译，35页，北京，商务印书馆，1980。
③ 沃尔特·拉弗贝：《美苏冷战史话 1945—1975》，36页。
④ 世界知识出版社编：《中美关系资料汇编》，第1辑，163页。
⑤ A.伊瑞依：《亚洲的冷战》，140～141页。

响,促其与苏联谈判。这点,连蒋介石也是承认的。① 1945年8月14日,中苏两国在《雅尔塔秘密协定》的基础上,正式签订《中苏友好同盟条约》,同时签订了关于大连、旅顺和长春铁路等协定以及关于外蒙古问题的换文。从而使《雅尔塔秘密协定》中关于中国的条款完全合法化。据美国国务院事后发表的《美国与中国的关系》中说,"在换文时,苏联已允诺把在精神上和军事上的全部援助给予(作为中国中央政府的国民政府)"②,明确表示支持蒋介石。

中苏条约签订后,美蒋自以为得计。条约签订后第三天,即8月16日,蒋介石通知赫尔利,认为"中苏条约指明:①苏联方面有意帮助促成中国军队的统一;②有意支持中国创造一个统一、民主政府的努力;③有意支持中国国民政府"③。美国驻苏大使馆9月10日致国务院的电报中也说,"由于俄国的保证,中共讨价还价的地位和企图获得军事支持的基础无疑地大受削弱"④。难怪美国"国务院和密切注视着美国在亚洲利益的期刊,如亨利·卢斯的《时代》和《生活》,无不为缔结这一条约而欢呼"⑤。人们不禁会问,在这样一场决定中国前途命运的斗争中,社会主义的苏联怎么会和美国一道支持蒋介石呢?现在看来,以下几点原因是值得重视的。

其一是,斯大林等苏联领导人对中国共产党缺乏较深刻的了解和信任。对于中国共产党,斯大林曾以轻蔑的口吻说,"中国共产党人不是真正共产党人,他们是'人造奶油'式的共产党人"⑥。莫洛托夫在一次与赫尔利的谈话中则说,中国"人民中,有人自称共产党人,但与共产主义不发生任何关系。只是对于他们的经济不满意的一种表示,一旦他们的情况改善,他们就会忘记这种政治倾向"。他强调说,"苏联政府对于中国内部的事件和发展,不负任何责任","不应把苏联政府与这些(共产分子)联系起

---

① 蒋介石说,"在事实上,美国对苏和对华政策所加于中苏谈判(指1945年关于签订《中苏友好同盟条约》的谈判——笔者)的影响之大,却无可讳言"。
② 世界知识出版社编:《中美关系资料汇编》,第1辑,179页。
③ 世界知识出版社编:《中美关系资料汇编》,第1辑,182页。
④ 世界知识出版社编:《中美关系资料汇编》,第1辑,184页。
⑤ 沃尔特·拉弗贝:《美苏冷战史话1945—1975》,36页。
⑥ A. 伊瑞依:《亚洲的冷战》,79页。

来，也不能因这种情况，而对苏联政府做任何谴责"①。从斯大林到莫洛托夫，都不把中国共产党看成真正的共产党人，并且还急于向外界表白他们与中国共产党的界限。并非偶然的是，1945年春，中国共产党举行第七次代表大会时，"苏联报刊上没有报道这次代表大会的主要报告"②。苏联领导人对中国共产党的不信任，终于导致了它在中国革命的关键时刻，采取抑此兴彼的错误立场，支持蒋介石统一中国。这不能不说是斯大林等苏联领导人的一个原则性错误。

其二是，苏联的"安全带"政策被运用于处理中国事务。

约翰·史各脱在《欧洲在突变中》一书中指出，在1944年夏和1945年上半年，在红军把纳粹赶出苏联国境并向前推进时，"斯大林碰到许多微妙的难题。大体上，那些难题的解决方针是，一方面不使英、美、苏联盟发生裂痕，一方面处处为战后俄国安全着想"。"在浮泛混合的官样文章后面，显然埋伏着很具体的苏联计划，在东欧建立一条'安全带'，包括芬兰、波兰、罗马尼亚、保加利亚、捷克与南斯拉夫。这些国家是独立自主的，可以自由安排它们的国内生活。但它们的政府不能对苏联怀有敌意，外交政策与军事计划者都得经过莫斯科的认可。"③同时，为安全计，"俄国希望欧洲稳定，就是说没有革命，没有内战"；社会混乱时很易发生的骚动，他们极力想避免。"他们所支持与鼓励的社会主义措施，大抵只限于经过民主的立法程序的，只限于实施的时候不致引起英美剧烈反对的政策。"④史各脱的分析，无疑带有明显的倾向性，但从某种角度上，也反映出在第二次世界大战刚刚结束，社会主义体系刚刚建立之际，苏联在欧洲的实际政策不是什么进一步"扩张""进攻"，而是想尽力保证本国安全及新解放的人民民主国家不致被帝国主义颠覆。

苏联的这种政策有其产生的客观原因。斯诺指出，在第二次世界大战

---

① A.伊瑞依：《亚洲的冷战》，139页。
② 见弗拉迪米尔·德迪耶尔：《苏南冲突经历(1948—1953)》，13页。
③ 约翰·史各脱：《欧洲在突变中》，见史诺：《美苏关系检讨》，傅雷译，100～102页，北京，知识出版社，1947。
④ 史诺：《美苏关系检讨》，108页。

中,"苏联与美国的伤亡是二十四对一,与全部欧洲联军(包括不列颠、加拿大、澳大利亚、新西兰、印度、希腊、南非洲、法国、荷兰、丹麦、比利时国的军队)的伤亡差不多是十对一。物质的损失据估计约有两千亿美元,但是化为灰烬的还不止金钱而已"。"这一切便是今日苏联对欧政策的背景。不知道这一背景,就没有桥梁可以跟俄国人沟通。"①苏联的错误在于,为了自身安全,有时竟不惜侵占邻国部分领土;同时,对于那些有条件开展民族解放斗争和武装革命斗争的共产党,也因害怕自己被卷入而采取了不支持态度。

正是这种"安全带"思想,不仅指导了苏联当时在欧洲的行动,也用来指导它在亚洲和中国的行动。正像美国历史教授、《美苏冷战史话》一书作者沃尔特·拉弗贝所说,当时苏联"在全亚洲也表现得很节制"②。对日本,苏联本来要求和美国一样有自己的占领区,遭到美国反对,怕因为与美国对抗而作罢。在朝鲜,同样因为怕引起与美国的冲突,十分注意不去触犯38度线以南地区美国的利益,日本投降后很快把苏军从38度线以南撤回。对中国,斯大林多次向美国表示,"美国应该而且可以在这方面起领导作用","帮助中国恢复起来的工作必须以美国为主,苏联的国内建设使自己不能分身"。③ 据当时美国驻苏代办乔治·凯南回忆说,有一次我们当中有一个人问斯大林,苏联人在(战争)结束后将给中国什么东西,"斯大林以相当蔑视的口吻大声说道:你们真以为我们要给中国什么东西吗?我们在苏联的远东地区有一百多个城市要建设呢。如果有什么人打算给远东帮助的话,我想那就是你们了"④。战后初期的历史表明,苏联当时希望通过与国民党政府订立友好条约,既在中国东北地区取得一定权益,又能够有一个友好的中国与之为邻,求得与美国在远东相安无事。

---

① 史诺:《美苏关系检讨》,37~41页。编者按:因译法不同,斯诺也被译为史诺。本书同种情况,不另注。

② 沃尔特·拉弗贝:《美苏冷战史话1945—1975》,40页。

③ 见霍普金斯与斯大林的谈话。引自美国国务院:《美国对外关系》(U. S. Department of State, *Foreign Relations of the United States*),1945年第1卷,41~42页。

④ 《太平洋关系学会意见听取会记录》,1558页,转引自沃尔特·拉弗贝:《美苏冷战史话1945—1975》,96页。

其三是，苏联对中国的大国沙文主义及美国对这一错误的利用。

根据1944年年底美国联合参谋总部的估计，在德国投降后，尚需18个月方能打败日本①，倘苏联不出兵对日作战，美国要付出伤亡一百万人的代价。② 因此，美国急于让苏联参加对日作战。斯大林则提出要在满足苏联的某些要求之后，苏联才执行参加太平洋战争的计划。据哈里曼回忆，在雅尔塔会议前夕，1944年12月14日，他奉命向斯大林探询苏联对日作战的意向。据他说，斯大林当时提出，1904年日俄战争以前俄国在东方的地位，一般地说应予重建。为了保障通向太平洋的出口，库页岛的下半部和千岛群岛应归还给俄国人。俄国人希望重新租借大连和旅顺的港口以及俄国根据条约在满洲建筑的那条铁路，亦即直接连接西伯利亚大铁道与海参崴的中东铁路和连接大连的南满铁路，应归苏联所有。苏联提出的种种侵犯中国主权的要求，客观上构成了《雅尔塔秘密协定》的基础。在雅尔塔会议期间，莫洛托夫向美方代表哈里曼递交了一份"斯大林元帅关于苏联参加对日作战政治条件草案"，经斯大林、罗斯福两人修改后，即成为秘密协定的文本。罗斯福之所以同意了苏联的条件，绝不是什么"投降了苏联"，而是一方面，如麦克尼尔在《美国、英国和俄国，它们的合作与冲突(1941—1946)》一书中所说，"至于满洲，一旦日军崩溃，俄国人肯定能取得满洲全部或比罗斯福让与的更多"，"看来，只能这样说，即在雅尔塔向斯大林做出的让步，无非是承认既成的军事力量的平衡"③；另一方面，也是更重要的一方面，则是通过对苏联要求的让步，争取到苏联对蒋介石的进一步靠拢与支持。沃尔特说，由于美国与苏联妥协的结果，1945年，罗斯福使斯大林同意和蒋介石打交道，而不同毛泽东打交道。为了酬谢斯大林的这一承诺并酬谢他对日作战，斯大林获得了大片租借地的实

---

① 《哈里曼的陈述》，转引自远东军事形势听证会议录 (*Hearings of Military Situation in the Far East*)，3332页。

② 这是艾奇逊说的，引自赫尔利在第82届国会的参议院军事委员会和外交委员会上的证词，转引自远东军事形势听证会议录，2838页。

③ M. 威廉：《美国、英国和俄国，它们的合作与冲突（1941—1946）》(M. William, *America, Britain and Russia, Their Cooperation and Conflict, 1941—1946*)，546页。

惠。事实证明，根据《雅尔塔秘密协定》，美国和苏联划分了在中国的势力范围。美国通过对蒋介石的支持，得到了中国绝大部分，苏联得到了小部分，即在中国东北的权益。

总之，苏联领导人对中国共产党的不信任感和本身存在的大国沙文主义错误以及为自身安全着想，对世界人民革命事业缺乏热情，再加上帝国主义离间的策略，这几种因素的交互作用，终于导致苏联领导人对中国革命采取了极端错误的态度和政策。

（二）

根据《雅尔塔秘密协定》，苏联于1945年8月8日对日宣战。次日，百万苏联红军向日本占领的中国东北进击。同时，中国共产党领导的人民军队也展开了全面反攻。八路军向东北挺进，同苏军协同作战，收复了东北地区的广大国土。在中苏美及其他国家抗日武装联合打击下，1945年8月14日，日本被迫宣布无条件投降。苏联的出兵为最后战胜日本法西斯建立了功勋。

但是，苏联进军东北又是依据《雅尔塔秘密协定》，以侵占中国主权为先决条件的。正因此，其所作所为不能不在相当大的程度上表现出民族利己主义的立场。

首先，斯大林等苏联领导人对于沙俄在1904年日俄战争中的败北，一直耿耿于怀。在雅尔塔会议上，他们把恢复1904年前沙俄在中国东北的权益作为参加对日作战的先决条件。苏军对日作战及日本投降，他们认为这是雪了四十年前的奇耻大辱。斯大林在1945年9月3日发表的演说中称，"俄国军队1904年在俄日战争中的失败在我国人民的意识中留下了沉痛的回忆。这是我国的奇耻大辱。我国人民相信并期待着有朝一日粉碎日本，洗刷掉这一奇耻大辱。我们老一代等待这一天等了40年"[①]。斯大林演说之后，苏联远东军的元帅们"于9月6日特意前往旅顺，拜谒了在日俄战争中，在旅顺要塞战死的帝俄官兵公墓，在墓前敬礼并献花圈，就像向他们

[①] 转引自弗拉迪米尔·德迪耶尔：《苏南冲突经历(1948—1953)》，99页。

报告说：给日俄战争复仇了"①。正是在这种错误思想支配下，他们把继承老沙皇在东北的特权视为正当，从而侵犯中国人民的权利。

其次，自恃出兵东北有功，擅自从东北运走大批机器设备，给东北经济恢复造成严重影响。据杜鲁门处理赔款问题的总统私人代表鲍莱说："苏军抵达满洲的工业区后，就开始有系统地没收粮食与其他存储的物资，并且在(1945年)9月初就开始有选择地搬运工业机器。"②他们通知中国政府，所有东北的工业企业均为苏军的战利品，并表示，在战利品问题解决以前，他们不愿意离开满洲。③这样，理应归还中国的大批工业设备被苏联拆走。国民党政府人员"提供的情报是：苏联除了运出若干工厂全部设备外，还运出了大量动力机、发电机、实验工厂、实验室及医院等最新的设备"④。迁走总值达123316万美元。美国鲍莱率领的考察团估计价值约为85800万美元，而弥补转移、损坏和一般损失的全部重建费用约达20亿美元。⑤由此，造成东北工业生产能力惊人下降。据国民党政府统计，仅鞍钢就损失生产能力达70%。⑥苏联的这种民族利己主义的做法不能不引起每一个正直的中国人民的愤慨和指责。

最后，苏军在东北执行的政策是承认蒋介石政权是中国合法政府，不给中国人民以实际支持。苏联从1945年8月9日出兵东北到1946年5月3日全部撤离，在东北历时9个月。在这段时间，除了按照《雅尔塔秘密协定》取得在中国的非法权益及拆迁机器外，就是在承认蒋介石是中国合法政府领袖的前提下，不介入中国内部事务。苏军并未主动支持过中国人民武装。从1945年8月至11月前，东北无国民党一兵一卒，配合苏联红军

---

① 林三郎编著：《关东军和苏联远东军》，吉林省哲学社会科学研究所日本问题研究室译，200页，长春，吉林人民出版社，1978。
② 世界知识出版社编：《中美关系资料汇编》，第1辑，622页。
③ 美国国务院：《美国对外关系》，1946年第10卷，1100页。
④ 张潜华：《政学系在东北接收问题上的如意算盘》，见中国人民政治协商会议全国委员会文史资料研究委员会编：《文史资料选辑》，第42辑，184页，北京，文史资料出版社，1964。
⑤ 邹谠：《美国在中国的失败》，王宁、周先进译，335页，上海，上海人民出版社，1997。
⑥ 辽宁省档案馆馆藏：东北财政经济委员会长期卷47。

解放东北的我国三十万东北民主联军积极清除日伪残余势力，收缴日军武器，维持地方秩序，建立地方民主政权，为恢复在东北的领土主权做了大量工作。在这种情况下，远在四川峨眉山上的蒋介石在美国支持下，一面紧急向东北运兵，一面与苏联谈判，希望苏军拖延撤退，以协助国民党政府的"接收"。苏联同意，倘若国民党政府希望苏军拖延撤出东北（原定于12月3日撤完），苏联政府能够安排推迟一个月，必要的话，推迟两个月。1945年11月，莫洛托夫向贝尔纳斯国务卿重申，"支持蒋介石是苏联的政策，他们遵循着这项政策。他们应中国的要求在满洲留着他们的部队，以便蒋介石的军队争取时间进驻沈阳和长春"①。当然，对此也要做具体分析，就国民党而言，正如当时国民党驻东北保安司令长官杜聿明所说，"要求苏军延期撤退，幻想从苏军手中攫取人民的胜利果实"②。然而苏军亦未给国民党以积极主动的支持。

待到1946年4月9日美蒋在东北挑起大规模内战，苏联曾不断谴责美国的侵华政策，给了中国人民一种道义上的支持，这是应当肯定的。但在物质上和其他方面却并没有提供有力的援助。当时，"马歇尔调解中国事件的报告书，确言中共并没有得到苏联的接济"③。美国国务院发表的《美国与中国的关系（白皮书）》说："关于俄国人是否曾以俄式装备供给共产党，是有某些疑问的。但是，这是可以确定的，即大量日本装备，曾被以使共产党可以获得它们的方式，遗弃在满洲。"④由此可见，中国人民武装只是从日本那里得到了武器装备，而且也不能说明这些装备都是由苏军转交的。至于当时可用来制造武器装备的钢铁厂、机械厂等企业的机器，则早被搬运到苏联去了。

总之，苏联出兵东北的作用有两方面，一方面促进了反法西斯战争的最后胜利，客观上有利于中国人民力量的发展；另一方面，攫取了我国东

---

① 美国国务院：《美国对外关系》，1945年第7卷，843页。
② 杜聿明：《蒋介石破坏和平进攻东北始末》，见中国人民政治协商会议全国委员会文史资料研究委员会编：《文史资料选辑》，第42辑，25页。
③ 傅雷：《我们对美苏关系的态度》，见史诺：《美苏关系检讨》，9页。
④ 世界知识出版社编：《中美关系资料汇编》，第1辑，397页。

北的许多权益，夺走了属于中国人民的宝贵财富，损害了中国人民的利益也损害了社会主义的威信。这后一种结果，正是《雅尔塔秘密协定》合乎逻辑的发展。

但是，世界上存在着一种比《雅尔塔秘密协定》更强有力的逻辑，这就是中国人民的革命事业。从《雅尔塔秘密协定》到1949年，仅仅四年多时间，在中国这块土地上就发生了翻天覆地的变化。中国人民取得了伟大的胜利。美国妄图霸占中国的幻梦归于破灭。《雅尔塔秘密协定》攫取去的中国主权也重新回到中国人民手中，实际上宣告了该项协定的最后破产。这里难道有什么奥秘？其实，道理很简单，任何大国的一纸协议都决定不了中国的命运，真正决定中国命运的是独立自主、自力更生、敢于斗争、敢于胜利的中国人民！

（原载《世界史研究动态》，1982年第2期）

三、评价雅尔塔体系应坚持正确的方法论

就雅尔塔会议和以这次会议为中心而形成的雅尔塔体系的史实而言，应当说是基本清楚的。但是，战后40多年来对雅尔塔会议和体系的评价却众说纷纭，争论不休。究其原因，与方法论上的分歧不无关系。美国政界人士和部分学者对"雅尔塔"可谓恨之入骨，他们抨击罗斯福总统"出卖了美国和西方的利益"，"让苏联统治了东欧"，"促进了共产党在中国的胜利"。后来的总统和国务卿们，当他们与苏联谈判时总会信誓旦旦地向国会保证，绝不会再有"第二个雅尔塔"。20世纪80年代里根入主白宫后曾在1985年雅尔塔会议召开40周年时公开声明，美国要致力于在东欧实现"自由"的目标，消除东西欧之间的"自由和镇压的分界线"。欧洲政界人士则指责雅尔塔会议分裂了世界和欧洲，是划分在欧洲势力范围的大国间的肮脏交易。这些年来，我国一些学者亦强烈谴责雅尔塔体系是"具体重新划分了势力范围"，"雅尔塔体制表现出来的处理国际事务的总精神和原则是与19世纪初叶以来先后出现的'维也纳体系''凡尔赛体系'一脉相承的"等，并且认为雅尔塔协定"是引起美苏冷战的根源"。

对于西方一些人，由于立场不同，产生与我们看法根本相左的论点是很自然的。但对于国内学者的上述看法笔者难以苟同，这就不能不谈谈在方法论上与一些学者的分歧。毛泽东同志于1942年在谈到如何研究中共党史时说："根本的方法马恩列斯已经讲过了，就是全面的历史的方法。"笔者以为，这也应当是我们研究雅尔塔会议和雅尔塔体系的根本方法。

全面的历史的方法，首先要求我们站在时代高度，分清历史事件是前进性运动还是倒退性运动。由此就不应当将雅尔塔体系与维也纳体系、凡尔赛体系同等看待。1814年维也纳会议的主要目的是恢复和巩固欧洲大陆的封建统治，阻止新的革命运动的发生，同时满足反法联盟主要国家俄、奥、普、英重新分割欧洲领土和掠夺殖民地的要求。1815年由俄、奥、普三国缔结的"神圣同盟"和俄、英、奥、普签订的四国同盟条约，目的在勾结起来，以此保君主政体和扑灭革命。因此，维也纳会议及神圣同盟的原则和精神是违背当时历史发展方向的，因而最终被1848年欧洲革命所粉碎。

第一次世界大战后英法等帝国主义战胜国建立的凡尔赛体系，目的是企图稳定重新瓜分世界大战后的国际"新秩序"，以便对抗十月革命后兴起的革命潮流，其一系列条约是极为苛刻的、骇人听闻的掠夺性条约。从根本上说，凡尔赛体系是对当时历史进程的一个反动，它最终在帝国主义争夺霸权的新战争中宣告了自己的崩溃。

那么，难道对雅尔塔会议和体系也应作如是观？显然不能。雅尔塔会议是在全世界人民同当时最反动的势力德、日法西斯进行最后决战的时刻1945年2月召开的。与会国家是反法西斯联盟中的盟国。尽管他们的战略目标各种各样，尽管他们达成的某些协议严重地损害了别国主权，但他们在战胜德、日法西斯这一总目标上基本是一致的，并且就协调战略计划、根除法西斯势力达成了一些有益于世界人民的协议。从协定内容看，首先，是有关击败德国和对发动第二次世界大战的祸首德、日法西斯军国主义进行民主改造的规定，诸如审判战犯、铲除其法西斯主义和军国主义，进行民主改造使之成为和平民主国家。其次，是关于建立以维持世界和平与安全，促进国际合作为宗旨的国际组织——联合国的决定。1945年成立的联合国和制订的《联合国宪章》,是反法西斯斗争取得彻底胜利的产物,也是雅尔塔会议的积极成果,以此为里程碑,许多标志着人类进步的准则、原则、规则和惯例才逐渐在国际关系中被普遍承认和接受。联合国创建过程中有在第二次世界大战中做出重大贡献的社会主义国家苏联和争取民族解放的中国的参与并作为常任理事国进行活动,这就为避免世界重遭帝国主义战祸和争取国际政治的进步创造了条件。过去的殖民地附属国一旦独立和加入联合国之后,便不分大小、贫富,都在大会上享有平等的投票权。即使联合国安理会五个常任理事国享有否决权这个"大国一致"原则,也是反法西斯斗争的产物,对战后国际关系和外交实践产生了深远的影响。在过去曾对世界政治起过稳定和促进的作用。最后,雅尔塔会议做出"关于被解放的欧洲宣言"和有关波兰等问题的决定。强调从纳粹德国统治下获得解放的各国人民"用民主方式"解决它们的政治、经济问题。当时波兰问题在会上曾引起激烈争论,会后西方对波兰问题基本上按照苏联的意图,由苏联一方会同波兰卢布林临时政府解决,深为不满,并攻击是苏联破坏了雅尔塔协议。但是问题很清楚,美英的目的不过是企图在波兰恢复地主资产阶级的统治,在这种情况下,已经在追击德国法西斯侵略者战斗中进入波兰境内的苏军难道不应当支持人民政权反倒要拱手把波兰政权让给地主资本家吗?何况,从雅尔塔会议到1947年美国全面发动对苏"冷战"前,苏联对于波兰等东欧国家与反法西斯的各资产阶级政党结成联盟,建立人民民主联合政府的做法也表示了一定程度的赞同。这些做法有利于社会主义体系的形成和巩固,与侵犯别国主权和"划分势力范围"的做法不能等量齐观。

总之,在从资本主义走向社会主义的时代,凡属有利于民主、进步与社会主义的历史活动与事件,尽管同时存在着某些负面的因素,但如果主流是好的,是符合时代要求与历史发展趋势的,就应当首先给予肯定,而不应当与历史上的反动事件相提并论。

全面的历史的方法,其次要求我们认真对待历史,深入考察历史实际。我以为,所谓雅尔塔协定"是引起美苏冷战的根源"的提法,与历史事实是有很大出入的。"冷战"一词可做广义和狭义的两种理解。广义地讲,如一些美国学者所说的，从十月革命胜利、新生的苏维埃政权诞生第一天起，"冷战"也就开始了。当时的美国国务卿兰辛把和平法令叫作"对各国现存制度的直接威胁"①。威尔逊总统则认为"莫斯科政体在一切方面都是对美国的否定"②。他们武装干涉失败之后，用一切办法干涉反对苏俄。我们今天讲的"冷战"，是特指第二次世界大战后美苏长期对峙的紧张关系，究其产生根源并非雅尔塔会议本身，而是当时的超级大国美国独霸世界的野心造成的。当时的苏联因在第二次世界大战中遭受比任何一个国家都要严重的损失而把推行保护自己的"安全带"政策置于首位，并未构成对美国的实际威胁。但在美国看来，共产主义和苏联的存在本身就是其全球霸权的主要障碍。美国统治者认为，共产主义"成为世界上一切邪恶的根源，在任何地方发生的每一变动中，我们总能看到有莫斯科共产主义在插手"，就"像章鱼那样身在莫斯科，触角则伸到世界最远的各个角落"。③他们把发展中的国际共产主义运动、资本主义国家的进步民主力量、觉醒了的亚非人民的斗争，统统归罪于莫斯科的"煽动"。社会主义越出苏联国界推进到东欧自然也是一个重要因素。在这种情况下，企图消灭苏联和进步力量而又难以下手的美国发动对苏"冷战"也就是历史的必然。还要补充一点的是，早在第二次世界大战期间，美国已在考虑对付苏联的问题。据记载，"遏制"这一词汇和概念，"事实上从1941年起就充斥于华盛顿官员们的头脑"④。可见，是美国的全球霸权主义而非雅尔塔会议才是"冷战"的根源，尽管不排除苏联在加剧"冷战"上有其责任。

全面的历史的方法，最后还要求我们做到一分为二地看问题。客观事物是复杂的，既不应简单否定，也不应简单肯定。应该实事求是地具体分析。对于社会主义国家的外交不能因片面强调国际阶级斗争就掩盖其缺

---

① 《兰辛文件》，第2件，344页，转引自瓦里科夫：《苏联和美国——它们的政治经济关系》，24页。

② 罗伯特·布劳德：《苏美外交的起源》，13页。

③ 威廉·富布赖特：《跛足巨人》，伍协力译，21~22页，上海，上海人民出版社，1976。

④ 约翰·刘易斯·加迪斯：《遏制战略》，4页，纽约，1982。

点、错误。对于社会主义的外交与其内政一样，都不能无视旧社会的痕迹和剥削阶级的影响。应该说，苏联在雅尔塔会议上及以后时期确有大国沙文主义、民族利己主义的错误。苏联与美英一道，未同有关反法西斯同盟国磋商，未经有关国家同意，就擅自做出有损别国主权的利益的决定。特别是苏美两家搞成的《雅尔塔秘密协定》，为确保苏联在德国投降及欧洲战争结束后两个月或三个月内参加对日作战，竟背着中国，达成保证苏联在中国大连港的"优越权益"，租用旅顺港海军基地及保证在中国东北地区的特权等侵犯中国主权和领土完整的协议，这种做法无疑是大国强权政治的赤裸裸表现，是应当坚决反对的。过去苏联的著作回避或根本否认这一点，是完全错误的。但是，通观全局，雅尔塔会议的积极方面仍然是占第一位的，消极方面是第二位的。

（原载《世界历史》，1991 年第 1 期）

四、美国对苏联、中国政策中的意识形态因素

意识形态的问题，对于任何国家都具有极端的重要性，在某种意义上它甚至决定了一个国家的生死存亡。我国几代领导人都高度重视意识形态问题。胡锦涛同志曾经深刻指出，意识形态领域历来是敌对势力同我们激烈争夺的重要阵地，如果这个阵地出了问题，就可能导致社会动乱甚至丧失政权。敌对势力要搞乱一个社会、颠覆一个政权，往往总是先从意识形态领域打开突破口，先从人们的思想下手。[1]

意识形态是经济基础和政治上层建筑的反映，受经济基础和政治上层建筑的决定和制约。它对经济基础和政治上层建筑的反映，并不是消极的、被动的，而是能动的、辩证的，具有相对独立性、能动性和巨大的反作用。意识形态是在一定历史条件下，占统治地位的阶级或集团为维护和发展其统治而构建的价值观念体系和行为规范体系。作为统治阶级思想观念的意识形态实际上是"制度化的思想体系"，是对某一社会制度合法性的

---

[1] 参见《中国党政干部论坛》，2007(1)。

基础论证，并以思想和价值观念形态发挥作用，目的在于使社会成员认同现存的社会制度和生活。在当今世界上，有反映资本主义经济基础和资产阶级利益的意识形态，也有反映社会主义经济基础和工人阶级、广大劳动者与人民利益的意识形态，如此等等，而恰恰不存在普世性的意识形态。各种意识形态也不会因为人们的否定而自行消失。对于意识形态的独特的功能和生命力，无论是资本主义国家的政治家，还是社会主义国家的政治家，都有着深刻的认识，并以之作为一种不可或缺的思想和精神力量（或如现在人们所称的"软力量"）加以认真研究和运用。

美国是世界上最发达的国家，也是高度重视意识形态的国家。它不仅重视捍卫本国的核心价值观和意识形态，使"意识操纵"达到"炉火纯青"的地步[①]，还千方百计地要在世界上取得意识形态的霸权地位，并把它作为干涉别国内政特别是改变社会主义国家性质的工具，以最终达到实现其世界霸权的目的。在20世纪，其用于对付苏联和中国的精力最多，力度最大，持续时间最长，威胁性也最为明显。正是基于这一事实，我们在研究中美苏三大国关系特点时，不能不着重研究美国对外政策中意识形态的内容、根源和特点及其在对苏联和中国政策上的具体运用和产生的后果。

这些年来，美国、俄罗斯和中国学者对于美国对苏联、中国意识形态政策的研究有了明显进展，取得很大的成绩。这些研究成果尽管角度不同，观点各异，对于我们深入探讨美国外交政策中意识形态因素及其对苏联和中国的影响，无疑都具有参考价值。但是，我们始终感到，有一项研究工作是必须做，也是有条件做好的，那就是将苏、中两国进行比较研究。作为美国意识形态施加影响的对象国苏联和中国，都是社会主义大国，都是宣称以马克思主义意识形态为指导的。然而，结果却大相径庭，苏联由于自身的种种问题，最终在美国和西方意识形态进攻面前走向解体，而中国却在逆境中再度崛起。究竟是什么原因造成如此截然相反的结果？这就需要进行比较研究，认真总结其中的经验教训。为使这种比较具有科学性

---

① 谢·卡拉-穆尔扎：《论意识操纵》上，徐昌翰等译，43页，北京，社会科学文献出版社，2004。

和深刻的借鉴意义，除了对美国对社会主义国家的意识形态外交政策的特点有科学的正确的把握，还必须对苏、中两国的历史现状及特点有系统深入的了解，并以马克思主义唯物史观为指导，进行实事求是的历史的全面的分析。尽管我们水平有限，但在探讨美中苏关系时力图朝着这一方向努力。如果这种研究能够帮助读者从比较和鉴别中获得某种真知，为我国的健康发展提供某种历史借鉴，我们也就会由此而感到极大的满足。

最后，需要强调说明的一点是，研究美国对社会主义国家外交政策中的意识形态因素问题，绝不意味着我们反对发展正常的中美友好合作关系。恰恰相反，我们真诚希望中美关系的正常、健康发展。中美两个世界大国如能正确处理好并发展好两国关系，中美两个伟大民族如能互相学习，吸取对方的优良传统和品格，不仅有利于中美两国，而且也是世界的一大幸事。但是，我们不能不面对的一个事实是，美国当局今天竭力向外推销的政治价值观或意识形态，并不是美国公众价值观的简单延伸。这种政治价值观已经蜕变为一种服务于美国特殊利益集团的价值观。正如美国著名国际问题学者约瑟夫·奈所指出的，在美国，"当大多数人漠然处之的时候，他们把外交政策的战场交给了拥有特殊利益的人"。这些特殊利益者，"虽然只是少数人，但他们的呼声才是美国国会倾听以决定美国利益的声音"。"正如亨利·基辛格博士指出的，'外国评论家提出美国谋求统治地位问题，而美国这样做常常是对国内施压集团所作出的反应'。由于这些集团长期的影响，'美国的外交政策倾向单边政策和霸道行为'。"① 也正是这些人，他们热衷于意识形态，宣传极端保守主义，高喊"民主""自由"，而把美国价值观中的利己主义推向极端。在实际做法上，他们以在全世界推广"民主""自由"为名，公然破坏传统国际法准则和联合国宪章，否定主权国家的主权。而这些是我们绝对不会赞同与容忍的。我们的方针和态度仍然是坚持江泽民同志的论述："同西方国家发展关系，我们始终坚持和平共处五项原则。和平共处五项原则，其中一项就是互不干涉

---

① 约瑟夫·奈：《美国霸权的困惑——为什么美国不能独断专行》，郑志国等译，143～144页，北京，世界知识出版社，2002。

内政。我搞我的社会主义，你搞你的资本主义。我们并不想把我们的社会主义强加给别的国家，但别的国家也别想扭转我们的社会主义航向。我们始终坚持这样一项原则，就是意识形态领域的斗争同国与国的关系既有联系又有区别。我们共产党人在斗争中既要坚持原则又要留有余地。当然，我们决不能因为留有余地而丧失原则。西方某些人甚至想把社会主义在地球上消灭掉，这是绝对办不到的。"①

(这一部分节录于获国家社会科学基金资助的《意识形态与美国对苏联和中国的政策》一书序言，北京，人民出版社，2011年，撰稿人有张宏毅、宋晓芹、李振广和茹莹)

---

① 江泽民：《把我们的社会主义事业发展好》，见《江泽民文选》，第1卷，136页，北京，人民出版社，2006。

第二章　美国崛起与世界霸权

一、早期美利坚人的民族性格

美国历来被称为多民族国家。今天美国人口基本上是由过去两个多世纪以来的移民所构成。如果说，早期的移民主要来自北欧和西欧，那么，目前被美国公民列为自己出生地的国家和地区竟有 155 个之多。人们早就用"熔炉"来形容美国，有人则说美国像"色拉"或"拼盘"。有人说二者兼而有之。但有一点是共同的，即都认为美利坚人是由多民族组成的民族共同体。在这个共同体内，尽管各民族或多或少保留着某些历史特点，但随着时间的推移，形成了某些共性，即形成美利坚人所具有的共同的民族特性。这些特性虽然在发展与变化，但又有其明显的继承性。它们对美国社会的发展产生过并正在产生着很深的影响。在中美人民友好交往日益增进的今天，了解美利坚人的这些特性对我们有着不可忽视的意义。基于这一认识，本文试图对早期美利坚人的民族性格做一初步探讨。

（一）自强不息、艰苦奋斗的精神和科学的求实态度

马克思和恩格斯指出："意识在任何时候都只能是被意识到了的存在，而人们的存在就是他们的现实生活过程。"[①]"不是意识决定生活，而是生活决定意识。"[②]我们考察美利坚人的种种特性，自然一刻也离不开他们生活的条件和环境。当我们把目光移向几百年前早期美国移民的生活画面时，对他们为什么会养成那样一些性格也就不会感到奇怪了。

北美殖民地居民在独立战争前基本上由三部分构成：印第安人、来自欧洲的白人和从非洲贩来的黑人。欧洲移民，特别是英国移民，构成北美

[①] 《马克思恩格斯文集》，第 1 卷，525 页，北京，人民出版社，2009。
[②] 《马克思恩格斯文集》，第 1 卷，525 页。

居民的主体。从1607年第一批美国殖民者开始在北美定居，到独立战争爆发时，欧洲移民总数约为275万人。其中除少数破产贵族和追求金钱财富的投机家外，绝大部分是劳动者。

为什么这样多的人竟会冒着生命危险，背井离乡，远涉重洋来到北美呢？一句话，受生活的逼迫。16、17世纪的西欧，正处在社会大变革时期。西欧各国封建制度逐渐解体，资本主义生产关系开始产生。正如马克思所说，资产阶级的发家史"是用血和火的文字载入人类编年史的"①。西欧各国资本原始积累的条件都是通过暴力实现的。大批英国农民在圈地运动中被从土地上赶走而流落街头。他们连乞讨的权利都被剥夺。英王室规定各种严刑峻法，逮捕鞭打乞讨者，把他们判为终身奴隶甚至判处死刑。在这种情况下，广大劳动者只有揭竿起义或被迫逃亡。"本国的生活已经变得无法忍受，以致新大陆上最糟糕的生活也无法阻止这场向西半球进军的运动。"②这样的劳动者占了北美殖民者中最大部分。

逃至北美的移民中有许多英国清教徒。在16、17世纪，清教教义反映了上升时期资产阶级的意识形态。它反对英国封建专制王权的工具——英国国教，要求废除偶像崇拜的繁缛仪式，清除国教中的天主教影响，主张建立一个"廉俭的"民主的教会组织。这就招致英国王室的疯狂迫害。许多清教徒被当作异端而活活烧死，许多人被迫逃往北美。

在当时造船和航海技术的条件下，驶向美洲真是一次可怕的历险。船上拥挤不堪，食物不足而且常常是些腐烂变质的东西。在漫长的旅途中，人们为了不致饿死，甚至不得不吃老鼠充饥。有一个亲自经历这种旅途之苦的人说："在这些船上发生的事情真是可怕：臭气、蒸气、呕吐，各个阶段的晕船病、寒热病、疟疾、痢疾，长期的热病、脓疮、坏血病，应有尽有。许多人死得很惨。"

当这些历尽艰辛幸存下来的移民们踏上新大陆之后，等待他们的并不是"伊甸乐园"，而是陌生的环境和艰苦的劳动。"移民们的命运一开始就

---

① 《马克思恩格斯文集》，第5卷，822页。
② 艾伦·凯勒：《殖民地的美国》，105页。

在很大程度上系于他们的斗争能力和切断与家乡联系的意志，以及在陌生人中间、在陌生土地上艰苦生活的能力。"① 他们从荒芜而布满岩石的土地上开出农田，设置陷阱捕捉野兽，自制瓦片圆桶，妇女们则训练成为纺织能手。早期一个年轻姑娘的日记表明，她一天之内干的活包括：缝衣服、梳理羊毛、做奶酪、熨衣服、挤牛奶、做饭、染线、织毛衣、在菜园中除草等。在争取生存的斗争中，移民们养成了自力更生的习惯。

在移居北美的移民中有一半是契约奴。他们为筹集旅费而卖身为奴，答应到美洲后为债主工作五至七年以偿付船费。债主们知道，这些契约奴几年之后就会离开，如果他们在期满前因受残酷压榨而丧失劳动能力或死亡，债主是不负责任的。契约奴所受待遇由此可想而知。正是由于契约奴们如此悲惨的经历，所以一旦摆脱债务，获得自由，他们便披荆斩棘去开辟新的生路。"他们跑进森林，通常只带着一匹马或一头牛，穿山跨水，艰苦跋涉，用倒下的树木建造粗陋的房屋。他们所有的财产只是几把工具、几个罐子和几件衣服。"②

生活的经历不能不在这些移民身上打下深深的烙印，使他们在这广袤而陌生的土地上，在与自然界进行极其艰苦的斗争中，培养起了自强不息、艰苦奋斗、不断进取的精神。对移民来说，由于他们在完全陌生的土地上和各种陌生人打交道，任何现成的公式和理论都变得黯然失色。各种各样的新问题摆在移民的面前：什么时候播种？那些人们不熟悉的根块、浆果、鸟、兽、鱼之类可以吃吗？用什么方法治愈这种疾病？等等。客观环境的巨大变化要求人们尊重现实，按照科学态度去探索并驾驭自然，由此养成了人们的求实精神。因此，在北美殖民地，一开始重点发展起来的是自然科学和工艺学，出现像约翰·巴特兰这样对新大陆的重要植物资料进行收集和分类的天才植物学家和像本杰明·富兰克林这样从事有关电流实验和发明避雷针的杰出科学家，也就毫不奇怪了。

---

① 奥斯卡·汉德林：《美国人》(The Americans)，12页，波士顿，1963。
② 菲力普·方纳：《美国工人运动史》(History of the Labor Movement in the United States)，22页，纽约，1955。

恩格斯称赞美利坚民族"是一个比任何别的民族都要精力充沛的民族"①。这对早期的美利坚民族是一个客观的评价。

(二)藐视封建传统,趋向变动与革新

"所有积极主动移民美洲的人都是不愿服从其他人支配的那一类人。"②他们渴望自由,不愿容忍任何封建束缚和压迫,也根本藐视一切封建传统习俗。

开初,一些来自英国的贵族试图强迫人们承认他们的贵族血统,他们花费大量时间为自己编写家谱、炫耀在欧洲的爵位。但他们终于发现这一切都是徒劳,人们重视的只是在新大陆的建树和财富,而不是在旧大陆的封建等级。也正像两个世纪前一位在美国游历的法国人克雷夫科尔所说,"在这里,人们不问你父亲是谁,他过去是干什么的,而是问⋯⋯你现在是干什么的"③。

英王室曾把北美的土地分封给一些宠幸功臣,以图在那里"移植"封建主义。17世纪时这类业主殖民地达七八个之多,他们建立庄园,设立法庭,收取地租,保留欧洲的长子继承制,妄图在封建领地内颐指气使、发号施令。但是大量自由土地的存在和移民争取自由土地的斗争,使得任何"移植"封建制度的企图最后都归于失败。大批移民不顾英王室和殖民地的法律约束,跑到内地占用业主的闲置土地,成为实际上的小土地所有者。他们拒绝为自己占用的土地支付任何封建地租和代价。尽管宾夕法尼亚的大业主佩恩家族1719年仅以每英亩二先令和1732年以三先令的价格出售西部土地,但是这时期仍然有将近2/3的土地是未经业主们准许而被占用的。在许多业主殖民地里占地者和封建主发生了激烈的冲突。如果说,从欧洲大陆来到北美是移民们第一次西进运动,那么,在与英王室和封建主

---

① 《马克思恩格斯全集》,第36卷,668页。
② 埃弗雷特·爱德华兹:《美国农业——第一个三百年》(American Agriculture— The First 300 years),179页,华盛顿,1941,转引自张友伦:《美国农业革命》,4页,天津,天津人民出版社,1983。
③ 卡罗尔·卡尔金斯主编:《美国史话》(The story of America),331页,纽约,1975。

争夺西部土地的斗争中又掀起了第二次西进运动。贫穷的移民一手牵着乳牛，一手拿着步枪向西走去，他们的妻子则推着一架载运家具的独轮车。为了在西部土地上生存下来，他们继承先辈的艰苦创业精神，夫妻共同分担着为了获得住所、食物、衣服而必须付出的繁重劳动。为了争取独立生存的权利，从缅因到南卡罗来纳一带的偏僻地区，还出现了由小农和猎手组成的特殊社会，他们的财产很少，但相当勇敢和活跃，完全不受大地主的管辖。可见，正是这两场西进运动体现了北美殖民者反抗封建压迫、争取平等自由的斗争精神，使得封建制度难以形成起来，同时，也造成了他们习惯于不断变动的民族性格。"变动性是我们的生命。"①美国人常常这样讲。确实，不断地变动有助于打破僵化和停滞，有助于接触和接受新事物，有助于革新。这和历史上欧亚许多国家存在的封建惰性是大不相同的。

(三)不存在文化正宗，对各种文化兼收并蓄

从广义上讲，文化是指人类在社会历史实践过程中所创造的物质财富和精神财富的总和。美国社会学者所说的文化，都是广义的。如果我们也从广义的角度去探讨一下美国文化，则会发现，在这个基本上是移民组成的国家里，很难谈得上什么是文化正宗，而是在各民族融合的过程中，在吸收各民族丰富文化的基础上，形成兼容并蓄的独特的美国文化。

北美东部殖民地的欧洲移民，最初主要是由英国人、荷兰人、瑞典人组成的。18世纪时，西欧和中欧各国的殖民者都大量涌入。但最早的移民以英吉利人为最多，除纽约及特拉华以外都为英吉利移民所创建。这些欧洲移民们很快地融合起来。前面提到的那位游历者克雷夫科尔曾经非常突出地描写了这一过程："我可以指给你一个人，他的祖父是英格兰人，妻子是荷兰人，他的一个儿子娶了法兰西女人，眼下的四个儿子和四个不同国籍的女人结了婚。""在美洲，所有来自不同国家的个人融合成了一个新的

---

① 路易斯·B. 赖特：《生活在美国的边疆》(*Life on the American Frontier*)，11页，纽约，1980。

民族"，这种"血统的奇异的融合，是你在其他国家所未见到的"①。

来自欧洲各国的移民带来了民间技艺、手工业技术、科学知识，从而用各自的文化丰富了美利坚民族文化。既然英吉利人成为北美殖民地的主要移民，英语也就成了北美殖民地的主要语言。但少数民族的法兰西语、荷兰语、德意志语也都丰富了它的词汇。爱尔兰和苏格兰的民歌和英吉利民歌一样，构成了殖民地基本文学的一部分。

来自欧洲各民族的移民在过去历史上形成的品格也丰富和提高了美利坚人的民族精神。例如，苏格兰和爱尔兰人的反抗精神，在美国独立战争中起了重要作用。在欧洲时北爱尔兰人和苏格兰人比其他民族更感受到英国的压迫，"因之，第一个喊出断绝与大不列颠一切关系的呼声，不是新英格兰清教徒，也不是在纽约的荷兰人和弗吉尼亚的种植者，而是来自北爱尔兰和苏格兰的长老会教徒，也就毫不令人奇怪了"②。当时一个被独立战争弄得疲惫不堪的英国皇家军官抱怨说，这场战争"不多不少是一场苏格兰—爱尔兰长老会叛变"。其实他的话不全对。当时聚集到革命旗帜下的还有包括德国、法国在内的欧洲许多国家的移民。1775年美国的犹太人刚刚超过2000名，可是在北美大陆军中担任军官的却不少于20名。犹太商人对独立战争事业提供了重要的经济援助。

除欧洲移民外，还有许多从非洲贩来的黑人，他们对美国历史和文化的发展同样做出过重要贡献。

黑人在北美的历史确切地说开始于1619年8月，即20名非洲黑人来到弗吉尼亚的詹姆斯敦。据1790年统计，美国有697622名黑人奴隶和59538名自由黑人。许多美国学者曾正确指出过黑人在美国历史上的作用。黑奴们使得许多白人获得做梦也未曾想到的财富。他们使得南方农业区变得繁荣，使北方造船工业得以维持，为新英格兰、纽约和新泽西创造出大量财富。即使用今天的标准来衡量也是引人注目的。在音乐方面，黑人音乐的节奏和旋律成了美国音乐的重要组成部分。

---

① 柯提：《美国思想的成长》(The Growth of American Thought)，11页，纽约，1943。

② 布朗、劳什克：《一个美国》(One America)，51页，纽约，1945。

马克思曾经指出:"直接奴隶制是资产阶级工业的基础。没有奴隶制就没有棉花,没有棉花现代工业就不可能设想。奴隶制使殖民地具有价值。"①黑人劳动者在发展美国经济上起了显著作用,他们的文化也丰富了美利坚民族文化。

印第安人是美国最早的居民。1500年,居住在北美大陆的印第安人约有150万人。许多美国人称印第安人是唯一的真正的美国人。由于白人种族主义者的残酷迫害,印第安人与其他美国人的融合经历了极其艰难复杂的过程。但他们对美国文化发展所做出的伟大贡献,则是人们所公认的。

许多美国历史学家指出,如果没有印第安人的帮助,最早一批欧洲移民很难在新大陆生存下来。"他们(指印第安人——笔者)种植豆类、南瓜、烟草和玉米;英国移民曾经多次全靠这种玉米才得免于饿死。"②

事实上,正确地说,美国感恩节的由来是由于最初移民们感谢印第安人对他们的帮助,使他们在新大陆生存了下来。根据记载,当英国移民乘坐"五月花号","在1620年登上普利茅斯港时,他们既无经验又无装备,几乎在荒野里饿死。冬季给移民们留下的是对饥饿的恐惧和憔悴的身体。……春天,一些印第安人来到这里教他们如何在山丘上种植玉米,用鱼作为作物的肥料,还带来了野味和其他猎物。妇女们采集植物以抵抗坏血病"。"秋天来临时,新来的移民们决定来表达他们对得救的感激之情。……1621年11月25日,当白人移民和红种土著人坐在一起举行盛宴时,感恩节诞生了。"③

美国学者还指出,正是印第安人过去一些重要聚居地成了今天的大城市,沿着过去印第安人的小道发展为今天的公路、铁路线,人们用他们取的名字来称呼动物和树木。美国有27个州、四大湖和许多山河名称都来自印第安语。甚至在社会习俗上,如边疆人的好客、邻居间的合作,都仿自印第安人。移民还继承了印第安人的许多作物和种植技术。据人们所知,

---

① 《马克思恩格斯全集》,第4卷,145页。
② 莫里森、康马杰、洛伊希腾堡:《美利坚共和国的成长》,上卷,南开大学历史系美国史研究室译,10页,天津,天津人民出版社,1979。
③ 艾伦·凯勒:《殖民地的美国》,20~21页。

传自印第安人的粮食作物，占美国农产品的50%以上。他们指出，印第安人给美国历史的影响超过他们在这个国家人口中所占的比重。

可见，不管人们是否承认或意识到这一点，欧洲移民、非洲黑人和当地印第安人都对早期美利坚文化做出过自己的贡献，并逐渐形成了博采众家之长的独特的美国文化和美利坚人对待外来文化的"兼容精神"；这种精神对往后美国科学技术与经济的发展，起了重要的推动作用。

（四）既受外族压迫又压迫黑人、印第安人，这种两重性在美利坚民族发展史上打上了深深的烙印

跟英格兰、法兰西和其他许多欧洲民族不同，美利坚民族从一开始就受到外国的压迫，因而具有强烈的反抗精神。从1607年弗吉尼亚第一个永久殖民地开始，到1733年佐治亚殖民地的建立，英国与法国等国争夺在北美的统治权，继而独占13个殖民地。17世纪50年代，不列颠颁布了航海条例，规定必须使用英国船只运载货物，进行海外贸易。1763年英法争夺在北美等地殖民霸权的七年战争结束，英国对北美殖民地的控制变本加厉。1763年，英王颁布敕令，禁止殖民地人民向阿巴拉契亚山以西移民。1764年，又连续颁布食糖条例和印花税条例，用尽各种办法增加税收，横征暴敛。这自然不能不引起殖民地人民的反抗。

美利坚民族争取独立的战斗精神从各殖民地人民1765年反抗印花税大会上体现出来，从1773年波士顿倾茶事件中表现出来，更从独立战争过程中反映出来。没有顽强的战斗精神和民族自觉，北美人民就无法战胜当时的世界头号强国英国。

但是，作为一个受压迫的民族，它自己又在压迫内部的黑人和印第安人。这种情形是资本主义社会与生俱来的，影响至深。

许多美国著作都承认黑人和印第安人受压迫这一事实，他们指出，"1619年荷兰奴隶贩子从非洲贩来一船黑人并把他们卖到种植园，这就是奴隶制的开始，结果在美国历史上造成了二百多年的污渍"[①]。

---

① D. I. 亨尼亚：《公民的权利和义务二十五课（1981—1982）》（*Twenty-Five Lessons in Citizenship*，1981—1982），20页，伯克利，1981。

北美奴隶制的发展与资本主义关系的发展密切相关。当时雇佣劳动力的严重不足，造成了殖民地的工资水平高于西欧国家，于是贩卖黑奴、对他们实行超经济强制，就成为北美资本家剥削的主要源泉。在南部各州种植场里，奴隶们在监工皮鞭的驱使下，每天工作达18～19小时。晚间则被关闭起来，有狗监视。在法律上奴隶不是人而是奴隶主的活的财产。主人杀害黑奴不算犯罪。黑人终身为奴，即使子女也不得幸免。奴隶不许读书写字，无白人跟随不许7人以上成群走动。奴隶要是企图逃跑，便要被砍去双手。奴隶经常被投入狱中、被杀死或绞死。

奴隶制的直接恶果之一是人为地造成黑人、白人之间的鸿沟，而且还养成了奴隶主残忍的性格。一个担任了30年弗吉尼亚州议会议员的威廉·伯德是一个拥有成千上万英亩土地并拥有一所大图书馆的地方贵族。在3年多时间里，仅在他的日记里就有43处记载着他本人、他的妻子或近亲如何鞭打捆绑奴隶等残暴行为。美国一位史学家说，如果最有文化的人尚且堕落到如此地步，知识较少的奴隶主想必是比他们更残忍百倍。

压迫愈重，反抗愈烈。黑人的逃亡和起义不断发生。据美国进步史学家阿普特克统计，从17世纪初期到1863年美国废止奴隶制为止，美国黑奴起义反抗他们的压迫不下250次。这锻造了黑人反抗的性格和传统，并培育了白人契约奴、印第安人和黑人在跟英国殖民者及白人上层斗争中团结一致的感情。

北美殖民地建立和美利坚民族融合过程也是白人上层对印第安人驱逐杀戮、用暴力强占他们土地的过程。这是白人上层播下的又一种族仇恨的种子。

前面说过，一开始印第安人曾给白人移民以友好帮助，但殖民者们很快就以怨报德。他们进行欺骗性贸易，以串珠等分文不值的东西向印第安人购买毛皮。17世纪初，荷兰人用价值24美元的刀子和玩具，向印第安人"购买"了曼哈顿岛，现在纽约市中心就在这个岛上。他们把无数印第安男人运到西印度群岛变卖为奴，还赤裸裸地进攻印第安人居住地，把印第安人赶走。他们甚至悬赏收集印第安人的头盖骨，妄图把印第安人斩尽杀绝。这种对印第安人的政策，直到独立战争以后也并没有改变。人权宣言以人权为号召，却取消了印第安人的基本人权。为了强占印第安人的土地，美国统治者继续采取了驱逐和屠杀印第安人的种族绝灭政策。

总的说来，美利坚民族发展史上的一个矛盾状况是，一方面他受外来压迫，另一方面白人种族主义者又对黑人和印第安人实行镇压。当美利坚民族挣脱了外来压迫之后，对少数民族的歧视政策却继续存在，白人优越感的严重存在表现在美国生活的各个方面。所有这些都只不过说明这样一个事实，即美利坚各民族融合的过程是与北美资本主义的发展同步行进的，而"没有民族压迫，资本主义的存在是不可思议的"①。

但正如马克思所指出的，"在黑人的劳动被打上屈辱的烙印的地方，白人的劳动也永远不能解放"②。美利坚民族的真正自由只有在国内各少数民族都获得自由的那一天才会到来。

（五）宗教观与资产阶级经济观和谐并存

如果说到美利坚人很少有封建传统，这是对的。但是他们却有着强烈的宗教传统。正如马克思所说："北美主要还是一个宗教盛行的国家。"③

欧洲移民为逃避宗教、政治迫害来到北美时，带来了他们各自的宗教，因而形成了许多教派。既有天主教会、英国国会教，又有清教的组合派和长老会派以及从清教中派生出来的教友派和洗礼派，还有德国的路德教派，德国与荷兰的改革教派，法国的胡格诺教派等。这些教派中除天主教外，都是从宗教改革运动中产生出来的，是反映新兴资产阶级利益的新教各派别，而清教又占有最主要的地位。

从某种程度上说，北美的宗教同样是麻醉人民的鸦片。各教派都支持和鼓励消灭印第安人和剥削黑奴。他们"开导"黑人忍受苦难，为主人好好工作，以取悦于上帝，否则就要堕入永久受折磨的地狱。清教徒把印第安人说成是"一群魔鬼，因而应当予以消灭"④。他们都企图建立神权统治，曾以极残酷的方式迫害不同信仰的人。17世纪时，曾举行了大规模的巫觋

---

① 《斯大林全集》，第5卷，17页。
② 《马克思恩格斯全集》，第31卷，539页。
③ 《马克思恩格斯全集》，第1卷，425页。
④ 奥斯卡·汉德林：《美国人》，67页。

搜捕，还用欧洲同样的仪式把他们活活处死。但是，北美宗教毕竟无法像在欧洲的教会那样长期实行严酷专制的统治，而从17世纪中叶起被迫逐渐实行了宗教宽容政策。究其原因至少有以下几点。

其一，在欧洲，教会往往就是最大的地主，据有牢固的经济阵地，而在北美殖民地，教会却不拥有这样的阵地。

其二，这里教派林立，分裂为许多互相敌对的教派，便利了下层人民的反抗斗争。

其三，移居北美的人民，大多为逃避封建政治和宗教迫害而来，是不会容忍宗教高压政策长期存在下去的。他们或逃亡别处，另建像罗德艾兰和康涅狄格这样较为民主自由的殖民地，或举行起义以反抗。

其四，宽容政策本质上也反映了上升时期资产阶级的需要。随着资本主义生产的发展，劳动力奇缺成为北美殖民地严重问题。针对这一点，一些殖民地如威廉·宾的宾夕法尼亚便规定信仰自由，担任官职不受宗教信仰的限制，并授土地给移居者，从而吸收了大批劳动力，加速了该地区的开发。

宗教对美利坚民族精神的形成起了独特的作用。与发展资本主义的需要相适应，清教徒们想方设法证明，努力工作就能取悦于上帝，发奋经商就会得到升华。因为"上帝是不会让一个人具有五分的才干只得到二分报酬"[1]。到17世纪末叶，清教徒们拥有大量的仓库，在波士顿港停泊着无数船只，还有许多设备完善的商人住宅，都证明了他们如何使清教教义与敛聚财富和谐共存。在17世纪还广泛流传着"作为教友派教徒经商"的传说。它把教友们描绘成精明、机灵的商人。他们"极其勤劳，为聚敛财富而不辞劳苦与艰辛"。和清教徒一样，教友派教徒在理财布道和实践一种职业教义等方面都获得了成功。这种职业教义使宗教和资产阶级经济观有机地结合在一起。

也正是在这种情况下，使得这些早就具有"强烈的自由精神"的人们，

---

[1] 卡尔·N. 迪格勒尔：《近现代美国形成的动力》(Out of Our Past—The Forces That Shaped Modern America)，7～8、17 页，纽约，1970。

更加不能容忍英国殖民者的高压统治而积极投入反英独立战争。

北美的教会对文化教育的发展做出了贡献。本质上反映资产阶级需要的清教信服理性的价值，因而看重教育。一个清教徒牧师曾宣布说："无知是异教之母。"一本著名的宗教小册子写道："在上帝已经将我们平安地带到新英格兰之后，我们所渴望和关心的下一件事情，就是增进学问并使它延绵不绝地传至后代，当现在的牧师死去时，千万别为教堂留下一位不识字的牧师。"这本小册子中的某些话现在已用金属铸在哈佛大学的校园里了。包括这所哈佛大学在内，独立前各殖民地教会共创办了8所大学；学校教育内容上增加了不少自然科学和社会知识的内容。各地教会还开办了印刷所、图书馆等。

可见，北美教会与欧洲天主教派等有着很大区别，它不是资本主义发展的阻力而是一种助力。它适应资产阶级的需要而发展变化，成为影响美利坚民族精神和文化的重要因素。

(六)具有强烈的自治愿望，在政治机构的建立上表现出一个纯粹的资产阶级民族的首创精神

恩格斯曾经指出，美国"建立了没有封建残余或君主制传统的纯粹资产阶级的制度"①。这当然不是说英国不曾企图把封建关系"移植"到北美，或者说北美社会一开始就不存在封建因素。但是毕竟封建制度最终没有在北美建立起来。除了前面提到的西进运动和居民强烈的反封建斗争使得封建土地关系难以确立以外，以下各种原因也是值得注意的。

第一，当时英国已是资本主义在国内取得胜利的国家，尽管王室企图在殖民地培植封建关系，但殖民事业中的资本主义趋势已很强烈，使封建关系事实上在北美难以立足。这与当时处在封建专制统治之下的西班牙、葡萄牙不同。后者在美洲的大庄园都是基于纯粹的封建原则建立的。

第二，与西班牙、葡萄牙王室一开始就直接控制殖民地军政大权、建立大庄园和天主教会的封建统治不同，英国在北美一开始建立了许多特许殖民地、自治殖民地和业主殖民地，皇室并不直接控制殖民地行政事务，

---

① 《马克思恩格斯全集》，第36卷，481页。

它们甚至把殖民地当作流放罪犯、遣送游民的场所，即作为"卸包袱"的地方，控制远比西、葡要松。及至18世纪中叶以后企图直接加强管理时，殖民地资产阶级已发展到不可驾驭的地步，到处掀起了抗英斗争。

第三，移民们从欧洲封建制度下逃脱出来，为的是在新大陆建立纯粹的资本主义社会，因而一开始就有强烈的自治愿望。例如，1620年清教徒移民在普利茅斯登陆前在"五月花号"船上就签署了有名的"五月花公约"。立约组织公民团体，订立法律、法令、规章、条例及官职，共同遵守。公约包含了萌芽形式的人民主权的思想，即人民有权建立政权和国家管理机构的思想，实际上是英国清教徒反对封建专制、追求资产阶级民主立宪政体愿望的一个体现。他们决心在新大陆上把他们在欧洲受压制的理想付诸实现。

第四，由于农业发展离开了欧洲农民几世纪里熟悉的那种封建庄园和农奴制的模式，而大量发展了独立的小农经济。这就相应地引起家庭关系、人与人关系等变化。① 小农向往和拥护民主制，成了资产阶级民主政治产生的重要基础和条件。

这样，一批新人在建立政治机构时就处处表现出一个纯粹资产阶级民族的首创精神。

例如，从殖民初期起，每个殖民地就建立了自己的立法会议作为自治机关，它有权颁布法律和命令，负起对涉及税收和防务立法的主要责任，还使总督也在某种程度上受制于议会，因为支付给总督的薪俸是由议会审议拨付的。议会借着自己的经济实力和人民的支持，一步步削弱着英王室及其总督的权力。阿普特克指出："在新世界里，任何地区都由本地居民代表发言，而这变成了美国政治上固定的东西，和英国的方式迥然不同。"② 显然，这种人民主权的进步传统在美国历史上早就存在。及至1776年独立宣言发表，则在历史上第一次把人民主权原则在全国性的正式文件中表述出来。1787年宪法的通过和1791年把人权法案包括在宪法之内，

---

① 奥斯卡·汉德林：《美国人》，29页。
② 赫伯特·阿普特克：《美国人民史》，第1卷，全地、淑嘉译，125页，北京，生活·读书·新知三联书店，1962。

从而使美国宪法成为当时世界上最先进的宪法。

在那个时期与宪法相一致，美国还创造了值得人们注意的某些政治惯例。例如，在宪法规定设立总统之时，议会就否决了把总统称为"美利坚合众国总统兼护权公殿下"的倡议，仅保留了"总统先生"这一称号。1796年华盛顿拒绝参加第三届总统预选，从而打破总统终身制和确立了国家生活中总统最多连任两届的政治传统，等等。在欧洲大陆各国人民还呻吟在君主制度的黑暗统治之下时，上述惯例的创立就更为难能可贵。

当然，美国的议会制度和宪法都是代表富人利益的。人民主权从本质上说不过是资产阶级的主权罢了。宪法起草人之一约翰·杰伊曾说，普通平民过于愚昧无知，不能享有政治权利，国家的事务应该由有钱的高尚的人们来管理。事实上，"美国的宪法是一些正飞黄腾达的大庄园主、大商人、律师、银行家和债权人所制订的"[①]。因此，很清楚，美国宪法不过是把那些有利于资产阶级的革命成果固定下来了。

(七) 个人独立性、个人主义与互助精神并存

莫里森、康马杰等在探讨美利坚人的民族特性时指出，由于个人或一家一户向西移徙，以谋求生活改善，"这样就形成了个人独立的那种特性，成为美国人生活中占主导地位的东西，直到今天基本上也是如此"。但是"一般的美国人不管多么不依赖地位高的人，却都要在收割庄稼、造房子和生病时依靠自己周围的人前来帮助。……由此便形成了美国人的双重特性：个人主义和群体精神，冷漠和亲切"。

作为构成移民多数的劳动者，生产和生活的需要使他们自发倾向于互助合作。当移民们到达新大陆时，都乐于互相帮助。他们共同给新来的移民搭盖茅屋。谁家遇有疾病和灾难，近邻就会竭力帮忙，大家提供食物、住房和经济援助。由于以新土地作为归宿，把异国人作为同胞，也就不再强调过去的血统而能自由通婚。一家婚娶，各家共同集资备办嫁妆的事是常有的。随着时间的推移和社会的日趋复杂，在居民群众的强烈要求下，一些城镇和教区开始负起对某些遭难者的责任。如在17世纪中期，新英格

[①] 迈克尔·帕伦泰：《少数人的民主》，51页，台北，四季出版公司，1970。

兰一些地区都曾有过对年幼孤儿教育和抚养的规定。马萨诸塞州市镇把年老体弱者"委托"给当地志愿的家庭去照管，而由市镇税收补贴，以减轻其负担。在弗吉尼亚，教区委员会负责把贫穷或父母双亡的少年送到旁人家里学徒，使他们在那里受到初步教育，还学会一种手艺。直至今日我们还会看到许多志愿者在从事某种义务工作。在美国这样一个金钱社会，这种精神是可贵的。

个人独立性的核心是个人主义。这对当时封建束缚和依附性是个否定。当时清教的教义就有着极端个人主义的倾向。他们反对主教干预而主张人人都能同上帝"交流"，宣扬"个人拼命地干就可以得救"，反映了依靠个人独立奋斗改善地位的资产阶级要求。如前所述，他们把敛聚财富和清教教义巧妙地结合起来，证明一个人"虔诚"和勤奋，就会由穷变富。这样，就在美利坚民族中养成依靠个人独立奋斗的特性。这种特性使"他们完全没有欧洲交际礼貌中十分盛行的那种对地位高的人卑躬屈节的风气"[①]，那种狂热的事业心也确实成了北美殖民地经济发展的巨大动力之一。

但是，当我们在指出个人独立性、个人主义的历史进步性的同时，不能不指出，由于美国是个典型的资本主义社会，特别是由于资产阶级统治者的拼命鼓吹，个人独立性中的有益成分未能得到充分、正确的发扬，个人主义因素却日益发展。在美国独立不久，汉密尔顿就曾经说，美利坚人"占优势的激情是雄心和私欲"。1922年，胡佛说："三个世纪来个人主义是美国文明的基本动力。它在所有这些年代里为美国的政治、经济和精神提供了动力。"然而，事实是，随着时间的推移，随着资本主义固有矛盾的发展，个人主义恶性膨胀的结果，使得美国社会问题日益严重。1982年12月16日，美国《基督教科学箴言报》刊登一篇评论，题为《一个价值观念问题》。评论说，"美国的不幸的根源是否可能追溯到一些价值观念的衰落？""在美国社会中，诉讼案件之多达到空前的地步，一些公司野心勃勃地互相并吞，特殊利益集团控制着政权。……人们越来越只考虑个人而不是考

---

① 莫里森、康马杰、洛伊希腾堡：《美利坚共和国的成长》，336页。

虑社会，极度的个人主义'追求满足自我利益'，其结果是家庭削弱，学校不能培养学生自我约束的能力，甚至州与地区也分崩离析"。评论指出"这是一个价值观念问题，是人们如何对待自己和其他人的关系的问题"。评论引用一些美国人士的话，要求"发动一场精神革命""恢复'互助'观念（承认美国人需要互相联系以便互相支持）""重新提倡文明礼貌""在某种程度上互相关心"[①]，等等。这些善良愿望多少反映了今天美国广大人民在苦闷中寻求出路的愿望。但是，这种个人主义的极度膨胀，社会畸形发展，分崩离析，正是资本主义发展的产物。不消灭产生的根源，是无法消除这一弊病的。

（原载《世界历史》，1986年第8期）

二、冷静看美国——促使美国迅速崛起的三个关键因素及美国未来走向

美国是一个年轻的资本主义国家。从1776年独立算起，至今才有200多年历史。但是，它却由一个人口不足300万，面积仅有89万平方公里，在原英属北美13个殖民地基础上建立起来的弱小的农业国家，发展成为一个拥有937万多平方公里土地，人口超3亿，国内生产总值约16万亿美元，占世界生产总值28％左右的超级大国。回顾历史，曾经是"日不落国"的英国，其"全球经济地位只保持了几十年，而美国则超过了120年。美国经济从19世纪80年代中期起就是最大经济体，今天仍然保持着这一地位"[②]。但是，与此同时，美国国债2013年10月也飙升至17万亿美元以上，约为美国GDP的107％，相当于每个美国公民背负了5.37万美元债务。面对这样奇特的反差，人们一方面会问，美国为什么能够如此迅速崛起并长期保持世界经济领先地位？另一方面又会问，美国今天到底发生了

[①] 《一个价值观念问题》，原载美国《基督教科学箴言报》，1982-12-16，转载于《人民日报》，1983-01-04。

[②] 法里德·扎卡里亚：《美国力量的未来——美国如何能在其他国家发展时生存下去》，载《外交》，2008-05-06。

什么？如此高的负债率对美国究竟意味着什么？其今后走向又将如何？所有这些都是国内外人们普遍关注的重大问题。研究这些问题对于我们借鉴美国发展的正反面经验，正确处理中美关系，都具有重要意义。

美国历史虽短，但客观认识这个国家并不容易。这里以"冷静看美国"作为标题，就是想强调，为了正确认识美国，要不断提高理论思维能力，以辩证唯物主义和历史唯物主义为指导，历史、全面、辩证地观察美国，而力避片面性和感情用事。特别要抓住那些决定美国历史和未来发展的关键因素加以分析。依据美国历史实际和综合目前国内外研究成果，我认为，如下三大因素及其相互作用在美国崛起中发挥了关键性作用。它们是：①得天独厚的自然地理条件；②变动性（特别是创新性）；③扩张性。同时，这三大因素也是预测美国未来的基本参照物。

（一）促使美国迅速崛起的三个关键因素

1. 得天独厚的自然地理条件

在考察美国兴盛的原因时，不能不把注意力首先放到美国的自然地理条件上。马克思、恩格斯在《德意志意识形态》中指出："全部人类历史的第一个前提无疑是有生命的个人的存在。因此，第一个需要确认的事实就是这些个人的肉体组织以及由此产生的个人对其他自然的关系。……任何历史记载都应当从这些自然基础以及它们在历史进程中由于人们的活动而发生的变更出发。"①

生活在美国这片土地上的人们，可以说获得了发展经济的得天独厚的条件。美国疆域辽阔，面积约达欧洲的3/4，地处北温带，不但土地肥沃，而且可耕地占了国土面积90%。其中约占美国全部土地面积1/2的中部大平原，不仅是美国也是世界上最富有的农业区。美国拥有广大的森林面积。矿产和水力等自然资源均十分丰富。横跨中央低地北部绵延近1600公里的是美国和加拿大共有的五大湖泊，其所积蓄的淡水大约占到全世界淡水总量的一半。世界上最长的河流之一——密西西比河及其支流俄亥俄河和密苏里河等由北向南流去，注入墨西哥湾，给农业以灌溉之利。而丰富

---

① 《马克思恩格斯文集》，第1卷，519页。

的矿产资源和纵横交错的河道更使这一地区后来成为工业区。恩格斯曾盛赞美国自然资源之富饶。他说:"美国有取之不尽的资源,有巨量的煤铁蕴藏,有无比丰富的水力和通航的河流……","美国拥有任何一个欧洲国家所没有的大量资源和优越条件"①。

对于美国自然条件的优越,一般美国学者会有一种发自内心的自豪感。他们说:"我们相信,我们生活的这片富饶而美丽的土地一直是形成美利坚民族和他的人民赖以生存的主要因素。"②

美国地理环境的优越还在于它有利的地理位置。斯大林在和美国共和党一位活动家谈话时说:"美国的情况不坏。美国有两个大洋保护。北与弱国加拿大为邻,南与弱国墨西哥为邻。美国用不着怕它们。"③正是由于有两洋之隔,美国本土不仅在两次世界大战中未受任何损伤,反而可以利用战争的机会聚敛财富。自美国独立战争和1812—1814年第二次美英战争之后,美国本土从未经受过外国军队的入侵。在世界上没有任何一个大国享有如此优越的条件。

基于以上情况,新加坡资政、世界著名政治家李光耀在2013年接受美国学者专访时,在肯定"美国的创造力、弹力以及创造精神"的同时,强调指出,"美国人相信他们的理念具有普世价值,比如,个体至上的理论、无拘无束的言论自由。其实并非如此,过去不是,现在也不是。实际上,美国社会之所以能在这么长的时间内维持繁荣,并不是这些理念和原则的功劳,而是因为某种地缘政治意义上的运气、充足的资源、大批移民注入的能量、来自欧洲的充裕的资本和技术,以及两大洋使美国免受世界冲突的影响"④。李先生这种判断为不少美国学者和其他学者的观点所印证。他们甚至进一步揭示出优越自然条件对美国人观察世界的思维方式及政体的影响。

---

① 《马克思恩格斯文集》,第1卷,495页。
② 克拉伦斯·B. 卡森:《美国人的传统》,7页,纽约,1964。
③ 《斯大林文集(1914—1932)》,530页,北京,人民出版社,1985。
④ 格雷厄姆·艾利森等编:《李光耀论中国与世界》,蒋宗强译,24、50页,北京,中信出版社,2013。

一位美国学者说:"美国是人类世界上唯一的南边和北边没有掠夺性的邻居,东边和西边又有鱼的国家。""美国的地理位置如此独特,这导致了一种充满矛盾而且常常不现实的世界观。"诸如,"常常使美国人按自己的方式而不是按实际情况看待世界",充满着"美式傲慢"和自以为是。① 法国政治思想家夏尔·托克维尔于1831—1832年在美国游历9个多月回到法国之后,在其成名作《论美国的民主》一书中指出,"上帝为美国人安排的独特的、幸福的地理环境",使"美国人生而有幸和生得其所——美国地广人稀"。这种"地理环境"极大地帮助了"美国民主共和国制度",而"英裔美国人占有新大陆上的荒野的贪欲又对美国人的政治观点产生了影响"。②

值得肯定的是,美国并非消极地依靠地理条件的优势,而是积极地利用这种优势。美国人自己说:"我们虽然认真看待本国的自然地理条件,但兴趣所在并不是地形、气候、土壤或植被,而是人类在这片土地上留下的印记。"③

在实践上,美国人从18世纪末到19世纪末历时大约一个世纪的西进运动,是美利坚民族形成过程中对美国优越自然地理条件的一次空前的开拓和利用。从东部的阿巴拉契亚山到西部的太平洋沿岸,在大约相当于美国国土3/4的广大地区,通过艰苦的劳动和创业,变荒原和丛林为沃土,使一系列城市拔地而起,交通运输业得到迅速发展,而交通运输的发展又反过来促进西进运动。在这一过程中,美国完成了工业化,并在世界各国中,最早实现农业机械化。正是西进运动成为美国历史发展的一个转折点,成为了解美国迅速发展的一个关键性因素。

美国在利用自然资源优势方面,充分发挥了科学技术的作用。最新的一个例子就是美国八成能源得以实现自给这一事实。美国是世界上能源资源最丰富的国家之一,但也是能源消耗大国,长期依靠进口石油。但是,

---

① 阿伦·戴维·米勒:《地理位置塑造美国人的世界观念》,载《外交政策》网论,2013-04-16。米勒系美国伍德罗·威尔逊国际学者中心学者。
② 托克维尔:《论美国的民主》,320~321页,北京,商务印书馆,1993。
③ 美国国务院国际信息局编:《美国地理概况》,杨俊峰等译,7页,沈阳,辽宁教育出版社,2003。

自21世纪初特别是2008年以来，主要依靠技术的创新和应用，使得地下页岩气得以大规模开发，引发了一场被称为"天然气革命"的能源产业变革。2010年美国已成为世界天然气第一大资源国和生产国。一些专家预计，美国将在2020年成为世界头号能源生产国。

当然，不可否认，美国对自然资源和地理优势的运用上，始终存在两重性特点：既大大促进了经济发展和国力的增强；又剥夺了弱小民族的生存条件并成为对外扩张的一种手段。在西进运动中，西部原有土地的主人——印第安人遭到残暴的掠夺和杀戮，成了美国历史上一大污点。

早在19世纪40年代末和50年代，美国就掀起了一股向太平洋拓进的浪潮。那些"海洋边疆"的鼓吹者，把海洋扩张视为大陆扩张的必然延伸，他们在成功地推进到大陆边疆之时，立即主张建立以太平洋为中心的世界性商业帝国。19世纪90年代，艾尔弗雷·马汉，一个海洋扩张的理论家，提出了"海上实力论"。主张利用美国的两洋优势，大规模建立现代海军，以加强对外扩张。第二次世界大战后，有着敏锐海洋观念的美国加快了利用海洋的步伐。20世纪60年代末，美国政府出资组织近千名科学家对海洋问题进行研究，把能否充分地利用海洋，提升到"将会深刻地影响到美国的安全和经济地位"的高度。

2004年11月，美国提出了21世纪海洋战略。核心内容有4点：加强对海洋和沿岸环境的保护；维护海洋经济利益；确立海洋探查国家战略；提高海洋研究和教育水平。美国上述战略措施显然是具有前瞻性眼光的。然而，美国实际的海洋发展战略远不止于此。它们在追求一种全球海洋战略。美国过去曾试图把大西洋作为自己的"内海"，试图通过北大西洋公约组织对大西洋严加控制。如今，又把重点转向西太平洋。美国正把越来越多的战舰开进南海并与南海周边国家频频进行有明显针对中国内容的联合军演，企图借此构筑军事联盟，作为它实施"重返亚洲"战略的第一步。

2. 变动性、创新性特点及其内在矛盾

"变动性是我们的生命"，美国人常常这样讲。不少美国学者则用"流动、变化"和"活力"等作为美利坚民族的特性加以颂扬。① 一位长期从事美国历史研究的俄罗斯学者指出,"美国思想体系的传统任何时候都不会转变为僵死的教条,而是在每一新的历史阶段为回答时代的呼唤而获得新生"②。这段话大体反映了美国历史的实际。这里所指的"变动性",不仅指人口的流动性③,更主要涉及美利坚民族的创新精神和自我调整能力,包括革命、革新、改良和务实的精神等。在教育与科学方面表现尤为突出。我们分别从以下几方面加以说明。

(1) 求实创新的民族精神

美国历来被称为多民族国家。目前被美国公民列为自己出生地的国家和地区有156个之多。

北美殖民地居民在独立战争前基本上由三部分人构成：印第安人、来自欧洲的白人和从非洲贩来的黑人。美国学者指出,是美洲印第安人、欧洲人和非洲人,"三个旧世界创造了一个新世界"(Three Old Worlds Create A New)。

由于历史的原因,欧洲移民特别是英格兰移民成为美利坚民族的主体,并在它成长过程中形成了自己的许多特点。当年来自欧洲的移民中,绝大部分是受生活逼迫和宗教迫害的劳动者。他们历尽艰辛漂洋过海来到美洲,在这片广袤而陌生的土地上,为了争取生存和发展而披荆斩棘,从而养成了自强图存、艰苦奋斗,不断进取的精神和民主自治的意识。例如,1620年,清教徒们在新英格兰上岸前在"五月花号"上达成的契约中就宣称,他们"自愿结为一民众自治团体,将制定和实施有益于本殖民地总

---

① 参见卢瑟·S. 利德基主编：《美国特性探索》,龙治芳等译,9～31页,北京,中国社会科学出版社,1991。

② B. B. 索格林：《美国历史上的意识形态——从奠基者到20世纪末》,5页,莫斯科,1995。

③ 当然,"流动性"绝非无足轻重。我国清末民初外交家伍廷芳曾指出:"美国人希望到国外旅行的普遍愿望是他们的优良品质之一,从未离开过家园的人所知必然不多。……我们中国人在这方面犯了很大的毛病。有一句中国格言是这么说的：骑马行舟皆危险。……一辈子待在自己家乡的人大多心胸狭隘,固执己见,而且以自我为中心,美国人则没有这些毛病。"参见伍廷芳：《美国人的气质——美国何以如此繁荣》,56页,北京,中国青年出版社,2012。

体利益的一应公正法律、法规、条令和宪章",并"全体保证遵守和服从"之。这是前所未有的民主自觉意识。① 由于要和陌生的土地和人打交道,对移民而言,任何现成的公式和理论都变得黯然失色。由此而培养了求实精神,以及在一定程度上邻里间相互照顾,彼此携手战胜困难的习惯。而且,移居北美的居民在18世纪与英王室和封建主争夺西部土地的斗争,以及在美国建国后百余年内从东向西、横跨北美大陆的拓殖运动,这两次西进运动,不仅体现了北美殖民者的反抗精神,同时,也造就了他们习惯于不断变动的民族性格。由于美国没有封建传统的束缚,由于美国是由世界各地移民在一块新大陆上创建起来的,所以美国人最富于创新精神。恩格斯曾经指出,"如果我没有看错美国人",那么,他们"在实践上走在所有人的前面,在理论上还在襁褓之中,情况就是这样,而且不能不是这样。此外,这是一个没有传统的(宗教传统除外)、从民主共和国开始的国家,是一个比任何别的民族都要精力充沛的民族"②。恩格斯还说:"这个新世界由于藐视一切继承的和传统的东西而远远超过了我们这些旧式的、沉睡的欧洲人;这个新世界是由现代的人们根据现代的、实际的、合理的原则在处女地上重新建立起来的。……他们这个前进最快的民族(the most go ahead nation),对于每一个新的改进方案,会纯粹从它的实际利益出发马上进行试验,这个方案一旦被认为是好的,差不多在第二天就会立即付诸实行。"③

　　以欧洲白人为主体的美利坚民族,其性格的形成与在殖民地土壤上滋长起来的商业资本主义及为之辩护的"新教伦理"直接有关。德国著名学者马克斯·韦伯于1904年到美国考察后,写出《新教伦理与资本主义精神》一书。他在书中指出,美国之所以能够产生出充满活力、发展迅速的市场经济,是和美国新教徒的伦理道德、职业精神分不开的。许多新教徒崇奉的清教教义想方设法证明,努力工作就能取悦于上帝,发奋经商就会得到升

---

① 何顺果:《美国的崛起及其动力》,载巴忠倓主编:《大国兴起中的国家安全——第三届国家安全论坛论文集》,32页,北京,北京大学出版社,2005。
② 《马克思恩格斯全集》,第36卷,668页。
③ 《马克思恩格斯全集》,第21卷,534页。

华,从而使这种精神与资产阶级经济观融为一体。清教注重教育,宣传"无知是异教之母",以适应资本主义经济发展的需要。从当时这种商业精神和"清教主义"中产生出来的崇尚理性、精打细算、开拓欲望、发奋经商、竞争意识和蔑视封建传统、主张平等的精神,也都成为美利坚民族性格和价值观念的一部分,并成为当时北美经济发展的动力。这些积极方面,至今对其他国家和民族仍具借鉴意义。

当然,以商业精神立国的美国,其占主导地位的价值观是个人主义。曾担任美国总统的胡佛1922年声称,三个世纪来个人主义是美国文明的基本动力,它在所有这些年代里为美国的政治、经济和精神提供了动力。应当说,当时以个人独立性为核心的个人主义,对封建束缚和依附性是个否定。但是,这种个人主义在当时就表现出两重性特点。一方面,它充分发挥作为个体的人的能动性和创造性;但是,另一方面,则表现为维护个人一己私利的特点。20世纪初,普通美国人指责那种对社会漠不关心而只想聚敛财富的个人或行为为"冷酷的个人主义""猖獗的个人主义"。而个人主义早期表现在对印第安人和黑人的态度上则是无情的杀戮和残酷奴役。随着历史的发展,这一点对美国社会的腐蚀作用也变得日益明显。

(2)奴役与自由平等的悖论

在美利坚民族中有一个长期困扰人们的问题,即在奴隶制基础上的奴役与自由的悖论。一方面,跟英格兰、法兰西和其他许多欧洲民族不同,美利坚民族从一开始就受到外国的压迫,因而具有强烈的反抗精神。但是,另一方面,作为一个受压迫的民族,他自己又在压迫内部的黑人和印第安人。并且,美国政权正是在相当程度上靠着这种压迫来发展经济,建立与推进以白人为主体的社会政治制度。这样,就在美国历史上形成了奴役与自由相依相存的一大悖论。马克思曾经指出:美国历史上的"直接奴隶制是资产阶级工业的基础。没有奴隶制就没有棉花;没有棉花就没有现代工业。奴隶制使殖民地具有价值,殖民地产生了世界贸易,世界贸易是大工业的条件。可见,奴隶制是一个极重要的经济范畴。"马克思甚至说:"没有奴隶制,北美这个进步最快的国家就会变成宗法式的国家。……消灭奴隶制就等于从世界地图上抹掉美国。"①

曾任美国历史学家组织主席的埃德蒙·S. 摩根教授指出,"把美国历史中自由平等的兴起斥为彻头彻尾的骗局,不仅与铁的事实相悖,而且也是对这类史实所提出的问题的回避。在我国,自由和平等是伴随着奴隶制的兴起而兴起的。在相当长的历史时期内,这两种彼此矛盾的发展过程并驾齐驱,从17世纪一直延续到19世纪,成了美国历史上的主要悖论"。摩根进一步指出,"我们美国不仅在1776年,而且在此后很长的历史时期内都依靠奴隶劳动。在很大程度上可以这样说,美国人是靠奴隶劳动才赢得独立的"。而且许多美国历史学家也承认,受奴役的南方黑人对19世纪上半叶美国的迅速发展付出了最大代价。正是依靠了黑奴的劳动导致南方"棉花王国"的兴起并支撑了美国经济的繁荣。而且"这种奴隶带来的社会效益要大于经济效益,……奴隶输入量的增加,相应地减少了契约工的输入量,从而减少了危险的新的自由民的人数,因为自由民每年都在社会上寻求难以得到的位置"。"如果当时没有非洲人作为劳动力,那么事实很可能已经证明要想找到一个使不断增加的英国移民安分守己的方法是不可能的。如果英国移民的自由受到限制,不仅会导致反抗,而且会引起英国国内的抗议,……若将美国的劳工变成奴隶,引起的骚乱比清除的骚乱还要多。"由于奴隶制的存在,自由民有了盼头。"他们不再是令人担忧害怕的人了。这个事实加之不断增长的大批异国奴隶,促使白人移民更紧密地团结在一起,削弱了自由民同大种植园主之间的阶级差别的重要性。""奴役和自由的悖论就这样开始了,两者互相纠结,互相依存。"②当时美国社会中产生的代议制政府,美国人喊出的扩大自由民权利的政治口号等,无不是以奴隶制为基础的。美国早期的发展就是建立在这种畸形的社会基础之上的。

---

① 《马克思恩格斯文集》,第1卷,604~605页。
② 以上内容参见中国美国史研究会、江西美国史研究中心编:《奴役与自由:美国的悖论——美国历史学家组织主席演说集》,224~246页,贵阳,贵州人民出版社,1993。

(3)两次革命与多次改革为经济和综合国力发展创造了有利条件

1775年开始的美国独立战争(第一次资产阶级革命)推翻了英国殖民统治,并在1812—1814年第二次反英独立战争中进一步巩固了独立地位。

尽管美国独立战争具有不彻底性,但是,这一革命的最大功绩是克服了资本主义发展的障碍,大大促进了美国经济的高涨。其中突出的一点是,那种不顾一切地努力追逐利益的力量空前地迸发出来。美国学者戈登·伍德在描述独立战争后的美国社会时说,"一个繁荣、充满竞争和创业精神的社会在美国异军突起","美国人似乎变成了一个人人都不遗余力地追求金钱的民族。'创业''改善''干劲'等词在书报宣传中随处可见,被广为赞美"。"长久以来,商业一直被欧洲游手好闲的贵族和特权阶层污蔑中伤。但是美国人改变了这一切。"[1]

1861—1865年的美国内战(第二次资产阶级革命)是北部与南部两种社会制度——自由雇佣劳动制度与奴隶制度之间矛盾不可调和的结果。美国广大人民在以林肯为首的共和党领导下,经过4年艰苦英勇的斗争,赢得了军事胜利,摧毁了南部奴隶制度,进一步扫除了美国资本主义发展的障碍。内战结束前,美国还是个农业国。内战结束到19世纪末,美国工业迅速增长。1881—1885年,美国工业生产总值已超过英国而跃居世界第一位。到1900年,美国工业总产值约占世界工业总产值的30%,成为世界上最富有的、最大的工业国家。由此,一般美国学者认定,19世纪末,美国已作为世界头号经济大国而"崛起"。

除两次革命外,美国从建国伊始还经历了各种社会运动和改革,大到关系国计民生的经济变革和政府改革,小到禁酒运动和现代流行的摇滚乐的兴起,几乎无所不包。在各种改革运动中影响最大的当推20世纪30年代的罗斯福"新政"。当时的情况是,30年代初的美国在1929—1933年世界经济危机的打击下社会混乱,人心惶惶,经济到了崩溃边缘,很大一部人对现有制度丧失了信心。就在这种形势下,富兰克林·罗斯福为了医治

---

[1] 戈登·伍德:《美国革命的激进主义》,傅国英译,344页,北京,北京大学出版社,1997。

由于严重经济危机造成的创伤和挽救处于风雨飘摇的资本主义制度,大胆地实行了"新政"改革,在资本主义大国中率先放弃自由放任政策,由国家积极地直接干预社会经济生活,迅速而大规模地将垄断资本主义转变为国家垄断资本主义,走"福利国家"道路。"新政"不仅挽救了美国的资本主义经济,而且产生了深远影响。其中许多做法和特点,都深深影响到第二次世界大战后美国政府的经济政策和措施。

(4)有一部维护资产阶级统治的稳定的宪法

宪法是保证国家兴旺发达、长治久安的根本法。美国宪法制定的过程及其权威性和相对稳定性特点,对美国的发展起了重要作用,并且使得美国成为被马克思看来是"最完善的"现代国家。①

1789年生效的美国《联邦宪法》是典型的资产阶级宪法,其目的是要用成文宪法来巩固美国资产阶级的革命成果,保护资产阶级的私有财产权。联邦共和制本身是妥协的产物,既强调中央政府的权威,又允许地方分权。在制宪过程中,在讨论政府三大部门——立法、司法、行政的关系方面,建国先驱们做了精心设计。他们特别害怕较能反映下层民众意志的立法机关成为最高权力机关,而特意在宪法中加强行政和司法机关的独立地位及其所属权力。在宪法中明确规定,行政、立法、司法三个部门相互独立,各自执掌一部分权力,这便是所谓"权力分立"。同时,三个部门中没有任何一个能不受其他部门牵制而行使自己的权力,这便是所谓"制衡"。宪法对三个部门的制衡做了详尽的规定,一些美国学者指出:"分权制……目的是要设置防止多数主义(即大多数群众统治国家)的障碍和为杰出人物的自由和私有财产提供双重保险。""在这一体制下,永远也不能实现人民群众的多数人统治。"但这种"相互牵制和平衡体制的原理可以理解为复审思想的体现,它也是建国先驱们对政府科学的一种贡献"②。美国这一套权力分离与制约的原则为稳定资产阶级国家制度发挥了重要作用。

美国《联邦宪法》是世界上第一部成文宪法。200多年来除增加了包括

---

① 《马克思恩格斯文集》,第1卷,584页。
② 托马斯·R.戴伊、L.哈蒙·奇格勒:《美国民主的讽刺》,张绍伦等译,51~53页,石家庄,河北人民出版社,1997。

1791年在内的10条修正法案——"权利法案"和另外17条修正案外，仍然适用，在世界宪法史上是绝无仅有的。美国宪法的这种相对稳定性对保持社会稳定和经济发展起到了明显的促进作用。

《联邦宪法》"最大的成就在于，成功地将一个软弱无力、宗派林立的各州联盟转变成一个统一国家。这个成就本身改变了美国的世界地位"[①]。这些正是美国宪法得以适应统治当局的需要而促进美国社会经济发展的原因。其中一些经验对别国具有借鉴意义。毛泽东同志曾对美国等国资产阶级宪法的历史地位做过如下论述："讲到宪法，资产阶级是先行的。英国也好，法国也好，美国也好，资产阶级都有过革命时期，宪法就是他们在那个时候开始搞起的。我们对资产阶级民主不能一笔抹杀，说他们的宪法在历史上没有地位。"[②]毛泽东还说，斯大林严重破坏社会主义法制，这样的事件在英、法、美这样的西方国家不可能发生。

(5)加强经济的核心地位，形成宏观调控机制

美国很懂得加强经济这个根本，认为这是"美国力量的源泉"。美国政府对经济的高度重视，首先表现在利用其所拥有的国土资源所有权作为经济起飞的条件。19世纪后半期美国农业迅猛增长的原因之一，就是林肯政府于1862年公布的《宅地法》，规定凡年满21岁的公民均有资格在西部获得160英亩的土地，在土地上耕作5年之后，土地便归个人所有。由此美国耕地面积迅速扩大，并带动了东西两地区工矿业的迅速发展。

其次，国家在美国经济发展史上始终是私人商业和公司的强有力的支持者。一位俄罗斯学者指出，"美国的经验表明，国家机器职能的有效性乃是经济发展的决定性因素之一。国家不仅仅在国内生产总值的消费上，而且在国内生产总值的创造上都在发挥着这种作用"[③]。据统计，在1990年到1997年期间，国家在国内生产总值中的开支一直高于30%，而国家

[①] 孔华润主编：《剑桥美国对外关系史》，上册，王琛等译，71页，北京，新华出版社，2004。

[②] 《毛泽东文集》，第6卷，326页，北京，人民出版社，1999。

[③] A. A. 波罗霍夫斯基：《美国经济发展中国家所有制的作用》，载《美加经济、政治和文化》，2004(3)。

对于国内生产总值增长的贡献率以1998年为例,在当年国内生产总值增加的3.9%的份额中,国家贡献部分占了0.72%(大约为18%以上)。① 自20世纪30年代罗斯福"新政"时期开始,美国进入到国家垄断资本主义新阶段,国家的作用更是直接走到了前台,为美国工业和经济发展提供了新的广阔的空间。

美国经济的发展,依靠政府部门制定的一整套的法制体系来支撑。如有关教育的立法,开发西部的立法,建立农业科学实验站的立法,以及1887年管制铁路公司及运价的《州际贸易法》和1890年著名的《谢尔曼反托拉斯法》等。此外,为保证市场透明度、公平竞争环境以及对金融的监管,建立了一套比较健全的法规。甚至还有专门扶植小企业的《小企业法》(1953年)等。可以说,法律已渗透到社会经济和社会生活的各个方面,为经济运行和发展提供了直接的动力和保证。

(6)一贯重视教育

美国新教有重视教育的传统。早在1636年马萨诸塞湾殖民地成立才6年,一所学院就建立起来,这就是两年后以约翰·哈佛命名的哈佛学院。独立以后,宗教界人士针对公费学校很少而私立学校学费昂贵的情况,强烈呼吁改革。马萨诸塞一位致力于公共教育与学校改革的福音派教徒霍勒斯·曼甚至预言:"如果我们不准备使孩子们成为好公民,如果我们不开发他们的智力,……使他们的心灵充满对真理与责任的热爱和对所有庄严而神圣事业的崇敬,那么,我们的共和国就必然走向毁灭。"他强调,要"使全体孩子受教育"。到了19世纪中期,免费初等教育开始迅速发展起来。1870年,在年满17岁的人口中,从中学毕业的只占2%,到1970年则增至78%,其中60%的人进入学院继续深造。美国高等教育一直处于世界领先地位。而且,美国当局不断检讨教育中的问题,时时存在一种危机感。特别是1957年10月,苏联发射了人造地球卫星,一直存在争议的美国教育立刻成了引起震怒的中心,成了20世纪60年代教育大改革的直接

---

① 参见《1999年总统经济报告》,326、424页;《当代商业概览》,1999-02,转引自A.A.波罗霍夫斯基:《美国经济发展中国家所有制的作用》,载《美加经济、政治和文化》,2000(3)。

导火线。为了与苏联争霸，1958年美国国会通过《国防教育法》，用联邦政府拨款的办法来促进教育改革。改革的中心内容是实现教育现代化。20世纪70年代由石油危机引发经济危机，也引起教育危机。美国全国教育质量委员会给美国全体公民写了一封题为"处境危险的国家：迫切需要进行教育改革"的公开信，指出国家教育基础正在削弱，平庸之辈越来越多，"这种现象将对国家和人民的未来构成威胁"[1]。敢于正视存在的问题，也从一个侧面反映了美国对教育的重视。

美国在教育战略上还具有前瞻性特点。在基础教育方面，由美国促进科学协会主持的"2061计划"在20世纪90年代陆续出版了《面向全体美国人的科学——2061计划》等一系列课程改革计划。这些计划提出了美国20世纪90年代至21世纪中叶基础教育改革的总体构想和发展思路。

(7) 高度重视科技与网罗人才

美国具有重视科学技术的传统。美国一直鼓励并保护科学和发明，办法是促进思想自由交流，鼓励"实用知识"的发展和制定专利法等。1790年《专利法》由华盛顿总统提出并在国会获得通过，成为美国立国后第一个专利法，也是走向国家科技政策的第一个重要步骤。1863年美国成立了国家科学院，之后，各州工业科研所和农业实验站纷纷建立，并与经济日益紧密地结合起来。1898年，一位美国科学家自豪地说："美国已成为一个科学民族。从农业到建筑业，没有一个不是由科学研究及其成果形成的。"[2]这样，早在19世纪末20世纪初的世界第二次科技革命中，美国已崭露头角，更不必说在第二次世界大战期间和战后兴起的以原子技术、空间技术和电子计算机技术为标志的第三次科技革命，其发源地就是美国。20世纪90年代美国又率先进入知识经济时代，依靠信息网络优势，在劳动生产率和经济发展速度上再次超过其他发达资本主义国家。在第二次世界大战后的半个多世纪中，从基础研究到产品开发，美国几乎在每一个科技领域都

---

[1] 参见理查德·范斯科德等著：《美国教育基础——社会展望》，北京师范大学外国教育研究所译，1~2页，北京，教育科学出版社，1984。

[2] 参见吴必康：《权力与知识：英美科技政策史》，311页，福州，福建人民出版社，1998。

具有明显优势。另一个具有说服力的例证是，自诺贝尔奖创立以来，全世界获此殊荣的400多位科学家中，美籍科学家占据40%以上。

作为世界头号科技强国，美国的科技投入也是无人可及。1999年，美国政府和私人研发投入近2500亿美元，超过了7大工业国中另外6个国家，即日、德、法、英、意和加拿大科研投入的总和。而且完善的研发管理体制，不断创新的投资机制，使得美国庞大的科技投入产生了与之相符的成果。这些也正是20世纪90年代美国得以率先进入知识经济时代的原因。

美国成为科技强国与其广泛招揽科研人才有密切关系。特别是美国移民政策中始终注重吸收那些具有高知识、高技术的人才。据统计，目前全世界科技"移民"总人数的40%被吸引到了美国。

总体而言，美国变动性和创新性特点表现在政治、经济、科技、教育、社会生活各个方面，突出反映了美利坚民族的特点和优良传统。但就政治层面而言，其变动性和创新性一开始就受到统治阶级利益的制约，不能不带有明显的局限性。

3. 扩张性特点

变动性只是美国特性的一个方面。贯穿于美国历史全过程中，特别是对外政策中还有一条主线，那就是"扩张"。"一部美国史充满着扩张这一永不改变的特色。"①这种扩张，既包括版图的扩张，也包含政治、经济、文化和思想的扩张。

(1) 利用多次战争进行扩张，膨胀经济军事实力

美国从建国之初起即开始大规模西进运动，到19世纪80年代末向西扩张宣告结束，约100年时间，大片印第安人原居地被成千上万移民所占有，变成美国的粮仓或工业、矿山的基地。在这一历史进程中，美国推行的是以战争或以战争威胁为手段的大陆政策。兼并得克萨斯(1845年)，同英国瓜分俄勒冈(1846年)，对墨西哥发动战争(1846年)和强行购买基拉河以南墨西哥领土(1853年)等，是推行这一政策中的若干重要事件。继而，美

---

① 威廉姆·威廉姆斯：《美国外交的悲剧》，13页，纽约，1972。

国又在向海外扩张中兼并了夏威夷(1898年)和菲律宾(1902年),加上购买路易斯安那(1803年)和阿拉斯加(1867年),除了菲律宾于第二次世界大战后独立,这些历史上扩张的土地,大致形成了今日美国的疆域。

在对外扩张中,20世纪上半叶发生的两次世界大战对于美国的崛起而言,具有重要意义。在这两次世界大战中,世界上各主要大国除美国外几乎无一例外地遭到严重削弱或打击,而对美国来说却成了千载难逢的发展机遇。

第二次世界大战结束时,美国在资本主义世界取得了政治上、军事上的霸主地位和经济上的绝对优势。美国垄断资产阶级公然宣称,20世纪是"美国世纪"。

(2)利用美元在资本主义世界货币领域的霸权地位进行经济扩张

美国学者罗伯特·吉尔平指出:"美国霸权的基础,是美元在国际货币体系中的作用和它的核威慑力量扩大到了各个盟国。"[①]

1944年8月,在美国新罕布什尔州的布雷顿森林举行了国际货币金融会议。会议基本上按照美国方案通过了《最后议定书》及《国际货币基金组织协定》和《国际复兴开发银行(又称世界银行)协定》两个附件,总称为《布雷顿森林协定》。《国际货币基金组织协定》规定,35美元等于1盎司黄金,把美元与黄金挂钩,各国货币与美元建立固定比价,保持固定汇率,美元可以代替黄金作为国际储备,从而建立了以美元为中心的世界货币体系,确立了美元在战后资本主义世界货币领域的霸权地位。

1947年10月于日内瓦由联合国经济暨社会理事会召开联合国贸易和就业会议筹备委员会会议,会议讨论了多边贸易问题。当时占世界贸易额4/5的23个国家签订了《关税及贸易总协定》(世界贸易组织之前身)。《关税及贸易总协定》的根本目的,是通过削减关税和消除其他贸易壁垒,进行"更加自由和公平的贸易"。由于当时美国在国际贸易中,其出口占世界总出口22%(1948年),这一机构自然首先是适合了美国的需要。

几十年来,尽管国际关系发生了巨大变化,战后初期建立起的布雷顿

[①] 罗伯特·吉尔平:《国际关系政治经济学》,杨宇光等译,156页,北京,经济科学出版社,1989。

森林货币体系也已于1973年瓦解，但是国际货币基金组织和世界银行仍然保留了下来，取而代之的被俗称为"第二个布雷顿森林体系"由世界金融"核心"美国及其周边国家特别是亚洲国家之间签订的互惠协议，仍然在发挥作用。1999年，美国以其占世界4.5%的人口利用了世界85%的流动资本和72%的世界储备，说明美国仍然把持着世界货币领域的霸主地位。

(3) 利用"冷战"壮大资本主义的力量

1993年末，克林顿总统曾脱口而出说："啊，我想念冷战。"①确实，第二次世界大战后美苏两国长达半个世纪的"冷战"给了美国国力发展以多方面刺激。还在1991年9月苏联解体前夕，美国就发出了对"冷战"的感叹，他们说："对于美国这样具有多样性的国家，只有外部的各种挑战可以使它团结起来。""苏联曾经是有用的敌人。美国相信，不仅要和苏联的军事力量竞赛，还要和苏联的成就竞赛。现在看来仿佛是一种奇思异想，许多美国人在20世纪50年代和60年代把两种制度的竞赛锁定为一种显示优越性的竞赛。没有苏联的空间计划，美国人就不可能登上月球。……受到苏联挑战的艾森豪威尔、肯尼迪和约翰逊政府找到了帮助那些受压制者'维护''国家安全'的理由。"②事实是，"冷战"期间美国统治当局利用了民众对共产主义的恐惧而大打"冷战"牌。美国是要不断寻找或制造敌人的。而"冷战"被看作第二次世界大战后促使美国发展的强有力的刺激因素，而且还给了美国以拉拢资本主义同盟者的天赐良机。正如基辛格所说，从"冷战"开始，"美国选择了西方团结优先于东西方谈判的策略"③。1949年，美国以遏制苏联为由，拉拢西方国家建立北大西洋公约等组织，作为其称霸世界的战略工具。这是"硬"的一手；"软"的一手则在美国与西欧联手，加速东欧剧变和苏联解体上突出地表现出来。1989年7月中旬，在老

---

① 詹姆斯·M. 斯科特：《冷战结束后——在冷战后世界美国外交政策的制定》，1页，伦敦，1998。

② 詹姆斯·法洛斯：《敌人：一个爱与恨的故事》，载《美国新闻与世界报道》，1991-09-09。

③ 参见亨利·基辛格：《大外交》，顾淑馨、林添贵译，398页，海口，海南出版社，1997。

布什的导演下,西方七国(美、英、法、联邦德国、日本、意大利和加拿大)首脑会议一反惯例,把经济问题置于次要地位,着重讨论了东欧问题。七国协调了和平演变社会主义国家战略并立即付诸行动。美国最终在西欧盟友的帮助下赢得了"冷战",并由此一跃而成为世界上唯一的超级大国。

(4)利用"反恐"和人权等"软实力"干涉世界各国内政

根据美国前国防部副部长保罗·沃尔福威茨的说法,在过去20年中,美国参与了"至少7场穆斯林解放战争,包括在科威特、伊拉克北部地区、波黑、科索沃、阿富汗、伊拉克和利比亚的战争"。结果是,给这些国家带来灾难性后果,美国报刊承认,"当事国的状况比我们准备干预时还要糟糕"①。但对于美国而言,却是其在中东和巴尔干地区扩张势力范围造成的必然结果。

所谓"软实力"最早是由美国哈佛大学著名教授约瑟夫·奈于20世纪80年代末提出的。他认为,美国在当今世界不仅拥有经济、军事、科技等"硬力量"优势,而且还有文化、价值观念、国民凝聚力等优势。因此,美国不同于历史上的一般大国,仍将会保持大国地位。未来世界注定由美国来领导,即由美国来"建立霸权"。美国"软实力"中很重要的一条是20世纪80年代以后盛行的新自由主义。新自由主义所主张的"市场化"是对注重政府调控的社会主义经济制度的否定,进而也就否定了社会主义本身。与此相应的是,美国当权者竭力宣扬个人主义价值观和人权观,宣扬人权高于主权及人道主义干涉有理等一整套资产阶级意识形态,向其他国家推广,为的是把非西方国家纳入到世界资本主义体系之中,使整个世界的意识形态"全盘西化"。这些年来,美国以"软实力"开道,和"硬实力"结合起来,绕开联合国,对不听话、不顺心的国家大肆干涉、侵略,这又被冠以一个好听的新词"巧实力",其实质就是软硬兼施,文武并用。为了推销美国的价值观,美国当局运用了包括文学、艺术在内的整个文化软实力,调动各种传播媒介,以保持美国资产阶级意识形态在国内外的优势地位。2013年美国国家安全局泄密者爱德华·斯诺登爆料的美国在全世界实行监控的丑闻,说明美国正企图凭

---

① 戈登·巴多斯:《美国外交政策的高昂代价》,载《国家利益》网站,2013-07-09。

借其世界领先的信息网络科技优势,达到进一步控制全球的目的。

从以上情况我们看到,200多年来促使美国迅速崛起的因素是多方面的,是这些因素综合作用的结果。其中,也包括美国不断扩张带来的好处。然而,这种过分的扩张又正在促使美国走向自身愿望的反面,加速其全球霸权主义的衰落。

(二)美国未来的走向

我们仍然可以从促使美国迅速崛起的三大因素中找到答案。

1. 美国得天独厚的自然地理条件对美国今后发展仍然是不可忽视的重要支撑因素

西方一些学者在总结过去那些曾称霸一世的帝国,而最后又很快走向衰落的原因时,其中还谈到一条,即近代以来那些国家如西班牙、荷兰、日本、德国等都相对太小,英国本土也太小。在这方面,美国却不同。不仅大,而且地大物博,世界上没有任何一个国家可与之相比。美国由于地大物博,而人口又相对较少,有利于吸收更多较高素质的移民。

在科学技术日益成为第一生产力的今天,美国地大物博的优势进一步得到提升。一个突出例子就是本文前面提到的页岩气的开发利用。

总之,美国自然地理条件的优势,在新的条件下仍将对美国保持相对优势具有不可忽视的巨大影响。

2. 美国社会的变动性、创新性和活力仍然存在,对推动美国经济的作用不可低估

应当说,美利坚民族所具有的创新传统至今仍然在各个领域发挥着作用。拿美国教育来说,就整体而言,美国仍是世界教育强国。学校教育仍然把培养学生创造性思维能力放在突出位置。2014年一项最新的世界大学排行榜表明,美国的大学在世界前100所大学中占到近一半,优势明显。①

美国仍然重视包括科技在内的各个领域的原创性成果。这些年,金融危机的爆发暴露了美国金融业的弊端。但美国仍在众多新兴领域中保持领先优势,包括生物技术、纳米技术、新能源技术等。美国不仅拥有研发新

---

① 《独立报》,2014-03-05。

科技的能力，而且拥有科技产业化的体制机制优势。例如，美国拥有发达的风险投资体系，能够将资金主要集中在企业的初创期和成长期，有力地推动了高新技术研究和项目开发，被誉为美国高新技术产业的"孵化器"。美国还拥有完善的信贷担保体系和灵活的债券发行市场，能够有力地支撑科技创新型企业快速发展。①

值得一提的是，自2013年7月31日起，美国在世界率先调整了经济统计方法，将非营利的研发投入和娱乐、文学及艺术原创支出等"无形资产"以及养老金赤字等均纳入新的经济核算体系。此次修订使美国成为全球第一个把研发支出纳入GDP的国家，表明美国对创新价值的高度重视，将有力推进知识经济尤其是第三次工业革命的发展。

由于美国是一个多种族的移民国家，它乐于接受外来信息，人们的思维方式和思想倾向使他们容易接受自立、自我改进乃至自我革新的思想，并把这种精神带到商业领域。时至今日，美国的经济制度在世界各国中仍被视为最自由、管制最少、最鼓励竞争的经济体之一，就是一个很好的说明。

总的来看，当前美国不存在国力绝对衰落的前景，并会在相当长的一段时间里保持其超级大国的地位。

3. 政府层面创新活力正逐渐萎缩，顽固坚持全球霸权主义成致命伤

然而，在当今世界发展大潮下，在世界上其他一些国家，特别是中国，正以比美国更快的速度和更有计划地向前发展，美国国力的相对下降和霸权主义的衰落，变得不可避免。就美国国内状况而言，以下因素不可忽视。

第一，出于美国当局对人民群众和对社会主义的恐惧，政府层面创新活力正逐渐萎缩。这特别表现在应对经济危机方面。面对2008年以来的金融危机和美国经济的严重衰退，美国社会、包括舆论界普遍认为，"资本主义再次需要变革，要更加具有包容性，更加平衡，减少反复爆发的灾难"②。美国总统奥巴马正是靠着"变革"口号而于2009年上台的。奥巴马也深知，不变革，美国问题会更加积重难返，美国霸权地位也难以保持。

---

① 朱成虎、孟凡礼：《简论美国国力地位的变化》，载《美国研究》，2012(2)。
② 迈克尔·舒曼：《如何拯救资本主义》，载《时代》，2012-01-19。

但是，一旦变革，就避不开"社会主义"这样的话题。北欧一些国家就坦承，他们国家的改革之所以有相当效果，离不开借鉴"社会主义"的因素。

然而，美国富豪及其代表却以维护自由市场经济的名义，反对任何实质性的金融改革。尽管美国人知道，奥巴马所做的一切都是为了"拯救资本主义"，但他推出的惠及低收入家庭的医疗改革方案，却被指责为实行"社会主义"。在2010年，至少有10名支持医改的民主党众议员自称受到死亡威胁。2011年9月公布的大规模缩减赤字计划，引起共和党强烈反对，被称之为对富人的"阶级斗争"，从而使改革步履维艰。

第二，贪婪和社会严重不公。追逐利润和贪婪本来就是由资本主义的性质所决定。但在相当长的一段时间内，美国社会为了维系资本主义机制的正常运转，仍然强调信誉和通过法律手段以抑制难以抑制的贪欲。然而20世纪80、90年代以来，贪婪之风愈演愈烈，并日益渗透于美国整个社会文化之中。对此，美国原国务卿詹姆斯·贝克在2002年承认："贪婪成为（美国的）社会特征"，没有力量可以克制贪婪。[①] 由于富有者肆无忌惮的贪婪，美国贫富差距在日益扩大。根据美国中情局的统计，400名最富美国人的财富超过底层的1.6亿人的财富总和，10%的社会上层人掌握了48.2%的巨大社会财富，90%的美国人不仅得不到经济增长的正当利益，危机来临时，还要受到华尔街金融资本的牵累并为之买单。过去许多美国人相信只要努力工作便会有收获，他们的"美国梦"现在正在走向破灭。

第三，美国政界的"短期主义"病。

在个人主义支配下，今天的美国政界和金融界呈现的更是唯利是图、不思长远的吏治风气和经营作风。议员的眼光只盯着下一届自己是否还能当选，董事会的股东们只想着今年和明年还能不能赢利。在这种思想指导下，军火商只想多卖武器，议员只想多讨好选民，金融家只想多卖证券。谋取个人利益其实也是所有政客的最大追求。"政界人士和金融业者知道如何帮助人们'及时行乐'，但他们似乎没有能力处理长期问题。总之，他们都染上了一种病。这种病过于阴险和强大，所以他们甚至没有意识到自

[①] 约翰·伯恩：《美国大企业急需恢复信任》，载《商业周刊》，2002-06-24。

己得病了。这种病就是'短期主义'。"①

对于美国的这种状况，美国学者和民众表现出越来越大的担忧和对美国政治体制的不信任。一位学者指出，美国经济保持着极强的活力，但是人们不知道美国政治体制是否有能力做出调整，以保证在全球日益激烈竞争条件下会继续获得成功。作者更担心的是，对美国这样的"西方民主政体而言，危险不在于死亡，而在于患上硬化症"②。作者用"硬化"这一慢性神经系统疾病，包括瘫痪来形容美国当前的政局，可见问题之严重。

第四，对外政策上顽固坚持全球霸权主义，扩张性特点更为突出。

2001年美国发生了"9·11"恐怖袭击事件。这是美国独立以来本土首次遭受大规模袭击。美国本可以借此反省过去的所作所为，但是布什政府却借反恐的名义在世界掀起新的一轮扩张高潮，企图利用一场对付恐怖主义的全面战争，加快建立美国领导的世界新秩序。

美国的这种做法有着深刻的社会、经济、政治根源。

扩张是贯穿整个美国对外政策史的主线，也是理解美国外交政策发展的关键。在一定意义上，美国是英国商业资本扩张的产物，而美国本身的发展也同扩张有着密切的联系。美国之所以推行扩张政策，一方面是资本主义扩展经济的需要所驱使；另一方面，也是为了资本主义制度生存的需要。正如美国一位官员在第二次世界大战后初期所说："资本主义本质上是一个国际体系，一旦在国际上行动不开就要彻底崩溃的。"③美国总统杜鲁门把这一点说得更为明白。他说，"全世界都应当采用美国的制度"，因为"美国的制度只有在它成为全球制度之时，才可能在美国生存下去"。也就是说，美国只有在全球进行扩张才能得以生存。然而，美国多年来坚持的霸权政策，不能不遭到国际社会的普遍反对和抵制而陷入空前的"霸权困境"④。而这种"霸权困境"的最新证明就是美国遭受的债务危机。由于对

---

① 约翰·费弗：《短期主义之患》，见美国外交政策聚集研究计划网站，2013-09-12。
② 法里德·扎卡里亚：《美国能够整顿吗？——民主政体的新危险》，载《外交》，2013-01-02。
③ 沃尔特·拉菲伯：《美国、苏联和冷战(1945—1992)》，9页。
④ 尹承德：《新兴大国的崛起与国际秩序的重构》，载《南京政治学院学报》，2009(1)。

外穷兵黩武，国内福利支出膨胀①，多年来，美国就靠举债过日，而且不断地举新债还旧债。终于在2013年10月，达到17万亿美元的惊人数字。普京曾谴责美国"寅吃卯粮"，是全球经济的"寄生虫"。俄罗斯《政治评论网》一篇文章则指出，美国把钱都用到了对外扩张、干涉，特别是用到了阿富汗战争和伊拉克战争上了。结果是，"美国霸权主义入不敷出"。面对世界上"足够多的反美力量"，美国"霸权主义的时代就要过去了"。

更为致命的是，美国是一个缺少反省机制的国家。香港《文汇报》2011年12月1日刊载加拿大教授夏尔马的文章说，当今世界上90%的灾难，都是由美国政府一手造成的，但是美国却从来没有向相关国家或人士做过一次道歉，美国是一个缺少反省机制的国家。美国对外政策上的顽固态度，严重制约着美国的"变革"。

4. 寄希望于美国广大人民和有识之士，正确把握中美关系

当然，应当看到，美国仍然具有很强的反弹力。美利坚民族是世界上最具活力和创造性的伟大民族之一。美国社会由此也具有顺应时代发展不断改良、革新的变动性特点。随着经济全球化、世界一体化的加速推进和美国国内矛盾的加深，越来越多的美国普通百姓开始深入思考美国的社会问题。2011年9月在美国爆发了"占领华尔街"的政治抵抗运动，99%的大众声讨华尔街的贪婪和腐败，抗议1%的少数人对社会的控制。美国青年更喊出了，"推翻整个制度，资本主义是有组织的犯罪""我们需要工作，我们需要革命！"和"消灭资本主义！"的响亮口号。值得注意的是，美国民众在对本国现状进行反思的同时，开始把目光转向正在加大惩治腐败力度的中国。从2013年底美国微软网站一份对本国网民的调查中可以看出，其中大多数人对中国的做法表示赞赏。他们说："美国政府只会指责中国，其实他们真的应该从中国学些东西。""如果中国人嘲笑我们的犯罪政府大量浪费、欺诈、利用职权和腐败，那一点也不奇怪。""我们的富人只在乎自己有更多的钱。他们不爱国，不关心他人。共产党

---

① 据美国布朗大学2013年"战争成本"项目估计，仅美国在阿富汗、伊拉克和巴基斯坦的军事开支最终将超过4万亿美元，达到美国国债总额的1/4。见戈登·巴多斯：《美国外交政策的高昂代价》，载《国家利益》网站，2013-07-09。

被认为比资本家好是对的。"①尽管美国人民认识的提高是一个漫长的过程，他们对美国决策者的影响也不可能估计过高，但其深远影响将在日后逐渐显现出来。

谈到对国际问题和中美关系的看法，我们应实事求是地看到，美国确有一批重量级学者如费正清、沃勒斯坦、保罗·肯尼迪和基辛格等，他们在许多方面具有真知灼见。例如，基辛格博士并不回避这样的事实，即"外国评论家提出美国谋求统治地位问题，而美国这样做常常是对国内施压集团所做出的反应。由于这些特殊集团的长期影响，美国的外交政策倾向单边政策和霸道行为"②。在涉及中美关系问题上，基辛格坚持一种稳定而深刻的见解。他认为中美不可能是"伙伴关系"，"任何一方都不完全赞同对方的目标，也不假定利益完全一致，但双方都努力寻找和发展相互补充的利益"。他把中美这种关系概括为"共同进化"，认为"为了两国人民，为了全球福祉，美国和中国应该如此尝试。任何一方都很庞大，不可能任由对方支配"③。这代表了具有求实精神的美国人民的理性声音。这与那些鼓吹中美之间必有一战的"进攻性现实主义者"，或主张西化中国、根本改变中国社会主义制度的人们相比较，是完全不可同日而语的。美国当权者如能认真听取这种声音，三思而后行，以真诚态度，努力构建中美新型大国关系，则既是中美两国的大幸，也是世界的大幸。

（原载中共中央组织部干部教育局编：《干部选学大讲堂：中央和国家机关司局级干部选学课程选编》，第5辑，北京，党建读物出版社，2014年）

---

① 美国微软 MSN 网站报道，2013-12-02。
② 约瑟夫·奈：《美国霸权的困惑——为什么美国不能独断专行》，142～143页。
③ 亨利·基辛格：《论中国》，胡利平等译，515页，北京，中信出版社，2012。

三、美国政治价值观与世界霸权

(一)美国在用枪炮强行输出自己的价值观

价值观问题在美国对外政策中一贯占有重要地位，正如有的美国学者所指出的，"自从建国初期开始，美国人就一直为将我们的价值观与我们的其他利益相结合而绞尽脑汁"①。一点不错，2002年年底布什总统也强调说："美国国家安全战略将以美国国际主义为基础，这种国际主义乃是我们价值观和利益的结合。"②美国当局把价值观视为"一种无形的国家利益"和"软实力的重要源泉"③，而予以高度重视。这一点在苏联解体之后变得更为明显。1991年，美国年度《国家安全战略报告》强调要按美国价值观来建立"世界新秩序"。1992年2月，时任国务卿的詹姆斯·贝克说："苏联的崩溃产生了一个世纪才有一次的机会在全世界推行美国的利益和价值观念。"④那么，如何推行呢？2002年6月，布什总统在美国西点军校毕业典礼讲话中提出"先发制人"的主张。紧接着，同年9月，布什政府在美国《国家战略报告》中，正式确立了"先发制人"的战略原则和向全世界推销美国和西方民主价值观的战略目标。当一位德国记者于2003年6月问及《文明的冲突》一书的作者塞缪尔·亨廷顿"美国人的世界新秩序是什么样子"的时候，亨廷顿回答说，"美国是一个要在全世界传播其价值观的全球性强国"⑤。

近十多年里，美国正是在传播"民主"与"自由"价值观的旗号下，发动了一场又一场战争。1990年第一次海湾战争的结果使美国控制了海湾地区；1999年科索沃战争使其势力向东欧大大推进；阿富汗战争使其军事力

---

① 约瑟夫·奈：《美国霸权的困惑——为什么美国不能独断专行》，149、151、158页。
② 乔治·布什：《布什主义》，载《新闻周刊》，2002-12—2003-02。
③ 约瑟夫·奈：《美国霸权的困惑——为什么美国不能独断专行》，149、151、158页。
④ 路透社华盛顿电，1992-02-05。
⑤ 《没有一种强势能永远持续》，载《商报》，2003-06-10。

量进入中亚；2003年的伊拉克战争又使其势力得以进一步控制中东。总之，美国的"民主""自由"输送到哪里，美国的飞机、大炮和各种现代化武器就跟进到哪里。拿赤裸裸的武力手段为美国的"自由""民主"开道。这种用暴力手段强制推行美国价值观的做法，理所当然地激起世人的义愤和深深的思考：这究竟是怎样一种价值观？美国急于强行输出这种价值观究竟意欲何为？

(二)美国特殊利益集团的政治价值观

什么是美国的价值观？什么又是美国的政治价值观？要回答这些问题，首先要考察其历史渊源和社会制度。因为，作为意识形态的价值观，归根到底是社会历史发展和现实生活的产物。

美国价值观源于在殖民地土壤上滋生发展起来的商业资本。由于封建因素薄弱，加上对英国重商主义的继承，使美利坚民族在形成之初就比其他民族更具商业精神。商业被视为最重要的谋生手段，营利赚钱成为实现自身价值和道德理想的最高尺度。这种商业精神又为当时盛行的"清教主义"所加强。清教主义既是一种教义，又是一种价值观念，一种生活方式。它想方设法证明，努力工作就能取悦于上帝，发奋经商就会得到升华，从而使之与资产阶级经济观融为一体。从商业精神衍生出来的藐视封建传统与革新冒险精神，开拓欲望、个人独立性及自由、民主、平等精神等，加上当时人们面对陌生的北美大陆为争取生存发展而造就出的自强不息、艰苦奋斗和求实精神，都逐渐成为美利坚民族的性格特征和价值观念，并且成为当时北美经济高速发展的强大动力，至今对其他国家、民族仍具重要借鉴意义。但是，作为一个以商业精神立国而逐渐发展起来的纯粹的资本主义社会的美国，其占主导地位的价值观念则是个人主义。这是美国政界人士所公开承认的，也是他们所一再强调的。早在美国独立后不久，作为开国元勋和著名政治家的汉密尔顿就说，美利坚人"占优势的激情是雄心和私欲"。1929年大危机时期担任总统的胡佛曾经说过，"三个世纪来个人主义是美国文明的基本动力"。在一定意义上说，这也是一个新兴民族不畏艰险、求生图存的思想动力。但是，早自殖民地时期开始，就暴露出个人主义动力的另一个方面，即扩张和种族主义。其突出表现之一便是由

"雄心和私欲"引发的对印第安人的恩将仇报和对黑人的奴役。更值得注意的是，随着时间的推移，随着生产和生活社会化和世界经济一体化的加速，个人主义越来越走向自身的反面。许多美国有识之士正重新审视美国的价值观念问题。

但是，对存在于美国公众中的价值观念，无论是优良传统或消极因素，都可能在一定程度上通过自我调节而加以提升或逐步克服。而且人们注意到，美国社会一开始就存在与个人主义相对的价值观念。作为构成移民多数的劳动者，生产和生活的需要使他们自发倾向于互助合作。直到今日我们还会看到"志愿者"在从事某种义务工作。在美国这样一个金钱社会，这种精神是难能可贵的。

然而，绝不能把美国当局今天竭力向外推销的价值观看成是美国公众价值观的简单延伸。事实上，正像美国一些学者所指出的，美国外交决策者利用了美国公众对国际政治的漠不关心和主要关注国内问题的特点，而向外推销一种变了味的价值观——美国政治价值观。学者们指出，"当大多数人淡然处之的时候，他们把外交政策的战场交给了拥有特殊利益的人"。这些特殊利益者"虽然他们只是少数人，但他们的呼声才是美国国会倾听以决定美国利益的声音"[1]。亨利·基辛格博士指出，"外国评论家提出美国谋求统治地位问题，而美国这样做常常是对国内施压集团所做出的反应"。由于这些特殊利益集团长期的影响，"美国的外交政策倾向单边政策和霸道行为"[2]。也正是这些人，他们热衷于意识形态，宣传极端保守主义，高喊"民主""自由"，而把美国价值观中的利己主义推向极端。在实际做法上，他们以在全世界推广"民主""自由"为名，公然破坏传统国际法准则和联合国宪章，否定主权国家的主权。针对这种做法，一位德国教授指出，他们正在借助武力而使"世界观的冲突……军国主义化"[3]。这样，美国公众的价值观在这里已蜕变为服务于美国特殊利益集团的政治价值观。尽管这种政治价值观表面看来具有美国一般价值观的面貌和某些特征。然

---

[1] 约瑟夫·奈：《美国霸权的困惑——为什么美国不能独断专行》，142～144 页。
[2] 约瑟夫·奈：《美国霸权的困惑——为什么美国不能独断专行》，142～144 页。
[3] 《国际极权主义》，载《俄罗斯报》，2003-01-30。

而，是完全变了味的美国价值观。

从根本上讲，这种政治价值观反映了美国大财团资本家的根本利益和价值取向，这种价值取向又是与向全球扩张资本主义紧密相连的。早在50多年前一位美国官员就说过，"资本主义是一个国际体系，一旦在国际上行动不开，就要彻底崩溃的"①。美国前总统杜鲁门把这点说得十分明白。他说："全世界都应当采用美国的制度"，因为"美国的制度只有成为全球制度之时，才可能在美国生存下去"。② 1997年《外交》双月刊上一篇题为《商业和外交政策》的署名文章指出，"在大多数美国史上，商业利益一直处于外交政策的中心，反之亦然。而在今后几十年里，它们之间相互合作将变得更加紧密，更加重要，更加难以驾驭和更加难以为美国公众所理解"。"健康的美国经济比过去任何时候都更紧密地与外国市场相联系。美国已不再能够仅依靠国内资源来保证足够的增长，提供足够的工作，获得足够的利润和储蓄。现在美国有超过1/3的经济增长来自出口。到世纪之交，超过1600万个工作岗位依靠向海外出口来维持"。文章强调，在经济全球化的今天，"正确的思路是要求从政府和商业的最高层之间有坚定的合作的领导。美国外交政策和经济的成功都基于此"③。

为了垄断资本的世界经济利益，美国的对外战略被要求"尽可能多地寻求权势的积累"，"在这方面，隐藏于美国战略背后的理论基础就像一个在市场供应中处于垄断地位的商号，它要去除他的商业上的敌手而不是拿他的利润在竞争的环境中冒险。从理论上讲，如果一个国家在国际体系中能够建立并保持自己唯一的大国地位，那它就会变得绝对安全"。④ 为此，"美国争辩说，它必须继续保持在国际体系中的统治地位并'打消'那些先

---

① 沃尔特·拉菲伯：《美国、苏联和冷战(1945—1980)》，10页，纽约，1980。
② 维森特·戴维斯、莫里斯·A. 伊斯特：《美国外交政策中的意识形态：洛克自由主义范例》(Vincent Davis and Maurice A. Enst, *The Ideology of American Foreign Policy: A Paradigm of Lockian Liberalism*)，54页，纽约，1973。
③ 杰弗里·E. 加滕：《商业和外交政策》(Jeffrey E. Garten, *Business and Foreign Policy*)，载《外交》，1997(5/6)。
④ 本杰明·塞尔威克斯、克里斯托弗·莱恩：《新的大战略》(Benjamin Sehwarx and Christopher Layne, *A New Grand Strategy*)，载《大西洋月刊》，2002(1)。

进工业国家挑战我们领导地位的念头……即使是渴望在一个较大地区或全球角色上对我们提出挑战"。为此"美国必须在军事上比其余9国包括俄罗斯、日本、中国、法国、英国和德国等国总的军事支出还多"。它要分化欧洲，制服第三世界。而最好的方法当然是在使用"硬实力"的同时，运用"软实力"来达到目的。"像在19世纪末某些乐观的不列颠人那样，许多美国战略家今天主张，作为唯一超级大国的美国，应是一个'仁慈的'霸权主义者，通过它所说的'软实力'"，即通过它的自由民主意识形态和它的开放的、多元的文化，避免引起对其优势地位的强烈反应①，而"把自己真正意图埋藏在对民主的议论之下"②。由此可见，美国政治价值观代表了一种美国特殊利益集团的价值观，它植根于美国资本主义经济体系，又巧妙地服务于美国的霸权，实在是美国当局一种得心应手的工具。

（三）追求世界霸权的美国政治价值观给世界带来了什么？

现在西方某些辩护士宣传一种观点，似乎美国尽管有扩张的野心，但在客观上推进了世界民主化进程，有助于经济的发展，有什么不好？这是一种有很大欺骗的论调。事实恰恰相反，美国强行推销美国的价值观和利益已在美国国内和世界引起一系列严重后果。

1. 美国民众民主自由权受到压制

2001年"9·11"恐怖袭击事件后，美国民众爱国主义情绪高涨。但是长期受到美国当局和某些媒体的影响，许多美国民众受到特殊阶层的进一步误导，以为美国当局在国外所作所为，真的就是为了美国民众的利益。谁要是反对向国外出兵，例如，反对攻打伊拉克，就会被看作"叛逆"而备受屈辱。2003年3月10日，美国年轻的乡村女歌手，"南方小鸟"乐队的一名成员，仅仅因为反对对伊拉克动武和在舞台上宣称："我对自己出生在得克萨斯州，与美国总统来自同一个地方感到羞愧"，就立刻受到报复，大量唱片被扔掉或碾碎，乐队的歌曲被拒绝在电台和电视台上播放。与此同时，那些热爱和平的艺人都受到巨大压力，不断接到匿名电话和恐吓电子

---

① 本杰明·塞尔威克斯、克里斯托弗·莱恩：《新的大战略》，载《大西洋月刊》，2002(1)。

② 《真相大白：美国好战者的导师》，载《星期日泰晤士报》，2003-05-11。

邮件。这些人的"黑名单"的长度在与日俱增，而有的记者仅仅因为参加一次和平游行，而被停止工作好几个星期。总之，"议论自由"已经成了"9·11"事件和美国政治价值观的牺牲品。在这种情况下，"为了拉拢公众，电视、电影、电台和报纸都在体现极端爱国和支持战争的思想"①，也正是在这种气氛下，情报部门不惜提供被夸大的甚至是假"情报"，为对伊战争制造舆论。因此，美国一些报纸发出了"我们真的对我们自己的民主感到担忧"的无限感慨。

早在约170年前法国政治思想家托克维尔就在《论美国的民主》一书中深刻指出，"在美国，多数在思想的周围筑起一圈高墙，在这圈墙内，作家可以自由写作，而他敢于越过这个雷池，他就要倒霉了。这不是说他有被宗教裁判所烧死的危险，而是说他要成为众人讨厌和天天受辱的对象"。"昔日的君主只靠物质力量进行压制，而今天的民主共和国则靠精神力量进行压制，连人们的意志它都想征服。"②

在美国强制输出政治价值观的同时，美国国内民众的自由、民主价值观受到日益加强的压制，这就是美国的现状，也是美国民众的悲剧。

2. 国际公认的主权原则被否定，国际组织被撇开

美国如果真的尊重"民主"，那就应当尊重主权原则和各国共同建立的国际组织。因为早在1648年《威斯特伐利亚和约》的签订，就破除了罗马教会神权统治体制的世界主权论，确立了主权平等、领土主权等国际关系中应遵守的准则，并开创了以国际会议形式解决国际争端的先例。这些都是国际关系民主进程史上具有划时代意义的事件。然而美国为了建立由它"领导"的世界新秩序，抛出"主权过时""人权高于主权""邪恶轴心"等谬论，公然依仗实力，从根本上推翻主权国家平等这一国际关系基本准则，同时越过联合国这一国际公认的最具代表性的多边机构，独自采取行动，这是对数百年来国际关系发展史的一个大倒退。

3. 在第三世界国家造成动乱，扩大南北贫富鸿沟

美国宣传它所推广的民主价值观正在造就新型的"仁慈"帝国。这种帝

---

① 《美国的黑名单》，载《周末三日》，2003-04-24。
② 托克维尔：《论美国的民主》，293～294页。

国不是以获取领土和殖民地为目的,而是要用以民主、自由、私有化为主要内涵的"美国模式"来改造世界。然而,事实又如何呢?正如俄罗斯学者所指出的,"今天的美利坚合众国把自己的幸福建立在接连不断地有效破坏其余世界稳定的基础之上,以便于它吸收外来资本"。此外,"美国轻视其他国家民族的利益,践踏公平和人类公法,千方百计加深发达国家和发展中国家之间的鸿沟,以便自己从恐怖恶魔的威胁中摆脱出来"①。事实正是这样,美国利用现行国际经济秩序而成为全球化的最大受益者,并进一步扩大与发展中国家在产值、科技、国民收入等各方面的差距。自1990年以来,约有100个国家的经济陷入衰退或停滞。由于种种原因,非洲国家更被严重"边缘化"。其实,许多非洲国家的内部混乱、东南亚金融危机、拉美国家的经济动荡等,无一不与"美国模式"有关。尽管如此,美国仍在软硬兼施,压迫发展中国家接受这种模式,致使这些国家经济困难无法摆脱,政治动荡难以平息,而且经济主权、政治安全也进一步丧失。探索并提出符合本国国情的发展道路,已成为发展中国家的当务之急。②

美国急于强行输出其政治价值观的虚伪性和严重后果,可见一斑。

4. 美国正在"卖空"自己的价值观,越来越将自己置于与世界人民对抗的地位

早在2002年年初,俄罗斯一位学者即指出,"2001年9月11日的惨剧完成了从苏联解体后开始的苏联后世界的形成过程。在长达10年的时间里人类已从两个国家集团的对抗转向本质上是另一种对抗——世界上最发达的国家和所有其他人的对抗。而且,越是在文化和经济发展上离美国越远的社会,这种对抗就越尖锐,其采取的方式就越是残酷和无情"③。"9·11"事件发生一年多来,由于美国当权者滥用美国人民在"9·11"事件后的

---

① 米哈伊尔·杰拉金:《2001年9月11日——苏联后世界结构的完成》(МихаилДелягин, *11 Сентября 2001 Года—Завершение Формирования Постосоветского Мира*),载《21世纪自由思想》,2002(1)。

② 鑫泉:《美国霸权与发展中国家的抗争》,载《光明日报》,2003-07-25。

③ 米哈伊尔·杰拉金:《2001年9月11日——苏联后世界结构的完成》,载《21世纪自由思想》,2002(1)。

爱国热情，假借美国公众的价值观，以输出民主价值观为名，大肆向世界扩张，其结果遭到世界人民的普遍反对。甚至连过去美国的盟友德、法，都起而反对美国的倒行逆施，更不必说第三世界许多国家了，尽管其中一些国家慑于美国的淫威而不敢公开谴责美国的做法，但这不过是一种暂时保全美国面子的假象，是无法持久的。

针对美国的所作所为，美国有识之士对美国未来感到深深的忧虑。约瑟夫·奈指出，"美国不会永远保持霸权地位。如果我们高傲自大，对外部世界麻木不仁，浪费我们的软实力，我们就会增加受到攻击的危险，卖空我们的价值观，加速我们优势的丧失"。他在其著作《美国霸权困惑》的前言中最后写道："我感到忧虑的是美国的前途。我们应该怎样增加并有效利用源于我们根本价值观的力量，我们应该怎样应付全球信息时代美国面临的严重挑战？"①看来，这真正是美国应当认真对待的难题。

（原载《理论前沿》，2004年第4期）

四、美利坚"新帝国"与两极格局解体后的国际关系走向

近年来，特别是今年上半年以来，一种"新帝国主义"正在美英抬头，"美利坚帝国""新帝国""新自由帝国主义""自愿帝国主义"和"不情愿的帝国主义"等提法不断见诸报刊和书籍。这是一个值得重视的国际关系动向。

（一）从所谓"不情愿的帝国主义"谈起

"新帝国主义论"的最先提出者是英国前首相布莱尔的外交政策高级顾问罗伯特·库珀。2002年4月7日，他在英国《观察家报》发表了题为《为什么我们仍然需要帝国》的署名文章，公然主张世界需要一种"新的帝国主义"。文章认为，一批前现代国家（pre-modern states），通常是前殖民地国家，它们组成了失败国家世界，正威胁后现代国家（post-modern states），即以美国为代表的西方发达国家的安全，因之需要后现代国家推行一种符合人权及普世价值的"新帝国主义"来加以治理。几乎与此同时，《华盛顿

---

① 约瑟夫·奈：《美国霸权的困惑——为什么美国不能独断专行》，11页。

邮报》专栏作家塞巴斯蒂安·马拉比(Sebastian Mallaby)在美国《外交》杂志2002年3/4月一期上以《不情愿的帝国主义者——恐怖主义、失败国家和为美利坚帝国正名》为题，详细论述了提出美利坚帝国的"理由"。《不情愿的帝国主义者》(*The Reluctant Imperialist*)一文与罗伯特·库珀等人文章大同小异，但也有独特之处，那就是，其既要让美国充当帝国主义者，又要往帝国主义者脸上贴金的心态和策略反映得更为突出。我们不妨就先沿着该文的轨迹走上一遭，看看"不情愿的帝国主义者"究竟是个什么样子。笔者以为，至少有以下四点值得注意。

1. 穷国、失败国家，日益成为"富人的负担"

该文在历数世界上穷国的社会混乱、内战频仍、人口增长、毒品贸易、非法移民、非法劳工等弊端之后说到，"经验表明，各种非帝国主义的选择——特别是对外援助和各种各样的建设国家的努力全都归于失效"。该文以"援助"为例称，"(20世纪)50和60年代，援助考虑以提供资金的办法保证贫穷国家自身的持续发展。在70年代，援助重点转到直接建设卫生医疗机构和学校来缓减贫困。80年代，捐助者着重于帮助经济改革。90年代，他们增加了对于反腐败措施和其他管理改进措施的要求"。"但是谁也没有找到具有魔力的钥匙。在这些机能出现障碍的国家，顽固集团拒绝上述办法。"

结果，富国的援助不仅没有获得成功，这些"失败国家"反而成了"富人的负担"。"富人世界日益认识到它的利益受到混乱(国家)的威胁，却缺乏解决问题的手段。"

2. 解决"失败国家"的问题，希望在于富国的"政治补充"

该文接着说："80年代末，发展理论家开始承认，非帝国主义的一种主要选择——经济援助，不可能使最弱的国家获得稳定。"于是，由富裕国家提供"一种政治补充是需要的"。说白了，就是要由富国来加以政治干预。

3. "美国有责任发挥领导作用"

文章提出，"面对日益增长的失败国家带来的威胁"，"对于布什政府而言，新帝国主义已是不能不加以接受的了"。

于是该文再次把美国历史上的"天定命运"说抬了出来，并引用美国殖民史和英国统治印度的历史作为例证说，"帝国并不总是事先计划好了的"，"今日的美国甚至是一个更为不情愿的帝国主义者。但是一个新的帝国运动的时刻已经到来，由于其力量的优势，美国有责任发挥领导作用"。

4. 主张建立一个超越联合国的由"美国领导"的新的国际组织

如何实现美国的领导呢？该文提出，"对付失败国家的最好办法就是依靠一个由美国领导的并且在国际上具有合法性的制度化的机构。幸运的是人们不必到远处去找。世界银行和国际货币基金组织（IMF）就体现了这种机制：两个机构都反映了美国的思想并同时优先考虑跨国公司的意见"。

这种新的国际组织既不隶属于中国和俄罗斯拥有否决权的联合国安理会，也不隶属于一国一票制的联合国大会，因而不会遭到挫折。

一个被定名为"国际建设基金会"的新的国际组织将被建立起来，"这一基金会需要来自富国的金钱、部队以及承担新的义务，它只能在美国强有力的领导下才能建立起来"。

从《不情愿的帝国主义者》一文我们可以看到，目前美英一些政界人士正在利用第三世界在经济全球化形势下面临的困难而极力鼓吹建立以美国为首的富人统治，以尽快实现资本主义富国的一统天下。他们歪曲世界历史，掩盖资本主义殖民主义的罪恶史及第二次世界大战后富国剥削穷国的不合理的国际经济秩序造成贫富差距拉大的事实，把贫困的责任一股脑儿地推到第三世界穷国身上，从而为干涉控制这些国家制造依据。联系到其他一些"新帝国主义"论鼓吹者的主张，人们看到，一种将率先发动武力攻击和军事干涉合法化的"新帝国主义"主张正日趋抬头，其特征是彻底否定民族自决和主权平等的原则，主张由美英式"自由民主"体制来重组世界秩序。[①] 这完全是一种新殖民主义的表现，反映了美国全球霸权主义的新发展。尽管这在目前还只是美英政界部分人士的主张，但其危险性不可低估。

（二）"新帝国"论是美国全球霸权主义的新发展

美利坚"新帝国"论的提出有着深刻的经济政治背景和历史根源。

---

① 参见《"新帝国主义论"在美英抬头》，载《赤旗报》，2002-04-08。

作为一个典型的资本主义国家，扩张是贯穿整个美国对外政策的主线，也是我们理解美国外交政策发展的关键。美国历史上经历过大陆扩张和海外扩张时期，1945年第二次世界大战结束后，美国更进入全球扩张时期。这种扩张政策既是美国科技经济实力强大的表现，又是其维持资本主义生存的内在需要。早在第二次世界大战后初期，一位美国官员就说，"资本主义主要是一个国际体系，一旦在国际上行动不开，就要彻底崩溃的"，由于种种原因，"战后美国需要开放世界市场"。① 美国当局认为，"全世界都应当采用美国的制度"，因为正如杜鲁门在1947年3月所说，"美国制度只有在它成为全球制度时才能在美国生存下去"。②

第二次世界大战后几十年美国都在为扩展与维持全球霸权主义而争斗，但屡遭挫折。1991年底苏联的解体以及从20世纪90年代初持续117个月的美国历史上最长的一次经济增长，使得美国当局"牛气"十足，认为这是它实现世界霸权的最佳时机。1998年美国在《新世纪国家安全战略》的报告中宣称，美国的目标就是要"领导整个世界"，绝不允许任何大国或国家集团对其领导地位构成挑战。1999年2月，美国领导人又毫不掩饰地宣称，21世纪美国外交的立足点是，世界"必须而且只能有一个领导"，美国"最有能力领导这个世界"。美国为了称霸全球，妄图把社会主义国家和发展中国家统统纳入由它领导的完全符合美国垄断资本利益的"自由世界体系"，谁不听它的话，谁不接受它的政治经济模式，就向谁施加压力，甚至大动干戈，必欲置之死地而后快。它在1999年对南斯拉夫联盟的侵略就是典型的一例。而美国2000年5月的一份题为《21世纪前15年外国导弹与弹道导弹对美国的威胁》报告称，在今后的15年里，美国极有可能面临俄罗斯、中国、朝鲜、伊朗、伊拉克等国的洲际导弹的威胁，因此，美国必须加紧开发导弹防御系统，在核进攻与防御两方面在全世界占有绝对优势，企图以此作为其全球霸权的后盾。

至于绕开联合国行事，也是酝酿已久。特别是1999年4月，北约在美

---

① 沃尔特·拉菲伯：《美国、苏联和冷战(1945—1992)》，9页。
② 爱德华·韦斯班德：《美国对外政策中的意识形态》，54页，伦敦，1973。

国举行首脑会议，通过了"北约战略新概念"。按照这个"新概念"，以美国为首的北约的军事行动可以不必经过联合国安理会而自行授权①。北约这样一个地区性组织完全绕开联合国，凌驾于联合国之上，成为冷战后国际关系的新现象。现在看来，仅仅靠北约已不过瘾，"新帝国"论者又提出建立更新的国际组织的主张了。

但是，美国的全球霸权主义遇到了一系列障碍。维护世界和平，促进共同发展，是世界各国人民的普遍要求和强烈愿望。世界走向多极化，是历史发展的必然趋势。第三世界一部分国家面临的暂时困难是一定会通过国际社会的平等合作与自身努力而得到解决的。世界上越来越多的国家认清了美国霸权主义的真面目，反对由一国或国家集团垄断国际事务。可以肯定，霸权主义在冷战时期没有达到称霸世界的目的，在冷战后的新形势下也同样达不到目的。20世纪90年代以来世界上人们在谈论美国时，已"把它说成一个疯狂残暴的超级大国"②。一些学者依据历史经验指出，美国目前所作所为终将步历史上先后走向衰落的罗马帝国、西班牙、荷兰和英国这些老牌大国的后尘，美国"现在已符合一个开始衰弱的老牌大国的经典定义"③。

但是，美国当局对此完全没有清醒的估计，反而变本加厉地向着全球霸权主义目标迅跑，正是在这种情况下，2001年"9·11"悲剧发生了。而恰恰又是"9·11"事件加速了美利坚"新帝国"论的提出。这就使美国当局犹如盲人骑瞎马一般，一步步把事情引向更加危险的境地。

(三)美国正在把自己置于与全球对抗的境地

"新帝国"论的提出究竟会对两极格局解体后的国际格局产生什么影响？为了回答这个问题，让我们先看一看俄罗斯学者米哈伊尔·杰拉金的一些看法。他说："2001年9月11日的惨剧完成了从苏联解体后开始的苏联后世界的形成过程。在长达10年的时间里，人类已从两个国家集团的对抗转向在本质上是另一种对抗——世界上最发达的国家美国和所有其他人

---

① 关于北约战略新概念的详情可参看新华社华盛顿1999年4月25日英文电。
② 《战争失败之日，便是民主党人失势之时》，载《华盛顿邮报》，1999-05-23。
③ 《业已建立起来的东西必须拆除》，载《华盛顿邮报》，1999-11-14。

的对抗。而且，越是在文化和经济发展上离美国越远的社会，这种对抗就越尖锐，其采取的方式就越残酷和无情。"①

作者围绕这一发人深思的论点详细论述了他对苏联解体后国际关系中一些重要问题的看法，指出"全球化在实质上改变了发达国家和发展中国家的合作性质"，因发达国家对发展中国家财政和智力的剥夺，而出现了"失败国家"，这种国家不仅丧失了最重要的智力资源而且失去了发展的能力。伴随着经济全球化而来的市场战争的加强，使广大人民群众的基本生活水平降到了无法忍受的地步。而"今天的美利坚合众国把自己的幸福建立在接连不断有效破坏其余世界的稳定的基础之上，以便于它吸收外来资本"。此外，"美国轻视其他民族的利益，践踏公平和人类立法，千方百计加深发达国家和发展中国家之间的鸿沟，以便自己从恐怖恶魔的威胁中摆脱出来"。

但结果是，美国自己却尝到了这种"有害的利己主义战略"带来的苦果——"9·11"灾难。

针对美国当局于"9·11"事件后的反恐行动，该文指出，尽管美国"特工掌握着成千上万种与恐怖行为做斗争的手段，但是只有一种手段能够战胜它，那就是根除产生恐怖行为的原因"。"9·11"事件后，"来自美利坚民族的震撼和深刻的团结一致，不应掩盖那样一个事实，即恐怖主义行动的基本原因之一乃是美国政策本身"。

上述文章的内容对于美国来说其实是逆耳忠言。

但是，美国当政者完全回避对"9·11"事件深刻根源的分析。在"9·11"事件发生后不久，美国前总统布什就断言，之所以发生恐怖袭击事件，是因为"他们憎恨民主选举产生的政府，憎恨我们的自由"。② 有的人则认为正是 20 世纪 90 年代推动世界经济巨大发展的美国经济对世界的开放性

---

① 米哈伊尔·杰拉金：《2001 年 9 月 11 日——苏联后世界结构的完成》，载《21 世纪自由思想》，2002(1)。
② 《美国人自问：我们为什么招人恨？》，载《朝日新闻》，2001-09-30。

本身增加了美国的脆弱性。① 美国当局把世界上一切被视为与美国现存经济、政治制度不同因而对美国具有潜在威胁的国家，统统视为恐怖主义的后备温床，主张对之加以压制打击。"新帝国"论正是在这种条件下蔓延开来。

事实上，美国当局已经在一步步地实施"新帝国"计划。

2002年6月3日，布什总统以反恐为名，将60个国家列为反恐打击目标，他宣称"恐怖主义基层组织分布在全球近1/3的国家，我们必须找到它们并将其一网打尽"。②

6月14日，布什在共和党的一次筹款集会上，正式将"先发制人"战略上升为"布什主义"。他警告说，对于恐怖主义组织来说，"如果我们坐等威胁付诸行动，我们就来不及行动了"。因此，结论是，我们必须"先发制人"。布什还声称在反恐战争中不惜动用核武器。

为了自身利益，美国退出并拒绝签署一项又一项国际条约，如1972年控制军备竞赛的《反弹道导弹条约》和1997年签署的保护大气环境的《京都议定书》等，还拒绝参加全球禁止地雷公约。在组建国际反恐联盟上则我行我素，实行单边主义。这里，其他富国（也许英国除外）在美利坚"新帝国"里也只是作为陪衬。

对于这种以打击恐怖主义为名而趁机推行"新帝国主义"的主张，世人已看得越来越清楚。日本广岛市长秋叶指出，"'9·11'事件后，美国开始把'复仇哲学和暴力逻辑'强加给全世界……地球上的生活变得愈发危险，核战争的威胁也变得愈发明显。"他明确指出，"美国无权将'美国式的和平'强加给我们，也无权代替我们决定这个星球的命运"。③

"9·11"事件后，美国人一直在问，"他们为什么憎恨我们？为什么世界上那么多人不喜欢或者不赞成我们？"④对于这样一个本来不难回答的问

---

① 参看斯蒂芬 E. 弗林：《美国的脆弱性》(Stephen E. Flynn, *America the Vulnerable*)，载《外交》，2002(1/2)。
② 《布什将60个国家列为反恐战争的打击目标》，载《泰晤士报》，2002-06-03。
③ 《美国人遭到政治轰炸——日本人对美国说不》，载《生意人报》，2002-08-12。
④ 《一个孤独的国家》，载《芝加哥论坛报》，2001-12-30。

题,现在已被美国当权者某些人搅得混乱不堪。而"新帝国"论的提出则更把美国引进自设的陷阱之中。英国著名作家萨曼·拉什迪最近在美国《纽约时报》上撰文指出,尽管美国有时在军事上取得胜利,"美国却发现自己面对一个更为强大的敌人,这个敌人可能会变得比伊斯兰好战分子更难对付,它就是反美主义。眼下,这股反美风潮在世界各地变得越来越强劲",甚至连英国和欧洲大陆的公众都是如此。他警告布什政府,"现在不是忽略其他国家,我行我素的时代了。如果这么做的话,你可能先赢后输"。①

看来,如果美国当局不收起"新帝国"的谬论,世界格局肯定会沿着美国与世界其他国家和人民的矛盾与对抗的方向继续发展下去。当然,这里也存在着另一种可能,即美国当前如果能够正确看待"9·11"恐怖事件后的世界局势,放弃单边主义,与国际社会协调解决包括贫困问题在内的世界重大问题,在双边互利的基础上加强与各国在反恐斗争中的交流与合作,则是既有利于世界和平与发展又有利于美国社会安定与经济发展的大好事情。最后我们瞩望着美国有识之士的决断。

(原载《高校理论战线》,2012年第12期)

五、现代美国对外政策中的意识形态因素

(一)从美国参议院《意识形态与外交事务》报告谈起

在决定和影响一个国家政府对外政策的诸因素包括经济的、政治的、宗教文化的、传统的、经验的、公众情绪、意识形态等,及国际政治、经济各种因素之中,经济的动因无疑是最基本的因素,但意识形态因素也具有不可忽视的作用。美国自开国以来就一向重视这点,而且到了现代有越来越重视的趋势。1958年,面对战后整个国际形势的深刻变化,美国参议院决定"对美国的外交政策进行一次充分而全面的研究"。国家不惜拨出巨款,分别委托美国的一些重要研究机构进行研究并提出报告。其中一份题名为《意识形态与外交事务》(*Ideology and Foreign Affairs*)的报告,是特

---

① 《美国和反美者》,载《纽约时报》,2002-02-06。

请美国著名的哈佛大学国际事务研究中心提出的。报告强调，工业时代"扩大了政治理想的作用。政治理想能动员群众来支持国家在国外所进行的事业。因此，意识形态在国际关系中就成了一个重要的因素"①。报告认为，在决定当今世界形势的各种因素之中，"最强大而且最普遍的力量之一是，意识形态和以意识形态为基础的各种运动所发生的影响。在过去的50年中，这方面的影响一直是改变世界的一个主要因素"②。

从1958年往前推50年，也就是20世纪初，世界历史转入现代之时，显然，美国特别看重意识形态在现代世界和现代美国的作用，而这种作用乃在于"能推动群众来支持国家在国外所进行的事业"，即美国在海外与全球扩张的事业。报告"集中注意博得当代最大的忠诚的政治意识形态：立宪民主、民族主义和共产主义"③，讨论了这三种意识形态的内容和感召力，而把这三种势力的错综复杂和变化无常的关系"作为本报告的主题"④。说到底，就是要用西方的特别是美国的"立宪民主制"去最终战胜共产主义。

虽然，这一报告发表至今已数十年光景，但对我们仍有重要的启示作用。这是因为它突出反映了当今美国对意识形态在外交事务中所起作用的重视程度。美国是在世界事务中起着举足轻重作用的超级大国。同样，它对意识形态的运用也不能不影响到全球。因之，对它的意识形态因素在其现代对外政策中的表现特征、作用和变化过程等进行一番考察，也就是十分必要的了。

（二）美国现代对外政策中意识形态的主要特点——反共主义及其根源

纵观一部美国外交史，对外扩张是贯穿其中的一条主线。从建国初到1898年美西战争前是大陆扩张，从1898年到1945年是海外扩张，1945年第二次世界大战结束后更发展为全球扩张。"一部美国史，充满着扩张主

---

① 哈佛大学国际事务研究中心：《意识形态与外交事务》，北京编译社译，12、19页，北京，世界知识社，1960。
② 哈佛大学国际事务研究中心：《意识形态与外交事务》，12、19页。
③ 哈佛大学国际事务研究中心：《意识形态与外交事务》，12页。
④ 哈佛大学国际事务研究中心：《意识形态与外交事务》，13页。

义这一永不改变的特色。"①资产阶级要向外扩张,"总是要寻找一种虔信不疑的理由,来为自己的行动做辩护"②。这种辩护武器,随着形势的变化,时代的变迁,也在不断地变换着。十月革命后美国外交的一个显著特点是,在原有思想武库当中加上了一件新武器——反共主义。它是如此长久、如此一贯地被广泛运用于现代美国对外政策之中,以致《美利坚帝国》一书的作者、法国人克劳迪·朱里安得出结论说,宣传"神意"和高唱"救世主义","绝对谈不上是美利坚帝国的特色。美利坚帝国的特色在于,它是针对共产主义而展开一切活动的"③。

为什么反共主义会成为现代美国对外政策中意识形态的特点呢?这要追踪到美国的历史。美国是一个资产阶级共和国,又是"一个宗教盛行的国家"④。于是资产阶级便从宗教教义中为扩张搜寻根据。早在美国开国之初,它们就把神学作为对外政策的重要武器和依据。"天定命运"论应运而生。美国第二任总统约翰·亚当斯说:"我时常想,美国的开国,是一种神意,为的是要使今天陷于奴隶状态的人类,经过启蒙,解放出来。""天定命运"论到19世纪中叶更为盛行。当时的民主党人、爱尔兰裔美国人约翰·奥沙利文于1839年写道:"长远无限的未来将是伟大的世纪。在它的时间和空间宏大的领域里,这个多民族的国家注定了要显示出天命原则的美德,它将以半球做地板,以星空为屋顶。"及至19世纪末美国开始进入帝国主义时代,新的"天定命运"论又以达尔文的社会进化论的面貌出现。⑤当时的参议员贝维里治露骨地说,"在所有的人类种族中,上帝选中了美国人,作为世界再生的最后领导人"。⑥

---

① 马克斯·拉纳:《美国文明》,转引自克劳迪·朱里安:《美利坚帝国》,龚念年译,3页,香港,文教出版社,1971。

② 朱利叶斯·W. 普拉特:《美国对外扩张的思想意识》,见南开大学美国史研究室编:《美国史译丛》,1982(2)。

③ 克劳迪·朱里安:《美利坚帝国》,7页。

④ 《马克思恩格斯全集》,第1卷,425页。

⑤ 参见黄德禄:《"天定命运"与美国的大陆扩张》,见中国美国史研究会编:《美国史论文集(1981—1983)》,北京,生活·读书·新知三联书店,1983。

⑥ 克劳迪·朱里安:《美利坚帝国》,24页。

除了宗教之外，美国推行对外政策时还有另一种"资本"，那就是美国制度"天然优越"的奇谈。A. W. 德波特指出：起初，"大多数美国人毅然来到新大陆，是由于看不惯旧大陆的旧事物，想建立一个有别于过去的新生活。美国本身是在一场反对某一欧洲国家的革命中诞生的。……从此以后，美国自然而然地自以为世界史上只有它是完全土生土长的第一个非君主政体的大国"[①]。应该承认，美国开国时建立了世界上第一个没有封建残余和君主制的纯粹资产阶级制度的共和国。后来的美国宪法成为当时世界上最先进的宪法。美利坚民族也理所当然地具有一种自豪感。但是统治阶级恰恰利用人们尊重以往的民主传统来迷惑群众，掩盖本质。其实，美国统治阶级对以往历史的正人君子式的自命不凡，只不过说明了这样一个事实，即美国资产阶级由于反抗了当时还披着封建外衣的宗主国——英国，便把他们建立的资产阶级经济政治制度看作是天然合理的，而且任何时候都是先进的、无与伦比的。它们的使命就是要把这种体制推向世界。

美国资产阶级一向把"天定命运"与"天然优越"的神话作为对外扩张得心应手的工具。19世纪末以前，在向西扩张过程中，他们杀戮消灭那些据说是"不敬上帝"的异教徒——印第安人；19世纪中叶，他们"奉上帝之命"合并得克萨斯、占领俄勒冈、打败墨西哥，拓展大片土地。1898年美国总统威廉·麦金莱等宣称获得"神意"的赞许，占领了菲律宾，及至伍德罗·威尔逊总统时期特别是第一次世界大战爆发之后，则"最后确定作为一种明确义务的美国使命是要把美国的原则和制度扩展到整个世界"[②]。

然而，"在关键性的1917年，一切都改观了"[③]，该年11月爆发了列宁领导的俄国无产阶级社会主义革命。社会主义不再是一种单纯的理想，它成了活生生的现实。这不能不对帝国主义包括美国的思想意识、经济制

[①] A. W. 德波特：《欧洲与超级大国》，唐雪葆等译，97页，北京，中国社会科学出版社，1986。

[②] 罗伯特·L. 比森纳尔：《从旧式外交到新式外交（1865—1900）》（Robert L. Beisener, *From the Old Diplomacy to the New, 1865—1900*），9页，纽约，1975。

[③] H. 斯图尔特·休斯：《欧洲现代史（1914—1980）》，陈少衡等译，104页，北京，商务印书馆，1984。

度和政治制度提出严重的挑战。同时，苏维埃政府向全世界宣布不割地、不赔款的和平纲领，废除秘密外交，废除临时政府缔结与批准的全部密约，并将这些密约公之于众。当时饱经战祸之苦的各国劳动人民热烈欢迎苏维埃政府的呼吁，自发地同情社会主义的苏俄。这一切使资本主义世界气得发狂。在这种情况下，他们都把希望寄托在美国身上。而美国呢，这个自诩为出于"神意"而又"天然优越"的国家，也掩盖不住它对共产主义的仇恨和恐惧。时任美国国务卿兰辛当时把和平法令叫作"对各国现存社会制度的直接威胁"①。他向当时的总统威尔逊报告说，"如果布尔什维克继续掌握政权，我们就毫无指望"②。在资本主义国家中，美国是第一个对苏维埃国家实行经济封锁的国家。接着又与英法等国相配合，走上对苏外交抵制与积极支持俄国反革命武装叛乱的道路。在反共这一点上，美国的内政外交是完全一致的。1919年8、9月间，美国两个共产主义政党——美国共产党和共产主义劳工党刚刚成立，美国统治集团就迫不及待地实行大镇压。1920年1月2日夜，美国司法部在全国70个城市进行了大规模的突袭。警察逮捕了约1万名共产党员和进步人士，企图把共产党人一网打尽。正像一些人所形容的，当时在美国出现了"红色大惊恐"（Great Red Scare）③，在内政外交上仇视共产主义到如此疯狂的地步，在当时各主要资本主义国家中都是少见的。这突出反映了美国在维护资本主义政治制度和意识形态上的顽固性。

美国之所以与共产主义和苏俄势不两立，具体说来，有以下几个原因。

第一，他们认为新生苏维埃是与美国制度根本对立的。时任美国总统的威尔逊在1919年说："莫斯科政体在一切方面都是对美国的否定。"④当

---

① 《兰辛文件》，第2件，344页，转引自瓦里科夫：《苏联和美国——它们的政治经济关系》，24页。

② 见瓦里科夫：《苏联和美国——它们的政治经济关系》，24页。

③ 可参见罗伯特·布劳德：《苏美外交的起源》，12页；弗雷德里克·舒曼：《1919年以后美国的对苏政策》（Frederik Lewie Schuman, *American Policy Toward Russia Since 1919*），151～156页，纽约，1928。

④ 罗伯特·布劳德：《苏美外交的起源》，13页。

时的国务卿科尔比说,苏维埃政体不是基于公众的支持,而是通过"暴力与狡诈"上台的,是靠着"残酷镇压所有反对派以继续保持其地位的"①。他们用资产阶级民主来根本否定无产阶级革命和无产阶级专政。要求苏俄回到资产阶级的所谓"宪法民主"。②

第二,他们认为布尔什维主义否定私有财产,这对美国造成极大威胁。1919年2月,时任国务卿的兰辛说,由于布尔什维主义既否定民族性又否定财产权,并以革命威胁美国,归根到底,它对于美国安全的威胁比德国更大。③ 在20世纪20年代相当长一段时间,美国官方多次拒绝苏俄关于两国开展平等贸易的呼吁,提出除非苏俄"保障私人所有制",对目前社会制度做"根本改变"④,才有可能重新考虑。

第三,他们把布尔什维主义这种共产主义意识形态看作是对美国的可怕挑战。美国著名外交家凯南曾经指出,美苏"冲突根源中首要的而且也是最根本的一个,当然就是布尔什维克共产党的领导集团在意识形态上所承担的义务。这在美国的政治经验中,还是一个崭新的东西。这也是美国人以前从未遇到过的一种敌对方式的表现"。"俄国保证要实现的纲领旨在使美国社会遭到损害,这种损害,在绝大多数美国人看来,甚至比单纯在军事上惨败于传统的对手可能带来的种种苦难还要可怕。"⑤因之,"苏维埃共产主义被看作是一种应当加以隔离的瘟疫"⑥。

此外,对共产主义意识形态的恐惧还多了一道宗教色彩。近代史上,当西欧许多国家从批判封建支柱的神学中得到新生时,美国却在一定程度上靠着宗教立国,尽管那是一种在当时具有资产阶级进步性的清教。基于这一点,美国资产阶级对无神论的共产主义意识形态自然更增添了一层恐

---

① 罗伯特·布劳德:《苏美外交的起源》,16页。
② 参见戈登·莱文:《伍德罗·威尔逊和世界政治》(N. Gordon Levin, *J. R. Woodrow Wilson and World Politics*),13页,纽约,1970。
③ 戈登·莱文:《伍德罗·威尔逊和世界政治》,72页。
④ 见帕·特·波德莱斯内依:《苏美五十年来的外交关系》,17页。
⑤ 乔治·F. 凯南:《1917年至1976年间的美苏关系》,载《世界历史译丛》,1979(2)。
⑥ 帕·特·波德莱斯内依:《苏美五十年的外交关系》,10页。

惧和仇恨。一些即使并不怎么反动的政界人士也难以摆脱宗教神秘主义的羁绊而对苏俄保持着戒心。例如，罗斯福时期的农业部长华莱士就是这样狂热的信徒。他"反复证明，不能同共产主义者发生任何关系，因为他们不信上帝"。"他坚持认为，承认苏联就会给上帝的顺民美国招来前所未有的灾难。"①

第四，他们把十月革命的胜利本身看作是对美国世界扩张计划的严重威胁。美国利用第一次世界大战发了战争财。迅速膨胀的经济实力和影响，促使美国雄心勃勃地提出争取世界领导地位的计划。大战结束后一个牧师高兴地说："上帝让我们去支持穷人弱者和被蹂躏者的事业。我们还要为世界的权力而斗争。"②这里，上帝的事业显然也被解释成了争取对世界的统治。"天定命运"与统治世界达到了和谐一致。

但是，这种统治世界的使命被"不敬神"的布尔什维主义搅扰了。"当全球主义的预言正被美国付诸实行之时，世界分成了两个体系。"③十月革命及其产生的国际影响成了美国扩张的重要障碍。

正是上述各种因素，成了美国推行反共主义对外政策的深刻根源。

(三)反共主义在现代美国对外政策中的运用及其演变过程

美国对外政策中的反共主义不是一成不变的，而是随着国内外形势的变化而不断变化，并显出其阶段性。这种变化反映了美国资产阶级及其代表人物对于社会主义制度和共产主义意识形态认识、斗争、再认识的过程，但更本质地反映了美国当权者以反共主义为武器，争取世界领导地位进而称霸全球的过程。这中间不仅有严酷的斗争，也有理智的妥协与有限的合作。斗争中包含着妥协的因素，妥协中隐藏着尖锐的斗争。但和任何其他事物一样，是有规律可循的。正确把握这种规律，对于正确执行社会主义外交路线，保证社会主义制度在与资本主义制度和平共处、交往和斗

---

① Н. Н. 雅科夫列夫：《轮椅总统罗斯福》，220 页。

② V. G. 基尔南：《美国：一个新的帝国主义》(V. G. Kiernan, *America: The New Imperialism*)，162 页，伦敦，1978。

③ 谢沃斯基扬诺夫：《美国史（1918—1945）》(Г. Н. Севостьянов, *Истоия США 1918—1945*)，54 页，莫斯科，1985。

争中健康成长，对于发展世界进步与和平事业，都是大有裨益的。

美国对外政策中的反共主义大体经历了四个阶段。

第一阶段，从十月革命胜利到1933年罗斯福政府承认苏联之前。

这一阶段，突出表现为美国反共主义的疯狂性和过低估计共产主义生命力的狂妄性。

一方面，苏俄新政权的诞生和共产主义意识形态使美国的制度、意识形态、对外扩张的思想武器——"天定命运"与"天然优越"的神话一并受到了挑战。它恐惧、仇恨，达到了疯狂的程度。美国历史学家F.杜勒斯指出，美国"在共产主义制度面前发抖"①。另一方面，它似乎又显得十分自信。威尔逊把自己看作是全世界道义的旗手，1918年1月抛出"世界和平纲领"十四点，以抵消苏俄"和平法令"对世界的影响；它坚持长达16年的拒不承认苏联的政策，是世界上最晚承认苏联的资本主义大国。尽管苏维埃俄国以及列宁本人多次表达与美国恢复与发展正常贸易关系的愿望，强调苏俄"决定与一切国家特别是美国达成协议"②，美国却根本不予理睬。在这时，反共主义的疯狂性与不可一世的狂妄性被不加掩饰地结合在一起。在他们看来，苏俄的陨落是指日可待的。美国的这种态度自然与它长期陶醉于"天然优越"的神话有关，也与第一次世界大战期间其经济力量大大膨胀及20世纪20年代的经济繁荣有关。相比之下，苏联由于经历了4年大战、3年反对外国武装干涉，经济惨遭破坏，1920—1921年，又发生了使3300万人面临饥饿死亡的大灾荒。在这种情况下，美国自觉财大气粗，以为没有美国资本的援助，苏维埃国家终将垮台。这也是20世纪20年代美国对苏政策的一个显著特点和拒绝承认苏联的基本原因之一。

随着外国武装干涉和支持俄国反革命武装颠覆苏俄活动的失败和苏俄自身的日益巩固，美国一些有识之士已经看到并承认，"苏维埃政体牢固地确立了起来"③。但对于大多数的当权人物来说，这是一个无法理解与接

---

① 杜勒斯：《通往德黑兰之路》(*The Road to Teheran*)，168页，普林斯顿，1944。
② 帕·特·波德莱斯内依：《苏美五十年来的外交关系》，11页。
③ 帕·特·波德莱斯内依：《苏美五十年来的外交关系》，13页。

受的现实。直到20世纪20年代末，当时的胡佛总统还在说，"新生活的目标就是消灭苏维埃俄国"①。

第二阶段，从1933年罗斯福政府承认苏联到1945年第二次世界大战结束前两国的同盟关系。

这一阶段，突出表现为了避免经济危机和反法西斯的现实需要而使反共意识形态退居次要地位。

当时促使美国把苏联由寇仇逐步变为盟友的主要原因可归结为以下几点。第一，1929—1933年世界经济大危机把美国"例外"与"永久繁荣"的神话一下子抛到了九霄云外。过去那种趾高气扬的劲头被惶惶然不可终日的恐慌所取代。而这时的苏联，正在顺利地执行第一个五年计划并业已建成为强大的社会主义工业国。在这种情况下，美国消灭苏联的希望已成泡影，而且不得不对苏联刮目相看了。第二，资产阶级生存和统治的根本条件，是财富在私人手里的积累，是资本的形成和增值。当危机威胁到资本家生存时，他们叫喊得震天响的"反共主义"也必然地要服从于争取眼前生存条件的斗争。1933年6月，苏联在伦敦国际经济会议上宣称，苏联打算在近期从国外订购价值10亿美元的货物，这使得美国工商界大为不安。他们生怕由于美国执行着拒不承认苏联的政策而可能使这块"肥肉"被欧洲商号抢走。这些美国商人的心态被当时美国著名的政治评论家伍·罗杰斯一针见血地指了出来。他说，只要有人买美国的东西，它就会连魔鬼也承认。② 第三，德、日法西斯咄咄逼人的侵略势头，使美国越来越感到最大、最直接的威胁来自德国和日本，因此企图利用苏联来对抗德、日以保卫"民主"和国家的具体利益。以上各点，加上美国人民要求承认苏联的愈来愈大的压力，都迫使美国当局不能不在外交上对苏联采取较为现实的态度。1933年11月，刚上台不久的罗斯福政府承认苏联，美苏正式建交。这意味着美国统治当局16年来反苏方针的失败，也说明反共主义不管叫得多响，它在美国对外政策中归根到底要从属于资产阶级的经济政治利益。

---

① 帕·特·波德莱斯内依：《苏美五十年来的外交关系》，19页。
② Н.Н.雅科夫列夫：《轮椅总统罗斯福》，219页。

当然，承认苏联并不意味着美国在对外政策中放弃反共主义。20世纪30年代美国部分当权人物对德国进攻苏联寄予特别大的希望。由于反共主义作祟，美国在欧亚两洲都对侵略者采取程度不同的绥靖政策。1941年6月22日，德国背信弃义地进攻苏联时，美国统治当局中一部分人不可抑制地表现出幸灾乐祸的态度。众所周知的是当时哈里·杜鲁门声明："如果我们看到德国快要打胜，我们就应当帮助俄国，而如果俄国快要打胜，我们就应当帮助德国，这样一来，就可以使他们尽量彼此歼灭。"参议员罗·塔夫脱1941年6月25日在广播中说，"对美国来说，共产主义胜利比法西斯胜利还更危险"①。

与上述反共狂不同，以罗斯福总统为代表的美国一批政界人士事实上把反共主义意识形态放到了次要地位。罗斯福在1941年6月22日德国发动侵苏战争后不久给前驻莫斯科大使约·戴维斯的信中写道："不论我，还是您，都不接受共产主义，但是为了过桥，我向魔鬼伸出手来。"②美国决定把以武器供应国外的租借法案扩展用于苏联。在第二次世界大战期间，尽管两国矛盾仍存，但毕竟联合起来与其他民主国家一道打败了德、意、日法西斯。

美国这种较为现实的态度也反映到对其他反法西斯国家共产党力量的态度上，突出例证之一就是对中国共产党领导的八路军、新四军的态度。太平洋战争爆发后，美国特别需要中国顶住日本，以便"在最短期内，以最少美国人生命的牺牲，打败日本"③。在这种情况下，现实的分析暂时取代了意识形态的分野，在对比国、共两党对于抗战的不同态度之后，美国得出结论认为，"在对日战争后期，共产党人能比蒋对我们有用得多"④。加之美国派至延安的观察组得出印象，中共并非受制于苏联。这些都促使

---

① 瓦里科夫：《苏联和美国——它们的政治经济关系》，283页。
② J.加迪斯：《俄国、苏维埃联邦与合众国》，149页，转引自 H.H.雅科夫列夫：《轮椅总统罗斯福》，404页。
③ 《中国白皮书》（即《美国与中国关系》——着重在1944—1949年时期），1949年8月美国国务院公布，575页，帕洛阿尔托，斯坦福大学，1976。
④ 美国国务院：《美国对外关系》，1945年第6卷，697页。

罗斯福政府在一定程度上对于中国共产党采取了并不敌视的态度,并反对在抗日战争时期蒋介石挑起反共内战。

总之,1933—1945年,12年的经验表明,以"求实"精神著称的美国,在外交的天平上,其实用主义是要比意识形态更重的砝码。

第三阶段,从1945年第二次世界大战结束到20世纪60年代末,尼克松主义出笼前。

这一阶段,表现为美国"对外政策高度意识形态化",把反共主义外交发展到登峰造极的地步。这种情形与美国的经济实力和霸权主义野心的极度膨胀是一致的。

第二次世界大战的胜利对于美国外交史来说是划时代的大事。大战的结果,轴心国败降,英法严重削弱,唯独美国经济力量通过大战得到空前加强,处于称霸世界的极盛时期。西方历史学家渲染说,占世界土地和人口约7%的美国,比世界其余的所有地方加在一起还要富有。大战期间,美国的军事力量也变得异常强大。到战争结束时,美国军队曾达到1200万人的高峰,分驻在世界50多个国家。它还一度垄断了原子弹,作为讹诈世界的王牌。

正是这样雄厚的经济军事实力,为其全球扩张创造了条件。美国的政治野心也与它的实力同步增长起来。杜鲁门上台后曾一再声称,"我们赢得的胜利把领导世界的重担持续放到了美国人民的肩头"[1]。美国当局认为,"他们能够运用他们的力量命令全世界朝着美国模式的民主资本主义走去"[2]。

但是,正当美国的实力与扩张野心达到空前高度时,社会主义的力量和全世界人民革命的力量也在世界范围内达到了一个新的高度。社会主义的苏联不仅经受了战争的严峻考验,显示了社会主义不可战胜的强大生命力,而且从战争中迅速恢复过来。欧亚两洲一系列人民民主国家建立起来,形成社会主义世界体系。特别是1949年中国人民革命的胜利,更对战

---

[1] 《美国总统公开文件集,哈里·杜鲁门》,547页,华盛顿,1945。

[2] 斯蒂芬·安布鲁斯:《走向全球主义——1938—1980年美国外交政策》,105页,哈里斯堡(弗吉尼亚州),1980。

后国际局势发生了深远影响。亚非拉民族解放运动的迅猛发展，成了战后国际关系中的大事，它从根本上动摇了帝国主义的殖民统治。

于是，对于美国来说，在它称霸世界的计谋中遇到了更加难以克服的障碍。自然，它把这一切都归罪于共产主义和苏联。正因此，它的反共主义在战后对外政策中也具有战前所未曾有过的规模和特色。总的来说，反共主义已经成为战后美国对外政策的万应膏，几乎是无处不在，无所不用。正如《美国对外政策的政治背景》一书的作者 M. 贝科威茨等所说，1945 年以后美国在追求其基本利益时所使用的意识形态的语言中"最显著的一个因素就是普遍的、一贯的反共思想以及随之而产生的遏制和反对革命的干涉战略。对于任何地方出现或可能出现的共产主义的扩散，美国对外政策必须采取继续对抗的立场：这种信念左右了我们对外政策的一切决定，限制了选择办法的范围，并规定了抉择的政策。……事实上，可以有把握地说，战后时期几乎每一项重要的对外政策决定，都是对某一觉察到的或明显的共产主义威胁所做的反应"[①]。

把全球反共主义作为主要对外政策的突出标志是 1947 年 3 月抛出的杜鲁门主义。这是一个在反共意识形态掩盖下，在全世界范围内扩张美国势力的宣言。它宣称世界已划分为"自由制度"和"极权政体"两个阵营，世界上几乎所有国家都要在两种对立的生活方式中进行选择。"美国的政策必须支持那些自由人民，他们正在抵抗武装少数分子或外来压力所企图的征服。"杜鲁门后来解释到，他的"杜鲁门主义"乃是"美国对共产主义暴君扩张浪潮的回答"，今后"不论什么地方，不论直接或间接侵略威胁了和平，都与美国的安全相关"。由此可见，美国以对付共产主义的威胁来"论证"美国全球扩张的合理性，声称要承担领导"自由世界"抗拒世界共产主义的使命。这标志着美国外交政策的重大转折，表明美国已进到全球扩张的新阶段。而反共主义之推广到全球，不过表明它是美国全球扩张的必然伴侣。

---

① M. 贝科威茨等：《美国对外政策的政治背景》，张禾译，327 页，北京，商务印书馆，1979。

由杜鲁门主义开始的反共主义新阶段在马歇尔计划上得到了大规模运用。1947年6月5日，时任美国国务卿马歇尔提出的这项"欧洲复兴计划"被形容为"如同抛给正在下沉的人们的救生圈"①。其被公开宣布的目的自然是要解救饱经战乱洗劫的西欧经济，实际上是服务于美国称霸世界的全局需要。从全世界军事与工业潜力来看，西欧各国都是世界最重要地区之一。美国要"遏制"苏联、称霸世界，首先就要保住西欧这块资本主义阵地。在美国看来，穷困乃是共产主义的土壤，如果西欧由于经济凋敝，政局动荡，而最终落入苏联的"势力范围"，对美国来说是不堪设想的。经过一段时间的执行，马歇尔计划确实在一定程度上帮助西欧经济度过了困难时期，巩固了西欧的资本主义秩序，防止了革命的爆发。杜鲁门得意地说："这个计划帮助欧洲避免了一次经济危机，并把它从俄国共产主义奴役的阴影中拯救出来。"②这样做也对美国的商品输出大有好处。美国通过国家财政开支，用纳税人的钱去援助西欧，再由西欧向美国购买物资。它使那些生怕美国出口不景气的人为之陶醉。③ 这样，美国似乎找到了一种途径，把"遏制"共产主义的计谋与制造商、出口商的热情融为一体了。马歇尔计划的推行使美国美美地尝到了一次反共主义的甜头。

但是，对于反共主义这样一种不义的"杰作"毕竟是命运多舛的。当杜鲁门主义在西欧得逞于一时之时，在亚洲却一开始就预伏了失败的因素。这首先表现为对中国的政策。

中国在战后美国全球战略计划中占有重要地位，既有经济的原因也有政治的原因。据美国历史学家沃尔特·拉菲伯的记载，"自1945年9月，他（指哈里·杜鲁门总统——笔者）对一位顾问说，'美国未来的外交重点在西半球和太平洋地区'。总统认为，亚洲的利益取决于强化中国蒋介石的国民党政权。蒋将要取代日本的地位，成为亚洲的稳定力量。美国还可

---

① 托马斯·G.佩特森等：《美国外交政策：1900年以来的历史》（Thomas G. Paterson, *America Foreign Policy: A History Since 1900*），455页，莱克星顿，1983。
② 哈里·杜鲁门：《杜鲁门回忆录》，第2卷，131～132页。
③ 沃尔特·拉菲伯：《美国、苏联和冷战（1945—1980）》，36页。

以因此获得经济利益。华盛顿的官员们认为：假手于蒋，他们不仅能开辟巨大的中国市场，还可以开辟其他亚洲国家的市场，一个多世纪以来美国商人梦寐以求的市场终于要成为现实了，10亿亚洲主顾会大有助于避免另一个经济危机"①。除了上述原因，罗斯福还曾强调中国在美苏矛盾中的地位。罗斯福在第二次世界大战期间曾说，中国一定要参加"大国圈子"，因为"中国由于同俄国存在着严重的政策冲突，将会毫无疑义地站在我们这一边"②。

由于上述种种原因，美国在第二次世界大战后处心积虑地变中国为美国的殖民地和附庸。但是，这遭到了中国共产党领导的中国人民力量的坚决抵抗。"为了防止中国共产主义化，罗斯福和杜鲁门相继采取了以离间毛泽东和苏联为首要目标的政策"③，并大力支持国民党政府发动内战。但结果是，3年多时间反而打出了一个人民共和国。面对这一事实，许多美国人不能理解，为什么世界上最强大的国家眼看毛泽东征服中国，却无可奈何。④ 正在这时，苏联试制原子弹获得成功，打破美国对核武器的垄断，美国的原子外交化为泡影。中国人民的胜利和苏联原子弹爆炸这两件同时发生于1949年的事件极大地震惊了美国朝野，有人称之为"一九四九年的震动"，引起了一片"红色惊恐"。这是美国历史上因十月革命造成的第一次"红色惊恐"之后的第二次"红色惊恐"。这以后，反共主义无论在国内在国外都达到了一个更疯狂的阶段。一些人盲目地认为，国内必定有一批共产党同情者隐藏在政府部门内部，干着肮脏的勾当；国外必定是"由于中国的卖国贼在背信弃义的美国人的唆使下，他们合伙结成邪恶同盟将中国出卖给地地道道的坏蛋俄国人的结果"⑤。一位学者指出，"美国政策的巨大转变开始于1950年。由于对共产主义的恐惧，使美国人民（其实只是部分受蒙蔽的美国人——引者）和他们的领导人陷入了盲目性，……不论在

---

① 沃尔特·拉菲伯：《美国、苏联和冷战(1945—1980)》，30页。
② 舍伍德：《罗斯福与霍普金斯》，下册，350页。
③ 沃尔特·拉菲伯：《美国、苏联和冷战(1945—1980)》，31页。
④ 沃尔特·拉菲伯：《美国、苏联和冷战(1945—1980)》，88页。
⑤ 威廉·富布赖特：《跛足巨人》，45～46页。

亚洲或欧洲，都为美国采取了一种遏制共产主义的政策，而在实践中，这一政策变得越来越反华"①。而这也就成了美国在长达 20 多年时间里拒绝承认新中国的基本原因。

美国对华的侵略政策表明，经济政治利益的动因与意识形态的因素是相互交织的，随着在华根本经济政治利益的丧失，其反共意识形态也就达到了失去理智的疯狂程度。但是，迄今为止，美国把反共主义发展到登峰造极地步的还不是对中国，而是对越南的战争。

越南是一个不大的国家。美国在那里远没有像在欧洲和中国那样的经济利益。可是从 1950 年卷入直到发展为大规模武装侵略，美国竟深陷越南泥潭达 25 年之久。美国在这个无底洞里耗费大量人力、物力、财力，大大加速其霸权地位的衰落，搞得民怨沸腾，矛盾尖锐。直到 1975 年才最后脱身。这一段历史插曲确实使许多人大惑不解。

美国一系列历史著作或国际关系著作几乎都异口同声地提出美国长期陷入越战的原因问题。《美国最长的战争》一书序言的作者罗伯特 A. 迪万一开头就指出，5 位总统在越南的困境中挣扎，没有一个获得成功，对于其中林登·约翰逊与理查德·尼克松两人来说，其努力只是证明了政治上的惨重失败。然而自始至终没有一个人审查过基本的前提——越南南方对于美国在世界上的地位究竟有什么重要性，以及越南南方作为一个政治实体究竟有多少生存能力。美国在越南的最终失败，揭示了全球遏制政策的内在的缺陷。

为了说清楚美国侵越的根源，艾森豪威尔总统在 20 世纪 50 年代前期曾试图解释说，这场斗争具有决定性的意义，因为这个地区有锡、钨和橡胶；而且，如果法国失败了，那么"许多人（就会）在专制统治下生活。……最后你们就会明白……你们所说的'骨牌倒下去'的原理。你把一排骨牌立起来，把第一块骨牌推倒，最后一块骨牌怎么样呢？它肯定也会很快跟着倒下去。因此，只要有一处地方开始崩溃，它就会产生一系列最深刻

---

① 沃伦·卜科恩：《美国对中国的反应》，转引自威廉·富布赖特：《跛足巨人》，47～49 页。

的反响"①。

艾森豪威尔所说的越南的自然资源固然对美国有用,但美国绝不会愚蠢到仅仅为了这一点利益而要在越南长期地陷进去。所谓多米诺骨牌的论调倒是部分地反映了美国的真意。原来它是怕引起共产主义的连锁反应。他们把越南"看作是全球性阴谋活动的先锋队",是"中国征服亚洲的庞大战略中的代理人的战争"。而美国在越南战争的主要目的并不在于越南本身,而是要表示美国忠实于它的"义务承担",以保持美国对全世界的朋友和盟国的信任。如果共产党在越南取得军事上的胜利,世界其他地方的战争危险就会大大增加。如果共产党的侵略不能得逞,它将打断别人去做同样事情的念头②,等等。问题很清楚,美国宣扬它是为了一种崇高的全人类目的而不顾一切牺牲地去"遏制"共产主义的扩张,即使在一个小国越南争斗下去也在所不惜。这种抛开经济利益的行动确实令人有些费解。难道列宁说的,统治阶级的经济利益和经济地位归根到底决定帝国主义政府内外政策这一马克思主义基本原理不灵了吗?当然不是。问题在于,在第二次世界大战后的历史条件下美国统治阶级的根本利益就是称霸世界。为了争取其对世界的统治,华盛顿在官方对外政策路线与保证其直接经济利益之间有时会表现出某种"距离"和"不协调"③,有时甚至把某一局部地区的战争看作是维持美利坚帝国世界统治地位所必须支付的某种"合理的经常的开支"④。美国在越南问题上把反共主义提到如此之高度不过是其推行全球霸权主义的必要步骤与表现形式罢了。但是,就像一个人吸鸦片一样,一旦上了瘾也就难以戒掉。反共主义一开始作为美国向外扩张得心应手的工具,到头来,却成了美国外交上一种具有巨大惯性的力量,被其到处长期滥用。美国把发展中国家争取独立民主的斗争都扣上"共产主义"影响的帽子,连1970年智利社会党领袖阿连德当选为总统和他所实行的有限的社会政策,都被斥之为马克思主义在拉美的威胁,直到把阿连德置于死地。

---

① 沃尔特·拉菲伯:《美国、苏联和冷战(1945—1980)》,163页。
② 威廉·富布赖特:《跛足巨人》,81、86页。
③ 见阿尔巴托夫:《现代美国对外政策》,89页。
④ M. 贝科威茨:《美国对外政策的政治背景》,325页。

正是以越南战场为中心，美国的全球干涉达到了顶点，它的反共主义政策的运用也达到了一个从未有过的高度，而它的能力也达到了极限，从而大大加速了美国霸权的衰落。这真正是美国推行反共主义外交所收获的一只苦果。

第四阶段，20世纪70年代初以来。

这一阶段，美国外交开始从反共狂转向现实主义，从以军事斗争为主转向以"和平演变"策略为主。

面对美国霸权主义江河日下的局面，许多美国决策人物与评论家、历史家开始冷静思考美国的政策。

有人在20世纪70年代初就提出了这样一个问题："做共产狂好，还是做反共狂好？在这两者之中做选择，也许是没有意义的。尤其是反共狂，加上我们有钱，它已把我们带进了我国有史以来最花钱、最残酷、却又是最无价值的一场战争。"① 由于长期进行越战和在世界各地的干涉侵略，60年代末美国政府开支急速增加，财政赤字扶摇直上，通货膨胀日趋严重，国际收支赤字越来越大。美国历史上第一次出现了经济停滞与通货膨胀两症并发的"滞胀"现象。军事上，长期处于核优势的美国，第一次面临美苏战略力量接近均衡的局面。苏联在争霸方面的进展严重威胁美国的全球利益。美国的盟国西欧和日本趁机发展，独立性日渐加强。中国和第三世界其他国家力量日益壮大，给美国霸权主义以沉重打击。美国国内人民群众的愤怒与反对越战的抗议示威活动遍及全国。世界舆论也对美国同声谴责。因之，到20世纪60年代末，美国统治阶层已被迫承认侵越战争的失败，要求政府改变政策。《幸福》杂志1969年对美国500家大的工业公司中300多名总经理和副总经理进行舆论调查，其中49%认为"最紧迫最重大"的问题是结束越南战争，56%认为这场战争是对美国经济最严重的威胁之一。

正是在这一背景下，1969年担任总统的尼克松开始对美国对外政策做大规模调整，进行战略收缩。逐步从越南撤出美国军队，着手结束旷日持

---

① 沃尔特·拉菲伯：《美国、苏联和冷战(1945—1980)》，306页。

久的侵越战争；改变了长期反华政策，通过与中国对话使两国关系正常化；对苏联则在进行军备竞赛的同时，奉行"缓和"外交。这是继杜鲁门主义之后美国对外政策的一次重大调整。在这一调整过程中，西方资产阶级现实主义理论显然起了作用。尼克松时期外交政策的主要顾问与设计师基辛格当时指出，"我们的目的是清除对外政策中的一切感情用事"，"我们对其他国家——包括共产党国家，特别是像共产党中国这样的国家的判断，将以它们的行为作依据，而不是以国内的意识形态为依据"。他还特别强调在外交中的"求实风格"，批评"意气用事的宣传"是"以前交往中的特点"①。正是在尼克松主义之后，反共主义的高调唱得少了，承认自己力量的有限性而不得不面对现实地处理一系列国际上棘手问题。这样一来，反而使美国外交上开始变得主动灵活起来。这也是尼克松得意之处以及其外交政策受到赞扬之处。

但是，能不能说美国从此就在反共主义上偃旗息鼓了呢？那是一种不切实际的幻想。尼克松自己也不承认这点。人们记得，在纪念《上海公报》发表十周年时尼克松说过，"我们是睁着眼睛，为了自身的利益这种适当的原因而建立这种新关系的"。这里根本不涉及放弃反共主义的问题。里根总统的反共主义比之尼克松亦毫不逊色。1982年他在英国国会发表演说时声称，"我现在要叙述的长期计划和希望——自由和民主的前进，将使马克思列宁主义弃置在历史的灰烬之中，正如它曾将其他压抑人民自由、禁止人民表现自我的暴政弃置一样"②。里根发表演说后，美国国务院举办了一次所谓研讨共产党国家民主化运动的会议。时任国务卿的舒尔茨应邀在会上发表演说，他认为支持民主不仅是美国政府的政策，也是美国历史和世界观的根本所在。公开把希望寄托在"共产国家内"的"和平转变"上。③这种"和平转变"策略在20世纪80年代更多地表现为经济斗争与竞赛，辅之以意识形态的渗透。这是因为一方面，在当今世界上发动核战争意味着

---

① 亨利·基辛格：《白宫岁月——基辛格回忆录》，第1册，吴继淦等译，249～250页，北京，世界知识出版社，1980。

② 《中美月刊》，1982(27)。

③ 《中国时报》，1982-10-20。

双方同归于尽，这一点越来越被美国当权者所认识。他们中一些有识之士主张两个超级大国建立起新的自己活，也让别人活的关系，实现一种"现实的世界和平"①，发动世界大战看来是此路不通。另一方面，则是由于美国经济经过了20世纪70年代比较"倒霉"的10年之后，又得到了恢复和加强。舒尔茨在1985年春季号的《外交》季刊上甚至说，"美国复兴显示出非凡的活力"，"共产主义制度看来已经在道义上和经济上破产。西方正重放光彩"②等。在这种情况下，他们把推销美国式"民主"和"自由"，使社会主义国家"和平演变"的战略放到了全球反共战略中心地位。一方面，通过"公开外交"加强反共宣传和思想渗透，支持共产党国家民主势力的出现；另一方面企图利用社会主义开放改革，促使东西方经济在发展商品经济的过程中"融为一体"。一些美国人鼓吹，要抓住机会影响社会主义国家的改革。说什么"西方地理政治的利益在于鼓励中国的新政策"，"苏联经济将会完全卷入规模更大的世界经济，从而使自己陷入互相依赖的商业和财经关系网，这是非共产党世界国际政治的标志之一"。③他们一厢情愿地把社会主义国家的改革看成是实施"和平战略"，把社会主义拉向倒退的大好时机。

这就给社会主义国家的改革提出了一些值得引起重视的课题。应当说，社会主义发展到今天，在取得一系列成就的同时也出现过这样那样的失误，遇到了不少困难。苏联自20世纪70年代下半期以来经济速度放慢，停滞现象明显，与世界发达国家经济差距拉大。由于与美国无休止的军备竞赛及违反社会主义原则的侵略阿富汗等国的行为，都妨碍社会主义优越性的发挥甚至给社会主义本身抹黑。中国的现状与我们这样的人口、版图、历史都很不相称，要解决与发达国家乃至中等发达国家的经济差距亦非易事。克服官僚主义，进一步促进政治生活民主化以及进一步健全社会

---

① 理查德·尼克松：《现实的和平》，陈杨、杨乐译，14页，北京，世界知识出版社，1984。
② 《新现实和新思想方法》，载《外交》，1985（春季号）。
③ 托·马格施塔特：《马克思与市场经济之间的共产主义：对美国对外政策的影响》，见凯托研究所：《政策分析》，1987。

主义法制等，都需要通过改革开放来逐步加以解决。只有改革才能发展社会主义经济，才能扩大社会主义成果。因此，一方面不能因为美国资产阶级欢迎我们的改革而不敢理直气壮地改革；另一方面又必须切实地对美国当局"和平演变"的图谋保持警惕。记得尼克松曾引用英国战略家罗伯特·汤普森的话，把国家力量说成是人力加上应用资源再乘意志。如果说人力加应用资源代表了一国经济力，那么"意志"也就是意识形态的力量。他认为美国在两方面都处于优越地位，并不无自夸地说，他们的"硬牌是经济实力与思想力量"①。他还相信，由于西方与社会主义国家人民的接触而"播下"不满的种子，有一天将开出"和平演变的花朵"②。难道美国真的既具有经济优势又具有思想意识的优势吗？我国正以改革为先导、以比美国更快的速度发展着经济，因而完全有信心地说社会主义经济制度终将显示出比资本主义经济制度更大的优越性；而美国的本质上以个人主义为核心的思想意识难道真的具有这样大的威力？我国古代就有"天下为公"的思想意识和"先天下之忧而忧，后天下之乐而乐"的思想，特别是现有经过科学论证的社会主义、共产主义思想体系和全心全意为人民服务的思想意识，难道就敌不过资本主义意识形态？经济在发展，历史在前进。反映这种发展与前进的意识形态本身也必然随之变化与发展。从这个意义上讲，本质上反映了社会化大生产的共产主义意识形态和社会主义制度终将战胜反映生产尚不够发展的私有制和由此产生的私有观念，而不可阻挡地为自己的胜利开辟道路。

（四）几点结论

第一，美国从来重视对外政策中的意识形态因素。十月革命后，其意识形态的显著特点则是反共主义。这种反共主义植根于美国资本主义社会制度、历史渊源与意识形态，但根本上是反映了统治当局的经济利益和全球扩张战略的需要。

第二，第二次世界大战以后到 20 世纪 60 年代末，美国对外政策高度

---

① 理查德·尼克松：《现实的和平》，90、92 页。
② 理查德·尼克松：《现实的和平》，90、92 页。

意识形态化，有时甚至表现为意识形态与统治阶级眼前的经济利益"脱节"，这种"不协调"只是说明美国的全部活动首先服务于其全球霸权的利益，这是美国资产阶级长远的根本利益之所在。然而，这种"不协调"或迟或早会被事实的逻辑加以纠正。一旦美国当局感到这种把意识形态提到登峰造极的做法已危及统治者根本利益时，统治者不得不重新审查并调整其对外政策，使之回到较为现实的态度上。

第三，现实主义态度之于对外政策较之顽固坚持遏制政策是可取的。历史证明，尽管社会制度不同，如果美国顾及现实利害而不过分强调意识形态，这有利于有关国家和平共处和世界和平。但现实主义态度也不过是对利益权衡的结果。只要美国不放弃全球霸权主义，也就不会彻底放弃对外政策中的反共意识形态，不会放弃对社会主义国家"和平演变"的策略。

(原载《世界历史》，1988年第6期)

第三章　苏联成败的经验教训及美国在苏联解体过程中的作用

一、马列主义与苏联命运

——访北京师范大学历史学院教授张宏毅

从1917年十月革命胜利到1991年苏联解体，74年的苏联史不仅在20世纪，而且在整个人类社会发展史上都是具有深远影响的重大事件。苏联解体前后，一些苏联和俄罗斯学者认为，苏联的失败就是马克思主义社会主义理论的失败。如何看待这一问题？我们采访了从事20世纪世界史研究、特别是中、美、苏(俄罗斯)三国关系史研究的北京师范大学历史学院张宏毅教授。

(一)有人认为苏联失败是马克思主义社会主义理论的失败，这种观点是非科学的

▲：(采访者简称▲，下同)张老师您好，近年来您不仅从苏联历史本身，而且还从整个20世纪世界史的角度研究苏联兴衰问题，并就俄罗斯学者关于苏联失败是马克思主义社会主义理论失败的观点进行了探讨。能否请您先具体介绍一下他们的基本观点？

●：(被采访者简称●，下同)好，我在这里先介绍俄罗斯学者的两种提法。

2011年俄罗斯《21世纪自由思想》杂志7/8月上刊载了维克多·别尔纳茨基教授题为《科学理论和苏联经验中的社会主义》的文章。文中提到，苏联解体后俄罗斯国内外弥漫着一个疑团："苏联的危机和失败是'伟大思想'的危机和失败吗？如果这里所指的'伟大思想'是科学的、马克思主义的社会主义理论，那么，是否可以认为苏联的经验就是'伟大思想'的具体体现？有趣的是，无论是'伟大思想'的拥护者，还是反对者，对此都丝毫没有怀疑。"①也就是说，他们都认为，苏联的失败就意味着马克思主义的失败。与此相联系的是，在苏联解体前后，特别是苏联解体后，人们对马克思所阐明的社会发展规律产生了迷茫。"俄罗斯理论界在（20世纪）90年代讨论最多的理论问题之一就是为什么在俄国'先进的'社会形态被颠覆，而应当'被铲除'的社会制度却起而代之。"②据称，五种社会经济形态理论在1985年之后，在苏联遭到毁灭性打击。那些过去坚持发展阶段论的人们，其中许多人面对历史现实和意识形态架构之间的明显矛盾，放弃了正统思想，而去寻找其他分析历史进程的方法。由此可见，如何正确总结苏联兴亡的经验教训，如何正确对待马克思主义（更准确地说，在苏俄是马克思列宁主义），成为俄罗斯人绕不过去的一个重大课题。但是，令人遗憾的是，现在许多俄罗斯学者认为苏联的失败就是马克思主义的失败。虽然这种结论与苏联解体的惨痛后果不无关系，在某种程度上也可以理解。但却是非科学的，并且是极为有害的。

▲：为什么说这些观点是非科学的？

●：这里不能忘记的还是那句至理名言："实践是检验真理的标准。"事实上，苏联的经历，其成功和失败都证明了马克思主义是颠扑不破的真理。苏联的失败恰恰说明苏联在对马克思列宁主义的认识和态度上出了问题。而以戈尔巴乔夫为首的苏共领导人最终公开抛弃和背叛马克思主义，则不可避免地把国家引向亡国亡党的绝路。以为社会主义制度一经被宣布建立，就一劳永逸地可以稳坐"先进"交椅，同样是大错特错。对任何先进的制度如果不加以悉心呵护，不断加以改革，都可能走向事物的反面。苏联的实例就是最好的证明。

---

① 维克多·别尔纳茨基：《科学理论和苏联经验中的社会主义》（Виктор Пернацкий, *Социализм в Научной Теории и в Опыте СССР*），载《21世纪自由思想》，2011（7/8）。

② В. В. 索格林：《20世纪末俄罗斯历史与世界历史的联系：理论意义》（В. В. Согрин, *Российская История Конца 20 Столетия в Контексте Всеобщей Истрий: Теоретическое Осмысление*），载《近现代史》，1999（1）。

在这里，我们首先需要区分资产阶级革命和社会主义革命的不同特点。列宁指出："资产阶级革命和社会主义革命的基本区别之一就在于：对于从封建制度中生长起来的资产阶级革命来说，还在旧制度内部，新的经济组织就逐渐形成起来，逐渐改变着封建社会的一切方面。资产阶级革命面前只有一个任务，就是扫除、屏弃、破坏旧社会的一切桎梏。任何资产阶级革命完成了这个任务，也就是完成它所应做的一切，即加强资本主义的发展。"①

社会主义则不同。作为一种新生事物和科学体系，社会主义需要建立在反复实践与理论探索的基础之上，需要在科学理论指导下的与时俱进。恩格斯曾经指出："特别是领袖们有责任越来越透彻地理解种种理论问题，越来越彻底地摆脱那些属于旧世界观的传统言辞的影响，并且时刻注意到：社会主义自从成为科学以来，就要求人们把它当作科学来看待，就是说，要求人们去研究它。必须以高度的热情把由此获得的日益明确的意识传播到工人群众中去，必须不断加强党组织和工会组织的团结。"②在这里，核心是"科学"二字，即要以科学态度，实事求是、与时俱进地不断探索社会主义革命和建设实践中所遇到的新情况、新问题。只有这样，才能永葆社会主义事业的青春。

恩格斯所指的"科学"，首先就是马克思和他共同创立的唯物辩证的世界观和历史观，即辩证唯物主义和历史唯物主义。根据唯物史观，社会结构是由生产力、生产关系（经济基础）、上层建筑（包括意识形态）这三个层次的因素组成的。唯物史观阐明了三者之间的辩证关系，既重视生产力对生产关系、经济基础对上层建筑的决定性作用，同时也承认上层建筑对经济基础、生产关系对生产力的能动的反作用。由于马克思主义从根本上讲是为工人阶级和最广大人民群众求解放、谋利益的科学，始终把人民的利益放在第一位。正是在上述根本观点的基础上，马克思阐述了社会主义的历史必然性，并指出，人类社会的史前时期将以资本主义这种社会形态而

---

① 《列宁选集》，第3卷，436页，北京，人民出版社，1995。
② 《马克思恩格斯文集》，第2卷，219页。

告终；恩格斯则强调："'社会主义'社会不是一种一成不变的东西，而应当和任何其他社会制度一样，把它看成是经常变化和改革的社会。"① 由于唯物史观既揭示了社会历史的客观基础，又揭示了社会历史的辩证运动，因而列宁指出，马克思主义中有决定意义的东西，即马克思主义的革命的辩证法。正是基于上述特点，马克思主义从本质上讲是最灵活、最能与时俱进的科学，是发展的理论和开放的体系。因此，英国历史学家杰弗里·巴勒克拉夫在《当代史学主要趋势》中得出结论："今天仍保留着生命力和内在潜力的唯一的'历史哲学'，当然是马克思主义。""要否认马克思主义是有关人类社会进化的能够自圆其说的唯一理论，是很难办到的……从某些方面来看，马克思是最不教条、最灵活的作者。"

马克思主义唯物史观是人类科学思想上的最大成果。它"第一次把社会学放在科学的基础之上"②，并首先在俄国土地上生根发芽。

俄国马克思主义者在长期的革命斗争中认识到，只有革命理论而没有无产阶级政党的领导，俄国工人阶级不可能取得无产阶级社会主义革命的胜利。在这种情况下，列宁把马克思主义与俄国革命的实践相结合，提出无产阶级建党学说，从而把马克思主义建党学说推进到一个新阶段。1903年俄国布尔什维克党的建立，标志着列宁主义的诞生。

1917年俄国十月革命胜利前后，列宁在指导革命和建设的实践中，进一步把马克思列宁主义推向前进。特别是列宁结合俄国和东方国家的特点，充分论证了俄国进行社会主义革命和建设的必要性和可能性。他指出："一切民族都将走向社会主义，这是不可避免的，但是一切民族的走法却不会完全一样……每个民族都会有自己的特点。"③ 这些论断，不仅对俄国，而且对包括中国在内的占世界人口大多数的东方国家而言，都具有巨大理论意义和指导作用。

---

① 《马克思恩格斯文集》，第10卷，588页。
② 《列宁专题文集·论辩证唯物主义和历史唯物主义》，63页，北京，人民出版社，2009。
③ 《列宁专题文集·论社会主义》，398页，北京，人民出版社，2009。

(二)十月革命胜利和苏联社会主义建设成就是坚持并创造性地运用马克思主义的结果

▲：是否可以说，十月革命的胜利就是马克思列宁主义在俄国的胜利？

●：是这样的。1914年爆发的第一次世界大战把帝国主义时代的各种矛盾推向顶点，使交战国人民处于水深火热之中。从1915年起，俄国各地不断爆发革命运动。列宁和布尔什维克党深入分析了俄国革命形势，不失时机地提出"变帝国主义战争为国内战争"的口号。列宁依据俄国是一个中等发达程度的资本主义国家，无产阶级虽然不占全国人口多数，但却相对集中的特点，特别是俄国当时阶级和民族矛盾都极其尖锐，而帝国主义大战使沙皇政府的黑暗腐朽和野蛮统治暴露得淋漓尽致，各族人民必须"立即做出选择，是死亡，还是马上采取走向社会主义的坚决步骤"①。列宁认为，当时无产阶级在俄国阶级力量对比方面处于优势，而且当时俄国社会也已经具备了走向社会主义的必要物质基础，无产阶级政党要不失时机地进行社会主义革命，并利用革命形成的有利形势与条件发展和巩固革命的物质基础及环境，而不应该消极地等到俄国资本主义高度发达之后再去进行社会主义革命。他坚决驳斥了那些反对俄国社会主义革命的谬论。

当年布尔什维克党坚决地领导俄国进行社会主义革命，是要有极大的政治和理论勇气的。正如俄罗斯学者所言，在十月革命前，"'西方化'一直是俄罗斯社会发展的基轴"。"俄罗斯力图与西欧融合已有300年的历史，他们试图从那里借用一切最有利于自己发展和享乐的东西。"②十月革命反其道而行之，坚决把俄国引向社会主义道路，率先为世界各国探索建立有别于传统资本主义的新道路。尽管始终有人认为十月革命是俄罗斯前进道路上的刹车器③，但大多数俄罗斯人仍然相信，这场推翻沙皇制度把国家

---

① 《列宁全集》，第32卷，108页，北京，人民出版社，1985。

② 参见冯·尤兹幽：《俄罗斯和西方：文明冲突?》(Фэн Юицзюнь, *Россия и Залац Конфликт Цивилизацие*)，载《自由思想》，2000(10)。

③ 例如，有的俄罗斯学者认为，二月革命和沙皇尼古拉二世退位，第一次在俄国历史上开辟了改变旧的生活结构和按欧洲先进强国的榜样走上加速社会经济和政治发展道路的现实可能性。然而，十月革命中断了这种可能性。但这种看法是一种不顾历史事实和脱离当时广大群众愿望的主观臆断。

引向社会主义的变革是积极的。一位俄罗斯学者于2006年1月在《消息报》上指出,"十月革命从民族灾难中挽救了俄罗斯。如果革命失败,俄罗斯可能建立法西斯政权。正是由于革命,俄罗斯很快从一个地处偏僻的落后国家进入世界历史的中心。从根本上说,十月革命及随之诞生的苏联是我们,作为人民——对世界历史和文化的最大贡献"。"作为改变资本主义社会的最早尝试,可能十月革命的真正意义还没有显露出来。"作者特别强调指出:"对于未来,列宁的意义巨大:他创造了一个没有奴隶,天下大同的神话。他的伟大蕴含于对太阳般光芒万丈的未来的构想以及实现这一构想的决心。正是在革命进程中人们获得了巨大的满足:推翻旧政权,应历史的邀请,人们将依靠自身的力量创造自己的命运。"①这种对于十月革命和列宁的独具慧眼的见解,值得我们深思。

▲:如何评价新经济政策的实行和列宁晚年对苏俄社会主义建设的思考?

●:十月革命胜利后,如何在一个小农经济占优势的国家实现向社会主义的过渡,在马克思、恩格斯的论述中找不到现成答案,因而成为列宁苦心探索的一个重大理论问题与实践课题。列宁在1918年3月俄共(布)第七次代表大会上曾实事求是地指出:"要论述一下社会主义,我们还办不到;达到完备形式的社会主义会是个什么样子,——这我们不知道,也无法说。"②"我们不敢说我们准确地知道道路怎样走。"③"我们不知道,而且也不可能知道,过渡到社会主义还要经过多少阶段。"④白匪叛乱与外国武装干涉被粉碎后,列宁曾设想通过"战时共产主义"来实现向社会主义的"直接过渡"。但后来他承认,"现实生活说明我们错了"⑤。从1921年起,根据列宁的倡议,苏俄实行新经济政策。新经济政策指明了一条建设社会

---

① 格奥尔吉·伊利乔夫:《列宁今天对我们意味着什么?》,载《消息报》,2006-01-20。
② 《列宁专题文集·论社会主义》,77页。
③ 《列宁专题文集·论社会主义》,400页。
④ 《列宁专题文集·论社会主义》,68页。
⑤ 《列宁专题文集·论社会主义》,247页。

主义的新道路,即在无产阶级国家的领导监督下,利用市场和商品货币关系来发展生产,巩固工农联盟,逐步过渡到社会主义。在当时俄国的具体历史条件下,列宁的这种探索,其艰难程度可想而知。除了在马克思、恩格斯的论述中找不到现成答案,还在于在俄罗斯这个充斥着民粹主义思想色彩的国家,群众中那种反商品、反资本主义的意识和主张绕过资本主义"直接过渡"的思想,不容忽视①。这种情绪在相当一部分党和国家领导人中,以及在相当一部分国家工作人员和怀有"左"的情绪的知识分子中存在。他们对实行新经济政策抱有很大抵触情绪。面对严重阻力,列宁仍通过坚持不懈的说服工作,把这一政策推向前进。新经济政策的实施,不仅使新生的苏俄度过了1921年春天的政治、经济危机,也是在经济、文化落后的小农国家建设社会主义的有益尝试,对社会主义的实践和科学社会主义理论的发展,都具有重要意义。

在实行新经济政策的同时,甚至在此之前,列宁就深入思考在一个相对落后的国家如何建设社会主义的问题。他预见到:"由于历史进程的曲折而不得不开始社会主义革命的那个国家愈落后,它由旧的资本主义关系过渡到社会主义关系就愈困难。这里除破坏任务以外,还加上了一些空前困难的新任务,即组织任务。"②他深刻指出,在小农经济占优势的国家里,不可能"直接过渡"到社会主义,而只能靠"迂回的办法",要"利用资本主义"建设社会主义。他强调指出:"我们不能设想,除了建立在庞大资本主义文化所获得的一切经验教训的基础上的社会主义,还有别的什么社会主义。"③这实际上告诉人们,一方面,必须坚持工农政权的性质和社会主义方向。另一方面,则必须大胆学习西方的先进科学技术和管理经验。两者缺一不可。由于列宁思想的影响,在一段时间里,苏联领导人还是记住了列宁关于"应当把自己的生存同资本主义的关系联系起来"④的思想,直到

---

① 参见陆南泉等主编:《苏联真相——对101个重要问题的思考》,上册,140页,北京,新华出版社,2010。
② 《列宁选集》,第3卷,436页,北京,人民出版社,1995。
③ 《列宁全集》,第34卷,352页,北京,人民出版社,1985。
④ 《列宁全集》,第41卷,167页,北京,人民出版社,1985。

20世纪30年代，苏联还曾用租让制、半租让制（合资经营）吸收外国贷款，接受西方技术援助，招聘外国技术人员，发展对外贸易等方式，加快社会主义建设事业的发展。

在研究经济建设的同时，列宁花了很大精力研究布尔什维克党的建设问题。列宁认为，新生的苏维埃政权和苏联社会主义建设的成败得失，关键在于党自身的建设和执政能力。他指出："我们完全以马克思主义的理论为依据，因为它第一次把社会主义从空想变成科学。"①他深刻地指出："没有革命的理论，就不会有革命的运动……必须始终坚持这种思想。""只有以先进理论为指南的党，才能实现先进战士的作用。"②列宁把马克思主义看作行动指南，坚决反对教条主义地对待马克思主义。他不仅在实行新经济政策时期创造性地发展了马克思主义经济理论，而且当时党内理论空气活跃，没有"万马齐喑"的局面，更没有因为理论上的分歧或错误而受到无情打击的现象③。

在对于社会主义的论述中，列宁关于无产阶级专政实质的论述具有巨大的理论意义和实践指导意义。他在强调必须以暴力手段来镇压剥削者反抗的同时，多次指出："无产阶级专政的实质不仅在于暴力，而且主要不在于暴力。它的主要实质在于劳动者的先进部队、先锋队、唯一领导者即无产阶级的组织性和纪律性。"④"无产阶级专政不只是对剥削者使用的暴力，甚至主要的不是暴力。这种革命暴力的经济基础，它的生命力和成功的保证，就在于无产阶级代表着并实现着比资本主义更高类型的社会劳动组织。实质就在这里。共产主义的力量源泉和必获全胜的保证就在这里"。⑤ 列宁的这一思想成为全世界社会主义者从事革命和建设的极其宝贵的精神财富。

---

① 《列宁全集》，第4卷，160页，北京，人民出版社，1984。
② 《列宁选集》，第1卷，311~312页，北京，人民出版社，1995。
③ 参见齐世荣主编：《15世纪以来世界九强的历史演变》，300页，广州，广东人民出版社，2005。
④ 《列宁专题文集·论社会主义》，139页。
⑤ 参见《列宁专题文集·论社会主义》，144页。

总之，列宁的全部理论和实践，对于马克思主义在苏联的创造性运用，都具有不可估量的作用。可惜，在列宁逝世后，他的许多重要思想未能得到贯彻执行，从而潜伏了危机。

▲：如何评价20世纪30年代苏联经济高速度发展及卫国战争胜利后建设的成就？

●：列宁逝世后，斯大林逐步放弃了新经济政策并且到1929年完全终止了这一政策的实行。联共（布）党内展开了理论、路线及争夺领导权的激烈斗争。最终在20世纪30年代中期确立了一种以高度集权的政治经济管理模式为基本特征的苏联社会主义模式。从后来的实践中我们看到，这一模式存在很多缺点，特别是当这种模式被固定化和神圣化之后，更是如此。

但是，也不能不看客观条件一概否定苏联对社会主义模式的探索，特别应当将之与当时日益逼近的德意日法西斯的侵略威胁联系起来考察。

按照马克思、恩格斯最初的设想，从事社会主义建设的国家，应当消灭商业，由社会来统一进行生产管理和产品分配。这种预测是否正确只能由实践加以验证。对于苏联共产党而言，在无前人经验可资借鉴的情况下，首次进行计划经济体制的实验，在一定程度上有其不可避免性。根据英国《新编剑桥世界近代史（1898—1945）》的论述："苏联的计划化机构，正如战时经济组织的情况那样，是国家紧急状态的产物。对它的采用最初是试验性的，犹豫的；后来，由于先是在紧急状态下，接着又在第一个和第二个五年计划的转变时期，经济管理获得了实践经验而使它得到了改进。"一切都是"通过反复试验来解决的。没有事先存在的关于计划的概念。1929年一份官方的报告说：'社会主义建设只能摸索着前进，而且，只要是实践走在理论的前面，要求创造性活动完美无缺是不可能的'"[1]。苏联当年计划经济体制的形成，也可以被看作"摸着石头过河"，其实践初期适应了经济落后、结构简单和以增强国防能力为首要目标的状况。斯大林当

---

[1] 莫瓦特编：《新编剑桥世界近代史（1898—1945）》，第12卷，中国社会科学院世界历史研究所译，87页，北京，中国社会科学出版社，1999。

时认为，苏联面临着资本主义世界发动反苏侵略战争的危险，而苏联比先进国家落后了50年至100年，我们应当在10年内跑完这一段距离。延缓速度就是落后。而落后者是要挨打的。结果，苏联用了15年时间基本完成了工业化，为反法西斯战争的胜利奠定了强大的物质基础；并在第二次世界大战后成为与美国抗衡的一个超级大国①。

这里可以用一些实例，包括数字来进一步加以说明。在苏联社会主义模式下，工人农民的生活条件得到改善。20世纪30年代，苏联消灭了失业现象，建立起居民的免费卫生保健和社会保障制度。从1917年到1957年，苏联工人的收入增加了5倍，农民收入增加了7.5倍，人均寿命从旧俄国时期的32岁增长到70岁，3/4的城市居民搬进了新住宅②。

针对许多人怀疑苏联时期在改善人民生活质量方面的成绩，俄罗斯学者、俄罗斯科学院彼得堡历史所资深研究员鲍里斯·米罗诺夫博士说：无论多么不可思议，在1920年国内战争结束后至20世纪80年代，也可以说一直到1985—1991年的改革，男性居民的身高从未降低过，甚至在工业化、全面集体化时期出生的人身高也未降低……由此可见，在苏联时期，广大城乡居民的生理环境整体提高。否则，怎么解释这一现象呢？至于苏联时期妇女地位的提高，早已是世界公认的事实。

苏联实行的计划经济曾对西方国家产生过相当大的影响。在1929—1933年资本主义爆发经济大危机期间，苏联经济不仅未受影响，反而不断发展。一时，"计划"一词在西方成为时髦的名词。《全球通史——1500年以后的世界》一书的作者斯塔夫里阿诺斯在拿苏联经济与资本主义大危机相对照时说："大萧条的影响和意义"因苏联的几个五年计划而增大。在西方经济确实是一团糟的同时，苏联正在继续进行经济发展方面的独特实验。虽然五年计划伴有严厉的压制和民众穷困，但实质上是成功的。苏联从一个以农业为主的国家迅速上升为世界第二大工业强国。这种前所未有的成就具有国际性影响，尤其是因为当时种种经济困难正使西方陷于困

---

① 参见俞邃：《十月革命业绩与苏联模式教训》，载《当代世界》，1997(11)。
② 转引自俞良早：《"稳定"的取向：苏联社会主义模式的历史必然性和合理性》，载《俄罗斯中亚东欧研究》，2004(6)。

境。"因此，五年计划和大萧条在两次大战之间具有突出地位，它们一者衬托了另一者，两者都产生了至今仍可感觉到的影响。"①

我国学者指出，尽管斯大林存在许多错误，但无论如何，"第一个在经济文化落后国家探索社会主义制度实践的是斯大林。他把马恩零散的关于未来社会的探讨性论断、自己对列宁主义的认识和领悟与苏联具体国情结合，对建立基本制度进行初步探索，这本身就是一项创新性实验。就斯大林将零散论述变成具体的系统实践这一点来说，不论正确与否，他是世界上第一位社会主义制度实践的伟大探索者，功不可没"②。

▲：那么，苏联为世界反法西斯战争胜利做出的贡献，也同样是功不可没的吧？

●：对于在第二次世界大战中战胜德意日法西斯，苏联经济高速发展所取得的成就起了明显作用。截至1937年，苏联在短短20年时间内就越过了资本主义国家一二百年才走完的路，其工业排名由1913年的世界第五和欧洲第四变成1937年的世界第二和欧洲第一，充分体现了社会主义制度的优越性。有了强大的工业，苏联才能在第二次世界大战中为战胜德意日法西斯做出突出贡献。同时，当时苏联人民的精神面貌对于战胜法西斯德国也发挥了重要作用。在1941年6月德国进攻苏联之前，已在短短的一年多时间，几乎横扫了欧洲，孤军作战的英国变得十分危急。在苏德战争初期，面对苏联战场的失利，美英两国对苏联究竟能否经受住德国的打击心存疑虑。罗斯福、丘吉尔急于解开这个"俄罗斯之谜"。于是罗斯福指派总统个人代表霍普金斯于1941年7月30日—8月1日访问苏联，以求了解苏联实力的真相。在7月31日的会谈中，霍普金斯听取了斯大林对苏德战争清晰而乐观的评估，被斯大林坚定而充满信心的分析所感染。实际上，早在苏德战争爆发后不久，美国驻苏大使斯廷赫尔特就在其发回国内的电报中指出，尽管当时局势对苏联而言空前危急，然而"在莫斯科没有证据证明，公众中有过度的惊恐或者早期的混乱……精神状态很好，基于德国

---

① 斯塔夫里阿诺斯：《全球通史——1500年以后的世界》，吴象婴、梁赤民译，683~684页，上海，上海社会科学院出版社，1992。

② 参见张万杰：《斯大林思想与20世纪世界社会主义》，载《学术论坛》，2012(8)。

突然进攻的愤怒而产生的战斗精神到处可见"。他特别提及当天斯大林所发表的无线电演说,认为"讲话整个说来在这里被解读为不管付出多大代价都要坚持战斗到底的决心,这也正是党员和城市工人的态度"。霍普金斯在向罗斯福详细汇报了莫斯科之行后说,我对这条战线非常有信心,他们有夺取胜利的无限决心。这次访问改变了美国先前对苏联战斗能力与意志的怀疑。作为一个新生的社会主义国家,苏联以强大的物质和精神力量,以在战争中死亡2700万人的惨重代价,消灭了法西斯德国全部官兵的73%以上,为世界反法西斯战争的胜利做出了不可磨灭的贡献。著名美国历史学家霍布斯鲍姆指出:"苏联打败了希特勒,是十月革命建立的政权的最大成就……若无苏联付出的代价,今天在美国以外的西方世界,恐怕将只有各式各样的独裁政权,高唱着法西斯的曲调,而非今日百花齐放的自由派国会政治了。"①

▲:苏联值得一提的成就还表现在哪些方面?

●:我想在这里着重谈一点,即在外交方面,苏联对无产阶级对外政策新原则进行了初步实践,坚持了"和平共处"的外交方针。

作为一个新生的社会主义国家,究竟应当采取何种对外政策,马克思、恩格斯不可能做出具体回答。然而,他们依据资本主义的本性表现为世界性,以及由此而产生的资本主义国家之间的对抗不可避免地具有世界性的特点,曾响亮地提出"全世界无产者,联合起来"的口号。列宁继承马克思、恩格斯关于国际问题的基本思想,提出全世界无产阶级和被压迫民族联合起来的革命口号,形成了列宁关于民族和殖民地理论的基础。后来又提出了不同社会制度"和平共处"的主张。应当说,苏俄作为世界上第一个社会主义国家,在这方面的实践功不可没,尽管其中也不可避免地夹杂着错误和缺点。我们可以从以下两方面来看。

一是苏维埃国家一成立,立即在外交上采取一系列措施,旗帜鲜明地宣布无产阶级对外政策新原则,从而在大国外交史和国际关系史上揭开了

---

① 霍布斯鲍姆:《极端的年代》,上册,郑明萱译,11页,南京,江苏人民出版社,1998。

崭新的一页。

1917年11月8日，十月革命爆发后的第二天苏俄就通过了和平法令。法令严厉谴责帝国主义列强为争夺殖民地、宰割弱小民族而进行战争"是反对人类的滔天罪行"，要求交战各国立即开始和谈，实现不割地、不赔款的和约。法令还庄严宣布废除秘密外交。和平法令作为国际关系新原则的伟大宣言载入史册。接着，苏俄政府宣布废除沙俄强加给殖民地半殖民地的旧约。其中包括1919年和1920年两次发表对华宣言，宣布废除沙俄同中国缔结的不平等条约，放弃在中国的租界和特权，放弃庚子赔款，并且给予中国人民革命斗争以真诚的支持。

二是提出并实践"和平共处"的外交主张。十月革命胜利后，列宁和布尔什维克党从1919年下半年到1920年年初，开始提出"和平共处"的外交主张，很快取得了成就。1924—1925年，英、意、挪、希、法、中、日等国先后在法律上承认苏联。1933年罗斯福担任美国总统，美苏建立了正式外交关系。"和平共处"方针的确立，有利于共同战胜德意日法西斯。

总之，从1917年十月革命到1945年第二次世界大战结束，苏联在共产党的领导下，基本上坚持了马克思主义的指导，在社会主义内外政策和党的建设方面，都在不同时期做过大胆的有益探索，是有一定的活力和凝聚力的。

(三)苏联失败的根本原因在于违背并最后抛弃马克思主义

▲：苏共在哪些问题上违背了马克思主义？请举例说明。

●：首先，在政权建设和内外政策上。历史上的消极影响未得到认真清理，特权阶层问题留下了后患。

俄罗斯是一个后起的、勤于向他人学习并善于创造的民族。但不可否认的是，其历史传统的消极面对苏联也是一个巨大的历史包袱：俄罗斯所具有的专制集权的政治传统，自视为负有第三罗马救世使命的俄罗斯东正教传统，崇拜并神化沙皇的传统，以及军事封建帝国主义传统[1]，都不可

---

[1] 参见陈之骅等主编：《苏联兴亡史纲》，4～11页，北京，中国社会科学出版社，2004。

避免地影响到布尔什维克党的执政理念。列宁在世时，十分注意巴黎公社的历史经验——打碎旧的国家机器，建立无产阶级专政的国家机器。列宁对官僚主义深恶痛绝，他说："我们所有经济机构的一切工作中最大的毛病就是官僚主义。共产党员成了官僚主义者。如果说有什么东西会把我们毁掉的话，那就是这个。"①可是到了斯大林时期，情况发生了变化。尽管十月革命胜利后制定的四部宪法都明文规定苏联实行的是民主共和政体，但是，斯大林逐渐集权力于一身，完全背离列宁的民主集中制原则，违背了民主共和制。有人将这种体制归结为苏联解体的体制性根源。

事实上，在斯大林时期，苏联在制度层面上已在一定程度上营造了一个特权阶层。法国作家罗曼·罗兰在1935年访问苏联时就觉察到了这个问题。他在《莫斯科日记》中，一方面肯定了苏联的建设成就，也指出苏联人"强壮、健康，外表看来营养充足"；但另一方面又有这样的担心："没有理由，也不该有理由认为，保卫国家的伟大的共产主义军队及其领导人正在冒险变成特殊阶级，而且，比什么都严重的是，变成特权阶级。组成国家精华的精英人物不应该脱离国家……不应该为自己攫取荣誉、福利和金钱的特权。从总体上说，对这一点看来是注意的，至少不出现金钱特权。布尔什维克党的成员所获得的最高工资，少于有功劳的非党劳动者有望获得的最高工资。可是，不必被这种分配所迷惑，因为它很容易被绕过。共产党的活跃成员利用其他特权（住房、食物、交通工具等）代替金钱，这些特权确保他们能过上舒适生活并拥有特殊地位。更不用说他们利用影响为自己和自己的亲属谋利益。"②当然，历史地看，虽然斯大林时期已有一批特权官员的存在，但尚不意味着一个固定阶层已经形成。斯大林逝世后，在苏联开始出现了一种独特的仿等级体制，在这一体制中，党的等级制度的上层和中层就越来越多地与基本的居民群众脱离开来③。

---

① 《列宁全集》，第52卷，300页，北京，人民出版社，1988。
② 罗曼·罗兰：《莫斯科日记》，夏伯铭译，9、115～116页，上海，上海人民出版社，1995。
③ 亚·维·菲利波夫：《俄罗斯现代史（1945—2006）》，吴恩远等译，84页，北京，中国社会科学出版社，2009。

▲：苏联的错误还表现在哪些方面？据了解，斯大林在小农问题上也偏离了马克思主义经典作家的基本思想。

●：是的，尽管由于历史的局限，马克思、恩格斯并没有对社会主义国家的小农问题进行系统论述。然而，他们关于农业发展的理论十分丰富，尤其对小农经济的存在与发展进行过深入的剖析和论述。恩格斯曾经指出："一句话，我们的小农，同过了时的生产方式的任何残余一样，在不可挽回地走向灭亡。他们是未来的无产者。"①马克思、恩格斯都认为应当对小农进行社会主义改造，引导小农向公有制或集体所有制转变。但这种过渡过程应当是渐进的，不能以强制性措施改变小农土地所有制。

列宁继承和发展了马克思、恩格斯关于小农问题的理论，他结合俄国十月革命后的实践，特别是吸取战时共产主义政策对农民实行余粮征集制失败的教训之后，主张在苏俄应以村社制度作为组织基础，以小农自愿为原则，以集体所有制作为目标引导农民走向社会主义。但他认为这需要一个长期的过程，绝不可能一蹴而就②。马克思主义经典作家上述重要思想对于苏联的长期健康稳定发展，具有深远指导意义。可惜，列宁逝世后，苏联在小农问题上的政策越来越偏离正确的轨道。

总体来看，斯大林坚持农业走集体化道路，是符合马列主义基本观点的。但其强制性做法却是错误的。他坚持社会主义大方向是对的，但却未能把它与尊重劳动人民的意愿有机结合起来。

▲：人们经常会提到斯大林的教条化和僵化问题，有什么突出例子可以说明？

●：这突出反映在看待社会主义和资本主义的问题上。

马克思和恩格斯一再强调，社会主义和其他社会制度一样，是"经常变化和改革的社会"，已如前所述。恩格斯还专门批判了那种认为"社会主

---

① 《马克思恩格斯文集》，第4卷，513页。
② 参见王志远：《苏联高层对马恩小农理论的发展与偏离》，载《俄罗斯学刊》，2013(1)。

义社会并不是不断改变、不断进步的东西,而是稳定的、一成不变的东西"①的极端错误的观点。然而,从斯大林开始,实际上并未遵循这一重要理论的指导,而是让社会主义变得越来越僵化。

苏联形成高度集权的体制之后,基本上在几十年里没有多大变化,而外部世界在第二次世界大战后却有了巨大变化。特别是20世纪六七十年代以后,随着世界科学技术的迅猛发展,资本主义恢复了某种活力。相比之下,苏联模式的弊端日益凸显。苏联那种经济管理集中化和指令化,经济联系实物性、排斥商品货币关系,经济战略粗放型,优先发展重工业特别是军工企业的发展模式导致经济结构畸形和人民生活水平提高缓慢等弊病,日益明显地暴露出来。

苏联取得的巨大成就,使其具有一种自豪感,这是可以理解的。但是,这却成为他们盲目骄傲的资本。他们看不到也不愿承认苏联农业和轻工业长期落后,农轻重发展比例失调,经济粗放型发展,效益低下等事实,还自以为苏联很快就会向共产主义过渡了。苏联领导人盲目地认为,与苏联相比"美国处于弱势地位",而且在1950年提出"向着共产主义前进"的口号。这反映出苏联在如此重大问题上完全背离马克思主义基本观点而陷入极大的盲目性。

斯大林之后的苏共领导人更深地陷入了这种盲目性。从1961年赫鲁晓夫提出"20年基本建成共产主义社会",到1967年勃列日涅夫提出"发达社会主义"概念,都与苏联实际相距甚远。

与此同时,则是否定向资本主义学习、借鉴以及与资本主义一定程度合作的必要性。苏联在第二次世界大战后为了与帝国主义阵营对抗而提出所谓社会主义与资本主义两个"平行市场"的理论,固然有美国等西方国家对苏"冷战"造成的因素,但同时也与苏联搞自我封闭,在相当程度上把社会主义经济与世界市场隔绝开来有关。所有这些做法,越来越使苏联经济落后于世界经济发展的大潮流,脱离了世界科技革命的前进步伐,这就决

---

① 《马克思恩格斯文集》,第10卷,586页。

定了其走下坡路的命运①。

苏联领导人的盲目性还突出表现在对资本主义复辟危险性的看法上。早在1959年赫鲁晓夫就在苏共二十一大上宣称:"资本主义在苏联复辟的危险已不存在。"他们自信地认为,俄罗斯文明具有"巨大的""吸收与改造的整合能力",完全可以保证自己"免遭外来影响"。这种盲目性,或者说政治上的麻木性,自然最符合西方的意愿。

▲:如果拿赫鲁晓夫与斯大林相比,他们各自有什么特点?

●:不能说斯大林时期的指导思想中没有马克思主义因素,但他在一些重要问题上曲解并教条化了马克思主义。罗曼·罗兰《莫斯科日记》中一个例子是说明问题的。斯大林对到访的罗曼·罗兰谈起了"新人道主义",强调世间一切资源中,最可宝贵的和最具决定性的是人——新人和他所创造的新文化。他强调马克思主义的本质就在于帮助人挣脱必然性的束缚并获得自由。充分的个性——这是主要目的。而且他建议罗曼·罗兰读一下《反杜林论》②。然而,他在说明无产阶级人道主义时却把国家机器的镇压职能夸大了③,把马克思主义引向了错误的极端。这与列宁一再强调的无产阶级专政的实质不仅在于暴力,而且主要不在于暴力,而在于无产阶级代表着并实现着比资本主义更高类型的社会劳动组织的科学论断,是有很大距离的。

如果说斯大林有些教条式的理解马克思主义而使苏联共产党在指导思想上陷入困境,那么,在赫鲁晓夫执政时期,情况却有了不同。一些俄罗斯学者认为:"赫鲁晓夫真正的历史功绩在于,他开始破坏独裁制度,向自由迈出了一大步,尽管这种自由还十分有限和并不稳固。"④但是,赫鲁晓夫并不是真正的马克思主义者。他从来没有认真钻研过马克思主义,却常常靠信口开河来显示自己的博学,有时则倚靠对马克思主义的曲解来攻

---

① 参见陆南泉等主编:《苏联真相——对101个重要问题的思考》,上册,535页。
② 罗曼·罗兰:《莫斯科日记》,25~26页。
③ 罗曼·罗兰:《莫斯科日记》,23页。
④ П. П. 切尔卡索夫:《从斯大林到叶利钦:历史学家的回忆》(П. П. черкасов, *От Сталина до Елцина Воспоминания Историка*),载《近现代史》,2012(4)。

击对手①。对此，尼克松有过这样的评论。他说："我和赫鲁晓夫在所谓'厨房辩论'中的相会，使我确信……与斯大林相比，他不过是一个轻量级运动员，在位的日子长不了。""他信仰共产主义事业及其胜利的必然性，但他只是逢礼拜天在理论的祭坛上做做礼拜而已。我很难设想他实际上是否读过马克思的三厚卷《资本论》。在这方面，他与斯大林不同，后者广泛阅读并写下了大量有关共产主义理论的书籍。"②赫鲁晓夫虽然曾向苏联旧有的社会主义模式发起过冲击，但由于他缺乏理论素养，科学文化水平也较低，因而未能从根本上触动日益僵化的社会主义模式。相反，他在一些事关大局的问题上，却在有意无意地削弱苏共本身的战斗力乃至在瓦解苏共。一个典型的事例是他在1962—1964年竟把苏联共产党分割为工业党和农业党，把共产党的领导作用贬低为仅仅管理工业和农业生产的两个相互独立和扯皮的行政组织③。而他本人在与资本主义国家领导人交往过程中也越来越对社会主义产生了动摇，对美国式资本主义抱着欣赏的态度，尽管在口头上他仍时时把马克思主义和共产主义挂在嘴边。

▲：关于勃列日涅夫执政的18年，应作何评价？

●：勃列日涅夫虽然在前期做过一些促进发展和提高人民生活水平的改革，但从总体看，这是一个停滞时期，是由盛转衰的时期。一些俄罗斯学者指出："1964年秋（即勃列日涅夫上台时）开始了一个新的20年的'停

---

① 斯大林逝世后，苏共党内经过一段时间的内部斗争，平庸的马林科夫敌不过赫鲁晓夫而于1955年2月8日宣布辞去部长会议主席职务，并承认他关于工业发展观点的错误。其实，此前他提出的在发展重工业的同时应以同样的速度来发展轻工业和食品业的主张是完全正确的。赫鲁晓夫却抓住马林科夫的话大做文章，指责他这个"可怜的理论家"在俄国重工业和轻工业的发展问题上糊涂了，错误地理解社会主义的基本经济规律并把它做了庸俗化的解释，等等。

② 理查德·尼克松：《领袖们》，刘湖等译，251、232、241页，北京，知识出版社，1983。

③ О. Р. 赫列夫纽克：《赫鲁晓夫的致命改革：党机构的分开及其后果（1962—1964）》（О. Р. Хлевнюк, *Роковая Реформа Н С Хрущева Разделение Партийного Аппарата и его Последствия 1962—1964 Годы*），载《俄国史》，2012(4)。

滞期'。"①事实是，20世纪70年代初期以后，改革在实际上已停止了。勃列日涅夫这时已十分自满，厌恶再谈改革。1971年苏共二十四大以后，"改革"一词被禁用，而代之以"完善"（社会主义）一词。改革陷于停顿，当然不能仅由勃列日涅夫一个人负责，一大批享有特权的官僚阶层安于现状，不求进取，害怕改革危及他们的既得利益。在勃列日涅夫时期，"负责的岗位都成了终身的岗位"，"在停滞年代，就这样使负责干部和担任高级职务的人最终形成一个特殊阶层……这个阶层与社会上其他人的鸿沟不断扩大。这是一个真正的越来越脱离社会的阶层"②。这批领导人因循守旧，求稳怕乱，甚至"倾向于倒退"③。2012年《俄罗斯历史》刊登的一篇文章可以说是深刻刻画了勃列日涅夫本人及其执政时期的特征。文章指出，勃列日涅夫1964年10月上台伊始就以异常的忌妒心对待其他领导人，早在1965年4月就与部长会议主席柯西金产生了尖锐的矛盾。他有意拒绝他认为的"过分的新事物"。"勃列日涅夫永远遵循着已形成的传统和陈规。"试图让像勃列日涅夫等特权阶层的人再谈什么坚持和发展马克思主义，简直就是缘木求鱼。

▲：那么，戈尔巴乔夫时期又表现为怎样的特点？

●：可以说，这一时期是从过去的教条化和僵化180度转向全盘西化的时期。

即使到20世纪80年代中期，苏联也并非命中注定走向解体和变质。正如一位美国学者所指出的：事实上，在俄罗斯，任何时候和任何情况下都不存在任何自下而上的反苏维埃革命。客观资料，其中包括社会问卷资料都证明，绝大多数的苏联公民（大约占80%，而在某些问题上还要更高）仍然反对市场资本主义和支持苏联制度的基本社会经济价值，其中包括国家土地所有制和其他具有全国意义的经济项目，国家调节市场，控制消费

---

① П. П. 切尔卡索夫：《从斯大林到叶利钦：历史学家的回忆》，载《近现代史》，2012(4)。

② 格·阿·阿尔巴托夫：《苏联政治内幕：知情者的见证》，徐葵等译，309页，北京，新华出版社，1998。

③ 格·阿·阿尔巴托夫：《苏联政治内幕：知情者的见证》，364页。

品价格，保障就业，免费教育和免费提供保健。或者如一位俄罗斯历史学家所言："绝大多数居民赞同'社会主义'选择的思想。"

"更为明显的是，相应资料证明，社会支持多民族苏维埃国家本身。1991年3月，在覆盖苏联93％居民的俄罗斯和其他8个加盟共和国举行的史无前例的全民公决中，76.4％的参加者投票赞成保持联盟，这时距联盟解体仅9个月时间……而在1991年联盟被解散后整整10年时间，联盟的解散继续引起社会的懊悔，甚至在21世纪初，大约80％的俄罗斯公民不同意联盟的解体。"①然而，此时苏共党内一些人180度地转向西方讨生活。其中，处于最高层的戈尔巴乔夫和叶利钦等人的恶劣作用绝不能低估。戈尔巴乔夫早在1956年苏共二十大，特别是1961年苏共二十二大期间就开始形成了一套民主社会主义思想，而他自己追求的则是名誉和地位。1985年戈尔巴乔夫上台后，初期至少表面上还主张在社会主义范围内进行改革，但1987年以后情况却急转直下。当时，由于各种原因，经济改革难以推动，他便转向政治改革，提出了"更新"社会主义的口号。正是这时，暴露出这位苏共"二十二大产儿"的真面目。他全面彻底地批判苏联社会主义建设模式，否定几十年来苏联的建设成就，向人们发出一个可悲的、对（苏联）整个制度进行诅咒的信息，同时攻击苏联的"意识形态"是改革的敌人。他提出的解决办法则是采用非阶级的、非历史的和非意识形态的属于"全人类的共同价值标准"的"民主和人道主义"，即用所谓"全人类标准"，也就是用占优势的西方标准来改造社会主义。在对外关系方面，则根据所谓"新思维"，对美国和其他西方国家做全面的让步。1991年9月2日，《美国新闻与世界报道》说："布什政府在过去6年里已经在莫斯科有了一支改革工作队，这被认为是美国的巨大成就。"而戈尔巴乔夫也确实不负布什之望，赶在他有生之年按照美国的意愿使偌大一个苏联彻底解体。办法是首先在改革中瓦解党的领导。1990年3月，他将规定"苏联共产党是苏联社会领导力量和指导力量"的宪法第6条加以废除，使苏共丧失了对国家的

---

① 斯迪凡·科恩：《苏联的制度是否有可能被革新》(Стивен Козн, Можно ли было Реформировать Советскую Систему)，载《21世纪自由思想》，2005(1)。

领导地位。1991年"8·19"事件后他辞去苏共中央总书记职务，并建议苏共自行解散。一个具有光荣悠久历史和世界影响的苏联共产党，就这样被葬送了。紧接着在1991年12月25日戈尔巴乔夫辞去总统职务。同日，红旗落地。这样，曾叱咤风云数十年的大国——苏维埃社会主义共和国联盟消失了。这时的戈尔巴乔夫对苏联解体毫无痛惜之情，他最关心的是他在辞职后的待遇问题：退休金、保镖、秘书、汽车和别墅等。时任美国国务卿的詹姆斯·贝克在苏联解体当月的一次讲话中对戈尔巴乔夫大加褒奖。他说，瓦解共产主义的"成就可能主要归功于一个人：戈尔巴乔夫。如果没有他，我们目前正在应付的转变不会发生"，"因为这一点，世界感激他"。

叶利钦也同样大受西方的赏识。时任俄罗斯总统的叶利钦于1991年7月苏联解体前夕向自己的西方朋友担保说："俄罗斯做出了最终选择。她将不走社会主义道路，她不会沿着共产主义道路前进。她将沿着美国和西方其他文明国家的文明道路前进。"①

2006年12月，香港《亚洲周刊》的一篇文章说："十月革命高举理想主义大旗推翻沙皇，苏联普及教育，科技进步，战胜法西斯，闪耀骄人亮点，但由于坚持教条，官员贪腐专制，改革一拖再拖……从经济发展来看，苏联共产党管治国家70多年，既取得许多传世成就，但也在经济建设中犯下可怕错误"，"僵硬的计划经济害苦了国家，也耗尽了体制的活力"。文章最后得出结论说："什么是（苏联）变天的真正原因呢？不思进取，推迟改革，拒绝世界潮流和时代大趋势，这是最致命的错误。"②

然而，这里还必须强调的是，苏联共产党在后期之所以"如此不思进取"，是与他们思维方式的核心部分——共产主义意识形态早在20世纪60年代起"就已停止发挥作用"有关。及至70年代，苏联知识界和各级干部中许多人迫不及待地向美国等西方国家去探寻"真正西方"的意识形态。到1985年戈尔巴乔夫上台后，这种现象就变得一发不可收拾。在戈尔巴乔夫毁灭性

---

① 参见 Э. Я. 巴塔罗夫：《俄罗斯思想和美国梦》(Э. Я. баталов, *Русская Идея и Американская Мечта*)，载《美加经济、政治和文化》，2000(11)。

② 白燏宏：《苏联毁于理想主义双刃剑》，载《亚洲周刊》，2006-12-24。

的内外政策下，根本否定十月革命以来的苏联内外政策，并加速在意识形态上与西方世界的一体化，成为当时苏联社会的一种时尚和苏联社会追求的方向。在这种情况下，还有什么真正的社会主义改革可言？曾经在1985年竭力支持戈尔巴乔夫上台的苏联前外长葛罗米柯后来承认，支持戈尔巴乔夫是一个错误，并称戈尔巴乔夫是个不懂现实政治的"火星人"。现在看来，苏联后期在党政机关和知识分子中已经出现了一批这样的"火星人"。这些人实际上是在西方"现实政治"面前，自觉地放下武器，缴械投降。其实，称他们为"火星人"是抬举了他们。他们对西方都各有所求。戈尔巴乔夫可以为了成为"国际明星"而出卖苏联、东欧，他手下的一批人也为了各自利益而各有打算。让特权者相信共产主义意识形态，无异于20世纪的天方夜谭。

（四）苏联兴衰成败经验教训对我们的启示

▲：最后，请您概括说明一下我们应从苏联兴衰成败中吸取的主要经验教训。

●：我想谈两点。第一，认为苏联失败是马克思主义社会主义理论的失败，是完全没有根据的。恰恰相反，社会主义只有坚持马克思主义指导，并在实践中创造性地发展马克思主义，才能永葆青春。我们中国共产党正是坚持了以马克思列宁主义、毛泽东思想和中国特色社会主义理论为指南，才保证了我国社会主义事业的胜利。习近平总书记高度重视、多次强调马克思主义理论指导的伟大意义，并形象地把马克思主义称之为"我们做好一切工作的看家本领"。坚持马克思主义的指导，关键是要学习马克思主义的立场、观点、方法，以及全心全意为人民服务的态度，与时俱进地将马克思主义普遍真理与本国实际结合起来。只有这样，才能保证党领导的社会主义事业无往而不胜。但是，由于共产党是执政党，这种地位容易带来官僚主义、追逐名位、脱离群众，甚至有走向群众和历史对立面的危险。这种危险终于在苏联发生并导致毁灭性后果。我们中国共产党几代领导人都高度警惕这一危险。1992年，邓小平再次警告："中国要出问题，还是出在共产党内部。"① 对此，必须予以高度重视。

---

① 《邓小平文选》，第3卷，380页。

第二,如何以历史唯物主义的态度正确对待苏联70多年的历史,对于我们能否正确运用马克思主义,也是一个考验。一位美国学者指出:"当苏联在试图改革自身时发生内部爆炸,10多年后,中国却明白无误地证明了共产主义治理的自我修复能力。其中一个原因就在于中国领导人找到了苏联崩溃的教训。"[①]而之所以能做到这点,就在于中国共产党人坚持一分为二地看待苏联历史和本国历史,既不抹杀历史成就,也不回避存在的问题。苏联70多年的经验教训,对于我们如何坚持马克思主义,如何在新的历史条件下推进马克思主义都是一笔巨大财富。理性地对待这笔财富,对于我们国家乃至整个国际共产主义运动今后的健康发展,都至关重要。

(这一部分为《马克思主义研究》期刊记者对笔者的访谈录,
原载《马克思主义研究》,2015年第1期)

二、美国对苏政策中意识形态因素及其在苏联解体过程中的作用

美国对社会主义国家的政策中包含有强烈的意识形态因素并具有进攻性和颠覆性特点。苏联解体的原因是多方面的,但最终在美国意识形态进攻面前败下阵来,却是一个无法回避的事实。

(一)美国对苏联意识形态进攻的必然性

关于美国对苏联意识形态进攻的必然性,中、美、苏俄等国学者都有过不少论述。当代俄罗斯学者对于苏联解体更有切肤之痛和真切体会。一位俄罗斯学者在2001年撰文指出,"美国对外政策的意识形态形成于相对较短的历史时期,但具有相当大的野心。美国自认为是世界的天堂,每个人具有平等的机会,私有财产被视为神圣不可侵犯。不是走下坡路的欧洲,而是美国的民主制,是其他国家效法的榜样"。

"美国政治领袖和实业界认为,美国民主和繁荣依赖于美国价值观在

---

① 克里斯托弗·马什:《从你的同志的错误中学习:苏联过去对中国未来的强烈影响》,载《共产党人和后共产党人研究》(Communist and Post-Communist Studis),2003(9)。

世界各地的扩展。也就是这种'移动边疆'的概念……被用来为把印第安人从美国人觊觎的土地上排挤出去的行为做辩护。这种土生土长的思想开始时在美洲大陆扩展,在第一次世界大战结束后被扩展到全世界。"

"1917年十月革命(有人说是政变)无论在道德和政治方面,还是在社会和经济方面,都使美国的社会、政治、经济和其他价值观以及与这些相联系的在世界追求领袖地位的野心受到了质疑。由于这一革命是在一切民族自由、平等,生产资料公有制,权力归劳动者所有的口号下取得胜利的,俄罗斯就宣告为世界革命的灯塔。"作者在列举十月革命在世界产生影响的一系列例证之后指出,"大西洋并不能成为共产主义意识形态向'新大陆'渗透的屏障。不仅美国无产阶级感受到它的影响,而且美国知识界相当大一部分人也受到影响。在'大萧条'情况下,共产主义发展道路的可能性在美国报刊上被公开讨论"。"由此,美国政治精英,实业界也把注意力投向苏维埃俄国,投向它的对外政策。结果,他们敏锐地认识到美国价值观及其世界地位遭到了来自苏联的威胁。"[1]

应当说,这位俄罗斯学者很好地勾勒出美国外交政策中意识形态的基本特点及反对社会主义苏联的原因,这里,试做三点必要的补充。

第一,美国自始至终把维护自由民主制度和追求扩张视为国家使命。

美国是一个基本上由移民组成的国家,构成早期白人移民的新教徒自认为是上帝的选民,他们在北美建立的新国家是作为上帝选择的一个特殊国度,美国对人类历史发展和命运承担着特殊的责任,负有把世界从"苦海"中拯救出来的"使命"。到19世纪40年代,这种"使命"观发展为大陆扩张"理论"——"天定命运"。这种特殊"使命"观深深植根于美国白人文化之中,并被当权的利益集团用作向外扩张的"指导性观念"。当时美国还出现了所谓"流动的共和国"的词汇。"流动共和国"的倡导者认为,美国人"对自由情有独钟,但又常常在移动之中"。1848年在参议院辩论对墨西哥战争时,一位参议员鼓吹"自由需要国家不断地发展与几乎无限地扩张势

---

[1] С.А.切尔诺夫:《美国对苏联政策的分析:系统和周期性的态度》,载《美加经济、政治和文化》,2006(1)。

力"。另一位议员则说，如果谁试图"限制我们高贵民族的不可限量的能力……那将是对人类自由事业的叛逆"。这些人还争辩说："这一理论不同于给希腊、罗马带来灭亡的那个历史规律。美国是用与众不同的材料打扮起来的，她有'一种扩张的特殊能力，一种其他政府从未有过的天赋才能'，而她的命运得天独厚，那里没有出现暴君、卖国贼的危险，也不会有其他时代曾经有过的使自由人民受害的无意义的战争。美国用武力或欺骗的手段获取新的领土给她的声誉造成的污点，被她的崇高目的——取得共和思想与共和体系的胜利——过多地抵消了，为此别人家的领土不得不做出贡献。"①

这样，向外扩张在"流动共和国"的意识形态外衣下被完全合法化。也正是在这一合法外衣下，美国领土在19世纪以惊人的速度扩张。

19世纪末，美国史学家特纳提出"边疆假说"的理论。他预言大陆边疆的完结，并不会停止向西扩张，而向太平洋扩张，正是西进运动的合乎逻辑的结果。及至20世纪80年代中期，这种地理边疆更被所谓"利益边疆"所代替。世界上凡是被认为与美国利益有关的一切领域和地方，都是美国要从事开发的"新边疆"。"边疆假说"的鼓吹者争辩说，为了保持美国独特的文明，维护美国自由民主的传统，延续美国的繁荣，就必须通过不断的"文明征伐"，开拓新的"边疆"。

显然，这种以维护美国自由民主制度和追求扩张作为国家使命的意识形态，绝不会容忍一个新兴的社会主义大国永远存在下去。这涉及美国资本主义生存与扩展的根本利益。

第二，反共主义意识形态不允许苏联社会主义长期存在。

反共主义是美国意识形态外交核心内容之一，是直接为美国国家使命服务的。法国学者克劳迪·朱里安说，宣扬"神意"和高唱"救世主义"，"绝对说不上是美利坚帝国的特色。美利坚帝国的特色在于，它是针对共产主义而展开一切活动的"②。

---

① 迈克尔·H. 亨特：《意识形态与美国外交政策》，褚律元译，34～35页，北京，世界知识出版社，1999。

② 克劳迪·朱里安：《美利坚帝国》，7页。

在美国当权者看来，新生苏维埃政权是与美国资本主义制度根本对立的。布尔什维主义否定私有财产，坚持共产主义意识形态造成对美国的极大威胁和严峻挑战。美国著名外交家凯南曾经说过，美苏"冲突根源中首要的而且也是最根本的一个，当然就是布尔什维克共产党的领导集团在意识形态上所承担的义务。这在美国政治经验中还是一个崭新的东西。这也是美国人以前从未遇到的一种敌对方式的表现"，"俄国保证要实现的纲领旨在使美国社会遭到损害，在绝大多数美国人看来，甚至比单纯在军事上惨败于传统的对手可能带来的种种苦难还要可怕"①。

这样，从根本上消灭这个"异端"也就成了美国当权者朝思暮想的目标。他们认为，只有这样，才能完成维护美国自由主义制度的生存和向外扩张的使命。

第三，美国竭力向外推销的意识形态或价值观，从根本上讲，是特殊利益集团的价值观，而不是美国的公众价值观的简单延伸。

美利坚民族价值观中有许多值得学习的珍贵品质，如民主、自由、平等思想和独立、进取、创新精神；也有消极面，如个人主义的过度发展和种族主义等。但这些都可能在一定程度上通过自我调节而加以提升或逐步克服。然而，当权的特殊利益集团却利用群众对国际政治的淡漠而向外推销一种变了味的价值观——美国政治价值观。这些特殊利益者"虽然只是少数人，但他们的呼声才是美国国会据以决定美国利益的声音"②。亨利·基辛格博士指出，"外国评论家提出美国谋求统治地位问题，而美国这样做常常是对国内施压集团所做出的反应。由于这些集团长期的影响，美国的外交政策倾向单边政策和霸道行为"③。也正是这些人，他们热衷于意识形态，宣传极端保守主义，处心积虑把美国公众引向反对社会主义。

基于上述情况，人们不难理解，美国当权者为着一己私利，是绝不会放弃反社会主义意识形态的。同时，社会主义国家的人们绝不能盲目地把

---

① 乔治·F. 凯南：《1917年至1976年间的美苏关系》，载《世界历史译丛》，1979-02。
② 约瑟夫·奈：《美国霸权的困惑——为什么美国不能独断专行》，143页。
③ 约瑟夫·奈：《美国霸权的困惑——为什么美国不能独断专行》，144页。

这种价值观视为具有普适性的人类共同的价值观，而使自己陷入致命的困境。苏联解体就是最好的教训。

(二)意识形态因素在美国对苏政策中的阶段性变化与苏联解体

美国对苏政策中意识形态因素大致包含两个方面。一方面表现为以意识形态为指导，对苏联实行军事打击、经济封锁与政治孤立，力图从外部打垮苏联；另一方面则表现为进行意识形态渗透和施加意识形态压力，力图从内部改变和搞垮苏联。从十月革命算起，在苏联存在的70多年历史中，苏联先后经受或同时经受了来自美国这两方面的威胁。但是，这种意识形态压力只有在一定条件下才会真正得逞，这就是苏联内部的条件。下面我们试着追踪这一变化的轨迹。

第一阶段，从对苏俄实行武装干涉到长期拒不承认苏联（1917—1933年）。

1917年当俄国二月资产阶级革命取得胜利时，时任美驻俄大使的弗朗西斯热烈欢呼这是一场"最令人惊奇的革命"[1]，要求美国政府第一个承认临时政府，因为"这场革命是对我们捍卫和鼓吹的政府原则的实际的承认"[2]。结果，美国率先承认了临时政府并给予全力支持。但对美国来说，好景不长。由于临时政府继续沙俄政府的帝国主义战争政策，俄罗斯工农大众和前线士兵的处境更加恶化。弗朗西斯发回的电报称，如果情况不能立即得到缓解，俄国形势"有可能发展为迄今为止新的具有社会主义趋向的革命运动"[3]。不久，伟大的十月社会主义革命爆发。十月革命刚刚胜利，美国当权者就嗅出这是一个"异类"。他们的第一反应是这是一场"布尔什维克的'政变'（coup d'etat）"[4]。时任美国总统的威尔逊1919年说："莫斯科政体在一切方面都是对美国的否定。"[5]此外，他们还伤感于俄国革命将使美国在俄国的利益丧失殆尽。在这之前弗朗西斯大使在给国务院的

---

[1] 美国国务院：《美国对外关系》，1918年第1卷，5页。
[2] 美国国务院：《美国对外关系》，1918年第1卷，6页。
[3] 美国国务院：《美国对外关系》，1918年第3卷，11页。
[4] 美国国务院：《美国对外关系》，1918年第3卷，224页。
[5] 罗伯特·布劳德：《苏美外交的起源》，13页。

报告中写道:"美国公司正用贪婪的目光注视俄国现有的矿藏,它的巨大资源和铁路建设的可能性……大家都认为,这里是世界无与伦比的活动场所。"①如此巨大利益的丧失怎能不使美国资本家和当权者痛心疾首?因此,无论出于政治、意识形态或经济动因,在后来苏联存在的70多年中,美国当权者始终没有放弃改变苏联社会主义制度的愿望。由此,一些美国学者认为,美苏"冷战"从1917年即已开始。美国不仅从1918年6月起出兵俄国北方,参与英、法对苏俄北方的武装干涉,而且对苏维埃国家实行了经济封锁。美国又是最晚承认苏联的资本主义大国,直到1933年才与苏联正式建立外交关系。尽管在20世纪20年代苏俄政府以及列宁本人曾多次表示与美国恢复并发展正常贸易关系的愿望,强调苏俄"决定与一切国家特别是美国达成协议"②,美国却根本不予理睬。他们认为苏俄没有美国的经济援助,其陨落指日可待。

然而,由于苏联当时的内外政策基本上是在马克思主义正确思想指导下进行,并在实践中不断纠正错误,调整政策,通过军事斗争、实施新经济政策,以及实施第一个五年计划等,加快了社会主义建设的步伐,使新生的苏联终于开始自立于世界民族之林。美国改变苏联现状的计谋无法实现。

第二阶段,从1933年11月苏美两国建立外交关系到1941年6月德国进攻苏联前。鉴于世界经济危机的打击和对法西斯威胁的担忧,实用主义的意识形态占据了美国对苏政策的首位。

面对1929年至1933年世界经济危机的打击及20世纪30年代法西斯对世界产生的严重威胁,美苏双方都有需要改变非正常的隔绝状态,建立外交关系。当然,由于意识形态的不同,建交过程绝非一帆风顺。

在世界经济大危机期间,苏美的处境大不相同。当时的苏联经济不仅未受影响,反而不断发展。随着第一个五年计划完成,苏联的经济、政治和军事实力不断增强,国际地位有了很大提高。一时间,"计划"一词在西

---

① 美国国务院:《美国对外关系》,《兰辛文件(1914—1920)》,第2卷,319页,华盛顿,1940。

② 帕·特·波德莱斯内依:《苏美五十年来的外交关系》,11页。

方成为时髦的名词。"俄罗斯奇迹"的内容充斥着美国和西方报刊。人们承认由于旧的自由资本主义的破产，苏联和美国分别进行着苏联式社会主义和美国式"新政"两种实验和两种社会、国家制度孰优孰劣的竞争。① 在这样的情况下，美国对于一个大国不予承认的顽固态度已经无法向国人做出交代。而且，当时美国急于扩大同苏联的贸易，以减缓经济危机带来的影响。美俄商会1933年7月通过一项有关美苏关系的专门决议，"重新表明了不承认政策的一无是处……始终正确的是，承认苏联是美苏贸易关系中获得任何重大利益的先决条件"②。在上述情况下，罗斯福转向承认苏联的立场得到越来越多的人的拥护。

在"承认"问题上，美国当局信奉的实用主义哲学起了相当的作用。就意识形态而言，美国并未改变对苏联制度的看法。正像罗斯福在准备承认苏联时所说："共产主义作为一种哲学，我们是永远不会同意的。"③他只是认为不承认占地球土地1/6的苏联是不现实的，是一种无知的表现。但是，在讨论是否承认苏联问题时，一系列问题和担忧提了出来，多数与意识形态有关。例如，他们认为与苏俄建交的"基本障碍"乃是苏联"世界革命的目标和实践"④。而且，美国认为，"在一个由国家垄断对外贸易的国家和一个由私人从事对外贸易的国家之间，它们的贸易关系不可能具有相同的基础"⑤。

但是，由于当时苏美两国都共同面临德、日法西斯侵略日益严重的威胁，而苏联自列宁时期以来又一直确有诚意发展与美国的关系，并希望从中获得美国的贷款和技术，两个意识形态截然不同的国家终于在1933年11月17日建立了正式外交关系。为了表明诚意和友善，斯大林亲自给莫

---

① В. Л. 马尔科夫:《1934—1939年苏美关系新文献》(В. Л. Мальков, *Советско Американские Отношение 1934—1939 Годов*)，载《近现代史》，2005(6)。
② 瓦里科夫:《苏联和美国——它们的政治经济关系》，190页。
③ 亚·鲍·恰科夫斯基:《未完成的画像》，贾宗谊、周爱琦译，116页，北京，世界知识出版社，1984。
④ 美国国务院:《美国对外关系》，1933年第2卷，783~784页。
⑤ 美国国务院:《美国对外关系》，1933年第2卷，786页。

斯科苏维埃下令为美国大使馆选址。① 在1933年12月20日一次与美国驻苏大使布利特举行的晚宴上，斯大林举杯为罗斯福总统祝酒，高度评价罗斯福总统不顾重重阻力而承认苏联的决定，称"罗斯福总统尽管是一位资本主义国家领导人，今天却是在苏联最受欢迎的人之一"②。

以上说明，直到此时，斯大林坚持了列宁关于社会主义与资本主义"和平共处"的思想，尽量超越意识形态分歧而与美国这样的资本主义大国发展正常关系，从而有利于双方，有利于世界反法西斯的事业。

当然，建交后由于制度与意识形态不同，两国关系发展也并不顺利，基本上处于合作与冲突并存状态。近几年陆续出版的《20世纪苏美关系文件集(1934—1939)》(莫斯科2003年版)和《20世纪苏美关系文件集(1939—1945)》(莫斯科2004年版)披露了大量过去鲜为人知的材料。其中谈到，早在1934年9月11日苏联驻美国全权代表顾问E.E.斯克维尔斯基即指出"美国报刊正日益增长对苏联的厌恶情绪，'我们之间关系的蜜月已经结束'，而且感到了某种苦涩"③。在20世纪30年代，由于美国人"对外交政策问题兴趣不高，优先考虑的是内部问题。因此美国人由于受到误导而对苏联的社会主义成就变得'无知'"④。在美国当权者的宣传下，美国公众对苏联的偏见甚至随着苏联建设的进展而越发严重。他们认为，"最重要的生活公理的不相容——集体主义和全社会的平等，反对个人主义和财产不平等——在大众意识水平上造成了对苏美接近的障碍。不仅如此，它促进了一种综合征的产生，认为(苏联)隐藏着出人意料地以共产主义的挑战形式完全恢复俄罗斯大国地位的意图"⑤。由于上述原因，加上1934年12月苏联因基洛夫被暗杀而掀起的镇压浪潮及肃反扩大化；苏德战争前苏联的一些错误做法，包括出兵占领波兰的西乌克兰和西白俄罗斯，1939年11

---

① 美国国务院：《美国对外关系》，1933年第2卷，838页。
② 美国国务院：《美国对外关系》，1933年第2卷，837页。
③ 《20世纪苏美关系文件集(1934—1939)》，223、290页，莫斯科，2003。
④ B. Л. 马尔科夫：《1934—1939年苏美关系新文献》，载《近现代史》，2005(6)；《20世纪苏美关系文件集(1934—1939)》，142页。
⑤ B. Л. 马尔科夫：《1934—1939年苏美关系新文献》，载《近现代史》，2005(6)。

月发动苏芬战争等，更加深了美国人的反感，并被美国当局一部分人用来制造反苏气氛，使美苏关系事实上始终处于一种"冷战"状态。只是由于共同对付德日法西斯的任务，使得两国关系不致走向破裂。对于苏联而言，其中有经验有教训。由于苏联坚持了社会主义大方向并在法西斯侵略势力威胁加剧的情况下加速发展自己，虽然在美国造成了疑虑，却为与美国结成同盟打下了物质基础。而苏联的某些大国沙文主义和民族利己主义错误，则严重损害了苏联的形象，并成为美国当局从意识形态角度攻击苏联的重要依据。

第三阶段，从1941年6月22日苏德战争爆发到1945年8月第二次世界大战结束。共同反法西斯任务下的意识形态分歧与斗争。

1941年6月22日德国突然向苏联进攻。随着苏德战争的爆发，美苏关系进入了一个新的阶段。美国认为希特勒德国是当前美国面临的主要危险，罗斯福和他周围的人认识到，希特勒大本营中有一个在征服欧洲大陆后转而征服美洲的计划。因此"两害相权取其轻"，决定支持苏联。苏德战争爆发24小时后，美国国务院发表声明，表示愿意"集结起任何力量来反对希特勒主义，不论这些力量来自何方"。时任密苏里州的民主党参议员哈里·杜鲁门的话表明了美国当局的立场和策略："如果我们看到德国打赢，我们就得帮助俄国；如果俄国打赢，我们就必须帮助德国。让他们杀得越厉害越好。不过，我在任何情况下都不愿意看到希特勒得胜就是了。"①

当时在关于是否援助苏联的问题上，同样受意识形态的影响。一方面，出于美国当局和公众对苏联的不信任；另一方面，也出于对苏联究竟能否经受住德国的打击心存疑虑。20世纪整个30年代各种真真假假的宣传，造成对苏联实际能力包括国内凝聚力的评价大大降低。许多人认为，在纳粹德国的闪击战下，苏联只能抵抗几周时间。但战争进程又不断证明英美方面的估计是错误的。罗斯福、丘吉尔急于解开这个"俄罗斯之谜"。于是罗斯福派总统个人代表霍普金斯于1941年7月30日至8月1日访问

---

① 沃尔特·拉菲伯：《美国、苏联和冷战（1945—1992）》，6页。

苏联，以求了解苏联实力真相。在7月31日会谈中，霍普金斯开门见山地向斯大林说明，"罗斯福总统渴望知道斯大林对德苏战争的评估"。斯大林对于苏德双方力量对比及战争前景做了详尽的介绍和分析，并坚定而充满信心地指出，"德国部队看来已经疲惫，从被俘的军官士兵那里已显示出'战争厌倦症'"。他同时相信，"苏联部队士气空前高涨，这部分原因在于他们是为保卫自己的家园而战斗"①。而此前美国驻苏大使斯廷赫尔特在苏德战争爆发不到两周的时间发回的电报中赞扬说，尽管当时局势对苏联而言空前危急，然而"在莫斯科没有证据证明，公众中有过度的惊恐或者早期的混乱……精神状态很好，基于对德国突然进攻的愤怒而产生的战斗精神到处可见"②。这一切反映了一个社会主义国家人民由于其制度决定的、在面对共同敌人时思想精神上的高度一致，也反映了苏联领导人的坚强意志。正像1941年7月3日美国驻苏大使斯廷赫尔特在谈到当天早晨听取斯大林发表无线电演说后称："讲话整个说来在这里被解读为不管付出多大代价都要坚持战斗到底的决心。这也正是党员和城市工人的态度。"③这对于戴着意识形态有色眼镜远距离观察苏联的人而言，是难以理解的。

苏联的态度与此前欧洲大陆包括法国在内的资本主义国家的惊慌失措、充满悲观情绪形成鲜明对照。也正是苏联领导人和苏联人民这种精神状态赢得了美国的信任，使他们下定援助苏联的决心。霍普金斯在向罗斯

---

① 《罗斯福总统个人代表哈利·霍普金斯先生备忘录》，见美国国务院：《美国对外关系》，1941年第1卷，805～813页。

② 《罗斯福总统个人代表哈利·霍普金斯先生备忘录》，见美国国务院：《美国对外关系》，1941年第1卷，628页。可资佐证的是，1941年6月22日德国向苏联发动进攻的头几天，负责监视苏联大使馆的德国警卫队长、党卫军上校海涅曼说，根据他得到的消息，"希特勒帝国总理府对德军在苏联遇到的出乎意料的顽强抵抗十分担忧。在许多地方，苏联士兵在自卫战中一直战斗到最后一颗子弹，然后展开白刃战。在这次战争的几年时间里，希特勒军队在任何地方都没有遇到如此顽强的抵抗，也没有遭到如此重大的损失。在西线，情况就完全不同，那里不是在进行战斗，而简直是在溜达。在苏联则完全是两回事，所以总理府里已经有人开始怀疑对苏宣战是否值得"。瓦·米·别列日科夫：《我是斯大林的译员——外交史的篇章》，周梦黑等译，68～69页，上海，上海译文出版社，1991。

③ 《罗斯福总统个人代表哈利·霍普金斯先生备忘录》，见美国国务院：《美国对外关系》，1941年第1卷，628页。

福详细汇报了莫斯科之行后说，我对这条战线非常有信心。它们有夺取胜利的无限决心。这次访问是战时美英对苏联态度的转折点。

从苏德战争开始到第二次世界大战后期，开辟第二战场问题一直是困扰苏联与美英关系的一个主要问题。由于国家利益特别是社会制度和意识形态的不同，围绕这一问题的解决过程始终是矛盾迭起。

早在1941年7月和9月，斯大林曾几次向英国首相丘吉尔提出在欧洲开辟第二战场以减轻苏联单独承受的德军的强大压力。1941年12月珍珠港事件爆发后，第二战场问题也直接关系到美国。但开辟第二战场的时间一拖再拖，从1942年拖到1943年，直到1944年6月美英军队才在法国北部诺曼底登陆，开辟了第二战场。一再推迟第二战场的开辟，给孤军奋战的苏军造成异乎寻常的困难。这期间，苏联方面曾多次提出严厉谴责。斯大林在一封给丘吉尔的信中严正指出："如此漠视苏联在反对共同敌人的斗争中的根本利益，苏联政府不可能听之任之……必须向您说明，这里不只是苏联政府感到失望的问题，而是要维持它对盟国的信任，这种信任已经受着重大考验。不能忘记，我们谈的是保护西欧和俄国的沦陷区千百万人的生命，是减少苏军所受的严重损失；相形之下，英美军队的牺牲是微不足道。"①英美对开辟第二战场的一再拖延，成为"使反希特勒同盟国之间关系复杂化的最重要的因素之一"②，从而埋下了双方互不信任的种子。斯大林对英美的谴责是有道理的，据苏联方面统计，"整个大战中，德国武装力量共损失1360万人，其中就有1000万人损失在苏德战场上"③。由于英美的态度造成苏联过于巨大的牺牲，其在苏联当局和公众中造成的阴影，即使在第二次世界大战后也长期挥之不去。

对于美国而言，第二次世界大战期间需要一个有能力打败德国并且又能帮助打败日本的强大的苏联，但苏联在战争中力量的上升又使美国感到害怕。这种矛盾心理早自苏德战争开始时即已存在。据记载，早在1941年6月，"遏制"一词已充斥华盛顿官员的头脑。及至第二次世界大战后期，

---

① 瓦·米·别列日科夫：《我是斯大林的译员——外交史的篇章》，188页。
② 瓦·米·别列日科夫：《我是斯大林的译员——外交史的篇章》，151页。
③ 苏联《国际生活》，1975(3)。

围绕波兰、罗马尼亚和保加利亚等国今后政权性质问题的斗争也随之尖锐起来。

苏联支持这些国家人民民主政权的建立，美国则谴责苏联企图在这些国家建立"警察政权"。在远东，美苏于1945年2月签订了《雅尔塔秘密协定》，以损害中国东北的权益换取苏联在欧战结束后二三个月内参加对日作战的承诺。就这一点而言，苏联多年来尚未清理的霸权主义思想又一次集中暴露出来，在某些方面苏联对外政策已严重偏离了社会主义性质。这也为苏联日后的演变埋下了祸根。

第四阶段，从1945年第二次世界大战结束到20世纪50年代末。出于全球霸权主义的需要，美国走上与苏联在意识形态上全面对抗的道路。

俄罗斯学者指出："战后美国人的意识中被塞满关于苏联极权主义模式的说教，以此来转移对内部问题的注意；公众舆论中友好的、可信赖的苏联盟友形象变成威胁美国民主、个人主义、私人所有制和繁荣等基本价值观的畸形儿。逐渐地，在战争时期形成的有关苏联的积极形象变成了敌人的形象。"①

上述俄罗斯学者的深刻分析揭示了第二次世界大战后初期美国对苏联意识形态外交的特征和本质。事实上，当时的苏联尽管在对外政策上也犯有大国主义错误，但总体上并不存在全球扩张的野心。美国著名作家埃德加·斯诺指出，在第二次世界大战中，"苏联与美国的伤亡是24∶1，与全部欧洲联军（包括不列颠、加拿大、澳大利亚、新西兰、印度、希腊、南非洲、法国、荷兰、丹麦、比利时的军队）的伤亡差不多是10∶1……物质的损失估计约有2000亿美元。而化为灰烬的还不止金钱。这一切便是今日苏联对欧政策的背景。不知道这个背景，就没有跟俄国人沟通的桥梁"②。斯诺的评论十分中肯。苏联当时在国际上的行为是很谨慎的。美国著名外交家乔治·凯南在后来承认："我认为当时苏联根本没有任何方法来构成对我国的军事威胁……单是战后重建就需要几年的时间，俄国人渴

---

① C. A. 切尔诺夫：《美国对苏联政策的分析：系统和周期性态度》，载《美加经济、政治和文化》，2001(6)。

② 史诺：《美苏关系检讨》，37、41页。

望和平的愿望是真诚的。"①

　　苏联在战后以最大精力用于恢复和发展经济，并希望在经济上与美国继续合作。苏联公布的有关1939—1945年苏美关系的文件证实，"苏联十分关切在战后发展与美国的贸易经济关系，在战争结束后收缩经济合作的主要倡议并非来自苏联"②。然而这时的美国为了全球霸权主义的需要，已下决心与苏联走向公开对抗。美国当局先是利用美国驻苏代办乔治·凯南于1946年2月22日向国务院发回的8000字电文，该电文按照美国政府要求提出了对苏联实行全面遏制的主张。但就是这位凯南，在他年迈时反省说，当年占据他脑海的，不是斯大林时代苏联的真实图景，而主要是由奥威尔和卡夫卡之类的小说家创造出来的"虚构和象征性的形象"③。接着是于同年3月5日，时任美国总统的杜鲁门邀请英国前首相丘吉尔在美国密苏里州的富尔敦发表"铁幕演说"。美国政府企图借这一反布尔什维克老兵之口，说出他们想说的话，为反对苏联定下调子。

　　1947年3月12日，杜鲁门向国会两院联席会议宣读后来被称为"杜鲁门主义"的咨文。咨文再次以意识形态来论证其主张。杜鲁门说，咨文"是美国对共产主义暴君扩张浪潮的回答"，是"美国外交政策的转折点"④。美国对苏"冷战"全面展开。接着提出的马歇尔计划和1949年提出的向亚非拉不发达国家渗透扩张的第四点计划，也都服务于这一总方针。

　　尽管美国以其雄厚的科技、经济实力及与国际资本的紧密联系，而占有明显优势，但当时的苏联并没有被美国挑起的"冷战"吓倒，而是采取了"安全带"政策，主要是想尽力保证本国安全和既得利益，同时保证新解放的人民民主国家不致被帝国主义颠覆。而且，即使在杜鲁门主义发表后，斯大林仍然坚持社会主义和资本主义"能够彼此合作"的思想。他说，"这两种制度当然能够彼此合作。就它们的合作而论，则彼此之间的差别并无

---

　　① 乔治·凯南：《遏制政策之今昔》，载《外交》，1987(春季号)。
　　② В. Д. 别恰诺夫：《1939—1945年苏美关系新文件》(В. Д. Печанов, СССР и США 1939—1945 Годах. Новые Документы)，载《近现代史》，2005(5)。
　　③ 转引自黄晴：《托夫勒的质疑》，载《人民日报》，2001-02-15。
　　④ 哈里·杜鲁门：《杜鲁门回忆录》，第2卷，121页。

重大的意义","关于两种制度合作的思想,是列宁首先提出的"。作为列宁的学生,"我们从来没有违背过而且将来也不会违背列宁的指示"。他还指出,"合作的可能性总是存在的,但合作的愿望却不是始终都有的。如果一方不愿意合作,那结果就会发生冲突、战争"①。这实际上是批评美国,也划清了苏美两国在对待不同制度问题上两种不同的态度。

总体而言,苏联当时仍然坚持了社会主义的道路。当然也包含不少错误,包括仍然坚持一条相对僵化的模式和道路。1953年3月斯大林逝世。这时,美国当权者密切注视着苏联内政外交的变化,并已在考虑对苏策略的转换。只是由于苏联的变化刚刚开始,这种策略的转换并未付诸实行。艾森豪威尔当政的20世纪50年代后期,斗争和对抗仍然是美苏关系的总的特征。

第五阶段,从20世纪60年代初到80年代初,教条僵化与逐步西化并存的苏联在美国以"和平演变"为重点的遏制战略面前,日益被动。

斯大林逝世后,苏共党内经过一段时间的内部斗争,1955年确立了赫鲁晓夫在苏共中央的领导地位。1956年2月苏共二十次代表大会上,赫鲁晓夫对个人迷信和斯大林错误的批判对解放思想、促进苏联内外政策的调整和政治经济体制变革有一定积极意义。但是从根本指导思想上讲,苏共在一系列问题上正逐步背离马克思主义基本原理,从意识形态上把国家引上错误的道路。从1956年苏共第二十次代表大会到1961年苏共第二十二次代表大会,苏共大张旗鼓地批判个人迷信和斯大林,提出"和平共处""和平竞赛""和平过渡"以及"全民国家""全民党"等新的理论观点,并提出"20年基本上建成共产主义社会"的冒进口号。所有这一切,看似在改革苏联社会,与资本主义在世界范围内展开竞争与争夺,但从根本上讲,在许多方面却是自觉不自觉地迎合了西方资产阶级的需要。例如,全盘否定斯大林,对斯大林以及他所领导的苏联社会主义建设成就采取一笔抹杀的态度,这就为西方国家全盘否定苏联和日后戈尔巴乔夫推行人道的民主社会

---

① 《和美国共和党活动家哈罗德·史塔生的谈话的记录》(1947年4月9日),见《斯大林文选(1934—1952)》,下册,491~493页,北京,人民出版社,1962。

主义路线铺平了道路。人们把戈尔巴乔夫称之为"二十二大产儿",并非偶然。戈尔巴乔夫正是在听取了赫鲁晓夫二十大秘密报告后,开始形成其"政治个性",而在"五年之后,在苏共二十二大上"便把这一个性"固定下来"。赫鲁晓夫时代培养了一批民主社会主义的崇拜者。正是他们后来把一场社会主义自我完善的改革引向了资本主义的邪路。

从对外关系看,赫鲁晓夫虽然也强调和平共处,然而,他所谓的"和平共处"已经失去了列宁、斯大林的本义,他从20世纪50年代中期起提出一整套争取与美国平起平坐,实现美苏合作,共同主宰世界的战略。他急于得到美国的承认与青睐。据赫鲁晓夫自己的回忆,1959年8月当收到艾森豪威尔邀请他访美的信件时,他激动得"简直不能相信自己的眼睛",真以为美国已经把苏联当作平等伙伴了。与此相应的,他又拿美苏合作用以震慑别人。1961年9月,他告诉美国记者,"我们都是世界上最强大的国家,如果我们为和平联合起来,那么就不会有战争。如果有某个疯子想挑起战争,我们只要用手指吓唬他一下,就足以使他安静下来"[①]。苏联当时企图把包括中国在内的各国对外政策都纳入美苏主宰的战略轨道。这理所当然地遭到中国等国的坚决抵制。

勃列日涅夫1964年取代赫鲁晓夫上台后,苏联对外政策逐渐发展到与美国争霸世界。苏联领导人自认为实力增长、霸权野心日益增大,却又披着进行"国际阶级斗争"和推行"苏联模式"的世界革命外衣,从而变得更加肆无忌惮。在苏联加快向外扩张的步伐中,1979年入侵阿富汗达到了其霸权主义政策的顶峰,而这恰恰成了苏联最终陷入内外交困的标志。

从内政看,赫鲁晓夫的改革以失败告终。他缺少理论素养,而且对马克思主义的信念早已动摇。改革的结果除了带来政治、经济上的混乱外,原有的高度集权的政治体制,高度集中的指令性计划经济体制,基本上原封不动地保留下来。勃列日涅夫执政的18年,虽然在前期做过一些促进发展和提高人民生活水平的改革,但从总体上看,这是一个停滞时期,是由盛转衰的转折时期。1971年,苏共二十四大以后,"改革"一词竟被禁用,

---

[①] 《真理报》,1961-09-10。

取而代之以"完善"(社会主义)一词。在这种情况下,在勃列日涅夫执政的后期,苏联的社会经济恶化的程度,已到了相当严重的地步。

也正是赫鲁晓夫、勃列日涅夫这些人,他们一方面大言不惭地宣称"资本主义在苏联复辟的危险已不存在"(赫鲁晓夫1959年在苏共二十一大上的报告),另一方面却在为自己捞取特权。特别是勃列日涅夫时期,终于形成了一个以党政高级干部为主的特权阶层,"其总人数为50万至70万,加上他们的家属共有300万人之多,占全国人口的1.5%","对于新的一代当权者而言,马克思主义意识形态只不过是一种动听的空谈"①。这些特权的官僚阶层享受高水平生活,安于现状,不求进取,更害怕改革危及他们的既得利益。在人们心目中逐渐削弱了共产党作为无产阶级先锋队的革命性和先进性。而正是在赫鲁晓夫和勃列日涅夫当政时,"马克思列宁主义在苏联已被彻底僵化"。随着国际局势与苏联国内情况的变化,20世纪60年代末到80年代初的美国当权者也正在进一步转换对苏联的策略。1961年上台执政的民主党总统肯尼迪提出了"和平战略",强调在和平共处,和平竞赛的口号下,通过援助、贸易、旅行、科技和文化交流,设法削弱东欧等社会主义国家"对俄国的经济和意识形态的依附状态,从出现在铁幕上的任何裂缝中培养自由的种子","把共产党世界带进我们寻求的多样化的自由世界中来"。而其策略则是强调世界上的问题只能由美、苏两家来定。这恰好迎合了赫鲁晓夫的"苏美合作,主宰世界"的思想。其手段则更多的是强调"软化"与"和平演变"苏联。肯尼迪的"和平战略"绝不是权宜之计,它对以后美国对苏政策产生了重大影响,实际上是尼克松主义、卡特"人权外交"的源头。

例如,尼克松时期就采取了一套后来被称之为"连环套"的原则。基辛格解释这种做法时称,把苏联利益通过谈判等方式与西方利益联结在一起,就可能使它更多地意识到,如果回到对抗,将遭到何种损失。② 这就

---

① 俄罗斯科学院历史研究所:《20世纪俄国史》(Институт Российской Истории РАН, История России 20 Век),571页,莫斯科,1996。

② 基辛格1974年9月19日在参议院外交委员会上的讲话。美新处华盛顿电,1974-09-19。

是说，美国企图以一个又一个协议来套住苏联，使苏联被套进一个千丝万缕的"网络"之中而无法自拔。

第六阶段，20世纪80年代初到90年代初，美国意识形态攻势和戈尔巴乔夫"非意识形态化"的合力导致苏联最终的解体。

1981年上台执政的里根带头发起了对苏联更加猛烈的意识形态攻势。1982年6月，里根总统在英国议会发表演说称，"我现在要叙述的一项长期计划和希望是，自由和民主的前进，将使马克思列宁主义被弃置在历史的灰烬之中"，并提出美国要"举国（包括政府和私人）一致地致力于援助民主的事业"①，从而吹响了向社会主义国家发动"和平政治攻势"的进军号。

从1982年到20世纪90年代初，美国等西方国家一致联手促使苏联向资本主义转化。其特点是力求将意识形态的压力直接转化为苏联当局的政治措施。1990年西方七国参与拟制苏联的改革计划，并监督苏联对西方援助的运用。它们通过裁军谈判，经济援助和人权问题等，沿着一个既定目标不断地向苏联施加压力。在80年代，美国利用苏联的经济困难，不断以经济援助为手段，迫使苏联在国内人权政策方面进行改革。鉴于苏联放宽了移民政策，布什就在1990年12月宣布美国将暂停执行杰克逊—瓦尼克修正案（修正案通过于1974年，它把贸易优惠和苏联移民政策联系起来考虑。1975年又通过了更加严厉的史蒂文森修正案。这两项修正案把最惠国待遇和进出口银行给予美苏贸易以资金融通的便利等贸易优惠，统统与苏联的移民政策联系起来），向苏联提供5亿至10亿美元援助用于购买美国农产品。此外还将向苏联提供医疗用品的技术援助。美国还把人权与军控谈判挂钩。美国政府代表通过1988年3月召开的北约首脑会议，发表《常规军控谈判方针》指出："欧洲安全不仅取决于军事因素，还取决于政治经济尤其是人道因素"，硬是把裁军与保护宗教信仰、人员流通、取消政治犯等内容的人权问题联系起来。到年底，美国认为，苏联在对待政治犯和犹太人离境方面取得了"重大进展"，就暗示这可能为新的军备谈判创造了

---

① 《美国总统公开文件集，罗纳德·里根》，1982年第1卷，746~747页，华盛顿，1983。

条件。①

1989年1月中旬在维也纳举行的35国人权会议集中讨论了苏东国家人权状况。苏联和华约为了在常规武器谈判上达成协议，就在人权方面做出了"空前的让步"。这些让步包括同意建立监督机制，使欧洲33国和美、加可以在任何时候对自己所进一步怀疑的践踏人权的行为提出疑问。被怀疑的苏东国家必须回答这些要求。各国政府可以要求举行双边会议，直至把问题提出到每年一度的国际人权会议上解决。这样，苏联此后再也不能把西方的指责和干预斥责为"干涉苏联内政"了，从而陷入了极大的被动局面。

对于苏联在人权政策上的退让，美国深表"满意"。1989年4月14日，时任美国国务卿的詹姆斯·贝克在其"永恒的力量：美国新时代的对外政策"的讲话中说："现在，克里姆林宫出现的一种新的现实精神证明了我们的努力取得了成功。"

但是，这绝不意味着，美国从此就放弃施压。正如美国对外关系委员会成员、东西方关系问题专家迈克尔·曼德尔鲍姆所说："像苏联这样一个国家，即使它更自由化一些，也很难逃脱来自美国的指责。无疑，使俄罗斯人和其他苏联人建立起一整套资本主义社会经济和政治体系，应该成为美国的一个长期奋斗目标。"②

这时苏联的实际又怎样呢？勃列日涅夫于1982年11月去世后，安德罗波夫和契尔年科两位老人分别执政14个月和一年左右即先后去世，在改革上自然难有作为。1985年3月，戈尔巴乔夫当选苏共中央总书记，从而使苏联步入了走向解体的最后阶段。戈尔巴乔夫在执政的初期还没有敢公开否定社会主义，并表示希望通过改革，争取发展生产力。但是，由于各种原因，经济改革难以推动，戈尔巴乔夫便转向政治改革，提出了"更新"社会主义的口号，力求为经济改革扫除障碍。正是在这时，暴露出了这位苏共"二十二大产儿"的真实面貌。他鼓吹"公开性"政策而"开始了难以抑

---

① 美国国务院女发言人菲利斯·奥克利谈苏联人权状况。美联社华盛顿电，1988-05-31。

② 迈克尔·曼德尔鲍姆：《结束冷战》，载《外交》，1989(4)。

制的、无穷无尽的清谈，受虐狂般的自我揭露，侮辱苏联历史的所有圣物，给苏联现实抹黑。所有马克思列宁主义的真理都遭到嘲笑，对马克思列宁主义的甚至是无疑的真理的捍卫，也被视为反动和落后的特征。简而言之，对待马克思列宁主义几乎像对待一种敌对的意识形态学说一样，同时也开始同样难以抑制地吸收西方意识形态中的思想"①。这样，戈尔巴乔夫就向人们"发出一个可悲的、对（苏联）整个制度进行诅咒的信息"②，而他提出的所谓纠正办法却是非阶级的、非历史的和非意识形态的属于"全人类共同价值标准"的"民主和人道主义"，对美国和其他西方国家做全面的让步。这就是戈尔巴乔夫所谓的"新思维"。"新思维"非常有利于美国向苏联的渗透与施压。时任美国国务卿的詹姆斯·贝克于1989年4月发表美国外交政策演讲称，"老实说，我们一直在注意莫斯科方面出现的'新思维'的迹象"，"我们不希望苏联的改革失败"。他同时声称，"在许多领域里，新思维的口号仍然流于空洞"，需要付诸实践，而美国"可以激发更多新思维，为这个口号充实内容并扩大合作范围"③，就是要由美国来深化并加速"新思维"的推行。而这一招儿果然灵验。1991年9月2日，《美国新闻与世界报道》说，"布什政府在过去6年里已经在莫斯科有了一支改革工作队，这被认为是美国的巨大成就"④。结果是，戈尔巴乔夫不负布什之望，赶在他有生之年、实际上按照美国的意愿使偌大的一个苏联彻底解体。办法是在改革中把经济体制乃至政治体制改革的指挥权统统拱手交给西方国家，同时瓦解党的领导。

  1990年2月，苏联正式向西方七国首脑提出本国的改革计划。预定在

---

  ① 亚历山大·季诺维也夫：《俄罗斯共产主义的悲剧》，侯爱君等译，54~55页，北京，新华出版社，2004。
  ② 西尔维亚·伍德伯：《戈尔巴乔夫和意识形态在苏联外交政策中的衰退》(Sylvia Woodby, *Gorbachev and the Decline of Ideology in Soviet Foreign Policy*)，6~7页，旧金山，1989。
  ③ 《美国的外交政策：促进自由的力量》，美国驻中国大使馆新闻文化处：《美国政策资料》，1989(6)。
  ④ 《美国的好消息》(*Good News for America*)，载《美国新闻与世界报道》，1991-09-02。

7年内苏联和七国集团共同或分别采取行动,使苏联的改革进程同西方的援助活动协调一致,苏联将扩大私有制在国民经济中的比例,完成向资本主义市场机制的转变,使苏联经济与世界经济融为一体。西方七国则参与拟制苏联的改革计划,并由西方监督苏联对西方援助的利用。不仅如此,戈尔巴乔夫还主动要求西方在政治上也来帮助改革苏联。时任苏联总统安全问题顾问的普里马科夫1991年致西方七国首脑请求援助的信件①中专门提到战后西德、日本等在西方"全面援助"下"成功改革"的先例。信中直截了当地说,对苏联,"西方也是在帮助建立一个享有人类共同价值观的庞大民主国家",从而自动放弃了社会主义的方向。同年"8·19"事件后,戈尔巴乔夫立刻宣布,"从今以后,苏联已经被看作是民主社会不可分割的一部分了"②,苏联的"物质基础是作为世界经济中的一部分的市场经济,政治支柱是作为全人类民主中的一部分的民主,精神源泉是新思维"③。这就是说,这时的戈尔巴乔夫已把苏联从经济、政治到价值观都看作是西方世界的一员了。

与此同时,戈尔巴乔夫着手瓦解党的领导。1990年3月他将规定"苏联共产党是苏联社会领导力量和指导力量"的宪法第6条加以废除,使苏共丧失了对国家的领导地位。1991年"8·19"事件后他辞去苏共中央总书记职务,并建议苏共自行解散。一个具有光荣悠久历史和世界影响的苏联共产党就这样被葬送了。紧接着,1991年12月25日戈尔巴乔夫辞去总统职务。同日,红旗落地。一个成立于1922年12月、曾叱咤国际风云数十年的大国——苏维埃社会主义共和国联盟消失了。这时的戈尔巴乔夫对苏联解体毫无痛惜之情,他最关心的是他在辞职后的待遇问题:退休金、保镖、秘书、汽车和别墅等。时任美国国务卿的詹姆斯·贝克则在苏联解体

---

① 《纽约时报》刊载了信的全文,1991-05-30。
② 戈尔巴乔夫在会见欧洲人权会议各国代表团团长时的谈话。塔斯社莫斯科电,1991-09-10。转引自宋以敏:《苏联巨变和战后世界格局的解体》,见杜攻主编:《转换中的世界格局》,36页。
③ 戈尔巴乔夫在马德里中东和会上的讲话。塔斯社电,1991-10-30。转引自宋以敏:《苏联巨变和战后世界格局的解体》,见杜攻主编:《转换中的世界格局》,36页。

当月的一次讲话中对戈尔巴乔夫大加褒奖。他说，瓦解共产主义的"成就可能主要归功于一个人：戈尔巴乔夫。如果没有他，我们目前正在应付的转变便不会发生"，"因为这一点，世界感激他"①。

从戈尔巴乔夫开始政治改革到苏联解体的全过程中，我们可以看到，苏联改革的指导思想不是别的，正是所谓"全人类共同价值标准"和"全人类民主中的一部分的民主"这样一类"非意识形态化"的口号。这在演变与瓦解苏联上起到了其他力量难以起到的恶劣作用。

其实，苏联解体前夕，在苏联工人群众中和苏共党内仍有一支头脑比较清醒的力量看出了苏联所处的巨大危险。1991年春，阿斯特拉罕一个工人小组给苏共中央和苏联最高苏维埃写信说："我们通过读报、看电视了解苏联最高苏维埃的工作。我们非常吃惊、愤怒、甚至发狂。你们是文化人，是聪明人，怎么能够不明白，再不能忍受这样领导国家了！我们的国家正陷入深渊！为什么我们这些普通人都明白，也看得见，而你们却视而不见!?……戈尔巴乔夫既没有聪明才智，也没有工作经验，他没有良心，没有人格，没有内在的文化、学识、诚信和公民责任。戈尔巴乔夫的个性是灰色的，5年之中一直都在浅薄地瞎扯，他就像石头之间的蜥蜴一样蠕动，国家让他给搞垮了，遭受掠夺，被人肢解，成了世界的笑料。"当时俄罗斯的一些权威报纸则提出"戈尔巴乔夫辞职不可避免"的问题。② 在苏共内部，不断有基层党委严厉谴责戈尔巴乔夫。苏联莫斯科市委第一书记普罗科耶夫1991年11月就指出，"存在着一种同革新社会主义主张完全不同的方针并且这一方针越来越明显，这是从政治上和意识形态上转向资本主义"。"社会意识的堕落发展到了极点。拼命污蔑苏联的历史，焚烧国旗，粗暴地毁坏和亵渎弗拉基米尔·伊里奇·列宁和伟大卫国战争中牺牲的苏联军人的纪念碑，这还不是席卷全国的历史蒙昧主义的全部野蛮行为。""社会和人民所需要的对过去的罪恶、错误、斯大林时期的镇压、无道德和停滞状况进行批评，这是一回事；而对我们国家制度进行有计划有步骤

---

① 贝克1991年12月12日在美国倡议召开帮助苏联人的世界会议上的讲话。
② 罗伊·麦德维杰夫：《苏联的最后一年》，王晓玉等译，30页，北京，社会科学文献出版社，2003。

的诋毁,这又是一回事。"他强调指出:"我们社会发展的两个趋势——社会主义趋势和资本主义趋势的斗争,集中反映在俄罗斯联邦宪法制定的问题上,所谓的宪法'非意识形态化'是以公开地、直至厚颜无耻地赞赏私有制和私人经营为背景进行的……当前阻止我国向资本主义发展的首先是苏联共产党。因此有人才如此疯狂地要把苏共赶出政治舞台。"①一些人也对苏联外交上的危险倾向提出警告:"在苏联滑入深重危机的时刻,过分积极的对外政策举动,使苏联较多地依赖于外部世界,较少地独立自主……苏联领导把本国的'改革'变成了世界各国的大业,自我置身于这样一种局面:每走一步都担心外国会对我们搞经济制裁,担心布什不来访,担心外国舆论对我们不理解。这就不得不唯美国和西方马首是瞻。"②但是,这种声音显得过于微弱而根本不被听取。更有甚者,一些不同意见者遭到压制和打击。例如,一位大学教师安得列耶娃主张对党的历史做实事求是分析的文章刚一发表,苏共中央就组织文章反击,甚至要追查背景,揪出后台。正像有的文章所说,戈尔巴乔夫鼓吹的"所有这些民主、公开、多元,都是'单行道',只准发表反共反社会主义言论,不准有人针锋相对地进行批判;只准反共势力毫无阻碍地组织集会、游行、罢工,不准共产党进行反击。在这条方针、路线指引下,敌对势力可以肆无忌惮地进行反共反社会主义活动,而共产党自己的手脚却被捆住了,只能听任敌对势力的攻击,束手待毙"③。这就充分暴露了戈尔巴乔夫这类民主、公开和非意识形态化鼓吹者的反民主、反人民的真面目。

历史以无可辩驳的事实说明,正是以美国为首的意识形态进攻和苏联领导"非意识形态化"的合力,导致了1991年12月苏联的自动解体。而"所有这些是在西方未放一枪的情况下发生的"④。

---

① 《在具体工作中把共产党团结起来》,载《真理报》,1991-11-30。
② 《集中抓国内,为时尚不晚》,载《俄罗斯文学报》,1991(5)。
③ 参见马坚:《在意识形态领域必须旗帜鲜明地坚持马克思主义——苏联演变及其教训的思考之一》,载《真理的追求》,1996(19)。
④ 迈克尔·曼德尔鲍姆:《布什的外交政策》(Michael Mandelbaum, *The Bush Foreign Policy*),载《外交》,1990/1991。

苏联解体后的"新俄国"的情境又怎样呢？一位美国学者指出，"在新俄国，自由导致了失望。如果说1991年的胜利似乎是一种不知羞耻的庆贺市场经济、人权和西方价值观的自由民主主义者的胜利，那么，叶利钦在1996年的胜利则是以一批新的寡头政治支持者的上升而著称的。选举之后，银行家、传媒大王、实业家，这些曾给予财政援助和参与竞选的人们希望获得报酬，包括在克里姆林宫的职位，广播和商业上的特许证，以及获得国家资源财富的通道"。其结果是，"克里姆林宫内外新的寡头政治支持者把他们自己看作是无可争辩的幸运儿，是当之无愧的"①。而广大劳动者、知识分子的生活水平却急剧下降了。

(三)必须高度重视意识形态工作

美国对社会主义国家意识形态的进攻，从根本上说，是出于资本主义生存和全球扩张的需要，因而是绝不会轻易放弃的。为了坚持社会主义的正确方向，抵御西方意识形态的进攻，对于社会主义国家而言，最根本的是必须坚持用发展的马克思主义指导本国实践。

马克思主义与其他形形色色思想体系相比，具有无可比拟的科学性、革命性和对实践的长远的指导意义。作为一种博大精深的理论，马克思主义又是一个开放的体系，既注重吸收前人一切优秀成果，又注重顺应时代变迁和实践而不断向前发展。对于社会主义国家，凡遵循用发展的马克思主义指导本国实践，革命和建设就顺利，就发展；反之，把马克思主义变为僵死的教条，不思进取，就从根本上违反了马克思主义本身。在国际上各种思潮剧烈竞争的条件下，必然给资产阶级意识形态以乘虚而入的机会。苏共领导由教条僵化180度地转向自觉地接受全盘西化，就是证明。鉴于深刻的历史经验教训，我们党的几代领导人毛泽东、邓小平、江泽民同志等，得出的很重要的一条经验教训就是，始终强调要高度重视马克思主义的意识形态工作。以胡锦涛同志为总书记的新的一代党的领导人同样对意识形态工作高度重视。胡锦涛同志曾深刻指出，意识形态领域历来是

---

① 戴维·雷尼克：《俄国会发生变化吗？》(David Remnick, *Can Russia Change*?)，载《外交》，1997(1/2)。

敌对势力同我们激烈争夺的重要阵地，如果这个阵地出了问题，就可能导致社会动乱甚至丧失政权。敌对势力要搞乱一个社会、颠覆一个政权，往往总是先从意识形态领域打开突破口，先从人们思想下手。回顾苏联解体的历史，最清楚不过地说明了这一点。

当然，如何做好意识形态工作，是一个长期复杂的艰巨任务。而且随着时代的发展，情况的变迁，敌对势力策略的变化，意识形态斗争形势也会随之变化。对此我们必须保持清醒头脑。但是，如果我们始终坚信并努力学习与推进马克思主义，永远紧紧地依靠广大人民群众，那么，我们就将永远立于不败之地。

（原载《世界历史》，2008年第4期）

三、美国是如何从意识形态上影响赫鲁晓夫的

美国等西方发达国家把"和平演变"社会主义国家的主要希望，寄托在这些国家的领导人身上。从已经开禁的美国档案《美国对外关系》(*Foreign Relations of the United States*)和其他相关的回忆录中，我们看到，美国方面承认，只要斯大林在世，他们就难以撼动苏联。例如，1949年4月美国驻苏大使馆一份关于"苏联意图的报告"认为，"苏联近期不会直接诉诸武力以反对西方，而指望有一个若干年的和平时期"①。"在斯大林（领导）下，克里姆林宫策略高明而小心谨慎地对付任何面临的局势并且仔细地对卷入危险做出评估。对于这种情况，必须承认整个苏联政府是按照马克思主义—列宁主义—斯大林主义的教义的构想而毫不动摇地推进其长期战略的。"②报告还说明，斯大林的战略并不是放在军事扩张上，而是放在经济上，"斯大林的基本国际观念的表述是机敏的和权威性的"③。1949年7月1日，美国国务院一份关于"苏联内部状况"的编号为4998的绝密报告多方

---

① 美国国务院：《美国对外关系》，1949年第5卷，604页。
② 美国国务院：《美国对外关系》，1949年第5卷，607页。
③ 美国国务院：《美国对外关系》，1949年第5卷，607页。

面列举了苏联的成绩。① 正如1950年年初美国驻苏大使致电美国国务院时所承认的,"苏联内政外交上成功的实实在在的证据可能愈加强烈和普遍地激起民族的骄傲感。正如许多俄罗斯移民因上次战争中俄罗斯的威力而明显地表现出欢欣鼓舞,任何一个苏联工程师或政府官员,这些人可能仅仅是口头上相信共产主义思想,也都将可能对他们的国家普遍赢得的威望和威力而相当满意……最紧迫的战后工业重建任务显然已经完成;五年计划可能提前完成;在许多被宣布的领域,包括原子能领域进展迅速;苏联无论如何都是当今世界两个'超级大国'之一,而他的领导人的言行都会在全世界引起反响"②。这说明,苏联在第二次世界大战后初期社会主义建设道路上取得了很大成就。这些成就是和斯大林的领导分不开的。他在当时极为严峻的形势下,坚定地领导苏联共产党,迅速医治战争创伤,在短短几年时间就把苏联建设成为世界上最强大的国家之一。当然,苏联在当时确也存在许多问题,有的还相当严重。例如,经济方针上基本沿用战前经验,缺乏应对新形势的新政策;骄傲与教条化倾向以及对斯大林的个人崇拜和"一言堂"日益严重;因过度警觉和缺少法制而造成对外相对隔绝和政治清洗运动的再起等,这些都为苏联日后的发展埋下了隐患。但是,如果苏联党和政府坚持马克思主义,认真进行必要的改革,苏联的前途是大有希望的。然而,赫鲁晓夫上台后,情况就大不相同了。

对赫鲁晓夫,人们有多种评论。比如尼克松在与赫鲁晓夫接触后,做出如下判断,"我和赫鲁晓夫在所谓'厨房辩论'中的相会,使我确信,他是一个彻头彻尾的极权主义者"。"他粗鲁、未经琢磨、喝得酩酊大醉,在国际社交中显然是不相称的。报界曾以描写他闹饮作乐一事而取笑他,认为与斯大林相比,他不过是一个轻量级运动员,在位的日子长不了。""他信仰共产主义事业及其胜利的必然性,但他只是逢礼拜天在理论的祭坛上做做礼拜而已。我很难设想他实际上是否读过马克思的三厚卷《资本论》。在这方面,他与斯大林不同,后者广泛阅读并写下了大量有关共产主义理

---

① 美国国务院:《美国对外关系》,1949年第5卷,625～626页。
② 美国国务院:《美国对外关系》,1950年第4卷,1085～1086页。

论的书籍。"①正是建立在这种看法基础上，斯大林逝世后，美国以赫鲁晓夫为重点，进行了一系列对苏联的意识形态演变工作。

从现有材料看，这种工作在苏共二十大以后更突出了。在苏共二十大上，赫鲁晓夫提出了"和平共处""和平竞赛""和平过渡"等新的理论观点。在会议结束前夕，赫鲁晓夫做了题为《关于个人崇拜及其后果》的长篇秘密报告，对斯大林进行了严厉的批判，实际上是全盘否定斯大林。一直关注着苏联事态发展的美国政府在获知赫鲁晓夫秘密报告后表现兴奋。1956年3月22日美国国家安全委员会举行会议，参加者有当时的总统艾森豪威尔、国务卿约翰·杜勒斯和他的弟弟、中央情报局局长艾伦·杜勒斯等。首先讨论的就是"来自莫斯科的激动人心的新闻"，即赫鲁晓夫的"秘密报告"。艾伦·杜勒斯说："'秘密报告'的发表这一事件从隐性的和公开的两个方面为美国提供了巨大的机遇去利用这一形势。斯大林一直是苏联主要的理论家。他一直是伟大战争中的英雄，并且25年来一直扮演苏联的独裁者角色而为人们所熟知。现在苏联将如何处理如此庞大的所有这些斯大林的所作所为。……这里还产生一个问题，那就是斯大林的诋毁者（detractors）都是多年在工作上与他十分接近的人。显然，要创立新传统是十分困难的。任何有关斯大林政策的问题现在都将被加以否定。最后，卫星国领导人现在怎么办？这些人几乎都是斯大林的工具。"②艾伦·杜勒斯认为"所有这些问题对于美国都具有重要的政策上的意义。因此，它们应当得到最周密的思考"。按照他的说法，"赫鲁晓夫及其他领导人已经犯下了最为严重的错误"③。

艾森豪威尔总统同意艾伦·杜勒斯的判断。他和国务卿约翰·杜勒斯都认为"这种事件对于美国而言绝对是有利的"④。1956年3月30日，美国情报研究机构推出《对斯大林的亵渎》的报告，指出，"对斯大林的攻击已经产生了不信任、不确定性、混乱、困惑和愤怒"。而苏联领导人显然

---

① 理查德·尼克松：《领袖们》，251、232、241页。
② 美国国务院：《美国对外关系》，1955—1957年第19卷，19页。
③ 美国国务院：《美国对外关系》，1955—1957年第19卷，19、74页。
④ 美国国务院：《美国对外关系》，1955—1957年第19卷，75页。

是"过于低估了"这种危险。根据对形势的估计,美国政府一方面决定在公开宣传上"采取低调",以免让对方因警觉而团结起来,但又必须坚持"将破坏共产主义的可靠性规定为总的指导方针"①。

苏共二十大以后,赫鲁晓夫为排斥异己,独揽大权,顺利推行他的改革,于1957年6月苏共中央全会上揭发、批判并清除了马林科夫、卡冈诺维奇和莫洛托夫"反党"集团,最终确立了他在苏共党内的领导地位,结束了斯大林逝世后苏共高层的权力之争。在这一背景下,美国方面的一些知名人物频繁访问苏联,开始了以麻痹和演化苏联领导人为目的的工作。

1958年9月初,时任美国伊利诺伊州州长的史蒂文森访苏并与赫鲁晓夫会谈;同年10月初美国电影协会主席埃里克·约翰斯通访苏与赫鲁晓夫单独会见;1959年5—6月美国前驻苏大使和前纽约州长哈里曼·艾夫里尔访苏与赫鲁晓夫单独会见。他们都受到赫鲁晓夫极为热情的款待。所谈内容涉及美苏关系、苏联问题、东欧问题、华约与北约问题、中苏关系问题、共产主义与资本主义等广泛的问题。在会谈中,赫鲁晓夫吹嘘说,"5至7年时间,我们将比你们(美国)更加强大"②。"如果我们在未来5至6年内将300亿卢布用于发展弹道导弹,我们就能摧毁美国和欧洲每一个工业中心。300亿卢布对我们来说不是一个大数。……而摧毁整个欧洲和美国只需花费我们300亿(卢布)。"③他还多次说,"共产主义要埋葬资本主义"④。如果说,社会主义、共产主义代替资本主义是一种必然,是马克思主义的基本观点之一,到了赫鲁晓夫那里却不止一次地被歪曲成"共产主义要埋葬资本主义"这种非科学的,甚至是对社会主义、共产主义妖魔化的表述,正是西方资产阶级求之不得的。他们正可以由此而在全世界持续不断地掀起反共浪潮,从而孤立世界社会主义和民主势力。

美国来访者一再宣扬帝国主义、殖民主义给了前殖民地很多好处,包括"教给这些地区人民以自由和独立的思想";并指责"共产主义外部阴谋

---

① 美国国务院:《美国对外关系》,1955—1957年第19卷,86页。
② 美国国务院:《美国对外关系》,1955—1957年第10卷,279页。
③ 美国国务院:《美国对外关系》,1958—1960年第10卷,279页。
④ 美国国务院:《美国对外关系》,1958—1960年第10卷,271页。

势力"进行的革命①；他们还提出要求苏联取消新闻检查制度和停止干扰"美国之音"的对苏广播②等。赫鲁晓夫留给这些来访者的印象是"虚张声势，鲁莽而言不可信"，但他们都认为这是一个值得做工作的对象，因为这些美国来访者得出的一个深刻印象是，"赫鲁晓夫和苏联统治集团的整个动因是感到自己处于劣势而想要争取跟美国平起平坐"③，只是对于西方并无真正的"了解"④。正是出于帮助赫鲁晓夫加深对西方的"理解"的强烈愿望，史蒂文森"尝试着建议邀请赫鲁晓夫访美"⑤。而赫鲁晓夫也两次向约翰斯通表达了他"对访问美国感兴趣"⑥。他告诉约翰斯通说，"我喜欢那个人(指艾森豪威尔总统)。……我愿意坐下来与他交谈……艾森豪威尔总统是一名军人而不是资本家"。会谈后，约翰斯通立即向美国政府提议，要抓住机会，邀请赫鲁晓夫访美。他表示，只有让赫鲁晓夫在这儿待上足够长的时间去说服他，才能克服他过去形成的各种各样错误的印象。1959年8月3日美苏两国同时宣布：艾森豪威尔邀请赫鲁晓夫在同年9月访问美国；赫鲁晓夫邀请艾森豪威尔秋后到苏联访问。据赫鲁晓夫回忆，当收到艾森豪威尔的邀请时，"我简直不能相信我的眼睛"，看来美国已经把苏联当作平等伙伴了，"我们最后迫使美国承认了与我们建立更密切关系的必要性"。他甚至说，"邀我到戴维营和艾森豪威尔相处几天是对我极大的尊敬"⑦。

  当时艾森豪威尔想就苏美关系、柏林问题和美国在世界其他地方的权利问题、裁军、核试验和相互接触等问题与赫鲁晓夫进行谈判。但他有言在先，对于柏林问题和美国在世界上其他地方的权利问题，美国"是寸步

---

① 美国国务院：《美国对外关系》，1958—1960年第10卷，191、195~196页。
② 美国国务院：《美国对外关系》，1958—1960年第10卷，205页。
③ 美国国务院：《美国对外关系》，1958—1960年第10卷，206页。
④ 美国国务院：《美国对外关系》，1958—1960年第10卷，185页。
⑤ 美国国务院：《美国对外关系》，1958—1960年第10卷，185页。
⑥ 美国国务院：《美国对外关系》，1958—1960年第10卷，204页。
⑦ 赫鲁晓夫：《最后的遗言——赫鲁晓夫回忆录续集》，553、561、558页，北京，东方出版社，1988。

不让的"①。而且，艾森豪威尔考虑更多的是如何向对方施加心理上的影响。正如艾森豪威尔当时对国会领导人所说的，"我要做出一番巨大的个人努力，以便在卸任之前把苏联领导人哪怕软化一点点"②。

1959年9月14日赫鲁晓夫启程访美。同行的除时任外长的葛罗米柯外，还包括赫鲁晓夫的妻子、儿子谢尔盖、女儿尤莉娅·冈塔尔和拉达·阿朱别伊以及女婿A. I. 阿朱别伊（他是《消息报》主编）等。尽管赫鲁晓夫一路上到处宣传共产主义优于资本主义，在公开表态中，也处处在捍卫苏联形象和国家利益。但看得出来，他越来越惊叹于当时美国的发达和富有，羡慕美国人高水平的生活。在谈到国家问题时，他公开曲解马克思主义的基本原理，否定阶级分析，说共产主义的目标是废除国家，因为国家是压制人民自由意志的工具，"军队也是在压制人的个人自由的工具，最后，警察以及法庭都将被废除"③。这种说法与马克思主义关于共产主义社会国家自行消亡的理论毫无共同之处，反而向西方资产阶级提供了可以用来攻击社会主义的方便口实。谈到战争与裁军问题，给美国官员的印象是，"赫鲁晓夫先生比任何人都更害怕战争"④。

有关赫鲁晓夫此次访美，美国方面专门写了《关于赫鲁晓夫访问的报告》。报告指出，访问开始时，赫鲁晓夫或赞扬苏联制度、预言共产主义将在世界范围内和平取胜，或批评美国（贸易歧视，俄国革命后干涉苏联内政等）。但随着访问的进展，"他对美国的成就的承认变得更加慷慨"。他不仅承认美国的成就，而且认为美国人民和他们政府之间没有区别。报告做了这样一个估计，"尽管赫鲁晓夫原先表示他从电影上和大量阅读中已经了解了所有有关美国的情况，但有理由可以推测我们的生产能力，高生活水平，民众的团结等已经给他造成了影响"。报告还认为访问满足了

---

① 德怀特·艾森豪威尔：《艾森豪威尔回忆录——白宫岁月（下） 缔造和平（1956—1961年）》，静海译，487页，北京，生活·读书·新知三联书店，1977。
② 德怀特·艾森豪威尔：《艾森豪威尔回忆录——白宫岁月（下） 缔造和平（1956—1961年）》，静海译，488页，北京，生活·读书·新知三联书店，1977。
③ 美国国务院：《美国对外关系》，1958—1960年第10卷，435页。
④ 美国国务院：《美国对外关系》，1958—1960年第10卷，478页。

赫鲁晓夫个人的虚荣心,"他可能完全有理由感到满足了。……他向他自己的人民和世界上其他人显示,他被美国承认和尊敬为一个世界伟大强国的无可争辩的领袖"。赫鲁晓夫通过此次旅行可能已经使他作为与西方建立更紧密关系的和平缔造者而成为苏联英雄。① 显然,美国有计划地通过邀请赫鲁晓夫访美,不断地向他做"思想灌输"工作,在这个本来就不坚定的共产党领导人身上产生了潜移默化的影响,让赫鲁晓夫完成了对马克思主义由并不真信到背叛的过程。

如何认识评价赫鲁晓夫思想彻底演变的后果,需要随着历史的推移逐步深化。这里试谈几点不成熟看法以就教于同行。

第一,"苏美合作、主宰世界",成为苏联领导人的基本信条。赫鲁晓夫鼓吹苏美两国在国际事务中的决定性作用,企图实现两国的"全面合作"。1961年9月,赫鲁晓夫说,苏美是世界上最强大的国家,如果我们为和平而联合起来,那么就不会有战争。那时,如果有某个疯子想挑起战争,我们只要用手指吓唬他一下就足以使他安静下来。正是在这种思想指导下,赫鲁晓夫力求维护苏美两国的核垄断,阻止其他国家建立自己的核自卫力量。1964年10月,赫鲁晓夫下台后,以勃列日涅夫为首的苏共新领导仍坚持这一路线,并在世界范围与美国进行激烈的军备竞赛。这些做法,既严重威胁世界和平,又败坏了社会主义的声誉,由此也拖垮了苏联经济,最终给苏联的生存带来致命的威胁。

第二,使苏联社会开始了"和平演变"的进程。赫鲁晓夫访美后,在对美国资本主义本质的看法上,在对共产主义的理解上,在对一系列重大国际问题的解释上,都实际上日益背离了马克思主义基本原理而滑向了民主社会主义。这就不能不在苏联社会中造成严重的误导和思想上的混乱。应当说,在列宁、斯大林时期长期教育的基础上,苏联人民直到20世纪60年代还对社会主义和共产主义具有坚定的信念。据苏联《共青团真理报》20世纪60年代初在全国青年中进行的问卷调查显示,"青年一代所具有的最明显的特点是,坚定的目的性,生活积极性,乐观主义,而这些都被'每

---

① 美国国务院:《美国对外关系》,1958—1960年第10卷,485~495页。

日为共产主义理想而工作'所加强"①。但是，自赫鲁晓夫起，从全盘否定斯大林、丑化十月革命、丑化社会主义国家，到鼓吹美苏合作、大国沙文主义、分裂国际共产主义运动，以及在1961年苏共二十二大上提出全民党、全民国家等，这一系列做法和宣传鼓动都在做着同一件工作，那就是从意识形态上瓦解苏联党和社会主义制度。其在内政上随心所欲的改革，也和马克思主义指导下进行实事求是的改革，毫无共同之处。从而不断地招致失败和社会灾难。② 以至于在苏联社会中"逐渐形成了对于改革的疲劳综合征，向往稳定和秩序"③。而这又成了后来苏联当权者和既得利益者拒绝做认真改革的方便借口。

第三，培养了戈尔巴乔夫等一批民主社会主义者和苏联的掘墓人。戈尔巴乔夫等人之所以具有一整套民主社会主义思想，并得以顺利上台，与赫鲁晓夫机会主义路线的培养和提拔是分不开的。赫鲁晓夫执政时，戈尔巴乔夫还只是个大学生和初出茅庐的年轻干部。据记载，戈尔巴乔夫正是在听了赫鲁晓夫二十大秘密报告后开始形成其"政治个性"，而在"5年之后，在苏共二十二大上"便把这一个性"固定下来"④了。实际上，赫鲁晓夫时期培养了一批美国资本主义制度和民主社会主义的崇拜者。正是他们把一场社会主义自我完善的改革引向了资本主义的邪路，把苏联引向了解体。

历史的教训是深刻的。我们不妨先引用艾伦·杜勒斯在1945年一次演说中的话。在这次演说中他明确提出瓦解苏联的目的、任务和手段。他说："人的脑子，人的意识，是会变的。只要把脑子弄乱，我们就能不知不觉改变人们的价值观念，并迫使他们相信一种经过偷换的价值观念。用什么办法来做？我们一定要在俄罗斯内部找到同意我们思想意识的人，找

---

① 华东师范大学国际冷战史研究中心：《冷战国际史研究》，第5辑，543页，北京，世界知识出版社，2008。
② 华东师范大学国际冷战史研究中心：《冷战国际史研究》，第5辑，331～360页，北京，世界知识出版社，2008。
③ 俄罗斯科学院历史研究所：《20世纪俄国史》，559页。
④ 达斯科·多德尔、路易斯·布兰森：《戈尔巴乔夫——克里姆林宫的异教徒》，23页。

到我们的同盟军。"为了做到这点,艾伦·杜勒斯主张不惜采取一切可能的手段,把苏联社会上一切卑劣的东西"神圣化",使头脑清醒的、忠于社会主义的人变成少数,被"置于孤立无援的境地,把他们变成众人耻笑的对象"。他说:"我们要把布尔什维主义的根挖出来,把精神道德的基础庸俗化并加以清除。我们将以这种方法一代一代地动摇和破坏列宁主义的狂热。我们要从青少年抓起,要把主要的赌注押在青年身上,要让它变质、发霉、腐烂。我们要把他们变成无耻之徒、庸人和世界主义者。我们一定要做到。"这段话被苏联前总理、《大国悲剧——苏联解体的前因后果》①一书的作者尼·伊·雷日科夫在该书一开头所引用。雷日科夫说:"40年后,一切果然这样发生了。西方,特别是美国,消灭苏维埃国家的目标果然完全实现了。不过,我当然绝不会以为,这样一个大国的悲剧性解体能够仅仅发生在外部因素的影响之下。如果内部没有一个实际上完全奉行苏联的敌人所树立的目标的'第五纵队',而只靠外部力量,谁也不能把我们国家怎么样。这只要回想一下俄罗斯千百年来的历史,包括卫国战争那悲惨的时光和最后的胜利结局就可以一目了然。"

苏联解体的历史是一面镜子。它突出说明了坚持马克思主义对于共产党和社会主义国家具有何等重要的意义。社会主义国家为了将自己的事业推向前进,就要坚决抵御西方国家"和平演变"的图谋,毫不动摇地坚持马克思主义在意识形态领域的指导地位。这对于社会主义国家的领导干部具有特殊意义。恩格斯指出:"特别是领袖们有责任越来越透彻地理解种种理论问题,越来越彻底地摆脱那些属于旧世界观的传统言辞的影响,并且时刻注意到:社会主义自从成为科学以来,就要求人们把它当做科学来对待,就是说,要求人们去研究它。必须以高度的热情把由此获得的日益明确的意识传布到工人群众中去,必须日益加强党组织和工会组织的团结。"②恩格斯这段话至少包含以下几层意思:一是,社会主义是一门科学,人们应以科学的态度去研究它;二是,在研究过程中要与旧世界观的传统

---

① 雷日科夫:《大国悲剧——苏联解体的前因后果》,徐昌翰等译,北京,新华出版社,2008。

② 《马克思恩格斯文集》,第2卷,219页。

划清界限；三是，努力向广大群众进行科学社会主义的教育；四是，在科学社会主义理论的指导下，加强共产党的建设和领导。这些思想对于领导社会主义建设的共产党来说，具有极端重要性。只要培养和造就出千百万马克思主义接班人，社会主义事业就大有希望。

（原载《高校理论战线》，2010年第7期）

四、美国意识形态进攻和戈尔巴乔夫的"非意识形态化"

江泽民同志在庆祝中国共产党成立70周年大会上的讲话指出，"我们党历来重视意识形态工作，这方面工作做得好不好，直接关系社会主义事业的成败"。他还特别强调，加强和改进思想政治工作，最根本的是坚持和巩固马克思主义在我国意识形态领域的指导地位。

上述重要论述，是对国际共产主义运动和我国革命与建设正反面经验的科学总结，具有很强的指导意义。这里，我想结合美国对苏联的意识形态进攻和戈尔巴乔夫的"非意识形态化"主张在导致苏联走向解体上的恶劣作用，谈一谈对坚持马克思主义意识形态指导作用重大意义的一点认识。

（一）戈尔巴乔夫的"非意识形态化"与美国的意识形态进攻是导致苏联解体的一个重要原因

1991年年底苏联的解体有着多方面的原因，但是，戈尔巴乔夫鼓吹的"非意识形态化"思潮与美国意识形态进攻的合力在导致苏联解体上起了极其恶劣的作用，则是一个不争的事实。

苏联作为从十月革命中诞生的人类历史上第一个社会主义国家，经过成功地建设社会主义和第二次世界反法西斯战争的胜利，再到20世纪50年代把第一颗人造地球卫星送上天，取得举世瞩目的辉煌成就。但是，苏联社会主义毕竟只经历了几十年历史，"在经济、道德和精神方面都带有它脱胎出来的那个旧社会的痕迹"，特别是苏联高度集中的中央经济管理体制在20世纪70年代以后越来越不能适应发展的需要，而对外日益推行霸权主义更加重了其衰退的过程。苏联需要改革是历史的必然。但是，沿着什么方向去改，是沿着社会主义方向前进，还是滑向资本主义，却是大有文章，其结果则关系到社会主义苏联的生死存亡。

但是，苏联的某些实践，尤其是20世纪80年代后期的实践却离开了社会主义的基本指导思想，出现了另外一种景象。1985年担任苏共总书记的戈尔巴乔夫，在执政的初期还没有公开否定社会主义，并希望通过改革，争取发展生产力。由于各种原因，经济改革难以推动，戈尔巴乔夫便转向政治改革，提出了"更新"社会主义的口号，力求为经济改革扫除障碍。正是在这时，暴露出了这位苏共"二十二大产儿"的真实面貌。他全面彻底地批判苏联社会主义建设模式，否定几十年来苏联的建设成就，向人们"发出一个可悲的、对（苏联）整个制度进行诅咒的信息"，同时攻击苏联的"意识形态"是改革的"敌人"。以后戈尔巴乔夫的所作所为如前所述，就是自觉地用所谓"全人类共同价值标准"，即占优势的西方价值标准作为指导思想，从而自动放弃了社会主义的方向。1991年"8·19"事件后，戈尔巴乔夫立刻宣布，"从今以后，苏联已经被看作是民主社会不可分割的一部分"①，苏联的"物质基础是作为世界经济中的一部分的市场经济，政治支柱是作为全人类民主中的一部分的民主，精神源泉是新思维"②。这就是说，这时的戈尔巴乔夫已把苏联从经济、政治到价值观都看作是西方世界的一员了。此后，形势急转直下，戈尔巴乔夫以苏联的名义，针对苏共发布一道又一道命令，在全国范围内实行"非党化"。苏共机构被查封，财产被没收，报纸被停刊，档案被封存，共产党人遭到种种迫害。苏联各共和国纷纷宣告独立。1991年12月25日，戈尔巴乔夫辞去总统职务，同日，曾叱咤世界风云数十年的大国——苏维埃社会主义共和国联盟消失了。

从戈尔巴乔夫开始政治改革到苏联解体的全过程，我们可以看到，苏联改革的指导思想不是别的，正是所谓"全人类共同价值标准"和"全人类民主中的一部分的民主"这样一类"非意识形态化"的口号。这对演变与瓦解苏联起到了其他力量难以起到的恶劣作用。

关于苏联为什么会滑向资本主义和走向解体，一些俄罗斯学者也在进

---

① 戈尔巴乔夫在会见欧洲人权会议的各国代表团团长时的谈话。塔斯社莫斯科电，1991-09-10。

② 戈尔巴乔夫在马德里中东和会上的讲话。塔斯社电，1991-10-30。

行探讨。例如，1999年访问中国的俄罗斯科学院远东问题研究所一位教授在中国社科院近代史所座谈时说，苏联向资本主义演变是逐渐的，是在改善社会主义的口号下进行的。老百姓没有发现这点。他说，苏联存在特权阶层，是从赫鲁晓夫时期开始的。鱼从头开始腐烂，苏共中央是往资本主义方向发展。苏联人在意识形态上被炸毁了。毛泽东说枪杆子里面出政权，现在是电视、麦克风和书刊报纸出政权。他的话代表了当前俄罗斯一些比较激进的知识分子的看法。当然，说没有人看出当时的危险，未免有点言过其实。例如，时任苏联莫斯科市委第一书记的普罗科耶夫1991年11月就指出，"存在着一种同革新社会主义主张完全不同的方针并且这一方针越来越明显，这是从政治上和意识形态上转向资本主义"。"社会意识的堕落发展到了极点。拼命污蔑苏联的历史，焚烧国旗，粗暴地毁坏和亵渎弗拉基米尔·伊里奇·列宁和伟大卫国战争中牺牲的苏联军人的纪念碑，这还不是席卷全国的历史蒙昧主义的全部野蛮行为。""社会和人民所需要的对过去的罪恶、错误、斯大林时期的镇压、无道德和停滞状况进行批评，这是一回事；而对我们国家制度进行有计划有步骤的诋毁，这又是一回事。"他强调指出，"我们社会发展的两个趋势——社会主义趋势和资本主义趋势的斗争集中反映在俄罗斯联邦宪法制定的问题上，所谓的宪法'非意识形态化'是以公开地直至厚颜无耻地赞赏私有制和私人经营为背景进行的。……当前阻止我国向资本主义发展的首先是苏联共产党。因此有人才如此疯狂地要把苏共赶出政治舞台"①。一些人对苏联外交上的危险倾向提出警告："在苏联滑入深重危机的时刻，过分积极的对外政策举动，使苏联较多地依赖于外部世界，较少地独立自主，……苏联领导把本国的'改革'变成了世界各国的大业，自我置身于这样一种局面：每走一步都担心外国会对我们搞经济制裁，担心布什不来访，担心外国舆论对我们不理解。这就不得不唯美国和西方马首是瞻。"②但是，这种声音显得过于微弱而根本不被听取。更有甚者，一些不同意见遭到压制和打击。例如，大学

---

① 《在具体工作中把共产党团结起来》，载《真理报》，1991-11-30。
② 《集中抓国内，为时尚不晚》，载《俄罗斯文学报》，1991(5)。

教师安得列耶娃主张对党的历史做实事求是分析的文章刚一发表,苏共中央就组织文章反击,甚至要追查背景,揪出后台。正像有的文章所说,戈尔巴乔夫鼓吹的"所有这些民主、公开、多元,都是'单行道',只准发表反共反社会主义言论,不准有人针锋相对地进行批判;只准反共势力毫无阻碍地组织集会、游行、罢工,不准共产党进行反击。在这条方针、路线指引下,敌对势力可以肆无忌惮地进行反共反社会主义活动,而共产党自己的手脚却被捆住了,只能听任敌对势力的攻击,束手待毙"①。

然而,与此形成鲜明对照的是,20 世纪 80 年代以来美国等西方国家在加紧向苏联发动意识形态进攻,且攻势愈发咄咄逼人。1982 年 6 月,时任美国总统的里根在英国议会发表演说称,"我现在要叙述的长期计划和希望——自由和民主的前进,将使马克思列宁主义被弃置在历史的灰烬之中",并提出美国要"举国(包括政府和私人)一致地致力于援助民主的事业"②。很明显,这是在吹响向社会主义国家发动"和平政治攻势"的进军号。

从 1982 年到 1989 年年初里根执政的 7 年时间里,美国等西方国家一致联手促使苏联向资本主义国家转化。其特点是力求将意识形态的压力直接转化为苏联当局的政治措施。1990 年西方七国参与拟制苏联的改革计划,并监督苏联对西方援助的运用。它们通过裁军谈判、经济援助和人权问题等,沿着一个既定目标不断地向苏联施加压力。例如,在 20 世纪 80 年代,美国利用苏联的经济困难,不断以经济援助为手段,迫使苏联在国内人权政策方面进行改革。鉴于苏联放宽了移民政策,布什就在 1990 年 12 月宣布美国将暂停执行杰克逊—瓦尼克修正案,向苏联提供 5 亿至 10 亿美元援助用于购买美国农产品,此外还将向苏联提供医疗用品和技术援助。美国还把人权与军控谈判挂钩。美国政府代表通过 1988 年 3 月召开的北约首脑会议,发表《常规军控谈判方针》指出:"欧洲安全不仅取决于军事因素,还取决于政治经济尤其是人道因素",硬是把裁军与保护宗教信

---

① 参见马坚:《在意识形态领域必须旗帜鲜明地坚持马克思主义——苏联演变及其教训的思考之一》,载《真理的追求》,1996(6)。
② 《中美月刊》,1982(27)。

仰、人员流通、取消政治犯等人权问题相联系。此后，美国认为，苏联在对待政治犯和犹太人离境方面取得了"重大进展"，暗示这可能为新的军备谈判创造了条件。①

1989年1月中旬在维也纳举行的35国人权会议集中讨论了苏东国家人权状况。苏联和华约为了在常规武器谈判上达成协议，在人权方面做出了"空前的让步"。这些让步包括同意建立监督机制，使欧洲33国和美、加两国可以在任何时候对其所进一步怀疑的践踏人权的行为提出疑问。被怀疑的苏东国家必须回答这些问题。各国政府可以要求举行双边会议，直至把问题提到每年一度的国际人权会议上解决。这样，苏联以后再也不能把西方的指责和干预斥责为"干涉苏联内政"了，从而陷入了极大的被动局面。

对于苏联在人权政策上的退让，美国深表"满意"。1989年4月14日，时任美国国务卿的詹姆斯·贝克在其"永恒的力量：美国新时代的对外政策"的讲话中说，"现在，克里姆林宫出现的一种新的现实精神证明了我们的努力取得了成功"。但是，这绝不意味着美国从此就放弃施压。正如美国对外关系委员会成员、东西关系问题专家迈克尔·曼德尔鲍姆所说："像苏联这样一个国家，即使它更自由化一些，也很难逃脱来自美国的指责。无疑，使俄罗斯人和其他苏联人建立起一整套资本主义社会经济和政治体系，应该成为美国的一个长期奋斗目标……"②而这一目标由于苏联戈尔巴乔夫等人的"主动配合"于1991年年底提前实现了。

这一幕可谓20世纪国际关系的"天方夜谭"。一方发动意识形态的猛烈进攻，另一方却大叫要放弃自己的意识形态，向对方看齐。其最终结果是，苏联于1991年12月自动解体。也正如迈克尔·曼德尔鲍姆所说，"所有这些是在西方未发一枪的情况下发生的"③。也就是说，苏联真的实现了西方所瞩望的"和平演变"。

---

① 美国国务院女发言人菲利斯·奥克利谈苏联人权状况。美联社华盛顿电，1988-05-31。
② 迈克尔·曼德尔鲍姆：《结束冷战》，载《外交》，1989(4)。
③ 迈克尔·曼德尔鲍姆：《布什外交政策》，载《外交》，1990/1991。

苏联解体后"新俄国"的情境又怎样呢？一位美国学者指出，"在新俄国，自由导致了失望。如果说1991年的胜利似乎是一种不知羞耻的庆祝市场经济、人权和西方价值观的自由民主主义者的胜利，那么，叶利钦在1996年的胜利则是以一批新的寡头政治支持者的上升而著称的。选举之后，银行家、传媒大王、实业家，这些曾给予财政援助和参与竞选的人们希望获得回报，包括在克里姆林宫的职位，广播和商业上的特许证，以及获得国家资源财富的通道"。其结果是，"克里姆林宫内外新的寡头政治支持者把他们自己看作是无可争辩的幸运儿，是当之无愧的"①。而广大劳动者、知识分子的生活却急剧下降了。

(二)"非意识形态化"的本质是反社会主义的

写到这里，我们不能不对戈尔巴乔夫一类人的"非意识形态化"主张做进一步的分析。

我们知道，作为上层建筑的意识形态是一定社会经济的产物。在阶级社会中各种意识形态不能不打上阶级的烙印。作为阶级的意识形态事实上起到了维护占统治地位的社会经济制度和政权的巨大作用。这是不依人们意志为转移的，是无法由任何人主观意志加以消除的。

但是，一些资产阶级自由派知识分子和社会民主党人却竭力宣传"非意识形态化"的主张。特别是第二次世界大战后，逐渐形成为一种思潮，其目的在于淡化以至消除马克思主义与非马克思主义、社会主义与资本主义之间的原则界限。1946年，西德社会民主党首脑舒马赫尔提出了"世界观中立"的观点，即否定指导思想和排斥理论，企图引导工人运动"非意识形态化"。1953年以自由派知识分子自居的法国著名学者雷蒙·阿隆就提出了"摒弃意识形态"的口号，认为随着工业化、现代化进程而普遍地进入"工业社会"以后，社会主义和资本主义不过是同一社会类型的两种形式，如果把两者视为对立的两极，就是"意识形态上的教条主义"。不难看出，这种以无党派自居的"非意识形态化"主张实际上具有明显的资产阶级性

---

① 戴维·雷米克：《俄罗斯能政变吗？》（David Remnick, Can Russia Change?），载《外交》，1997(1/2)。

质，其实质是借否定意识形态来掩盖意识形态的阶级性，以抽象的人类价值或人性尺度来否定阶级分析，以此麻痹人们的思想，反对和取消无产阶级在意识形态领域反对资产阶级的斗争，为资产阶级占领意识形态阵地大开绿灯，进而否定马克思主义，否定共产党的领导和无产阶级专政，否定社会主义。

如上所述，就在一些人宣传"非意识形态化"时，西方资本主义国家却始终不忘强化意识形态。特别是美国，是很懂得意识形态重要性的。早在1958年，美国哈佛大学国际事务研究中心就发表了受参议院委托撰写的一份报告，提出意识形态在国际关系史上是"一个重要的因素"，而且特别强调工业时代"扩大了政治理论的作用。政治理论能动员群众来支持国家在国内外所进行的事业"①。前总统尼克松在1984年发表的《现实的和平》一书中提出，"至关重要的是西方发动攻势来赢得这场（意识形态）斗争"，"要进行争取世界人民'民心'的竞赛"。他相信美国播下不满的种子，有一天将开出和平演变的花朵。②尼克松于1988年写的《1999：不战而胜》和布热津斯基1989年写的《大失败——20世纪共产主义的兴亡》则更为精巧地设计了一套如何从意识形态上彻底战胜社会主义、共产主义的策略手法。布热津斯基特别提出抓人权的口号。他说，"倡导尊重人权影响巨大，意义深远，可加速共产主义衰亡的过程"③。面对西方势力发动的意识形态攻势，社会主义国家的人们能够用什么"非意识形态化"来自我欺骗吗？当然不能。然而问题并不这么简单。"非意识形态化"主张在社会主义国家一部分普通公民中存在，可能是出于政治上的不够成熟与缺乏经验，对于执政者如戈尔巴乔夫一类人就不能这样看。在戈尔巴乔夫那里，所谓"非意识形态化"主张，其实不过是掩人耳目的遮羞布，骨子里却充满着反社会主义的意识形态。1999年戈尔巴乔夫在出席土耳其首都安卡拉美国大学研讨会发表演说时就把他的嘴脸暴露无遗。他说："我生活的目的就是消灭对

---

① 哈佛大学国际事务研究中心：《意识形态与外交事务》，12页。
② 理查德·尼克松：《现实的和平》，92～94页。
③ 兹·布热津斯基：《大失败——20世纪共产主义的兴亡》，军事科学院外国军事研究部译，303页，北京，军事科学出版社，1989。

人民实行无法忍受的独裁统治的共产主义。……我只有身居最高层职位，才能对此有最大的作为。因此，我妻子要我不懈地努力往上爬。当我亲自认识了西方，我的决定就成了不可更改的了。我必须清除苏共和苏联的整个领导，我必须清除所有社会主义国家的领导。我的理想是走社会民主党的道路"，"世界没有共产主义会更美好。2000年以后的世界将迎来和平与繁荣的时期，但是却有巨大的障碍阻碍着人类走向和平与富强，这就是中国的共产主义。……要是中国的共产主义垮台了，世界在走向和平和正义的道路上会前进得更远"[1]。还有什么比这更为卑劣的呢?! 他用"孙行者钻进肚子"的办法窃居苏共最高领导职位，然后用他的"改革"和"非意识形态化"从思想上搞垮苏共，最终把苏联引向解体。他的狂妄野心还要把包括中国在内的全世界共产主义力量彻底搞垮。难怪西方领导人要对他大加赞扬，把瓦解共产主义的成就首先归功于他。事实上，戈尔巴乔夫不过是混进苏共党内的资产阶级的忠实代言人。

（三）最根本的是要捍卫我们意识形态的核心——马克思主义

从苏联解体的惊心动魄的史实中，我们不能不深刻地感受到，社会主义国家要立于不败之地，必须自觉地坚持马克思主义意识形态领域的指导地位。江泽民同志把这一点提到加强和改进思想政治工作的"最根本"的地位上来加以强调，实在是再恰当不过了。事实上，任何一个国家，特别是像美国这样的国家，从来就主张把捍卫其核心的价值观当作捍卫其国家安全的根本。例如，美国学术界的重要刊物之一《外交》杂志1994年冬季号的一篇文章，就突出强调"国家安全政策包含着保卫国内核心价值观（Core Values）免遭外来威胁的必须的决定和行动"，而"这些价值观除了用于战胜敌人外，还成为值得为之奋斗的目标。在检验这些价值观时，不仅要注意其物质利益和权力概念，而且它们牢牢地把握住关于家庭，性别，性生活，种族，以及'人民的同一性'的信仰，所有这些均应考虑在内"[2]。这就

---

[1] 捷克《对话》，1999(146)。

[2] 伊兰·T. 梅：《评论：意识形态和外交政策：外交史中的文化和核心》（Elane T. May, *Commentary: Ideology and Foreign Policy: Culture and Center in Diplomatic History*），载《外交》，1994(冬季号)。

是说，美国十分注意以资本主义核心的价值观占主导地位并使其渗透到内政、外交、社会生活的方方面面。事实上，他们做得是如此的"自觉"，以至于远远超过了我们一般人的想象。例如，有的美国学者指出，"直到今天，美国各个阶层中，到处有人宣传私人企业的优点及社会主义必定导致的罪恶；由于几代以来，资本社会的宣传机构，一直在传达这种思想，其中包括各种媒介物、学校、教会、政客以及决策者，因此我们才产生这种偏见。凡是出现对'自由企业'的批评，经常都被视为不合乎美国格调的论点，资本主义相对地被认定是符合政治自由的唯一条件"。"'个人主义'在美国被视为隐私权的保有，它并且代表了在生产、消费及娱乐上无需公有的一种形态。……这种'个人主义'只不过代表一个人有'野心'，而且被视为一种伟大社会价值。"①看来美国在坚持和巩固其自身核心意识形态、特别是在坚持个人主义上真是十分的顽强。这对于我们不能不具有某种警示作用。

中国是一个社会主义国家，虽然目前尚处在社会主义初级阶段，但是制度的本质和她要努力实现的由社会主义向共产主义过渡的大目标以及中国共产党带领亿万人民坚持走共同富裕道路的决心，决定了她的指导思想只能是马克思主义的辩证唯物主义和历史唯物主义。社会主义是千百万群众的事业，人民群众是国家的主人，是推动历史前进的真正动力。这样的社会需要一代又一代人坚持为人民服务的方向，把国家、集体与个人三者的利益辩证地结合起来，有理想、有道德、有文化、有纪律的新人，需要不断深化对科学的世界观和方法论的研究和认识，并以此来指导自己的实践。从这个意义上讲，丢掉马克思主义也就丢掉了社会主义意识形态的根本。

当然，我们清醒地看到，在当前复杂的国际国内形势下，坚持这个根本，每一步都必须战斗，首先是思想领域的战斗，理论领域的战斗。

从国际上看，自从苏联解体、东欧剧变后，美国等西方国家一些人就把中国看作是他们"最后一个眼中钉"。他们露骨地攻击中国是"日渐缩小的共产党国家的代言人"，"当今世界没有哪个国家比中国更敢于这么大胆地维护

---

① 迈克尔·帕伦泰：《少数人的民主》，33、350页，台北，四季出版公司，1980。

大部分美国人认为过时或邪恶的意识形态和价值观念"。他们声称,"中国已成为美国主要的意识形态的对手和美国人在很大程度上感到讨厌的象征"①。基于此,美国这些年来始终不放松对中国的遏制政策和文化渗透政策。

从国内看,由于我国现在正处于深刻的经济体制转轨时期,人们的精神世界正发生着重大变化。而经济成分的多样化,利益的多样化,决定了目前文化上的多元化。多元化本身并不可怕,但在这种多元化中,必须保证指导思想的一元化,这个指导思想就是马克思主义。有了这个指导思想,即使意识形态领域出现某些与主旋律格格不入的杂音和噪音,我们照样可以"任凭风浪起,稳坐钓鱼船"。但如果马克思主义的指导地位得不到保证,在多元化中缺少了这个主心骨,这样的多元化只能是一种无序的多元化、混乱的多元化,最终必将导致我国文化的变质和转向。这是十分危险的。总之,坚持指导思想的一元化,是关系我们社会主义生死存亡的大事,是意识形态领域的一项十分突出的任务,决不能掉以轻心。

从根本上说,中国革命和社会主义事业的胜利是马克思主义在中国的胜利。马克思主义作为科学世界观和方法论,在中国得到了极大发展,这体现在毛泽东思想和邓小平理论的巨大指引作用上。马克思主义作为一种发展的学说绝无任何狭隘与僵化的成分,而具有与时俱进的理论品格。它吸收人类社会与世界各国一切进步有益的思想文化成果,但坚决抵制与排除那些有害的意识形态和价值观,如西方一些人宣扬的极端个人主义等。我们党开拓性地提出社会主义市场经济的主张和"三个代表"的重要思想就证明了这点。如果说,前些年西方国家沾沾自喜地以为中国正走在资本主义道路上,那么,现在连他们自己也不完全相信这种说教了。关于这一点,俄罗斯学者霍考夫发表的《美国对中国的政策》一文中指出,美国首先关心的是中国政治经济改革发展"将会导致怎样的结果?中国会成为按西方理解的民主国家,还是仍旧是市场经济与共产主义意识形态相结合的国家?""华盛顿无疑保持着对中国经济(以及意识形态)改革前进方向的关心,如果中华人民共和国的局势并未按(对美国)有利的方案发展的话,北京始

---

① 《纽约时报》,1991-09-10。

终处于美国对外政策排序中的最受关注的地位。"①然而,美国当局一些人的可悲之处在于,他们永远无法理解,社会主义市场经济也好,他们所说的"共产主义意识形态"也好,都统一于马克思主义科学理论指导之下,并按照中国自身的特点向前发展,这是任何力量也改变和阻挡不了的。

(原载《高校理论战线》,2001年第1期)

---

① M.T.霍考夫:《美国对中国的政策》,载《美加经济、政治和文化》,2000(7)。

第四章　美国对华政策及中美关系中的人权问题

一、中国的发展与美国对华政策走向

（一）

党的十一届三中全会以来，由于我国有了一条符合本国国情的"一个中心，两个基本点"的正确路线，社会主义事业蒸蒸日上，国民经济每年以约10%的速度递增，人民生活水平不断提高，综合国力大大增强，在全球的影响日渐扩大。所有这些都已成为无可争辩的事实。

曾任美国《纽约时报》驻北京分社社长的尼古拉斯·克里斯托夫于1993年年底以《中国的兴起》为题发表文章说："中国的兴起，如果继续下去，可能是下一世纪世界上最重要的趋势。……一个多世纪以来，美国拥有世界上最大规模的经济，但是按照目前的轨道运行下去，中国可能在下一世纪前半期取代美国的地位并且在世界经济中占居首位。"文章说："在有文字记载的多数历史年代中，中国比西方更为发展，更为繁荣，更有经验和更加文明。仅仅在最后500年欧洲设法超过了中国。""中国目前正走在可能恢复其昔日伟大的路上。"他甚至认为："中国正在成为国际体系中的第四极。"①

美国前总统布什多次谈到对中国的印象。1993年年底时，他说，"中国正在向前迈进"，他在中国看到的是"一幅更有前途的景象，那就是中国成为一个开放、负责的全球经济超强，到2000年，中国可以享受年增长率8%的盛景10多年，成为成长最快速的世界第二大经济体"②。

今天，世界舆论几乎同声盛赞中国"惊人的变化"。时任世界银行中国

---

① 尼古拉斯·克里斯托夫：《中国的兴起》，载《外交》，1993(11/12)。
② 《中国时报》刊登的布什于1993年11月16日在香港发表的演讲，1993-11-17。

和蒙古局局长的尼古拉斯·霍普于1996年年初说，中国去年"做得非常好"①。时任综合组织秘书长的让-克洛德·帕耶则说，中国在过去15年里"干得很出色"②。

任何一个不抱偏见的国家和个人都会对中国的发展持欢迎的态度。因为，在这样一个人口众多、幅员广阔的世界上最大的发展中国家的健康发展，不仅反映了人类1/5以上居民生活水平的切实提高和人权的巨大进步，而且对整个世界经济的发展也是一个伟大的贡献。

（二）

但是，以美国为代表的西方某些势力却采取了相反的立场。他们正在散布一种"中国威胁论"和挑起"新的冷战"。

美国《纽约时报》1995年8月15日的一篇文章指出，"中国正摆脱200年的软弱和耻辱。它终于掌握西方的技术和经济思想（这多少反映了他们对我国经济思想的片面了解——笔者）。许多中国人感到，他们终于能博得他们应受的尊敬和尊重。但是，中国不论朝哪个方向看，美国都在对它进行挑衅"③。日本《世界周报》也在1995年8月15日以《美中会迎来"新的冷战时代"吗？》为题揭露说："对于以世界的领导者而自诩的美国来说，最大的课题是如何使中国成为不给美国及盟国带来'危害'的国家。"《周报》援引时任美国国防部副部长帮办坎佩尔的话说，"今后的10年将决定中国的性质"。他暗示，"今后的10年要努力把中国引导到理想的方向"。这种对美国来说的"理想方向"就是"西化"和"和平演变"中国。

除了"西化"，还有"分化"。台湾东海大学冯启人教授指出："正当世界饱经战乱之苦以后，冷战结束为全球和平带来一线曙光之际，美国发起了所谓'中国威胁论'，不但要'遏阻'中国的发展，更进而要'拆散中国'（Breaking China Apart），苏联解体后，美国在这方面真是竭尽所能，矢志

---

① 法新社巴黎电，1996-01-10。
② 法新社巴黎电，1996-01-10。
③ 沃尔特·拉塞尔·米德：《同中国人发生更大麻烦的危险》，载《纽约时报》，1995-08-15。

不渝。而肇始于《马关条约》的'台湾问题',便是目前这一切斗争的焦点。"①此外,"拆散中国"几个字并非冯教授发明,而是他引自美国《纽约时报》1992年11月8日的一篇文章,该文标题就冠以"拆散中国"几个大字。

这一切不能不引起我国所有爱国同胞的警惕。台湾作者毛铸伦在《海峡评论》1995年第55期刊登的《新冷战的警讯响了》的文章中就警告世人:美国正在制造"一个真正的危机",在"冷战后时期"掀起对中国的"新冷战"。

(三)

美国等西方国家这样做,有其深刻的经济、政治和战略根源。揭示这一点,有助于我们加深对美国等西方国家对华政策的本质和规律性的认识。

首先,从经济上看,早在第二次世界大战后初期,美国就企图建立在它控制下的以美元为中心的"世界经济秩序",而占有"巨大的中国市场"乃是"一个多世纪以来美国商人梦寐以求的"②。

但是,中国革命的胜利打破了美国的迷梦。它怎能不痛心疾首?今天,中国一天天强盛起来,它又怎能甘心呢?特别是美国非常清楚,"资本主义是一个国际体系,一旦在国际上行动不开,就要彻底崩溃的"③。当今天美国的安全更取决于美国经济的强大,而美国经济又更加有赖于美国开发国外市场时,美国所要做的首先是维持和扩大其在世界上的经济霸权地位。克林顿上台后提出"扩展战略","即扩大全世界市场民主国家的自由大家庭"④。说穿了,就是要由美国实现经济霸权主义的同义语。仅仅为此目的,它也绝不容忍中国社会主义经济独立地发展下去。

其次,从政治和战略上看,美国一向自诩为世界文明的"灯塔"和各国效法的榜样,从来不允许有另一种制度与之竞争,何况这是一种比它更先

---

① 冯启人:《美国对华企图之演变——兼评〈东亚战略调整报告〉对中国的新围堵》,载《海峡评论》,1995(58)。
② 沃尔特·拉菲伯:《美国、苏联和冷战(1945—1980)》,30页。
③ 沃尔特·拉菲伯:《美国、苏联和冷战(1945—1980)》,10页。
④ 《美国改变对外政策方针》,载《纽约时报》,1993-09-22。

进的社会主义制度。对于苏联它就是这样做的。美国对外关系委员会成员、东西方关系问题专家迈克尔·曼德尔鲍姆曾说:"像苏联这样一个国家,即使它更自由化一些,也很难逃脱来自美国的指责,无疑,使俄罗斯人和其他原苏联人建立起一整套资本主义经济和政治体系,应该成为美国的一个长期奋斗目标;美国的最终目标应该是使全世界每一个国家都实现这一点。"①

苏联解体后,美国又把矛头对准中国。这并不奇怪。早在十多年前,美国著名历史学家费正清就把美国当局对中国的心态,刻画得入木三分。他说:"我们感到我们的基本价值标准直接受到威胁,如果中国人自愿选择共产主义,那就可以断定人类的大多数是不会走我们的路——至少目前是如此。因此,我们在这场危机中聊以自慰的,是认为新的中共独裁政权并不代表中国人民相当大的一部分人的利益,认为它只是靠武力和操纵手段才能维持下去。总之,我们认为它太坏,不能持久。因此作为一种原则和义务,我们必须反对它。"②这样,就把反对社会主义中国提到了美国对外战略的高度。

特别令美国当局敏感的是中国的明确目标是逐步消灭贫富差距和实现共同富裕。墨西哥《至上报》1995年7月30日的一篇文章说,"自1949年革命成功后的毛泽东时代起,这个国家发生了翻天覆地的变化",但是其中"中国的社会发展才是最突出的。它克服了贫困,各个阶层的生活都大有改善,尤其是农民","它的社会和经济是在和谐地增长,这将使它能以一种完美的形象屹立于世界"。"哈利法克斯首脑会议声明说,'持续发展的目标是提高所有人的生活质量',如果的确有国家在这样做,无疑就是中国。"③

中国的上述成就,与贫富差距不断扩大的美国,不能不形成一种明显的反差,而对世界人民,特别是第三世界国家人民是个很大的鼓舞。这对

---

① 迈克尔·曼德尔鲍姆:《结束冷战》,载《外交》,1989(4)。
② 费正清:《美国与中国》,334~335页。
③ 伊格纳西奥·卡斯蒂略·梅纳:《中国将进入经济强国之列》,载《至上报》,1995-07-30。

于美国推行全球霸权主义战略无疑是更大的障碍。

此外，中国的强大是有利于促进中国统一的。而这又恰恰是美国不愿看到的。正如台湾逢甲大学副教授杨志诚所说，美国"对于中国的统一，基本上是不会乐观其成的，因为中国的统一严重违背了美国在后冷战时期的重大利益。因此，不管是两岸的和平统一或是武力统一，都是美国所必须阻止的。一旦中国统一，……美国的'新围堵战略'，将无立足之地，美国想继续保持影响力插足亚太地区的情势，必更形困难，此岂美国的中国政策所能容忍？"①

正因此，美国是绝不会放过对中国的攻击和诬蔑，绝不会放弃"西化"和"分化"中国的政策。这是无法改变的客观规律。②

（四）

当然，也不是说今后美国对华政策会一成不变。这里关键是美国对外政策一方面要受制于国内垄断资产阶级的利益和意愿，同时也受制于其国力和整个国际形势，还受制于其外交对象国的状况。看来，今后美国对华政策走向是在变与不变、根本战略不变而策略手法将不断有所变化的情况下向前推进。

1. 美国自身问题成堆，国力相对下降的趋势无法扭转，使其在对华政策上有力不从心的一面

美国《经济学家》周刊1993年6月19日一篇文章指出，"如今，在领导自由世界40年之后，美国人越来越怀疑他们是否仍然想领导世界，或者说需要领导世界"。"由于经济只是勉强缓慢地走向复苏，而且有着3000亿美元预算赤字，美国感到它不像是世界经济增长的火车头。随着城市老区的日益衰落、暴力的发生率不断提高和一个社会处在被集团利益巴尔干化的危险之中，它非常清楚它作为民主价值观的主要陈列室已经破产了。"③当

---

① 《后冷战时期美国的中国政策》，载《海峡评论》，1995(60)。
② 连曾任美国驻华大使、前参议员詹姆斯·萨瑟都承认，随着中国这个世界上最大的国家成为重要的国际力量，美中之间将出现更多的紧张因素。见法新社田纳西州纳什维尔电，1996-01-15。
③ 《不情愿的"治安长官"》，载《经济学家》，1993-06-19。

然，这绝不意味着美国会自动认输，会放弃用所谓美国式的民主和价值观干涉别国内政的做法，但美国之心劳日拙则是难以避免的事实，在这种情况下，美国想要如过去那样作为两极中的一极来颐指气使是更困难了。

2. 全球的包括美国的对外政策重点均已转向经济，一味遏制中国的做法会损害美国自身

正如外界一些报刊所说，"今天的主要注意力已从安全和裁军问题转向了世界经济"。"今天的安全就是贸易的权利。稳定就是搞好贸易平衡。……商人们利用外交为自己的事业服务。"①作为资本家总代表的美国白宫自然不甘心丢掉中国这个大市场。因此，每当它们企图举起人权大棒时，立刻就会出现一种两难处境：是输出价值观，还是只输出商品？② 在"经济学对人权"的辩论中，美国有时不得不有所后退，这是其自身经济利益使然。今后在这一点上还会不断地反映出美国当权者的矛盾、尴尬状态。

3. 中国的经济改革和经济发展使世界重新认识中国，美国顽固的反华立场不得人心

中国的日益强大已为世人所共识，中国正在建立社会主义市场经济体制。一切尊重我国主权、愿与我平等贸易的国家和商人都能在与中国的正常交往中获得好处。中国市场正越来越具吸引力。在这种情况下美国千方百计地遏制中国的做法，日益显现出违时悖理、倒行逆施的特点。德国《新德意志报》1994年4月26日一篇题为《克林顿对华政策深陷死胡同》的文章指出，"美国为推动本国经济发展而需要中国不亚于中国对美国高科技的需要。因此，经济上获得成功、实力增强的北京坚决反对任何干涉内政的做法"。同时，美国大企业对满足政府野心而失去自己的机会也感到厌烦。他们认为仅当前就有400亿美元的飞机后续订货，到2000年中国还有900亿美元订货向美国电厂设备制造厂家招手。"中国的繁荣触及美国的差不多所有资本货物部门（它们传统的外部市场停滞不前），当然也影响着几百万为工作岗位拼搏的美国人。"另据美国《纽约时报》1994年5月20

---

① 斯特罗坎：《当睡狮醒来时》，载《莫斯科新闻周刊》，1994-02-06。
② 《贸易对人权》，载《纽约时报》，1994-02-06。

日报道，美国政府企图通过人权监察组织敦促在华美国公司采取什么"自愿的规范"，如不准在工作场所进行政治灌输、鼓励其高级管理人员与中国官员讨论侵犯人权问题，结果，"立即遭到大公司的反对"。后者怕由此引起中国政府和人民的反对，影响在对中国贸易中的有利地位。此外，美国的一些欧洲盟国也开始考虑与美国的人权外交拉开距离。据报道，欧洲联盟正设法在1996年1月中旬召开的委员会上批准一项文件，以避免因在人权问题上与中国、印度尼西亚和马来西亚等国对抗而影响就其他问题达成协议的前景。

这些都说明，美国当局更难一意孤行地遏制中国了。

那么，美国当局会不会从此就在对中国政策上来个180度大转弯，从此不再遏制与干涉中国？不会，因为至少美国目前不会放弃其世界霸权的梦想。再说，白宫椭圆形会议桌边的脑袋即"垄断资本家集体"的脑袋总要比单个的或部分的资本家高出一头。他们不会忘记作为一种更先进的制度——社会主义制度的崛起，不能不是对资本主义制度和价值观的信誉的直接威胁。他们鼓励本国商人在中国做买卖，一是为了商业利益，二是由此自然可以作为从政治上、经济上、价值观上影响中国的一个渠道。克林顿政府一面决定把最惠国待遇与人权议题脱钩，同时却宣布"介入与扩大"的政策原则，就清楚地表明其利用接触、介入的手段扩大对中国的影响、促进中国和平演变的意图。对此我们需保持清醒的认识。

（原载《高校理论战线》，1996年第2期）

二、意识形态的差异与中美两国的和平共处

社会存在决定社会意识。由于各国历史发展条件与社会经济制度不同，其占主导地位的宗教、哲学、政治、法律、道德和文学、艺术等社会意识形态，必然表现出程度不同的差异。但由此是否就可以成为将一国意识形态强加于别国的理由？我们的答案是否定的，包括美国人民在内的世界绝大多数人的答案是否定的。但美国总有一些人非要反其道而行之。因此，对于这样一个涉及当代国际政治和国际关系的重大问题，有必要分辨

是非，求得正确的解决方法。

（一）我们的原则立场和美国某些人的谬误

记得在 1955 年的亚非会议上，我们的周恩来总理坦诚地讲了以下一段话：我们"从来不讳言我们相信共产主义和认为社会主义制度是好的。但是，在这个会议上用不着来宣传个人的思想意识和各国的政治制度"。"我们应该承认，在亚非国家中是存在有不同的思想意识和社会制度的，但这不妨碍我们求同和团结。"[①]我想，这一思想不仅适用于亚非国家之间，也适用于亚非国家与其他国家，包括中美两国之间的关系。

谁都承认，中美两国由于社会制度不同，历史发展迥异，在意识形态上存在着极大差别。但这并不妨碍中美两大民族互相学习、取长补短，也不妨碍中美两国求同存异，友好相处。这对我们中国学者来说是一个不难理解的问题。这是因为：第一，有几千年悠久历史的中国，历来在文化心理上具有极大的包容性。对外来的好的东西总是抱着欢迎的态度。虽然在新中国成立以前、在特定条件下曾经有过"闭关自守"，但时间毕竟是相对短暂的。正因此，即使今天，我们对于美国人民中存在的革新精神、平等精神和求实态度等优秀品质仍然抱着学习的态度。第二，我们懂得历史的辩证的发展，因此也就没有理由、没有必要对外来文化采取一概排斥的错误做法。列宁曾经说，马克思主义这一思想体系"并没有抛弃资产阶级时代最宝贵的成就，相反地却吸收和改造了两千多年来人类思想和文化中一切有价值的东西"[②]。毛泽东也同样指出，"我们决不可拒绝继承和借鉴古人和外国人，那怕是封建阶级和资产阶级的东西"[③]。他还明确地说，"我们对资产阶级民主不能一概抹杀"[④]。这就是说，对于意识形态问题绝不应采取否定一切的虚无主义的错误态度。当然我们反对把外来文化中的糟粕，特别是以个人主义为核心的价值观强行灌输进来。因为这是与我国社

---

① 《周恩来总理在亚非全体会议上的补充发言》(1955 年 4 月 19 日)，载《新华月报》，1955-04。
② 《列宁选集》，第 4 卷，362 页。
③ 《毛泽东选集》，第 3 卷，860 页。
④ 《关于中华人民共和国宪法草案》(1954 年 6 月 14 日)。

会主义、与人民的利益格格不入的。反过来说，我们也反对把自己的意识形态、价值观念和社会制度强加于人。近代以来，中国在帝国主义、封建主义双重压迫下积贫积弱，只是在找到马克思主义之后才一步步走向解放和富强，这不是什么外来势力强加的，而是中国人民经历了无数艰难曲折才找到的真理。因此也绝不会抛弃这一真理。我们又曾多次经受过来自外部世界的"左"右两方面的意识形态压力，一些国家曾指手画脚地要我们干这干那，实际上是要我们背离自己的历史和现实，也背离马克思主义本身，这给我国人民造成过巨大的损失、带来过致命的威胁。中国古话说，"己所不欲，勿施于人"，难道今天我们还会信奉把意识形态强加于人的蠢事吗？我们始终坚持一个国家、一个民族的前途命运靠本国人民去把握，任何试图充当"救世主"的态度都是错误的。正因此，我国政府自1954年与印度、缅甸共同倡导和平共处五项原则以来，一贯坚持主张以这些原则作为指导国际关系的一般准则，主张"互不干涉内政"。这一精神也符合联合国宪章规定的"自决原则"。

但是，美国政界某些人却对于联合国宪章与和平共处五项原则置若罔闻，非要干涉别国内政。远的不说，从1949年说起，我们就可以举出一连串美国企图以意识形态干涉中国内政的实例。例如，1949年，当中国人民解放战争的胜利已成定局之时，时任美国国务卿的艾奇逊在7月30日致杜鲁门总统的一封信中，制订和提出了鼓励支持中国的"民主个人主义者"，妄图使中国和平演变为资本主义的斗争策略。他在信中说："我们仍旧相信，在不久的将来，中国的局面无论可能是怎样悲惨，无论中国庞大人口中的一个主要部分，可能残酷地处于为一个外国帝国主义利益而效力的一个政党的剥削之下，中国悠久文明和民主个人主义终将再起来，中国终将推翻外来的羁绊。对于中国目前和将来一切朝着这一目标的发展，我认为都应当得到我们的鼓励。"显然，艾奇逊在这里说的"帝国主义"，指的是苏联；而"一个政党"，指的是中国共产党。艾奇逊的主旨乃是运用美国的资产阶级民主和个人主义价值观"鼓励"中国的"民主个人主义者"，从内部搞和平演变，以达到推翻中国共产党的领导，搞垮人民政权的目的。这样，艾奇逊成了制订对华和平演变策略的始作俑者。20世纪50年代中期，面对社会主义在苏联、中国和其他一些人民民主国家中的巩固和发展，以及美国侵朝战争的失败，美国某些人更进一步把和平演变作为对付社会主义国家的主要的策略原则。1953年1月，准备走马上任国务卿的杜勒斯公然提出对中国等人民民主国家的"解放问题"，鼓吹以意识形态作为手段促进这些国家的"解放"，指出，"那些不相信精神的压力、宣传的压力能产生效果的人，就是太无知了"①。这和一切侵略者鼓吹的"解放"别国的滥调并无二致，只不过杜勒斯更主张用杀人不见血的软刀子罢了。

进入20世纪80年代后，在美国朝野的一些反共人士看来，是他们施加意识形态影响、搞和平演变的极好时机。这一方面是因为，自第二次世界大战迄今，西方资本主义国家在这段和平环境中，现代科学技术有了迅猛的发展，社会经济力量有了迅速的膨胀，社会和阶级矛盾得到了局部的调整和缓和，因而资本主义世界在经济和科技上积累起了相对的优势。与此同时，一些社会主义国家，由于种种复杂原因，在社会和经济问题上，遭到了程度不同的挫折。所以，从20世纪70年代末开始，中国和其他一些社会主义国家，都先后开始进行全面的社会主义体制改革。在我们看来，这些改革是社会主义制度本身的自我完善和发展。而在美国一些反共、反社会主义者的眼中，这是他们实施"和平战略"把社会主义拉向倒退的大好时机。1982年时任美国总统的里根在英国国会发表演说时声称，"我现在要叙述的长期计划和希望——自由和民主的前进，将使马克思列宁主义弃置在历史的灰烬之中"②。里根发表演说后，美国国务院举办了一次所谓研讨共产党国家民主化运动的会议，时任国务卿的舒尔茨应邀在会上发表演说，他认为支持民主不仅是美国政府的政策，也是美国历史和世界观的根本所在。公开把希望寄托在"共产国家内"的"和平转变"上③。美国一些人鼓吹，要抓住机会影响社会主义国家的改革，说什么"西方地理政治的利益在于鼓励中国的新政策"，"苏联经济将会完全卷入规模更大的

---

① 《约翰·福斯特·杜勒斯谈"解放政策"》(1953年1月15日)，见齐世荣主编：《当代世界史资料选辑》，第一分册，114页，北京，北京师范学院出版社，1990。
② 《中美月刊》，1982(27)。
③ 《中国时报》，1982-10-20。

世界经济，从而使自己陷入互相依赖的商业和财经关系网。这是非共产党世界国际政治的标志之一"①。

1989年中国发生政治风波和东欧发生剧变之后，美国某些人不无得意地谈起他们兜售的意识形态在中国产生的后果。时任美国助理国务卿理查德·所罗门于1990年6月说，"在过去的10年里，我们通过各种机构并在人民与人民的基础上，与中国建立了广泛的官方和私人联系。这种联系对政治和经济改革及中国人的人权观念产生了深远的影响"。"我们一直谋求维持与中国的双边商业联系，部分理由是为了鼓励中国走向市场型经济……"，并说正是经济关系的活力"使数千家中国企业以及这些企业的经理和雇员与美国公司保持联系。这种联系所发挥的作用不仅限于推进贸易和投资而已，这种联系促进了对我们的生活方式，我们的政治价值观念和我们自由制度的理解。全世界发生的事件加强了我们的看法，即国际商业是变革的重要催化剂……"。看来，美国某些人确是老谋深算的，与你联系，不仅为了赚钱，还为了改变你的观念、你的制度。正像美国众议院外事委员会亚太事务分会顾问卡睿哲先生所揭示的，当时美国民主党曾经心怀叵测地期待"中国的改革会从根本上改革制度的本质"。我国政府平息政治"动暴乱"之后，美国一些人把对中国的政策概括为两条腿走路。一条腿"制裁"，一条腿保持联系，以"鼓励中国社会内部那些清楚地了解需要继续改革和结束政治压迫的人"。但人们不难懂得，这些不过是鼓励中国走资本主义"改革"的道路和反对我国人民民主专政的同义语罢了。

从上述的简单回顾中，我们看到一幅美国不断施展意识形态"本领"力图影响中国和其他国家，使之改变观念，改变制度的图景。他们不但是言者，而且是行者。他们对某些中国政治"动暴乱"的策划者和操纵者的支持，《美国之音》对1989年中国"动暴乱"的煽动，就已清楚地说明了这一点。美国一些人的所作所为，与联合国宪章、与和平共处五项原则很难说有任何共同之处。如果把这看成是20世纪最新版的强权政治倒是更恰

---

① 托·马格施塔特：《马克思与市场经济之间的共产主义：对美国对外政策的影响》，见凯托研究所：《政策分析》，1987。

当些。

那么，人们有理由问，早在华盛顿时期就奉行孤立主义、主张"超然物外"，在门罗宣言时期就一再宣称反对外国干涉美洲事务的美国，为什么现在却如此处心积虑并且是明火执仗地干涉别国，企图改变别国的意识形态、价值观念和社会制度呢？这样做对美国自身又意味着什么呢？

（二）美国某些人谬误的症结所在

为了回答这一问题，不能不追溯美国历史。因为正是当时特定的历史条件，才造成所谓美国意识形态优越于任何其他民族并有权干涉其他民族的根深蒂固的偏见，而这一偏见与现实世界之间的矛盾是越来越明显了。

美国是一个资产阶级共和国，又是一个宗教盛行的国家。由于封建因素的薄弱和商品经济的发展，加上对英国重商主义的继承，使美利坚民族在形成之初就比其他民族更具商业精神。赚钱营利是最高理想，个人主义冒险精神和开拓欲望，成为备受赞扬的美德。同时为着商业的利益，向外扩张也就成为美国外交史上最永恒的主题。为了论证其建国与向外扩张的合理性，早在开国之初，资产者就把神学作为重要的武器和依据，"天定命运"论应运而生。美国第二任总统约翰·亚当斯说："我时常想，美国的开国，是一种神意，为的是要使今天这陷于奴隶状态的人类，经过启蒙，解放出来。""天定命运"论到19世纪末更为盛行，当时的参议员贝维里治露骨地说："在所有的人类种族中，上帝选中了美国人，作为世界再生的最后领导人。"[①]除了宗教之外，美国推行对外政策时还有另一种"资本"，那就是美国制度的"天然优越"论。A. W. 德波特指出：起初，"大多数美国人毅然来到新大陆，是由于看不惯旧大陆的旧事物，想建立一个有别于过去的新生活。美国本身是在一场反对某一欧洲国家的革命中诞生的。……从此以后，美国自然而然地自以为世界史上只有它是完全自生自长的第一个非君主政治的大国"[②]。应当说，美国开国时的确建立了世界上第一个没有封建残余或君主制的纯粹资本主义制度的共和国。后来的美国宪法也成为当时世界

---

① 克劳迪·朱里安：《美利坚帝国》，24页。
② A. W. 德波特：《欧洲与超级大国》，97页。

上最先进的宪法。美利坚民族理所当然地具有一种自豪感。但是如果有人竟因此而把美国建立的经济政治制度看作是天然合理的，而且任何时候都是先进的、无与伦比的，还要把这种制度强行推向世界，这就不能不把事情引向荒谬绝伦的地步。

当然，美国真正把它的意识形态和社会制度在全世界强制推行，是在第二次世界大战之后，它过去在相当长的时期内奉行的是孤立主义，那是由当时的力量不足所致。然而第二次世界大战以后情况就大不相同了。大战的结果，由于轴心国败降，英法严重削弱，唯独美国经济力量通过大战得到空前加强。正是这样雄厚的实力，为其资本主义的全球扩张创造了条件。美国的政治野心也与它的实力同步增长起来。过去的"天定命运"论和"天然优越"论一齐成了论证其全球扩张合理性的工具。杜鲁门总统上台后就一再声称，"我们赢得的胜利把领导世界重担持续放到了美国人民的肩头"[1]。美国当局认为，"他们能够运用他们的力量命令全世界朝着美国模式的民主资本主义走去"[2]。这种"领导""命令"的背后隐藏的就是向全球的扩张，向全球推进它的经济制度。当时美国的助理国务卿艾奇逊坦率地承认，"我们的制度如此。倘若我们不能同国外不断扩大贸易，便不可能有国内繁荣"。另一位官员说，"资本主义主要是一个国际体系，一旦在国际上活动不开，就要彻底崩溃的"。总之，由于种种原因，战后美国需要开放世界市场[3]。

这一点，表现在对中国、对整个亚非拉地区的政策上是十分明显的。1945年9月，杜鲁门对一位顾问说："美国未来的外交重点在西半球和太平洋地区。"华盛顿的官员们认为"假手于蒋介石，他们不仅能开辟巨大的中国市场，还可以开辟其他亚洲国家市场，一个多世纪以来美国商人梦寐以求的市场现在看来终于要成为现实了。10亿亚洲主顾会大有助于避免另一次经济危机"。美国国务院的中国问题专家约翰·卡特·文森特鼓吹"我们要开足马力"来恢复战后贸易，为了美国"自己商人的利益"，"正竭力动

---

[1]《美国总统公开文件集，哈里·杜鲁门》，547页。
[2] 斯蒂芬·安布鲁斯：《走向全球主义——1938—1980年美国外交政策》，105页。
[3] 沃尔特·拉弗贝：《美苏冷战史话1945—1975》，15页。

员他们再度到中国去"①。

对整个亚非拉不发达国家，美国于1949年提出了向这些国家渗透扩张的"第四点计划"。杜鲁门宣称这是一项由美国提供技术援助以改善落后国家生活水平的崭新的大胆计划。但其实际用意则由杜鲁门自己后来泄露了出来。他说："普通常识就可以告诉我们，发展这些国家将使我国工厂的生意永远兴隆。""这是一个高瞻远瞩的计划。有人曾估计过，亚洲和非洲的生活水平只要提高2%，就可以使美国、英国和法国的工厂开足马力运转一个世纪。"②可见，这对美国资本家来说确实是一项保证长远大笔生意的计划。

但是，美国一贯试图证明其对外政策在道德上是完美无缺的。因此总是祭起意识形态的法宝，首先是对社会主义、共产主义大加挞伐，继而在反对社会主义与共产主义的喧嚣声中向外扩张。1947年的杜鲁门主义可说是这样的一个杰作。当然，美国运用意识形态武器有着前后不同的变化。从20世纪40年代末到70年代，美国更多地把意识形态贯穿于军事政治上的侵略、进攻、威胁的"硬对抗"上。而进入80年代后，美国朝野一些反共人士则以为是抓住了他们搞和平演变的极好时机而直接以意识形态为武器向社会主义各国和中国发动"软进攻"。他们宣称这是为了以此达到"根据美国的原则来理顺世界"③，和在"全球范围内对美国道德优越性的普遍承认"④。最终迫使全世界当然也迫使中国实行美国的制度。

但是从美国某些人的上述策略中，不难发现其两方面的基本缺陷。一是他们意识形态的核心部分已经开始失去昔日动力而走向反面；二是以意识形态掩饰其对外干涉与扩张，往往是此路不通。

关于第一点，我们知道，美利坚民族的意识形态和价值观念包含若干方面：个人主义、个人自由、平等、竞争、勤奋工作、讲究实际等。其中

---

① 沃尔特·拉弗贝：《美苏冷战史话1945—1975》，35～36页。
② 哈里·杜鲁门：《杜鲁门回忆录》，第2卷，276、282～283页。
③ S. 亨廷顿：《美国的制度与美国的幻想》，转引自《美国研究参考资料》，1987-02。
④ 赫尔格·哈夫坦顿：《里根政府：美国力量得到重建了吗？》，4～5页，纽约，1988。

有许多至今仍对其他民族和国家具有积极的借鉴意义。然而，在所有这些特性中，居于核心地位的则是个人主义。还在美国独立不久，汉密尔顿就曾经说，美利坚人"占优势的激情是雄心和私欲"。1922年胡佛说，"三个世纪来个人主义是美国文明的基本动力。它在所有这些年代里为美国的政治、经济和精神提供了动力"。历史地看，个人主义在美国这块广袤而人迹稀少的大陆上曾起过开拓荒野、发展经济、反抗外来压迫与抗拒封建残余的积极作用。然而，随着时间的推移，随着资本主义固有矛盾的发展，个人主义越来越走向事物的反面。美国《新闻周刊》1989年1月9日刊登了一篇题为《令人啼笑皆非的资本主义》的文章，指出美国人已经感到"资本主义搞过了头"，"贪得无厌现象十分严重"，"在许多人看来，专心致志于个人发财致富这种有害的现象是里根时代的象征"。事实上，美国有太多的社会问题在世界资本主义大国中首屈一指：吸毒，凶杀，艾滋病和同性恋，未成年少女怀孕、生育和堕胎，家庭破裂等，这些无不与个人主义的恶性发展有着直接间接的关系。不少美国著名学者把这看作是一种危险的"美国病"。他们指出，历来指导美国经济的个人主义现在已不利于经济的进一步发展，美国已经开始没落[1]。1985年罗伯特·贝拉等5位美国学者在《心灵的特征》一书中指出，"当个人主义存在于伦理和社会关系中，它是我们伟大美德之一，但是当个人主义变为一种极端的自我孤立的时候，就有可能破坏我们承担的所有义务"。他们花了5年时间同美国各阶层人士进行深入交谈后得出结论说，"极端个人主义"已经危险地渗入美国社会。

极端个人主义在经济上的表现是迷恋于眼前功利，忽视长远研究与开发。1987年一位美国人批评道："我们时代的社会弊病是美国人迷恋眼前功利，眼睛死盯着臭名昭著的最后实惠。这个季度报表上的利润数目要比上个季度的大，其他一切都去他妈的吧。""考虑问题只顾眼前，起腐蚀作用的利己主义思想，眼睛紧紧盯着'经济人'，致使人的精神沉沦，造成惊人的代价。"连日本索尼公司董事长兼总经理盛田昭夫也说，美国人追求的只是"短期利润"，"整天关注的是利润的多少"，并不鼓励长远的研究和开

---

[1] 《哈佛大学研究侧记——"美国病"需要东方的药？》，载《天下杂志》，1986-03-01。

发。结果产生了"美国工业江河日下"的严重后果①。

上述这一切都涉及意识形态与价值观念问题。也正因为这样，1982年12月16日美国《基督教科学箴言报》专门以《一个价值观念问题》为题发表评论说，"美国的不幸根源是否可以追溯到一些价值观念的衰落？""在美国社会中，诉讼案件之多达到空前的地步，一些公司野心勃勃地互相并吞，特殊利益集团控制着政权。……人们越来越只考虑个人而不是考虑社会，'极度的个人主义'追求'满足自我利益'，结果是家庭削弱，学校不能培养学生自我约束的能力，甚至州与地区也分崩离析。"评论指出，"这是一个价值观念问题，是人们如何对待自己和其他人的关系的问题"。评论引用一些美国人士的话，要求"发动一场精神革命"，"恢复'互助'观念（承认美国人需要互相联系以便互相支持）"，"重新提倡'文明礼貌'。在某种程度上互相关心"，等等。这些善良的愿望多少反映了今天美国广大人民在彷徨中寻求出路的愿望。

由此我们不能不提出这样一个合乎逻辑的问题：既然美国人民自己都试图摆脱资本主义极端个人主义的束缚，美国当局为什么却非要把这种走向衰落的价值观念强加给别国？美国一些人争辩说，这是因为别国的意识形态价值观念，乃是对文明进步的障碍。这不能不表现出他们的无知与偏见。就拿以"中国文化"为母体的东亚文化群体而言，其精华部分不但经历了古代辉煌的发展时期，对人类文明产生过重大影响，而且在当今社会也越来越显示出它的巨大魅力。东方文化的精髓如自强、诚信、互助、和谐、以天下为己任和集体主义等，都正在成为亚太一些国家发展的精神动力。具体到中国而言，中国社会政治思想中所具有的革新进取精神直至今日仍然充满着哲理并放射着光辉。孔子的"均无贫、和无寡、安无倾"的社会理想，孟子的"老吾老以及人之老，幼吾幼以及人之幼"的人际关系主张，宋代范仲淹"先天下之忧而忧，后天下之乐而乐"的广博心怀等，无一不是我国人生价值观的优秀传统。更不必说经过科学论证的全心全意为人民服务的崇高道德境界。今天我国社会主义制度正是在批判地继承中国优

---

① 《目光短浅的美国人》，载《新闻周刊》，1989-01-09。

秀传统的基础上的合乎逻辑的发展。正是依靠这种制度，我国在世界独一无二地解决了11亿多人口的温饱问题，而且在解决许多与人民切身利益攸关的问题上取得了明显进展。前不久，美国《纽约时报》刊登的一篇题为《中国人变得越发健康了》的文章，称赞中国最近几十年"进行了一场引人注目的保健革命"，"中国的保健制度是发展中国家的一个典范"。"由于保健措施好，上海出生的婴儿的生存机会比在纽约出生的婴儿要多。"报纸还援引世界卫生组织驻中国的代表基恩博士的话说，"中国政府强调医疗卫生的程度远远超过大多数国家的政府"[①]。尽管由于缺乏经验及其他一些原因，在我国社会主义建设中出现过挫折和失误，各项规章制度也有待进一步完善，但依靠全国人民的团结奋进，我们把一个在新中国成立前人均收入占世界倒数第一位的国家发展成为一个欣欣向荣的新中国。在这种情况下有人非要我们去摭拾西方的而且是其中没落的价值观念，丢掉自己的理想抱负和集体主义精神而堕入极端个人主义的陷阱，使中国陷入混乱和可悲的局面，这是任何一个正直的有头脑的中国人所不能容忍的。

关于第二点，美国企图以意识形态掩饰其对外干涉与扩张，毕竟是心劳日拙的。到头来只会造成别国的极大的反感，对美国自身的后果也是灾难性的。最典型的要算对中国革命的干涉。

对于中国革命，美国曾一再宣传这场革命是由"外部共产主义势力"所支配的，在中国是没有根的。他们支持国民党蒋介石把内战强加给中国人民达4年之久。但结果，连美国自己都不能不承认，中国革命胜利"是中国内部各种力量的产物"。美国"所做的以及可能做的一切事情，都无法改变这种结局"。

（三）处理意识形态差异的正确途径

既然以意识形态强加于人的做法其结果常常是害人害己，但是意识形态的不同又是客观存在，那么，以什么方式处理这种差异才是正确的途径呢？最重要的是承认现实，遵守共处原则，在经济等领域寻求利益的交汇点。

目前中美两国的现实是，中国是最大的发展中国家，美国是最大的发

[①] 《纽约时报》，1991-04-14。

达国家，两国意识形态、价值观念不同，但两国经济具有互补性，两国经济合作具有巨大潜力和广阔前景。推进这种互利合作关系，有助于促进双方的经济发展，并造福两国人民。中美两国自1979年正式建交和签署贸易协定并互享最惠国待遇以来，双方的贸易合作得到较大发展。几乎从零开始的美中贸易，到1989年双方的贸易总额已达122亿美元，美国成为仅次于日本的中国第二大贸易伙伴。1990年双方贸易额仍然达到117.7亿美元，比1979年增加了近4倍。在世界经济国际化趋势日益明显的今天，中美两国如能重视这一现实，发展这一现实，对两国都是大有裨益的。对此美国政界有识之士是有稳定看法的。例如，美国前国务卿基辛格博士指出，从地缘政治上，美中有着共同利益。美中双方要互相尊重，尊重对方的价值观念，克服分歧，发展两国的关系①。这代表了美国政界中有远见的人的看法。

　　目前美国有些人闭眼不看中国人民在维护国家独立，保障人民生存，保障人民工作权、休息权、医疗保健权、受教育权、维持适度生活水准权，组织工会、政党、团体权，民族平等权等方面所做的大量工作与取得的明显进步，大肆攻击中国"违反人权"，并且生拉硬扯到经贸关系上来，这实在是缺乏自知之明。美国自己就有严重的人权问题。许多人无家可归，找不到工作，更不用说凶杀、抢劫等一系列严重的社会弊病，美国本应多关心自家的事情才对。

　　与美国和平相处，取长补短，对我们来说毫不困难，而且十分欢迎。对于美国朝野一些人而言倒可能是一个艰难的抉择。正如有的美国人士所说，"在美国，要与共产党领导的国家发生正常关系，想取得政治支持不是一件容易的事。因为一些美国人认为，这些政府的价值观点与美国的相对立"。"也许，如果议员不那么好斗，不那么独立。对世界事务了解更多，较少理想主义，不那么反共，不那么受利益集团影响，岂不更好，但这是不可能的。"②按照这位美国人的看法几乎是绝望了。看来倒也未必。

---

① 《人民日报》，1991-09-09。
② 美国众议院外事委员会亚太事务分会顾问卜睿哲先生1990年12月来华访问期间的讲话。见美国驻华大使馆新闻文化处，外交政策背景资料，1991-01-07。

一些人骨子里反共、反社会主义，这是他的自由，但如果懂得对方的理想也是坚不可摧的，从而权衡利弊，从其他方面寻求对双方都有利的共同点，做出于人于己最佳的选择，真正实现和平共处，也许是最明智的办法。

（原载《高校理论战线》，1991年第6期，获该杂志优秀论文奖并入选《中国"八五"科学技术成果选》第三卷，北京，红旗出版社，1996年）

附：一位美国读者的来信

[《高校理论战线》编者按]《高校理论战线》期刊1991年第6期发表的张宏毅同志的文章《意识形态差异与中美两国和平共处》，是作者提交一次国际学术讨论会的论文，1991年9月9—15日的《北京周报》刊载了该文的英译摘要。一位美国读者读后给作者写信，谈了他对文章的看法。征得读者同意，《高校理论战线》期刊将这封信的译文摘要予以发表。

亲爱的张教授：

我之所以欣赏您的文章，是因为您清晰地揭示了美国在全球的目标。我深信，美国肯定把苏联的解体和东欧的混乱看作进一步加强它在全世界的统治地位的一次极好的机会。布什先生的"世界新秩序"就是要整个世界都由华盛顿操纵，一切为了华盛顿，一切权力来自华盛顿。我认为，自美国工业革命后，美国当局就一直梦想控制世界。特别是第二次世界大战之后，这里的统治阶级（大公司领导人，有钱人，贵族）利用他们在军队和政府中的爪牙，始终不断地插手世界上其他国家的内部事务。为维护他们在全球，特别是在第三世界霸权主义地位，他们向几乎每个洲都派驻了军队。

我知道，在你们国家有些知识分子赞成"对立统一规律"的理论。如果我没理解错的话，这种理论认为，一方不存在，另一方也必将不能存在。也就是说，既然苏联不复存在，那么美国当然也就失去了它的力量和影响。对此，我不能同意。只需观察一下就可知道，东欧变换政府后不久，美国权力当局就一直在往这些国家派"民主代表"，指导他们如何实行市场经济和资本主义制度。这是证明对立统一理论不正确的一个例子。美国比以前更强大，而非更弱小。它完全不考虑其日渐衰败的基础、成千上万的无家可归者和被贫穷折磨的人们。它唯一考虑的就是维持——实际上扩大其在全球的统治。我认为,世界上许多国家都部分或全部地受美国控制,真正独立的国家已寥寥无几,而中国却是这样独立的国家之一。

我也许谈得漫无边际。我只是希望中国能按照自己的目标,搞社会主义民主,而不是听任于美国。正如您的文章所说,从西方特别是美国学习一些东西对中国人民是有益的。我认为应该学习和"引进"对中国和其社会主义制度有益的东西,抵制侵蚀你们的利益和你们的社会主义价值观和方法论的东西。你们必须时刻准备与美国斗争,不能让美国强制你们变成资本主义国家。我深信,你们的制度是中国历史上最好的。如果你们放弃党和政府的领导体制,你们的国家将会变成另一个印度。你们必须时刻警惕,因为中国是现在几个不受美国控制的国家之一。美国的个人主义价值观(这是自我们出生就被灌入头脑中去的)的唯一目的就是"利润"。这是一切的出发点,除此之外没有更重要的东西。尽管个人主义失去了往日的刺激力,但是,美国仍将继续利用军队的力量推行他们的意识形态,或者直接干涉他国,或者通过华盛顿操纵的傀儡政府和代言人。

您也许猜测我的观点并不代表这儿的多数!实际上,这儿的许多人也会认为我"激进"或"非美国人"。但我们只要看看世界上发生的事情,就可以对美国及其目标做出必然的结论,这是我唯一的回答。"世界政府"("世界新秩序")来得比我们意识到的还要快。

我在一家保险公司工作,与政府无任何关系,也无需做一个政治家。我既支持社会主义,也支持民主,而且相信,二者缺一不可!邓小平不是说过吗?"实事求是。"

1992年1月7日

托马斯·M. 斯蒂尔

(Thomas M. Steele)

三、美国对华意识形态渗透政策及我们的对策

在整个社会主义历史阶段,都必须抵制来自以美国为首的西方的"西化""分化"中国的图谋,因此深入研究美国对华意识形态渗透政策及我们

应有的对策，是一个至关重要的问题。

西方国家，特别是美国一直高度重视意识形态在内外政策中的作用。正如美国政治学家罗伯特·达尔所说，"美利坚是一个高度注重意识形态的民族"①。1958年，美国参议院委托著名的哈佛大学国际事务研究中心提出的《意识形态与外交事务》报告中特别强调，在决定当今世界形势的各种因素之中，"最强大而且最普遍的力量之一，是意识形态和以意识形态为基础的各种运动所发生的影响"②。美国如此重视意识形态在对外关系中的作用，曾被当时苏联学者称之为首先是对社会主义国家的"心理战"和"反对共产主义的十字军东征"③。事实上，意识形态的变化是苏联演变的先导，而美国等西方国家的意识形态渗透起了不容忽视的作用。新中国自1949年成立以来，特别是自1978年年底党的十一届三中全会以来的改革开放历程中，无不贯穿着与西方特别是与美国意识形态渗透政策及和平演变政策的斗争。苏联的解体被西方欢呼为"自由民主主义对共产主义的胜利"，是西方意识形态原则和实践的胜利，并且他们发誓要使之进一步"在全世界获得广泛的传播"④。这就再一次向我们敲起了警钟：我们与美国在意识形态领域的斗争将长期进行下去。

(一)美国对外政策中意识形态因素的一般特点

为了深入探讨美国对华意识形态的渗透政策，有必要首先对美国意识形态因素在其总的对外政策中的一般特点做一考察。依据对历史与现状的分析，大致可概括为以下三点。

1. 反共主义

正如美国及其他一些西方学者所指出的，贯穿美国对外政策的一条主

---

① 杰里尔·A. 罗赛蒂：《美国对外政策的政治学》，周启朋等译，345页，北京，世界知识出版社，1997。
② 哈佛大学国际事务研究中心：《意识形态与外交事务》，19页。
③ Э. Я. 巴塔洛夫等著：《美国在世界舞台上的意识形态战略》，3页，莫斯科，国际关系出版社，1985。
④ 彼得·科林斯：《共产主义失败后的意识形态》(Peter Collins, *Ideology after the Fall of Communism*)，6页，纽约，1993。

线是"扩张"。"一部美国史，充满着扩张这一永不改变的特色。"①资产阶级要向外扩张，"总是要寻找一种虔信不疑的理由，来为自己的行动做辩护"②。这种辩护武器，随着形势的变化，时代的变迁，而不断地变换着。俄国十月革命后，美国外交的一个显著特点是，在原有思想武器当中加上了一件新武器——反共主义。它是如此长久，如此一贯地被广泛运用于现代美国对外政策之中，以致《美利坚帝国》一书的作者、法国人克劳迪·朱里安得出结论说，宣传"神意"和高唱"救世主义"，"绝对谈不上是美利坚帝国的特色。美利坚帝国的特色在于，它是针对共产主义而展开一切活动的"③。在美国垄断资产阶级看来，新生苏维埃是与美国资本主义制度根本对立的；布尔什维主义否定私有财产，这对美国造成极大威胁；而布尔什维主义这种共产主义意识形态则是对美国的可怕挑战。美国著名外交家凯南曾经说过，美苏"冲突根源中首要的而且也是最根本的一个，当然就是布尔什维克共产党的领导集团在意识形态上所承担的义务。这在美国的政治经验中还是一个崭新的东西。这也是美国人以前从未遇到过的一种敌对方式的表现。""俄国保证要实现的纲领旨在使美国社会遭到损害，在绝大多数美国人看来，甚至比单纯在军事惨败于传统的对手可能带来的种种苦难还要可怕。"④

总之，美国反对一切不符合"美国标准"的革命，特别是共产党领导的革命。"这些对革命的总的看法，尤其是对布尔什维克这个幽灵的看法，如今已牢牢生根。这些观念深深地扎根在政策制定者的头脑中。"⑤这样，反共主义成为现代美国对外政策的主要特点。

2. 种族主义

除了反共主义这一特点外，在美国历史上形成的种族歧视的影响也不

---

① 马克斯·拉纳：《美国文明》，转引自克劳迪·朱里安：《美利坚帝国》，3 页。
② 朱利叶斯·W. 普拉特：《美国对外扩张的思想意识》，见南开大学美国史研究室编：《美国史译丛》，1982(2)。
③ 克劳迪·朱里安：《美利坚帝国》，7 页。
④ 乔治·F. 凯南：《1917 年至 1976 年间的美苏关系》，载《世界历史译丛》，1979-02。
⑤ 迈克尔·H. 亨特：《意识形态与美国外交政策》，130 页。

可忽视。

美国历史学教授，20世纪70年代曾任美国历史学家组织主席的埃德蒙·S.摩根指出，在美国，"自由和平等是伴随着奴隶制而兴起的。在相当长的历史时期内，这两种彼此矛盾的发展过程并驾齐驱，从17世纪一直延续到19世纪，成了美国历史上的主要悖论"①。作者用大量史实说明，在很大程度上"美国人是靠奴隶劳动才赢得独立的"②。也正是奴隶制使白种美国人获得了较多的自由民的权利，并形成民主共和的政治传统。奴役和自由"两者互相纠结，互相依存，英国人的权利是在剥夺非洲人权利的基础上建立起来的。美国只不过是使这种悖论更加突出罢了"③。正因此，美国那些开国元勋如华盛顿、麦迪逊、杰斐逊等人不仅终身拥有奴隶，而且都具有种族主义思想，并一直影响到他们的几代后裔。最终形成了一种把盎格鲁—撒克逊民族看成是世界最优秀的"将领导着世界的事务"的民族的偏见④。而其他民族特别是有色人种都被看成是等而下的民族甚至是劣等民族，是"应当再有几十年来接受西方的训育"的。而这种种族优越论又很自然地和反共主义日益紧密地结合在一起。

3. 实用主义

表现为美国对外政策中的意识形态因素的另一个特点是实用主义。这种早在20世纪二三十年代已上升到了美国国家哲学地位的实用主义往往支配着大多数美国人的行动，而当其被美国当局在对外政策中加以运用时，就获得了特殊的价值。

一方面，美国在推行实用主义对外政策时"力图摆脱"以人道主义为基础的道德规范，摆脱国际关系的共同准则，不顾对人类和历史应有的义务，而"只考虑于己直接有利的局势"，因而"导致政策上的急剧摆动而难

---

① 中国美国史研究会、江西美国史研究中心编：《奴役与自由：美国的悖论——美国历史学家组织主席演说集》，225页。
② 中国美国史研究会、江西美国史研究中心编：《奴役与自由：美国的悖论——美国历史学家组织主席演说集》，246页。
③ 中国美国史研究会、江西美国史研究中心编：《奴役与自由：美国的悖论——美国历史学家组织主席演说集》，225页。
④ 迈克尔·H.亨特：《意识形态与美国外交政策》，175页。

以实现与其他国家关系的正常化"①。特别是对于社会主义国家，情形更是如此。美国上层决策者毫不隐讳地说，"在对共产主义进行的意识形态战争中，我们需要的不是真理而是破坏活动"②。

另一方面，实用主义又可被利用来作为推行和平演变社会主义国家的工具。关于这一点，尼克松说得很清楚。他在1988年写成的《1999：不战而胜》一书中断言，"东欧的共产党人已完全失去了信仰。……新的一代东欧人不是空想家，而是实用主义者，而实用主义可以打开和平演变之门"③。他鼓吹，"我们在东欧进行和平竞赛的战略必须立足于实用主义"④。可见，实用主义在美国对外政策中，既是一种策略手段，又是一种思想信条。

在上述诸特点中，反共主义的政治意识形态是最主要的特点，这些在美国对华政策中一再地表现出来。

(二)美国对华意识形态渗透政策的历史轨迹

1. 1949年以前

中美两国建立联系，从1784年美国商船"中国皇后号"到中国广州贩取丝茶开始，到现在已有200多年历史。从1784年到1840年鸦片战争前的50多年时间，两国关系基本上是平等友好的。19世纪中叶以后，随着北部工业革命的发展及资本主义经济势力的膨胀，美国加强了向太平洋和亚洲扩张的势头，其对中国的侵略也已开始。重要标志之一就是1844年强迫清政府签订中美《望厦条约》。以此为契机，美国当局对华意识形态渗透政策也已有所表现。其中值得注意的是他们开始竭力贬低中国人民，甚至把中国人污蔑为"懒散的动物"。与此同时，他们把中国看作是亚洲"向西去的文明潮流"的"枢纽"，"是一个有指望的地方"，而"美国人具有特殊的责

---

① 苏联科学院美加研究所：《现代美国对外政策》，103～104页，莫斯科，1984。
② 转引自《中流》杂志社编：《中流百期文萃》，622页，北京，金城出版社，1998。
③ R.M.尼克松：《1999：不战而胜》，朱佳穗等译，134、139页，北京，长征出版社，1988。
④ R.M.尼克松：《1999：不战而胜》，134、139页。

任去进行指导"①。

然而，这种指导又是什么呢？一是反对辛亥革命而支持袁世凯称帝。在美国看来，"共和政府绝对不适宜中国人。中国人只知道皇帝"②。二是支持蒋介石发动内战。这是因为在美国看来，假手蒋介石不仅能开辟巨大的中国市场，还可以开辟其他亚洲国家的市场。于是他们把矛头对准了他们认为是心腹之患的中国共产党领导的人民力量。当时的美国总统杜鲁门曾信心十足地说道，"没有理由认为国民党政府就不能在这个斗争中取得胜利"③。结果是，在中国制造了一场空前的民族灾难，却最后以彻底失败而告终。

2. 自1949年中华人民共和国成立至20世纪70年代末

1949年，当中国人民解放战争的胜利已成定局之时，时任美国国务卿的艾奇逊在7月20日致杜鲁门总统的一封信中，提出了鼓励和支持中国的"民主个人主义者"，使中国"和平演变"为资本主义的斗争策略。他在信中说，"我们仍旧相信，在不久的将来，中国的局面无论可能怎样悲惨，无论中国庞大人口中的一个主要部分，可能残酷地处于为一个外国帝国主义利益而效力的一个政党的剥削之下，中国悠久文明和民主个人主义终将再起来，中国终将推翻外来的羁绊。我认为我们应当鼓励在中国的一切发展，这些发展在现在或将来都是为了达到这个目标而工作"。显然，艾奇逊在这里说的"帝国主义"，指的是苏联；"一个政党"，指的是中国共产党。艾奇逊的主旨就是运用美国的资产阶级民主和个人主义价值观"鼓励"中国的"民主个人主义者"，从内部搞"和平演变"，以达到推翻中国共产党的领导，搞垮人民政权的目的。这样，艾奇逊成了制订对华"和平演变"策略的始作俑者。20世纪50年代中期，面对社会主义在苏联、中国和其他一些人民民主国家中的巩固和发展，以及美国在侵朝战争中的失败，美国的某些人更进一步把"和平演变"作为对付社会主义国家的主要策略原则。1953年1月，准备走马上任国务卿的杜勒斯公然提出对中国等人民民主国

---

① 迈克尔·H. 亨特：《意识形态与美国外交政策》，76页。
② 拉铁摩尔：《亚洲的决策》，5~6页。
③ 哈里·杜鲁门：《杜鲁门回忆录》，第2卷，103页。

家的"解放问题",鼓吹以意识形态作为手段促进这些国家的"解放",并且说,"那些不相信精神的压力、宣传的压力能产生效果的人,就是太无知了"①。

为了达到所谓"解放"中国的目的,杜勒斯等人可说是用尽心计。杜勒斯曾说:"如果我们认为,贸易和文化关系能够促进这种消逝,那么我们就建立这样的关系。""如果我们认为,我们同现政权建立外交关系能促进这种消逝,那么我们就建立这种关系。""如果我们认为,现政权参加一些联合国的活动能够促进这种消逝,那我们就不反对它参加。"②但是,1958年8月11日,美国国务院还是发表了所谓不承认中国的备忘录。备忘录称,"美国认为,共产主义在中国的统治不是永久的,它有朝一日总会消失。它(美国)想通过不给北平外交上承认的做法,来加速这种消失的过程"③。总之,通过各种手段根本改变中国社会制度成了美国当局的既定方针。

不过,由于20世纪五六十年代美国一直推行孤立遏制中国的政策,两国少有接触。这反倒使和平演变中国的政策,一时难售其奸,而当时美国把目标重点放在了东欧。

3. 20世纪70年代末中国实行改革开放政策之后

1969年共和党人理查德·尼克松总统上台执政。鉴于当时美国所处的国际国内形势,特别是美国国力相对衰落,苏联实力地位迅速上升,世界向多极化方向发展,中国和第三世界其他国家力量的壮大,尼克松政府开始被迫对外交政策做出重大调整,于1969年7月提出了"尼克松主义"。其中,把改变对中国的政策作为关键的一步,并于1972年2月实现了他的夙愿——访问中国。双方签署了《上海公报》,美国持续了20多年的对华"封

---

① 美国新闻处华盛顿电,1953-01-20。
② 杜勒斯1957年6月28日在旧金山狮子俱乐部国际协会大会上的演说《我们对中国共产主义的政策》,见世界知识出版社编:《杜勒斯言论选辑》,314~315页,北京,世界知识出版社,1959。
③ 《1958年8月11日美国国务院关于不承认中国的备忘录》,见世界知识出版社编:《杜勒斯言论选辑》,403页。

锁"和"孤立"政策，终于成了历史的陈迹。中美关系跨入了一个新阶段。这一积极的步骤对中美双方都带来了益处。但是，这也使美国对华和平演变政策步入了一个新的阶段。特别是1979年1月1日中美两国正式建交后，美国加快了企图引导中国走向资本主义的步伐。

　　进入20世纪80年代后，在美国朝野的一些反共人士看来，是他们施加意识形态影响，搞"和平演变"的极好时机。这一方面是因为，第二次世界大战以后，西方资本主义国家在这段和平环境中，现代科学技术有了迅猛的发展，社会经济力量有了迅速的膨胀。社会和阶级矛盾得到了局部的调整和调节，因而资本主义世界在经济和科技上积累起了相对的优势。与此同时，一些社会主义国家，由于种种复杂原因，在社会和经济问题上，遭到了程度不同的挫折。所以，从20世纪70年代末开始，中国和其他一些社会主义国家，都先后进行全面的社会主义体制改革。这种改革是社会主义制度的自我完善和发展。但在一些反共、反社会主义者的眼中，这是他们实施"和平战略"，把社会主义拉向倒退的大好时机。1982年6月1日，时任美国总统的里根在英国议会发表演说时声称："我现在要叙述的长期计划和希望——自由和民主的前进，将使马克思列宁主义弃置在历史的灰烬之中。"[1]里根发表演说后，美国国务院举办了一次所谓研讨共产党国家民主化运动的会议。时任国务卿的舒尔茨应邀在会上发表演说，他认为支持民主不仅是美国政府的政策，也是美国历史和世界观的根本所在，公开把希望寄托在"共产党国家内"的"和平转变"上[2]。美国一些人鼓吹要抓住机会影响社会主义国家的政策，并说什么"西方地理政治的利益在于鼓励中国的新政策"，"苏联经济将会完全卷入规模更大的世界经济，从而使自己陷入互相依赖的商业和财经关系网。这是非共产党世界国际政治的标志之一。"[3]

　　在上述思想指导下，美国以推行人权外交等手段，开始了有计划的

---

[1] 《中美月刊》，1982(27)。
[2] 《中国时报》，1982-10-20。
[3] 托·马格施塔特：《马克思与市场经济之间的共产主义：对美国对外政策的影响》，见凯托研究所：《政策分析》，1987。

"和平演变"中国的行动。

1979年1月1日中美正式建交后,邓小平于1月28日至2月5日对美进行了正式访问。就在邓小平访美期间,时任总统的卡特提出了恢复外国在中国传教自由和中国移民自由等问题。1979年3月美国国会两院先后通过《与台湾关系法》,强调"维护并促进全体台湾人民的人权是美国的目标"。

1979年8月,时任美国副总统的蒙代尔访华期间在北京大学发表演讲,声称他"代表卡特总统给中国人民带来一个信息,这是关于美国、关于它在世界上的目的,以及我们对中美关系所抱的希望的信息。……我们对人权、同情心和社会正义抱有根本的信念。美国的民主制度使这些价值观标准得以制度化"①,竭力推销美国资本主义制度和价值观念。只是当时由于美国出于对抗苏联的战略需要,中美两国关于人权问题上的分歧尚未公开化。

1981年里根上台后,美国政府逐渐把中美两国在人权问题上的冲突推向公开。1983年2月8日,美国国务院提交的所谓各国"人权"情况报告,其中涉及中国时诬称中国的"政治结构继续在对个人权利和自由施加重大限制,尽管中国总趋势是向一个较为开放的社会演变"②。1983年4月4日,美国司法部宣布美国移民和归化局已经同意让中国女网球运动员胡娜在美"避难",其编造的理由是中共强迫她加入中国共产党,而里根总统宣称他"宁肯收养她也不会强迫她返回中国"③。中国政府认为这是美国当局"蓄意制造的一起严重政治事件",向美国提出强烈抗议。4月7日,中国文化部宣布自即日起停止执行1982年和1983年中美文化交流执行计划中尚未执行的全部项目。4月9日,时任美国副总统的布什为美国决定给予胡娜政治庇护的行为进行辩解,宣称美国不能因有人反对就屈服,就这样

---

① 时任美国副总统蒙代尔在北京大学的演讲。《人民日报》,1979-08-29。
② 刘连第、汪大为编著:《中美关系的轨迹——建交以来大事纵览》,107页,北京,时事出版社,1995。
③ N. B. 塔克:《中国和美国:1941—1991》(Nancy B. Tucker, *China and America: 1941—1991*),载《外交》,1991/1992(冬季号)。

一个问题向美国挑战是不适当的。① 胡娜叛逃事件实际上是中美两国在"人权"问题上第一次出现的正面交锋。

此外，美国在中国计划生育、西藏等问题上也露骨地干涉中国内政。

1984年5月9日，美国众议院通过一项援外法案修正案，禁止资助中国推行人口控制计划或资助在中国推行强迫堕胎的人口控制计划组织。1985年9月25日，美国国际开发署发表声明，以联合国人口活动基金支持中国的强制性堕胎和非自愿性绝育为由，决定扣留原准备向该组织提供的1000万美元的经费。中国外交部新闻发言人随即对美国歪曲我国人口政策表示强烈不满。中国国家计划生育委员会发言人发表声明驳斥美国政府对中国计划生育政策的攻击。

美国当局还把矛头对准中国社会制度并在西藏问题上制造事端。1987年6月18日，美众议院通过关于中国人权问题的修正案和关于中国在西藏侵犯人权的修正案。前一修正案称，中国领导应当采取必要的步骤去建立一个更民主的社会，一个实行保护所有在那个国家生活的人基本人权和自由以及开放的政治体制的民主社会。力图把中国的改革开放引向美国所希望的方向。后一修正案则称，美应当敦促中国政府对达赖喇嘛做出的进行建设性对话的努力采取相应的行动；美总统应当指示美官员更加关注西藏人民的忧虑，以同所有关心西藏侵犯人权的人密切合作，以便寻求美国政府和人民能为之效力的领域。这表明美国当局在公然为西藏分裂主义的达赖集团撑腰。美国当局这些行径理所当然地遭到中国的愤怒抗议。6月23日中国外交部发言人说，美国国会的行为粗暴干涉中国的内政，伤害了中国人民的感情，中国表示强烈愤慨和不满②。但是，美国当局仍我行我素。9月18日至28日，安排达赖访美。21日，达赖应邀在美众议院人权小组上发表讲话，称西藏是一个"独立的国家"。10月6日，美参议院以98票对0票通过参议员佩尔和赫尔姆斯提出的一项关于所谓"西藏问题"修正案。修正案歪曲当时在拉萨发生的骚乱事件，抗议所谓中国在西藏"侵犯人

---

① 刘连第、汪大为编著：《中美关系的轨迹——建交以来大事纵览》，226页。
② 刘连第、汪大为编著：《中美关系的轨迹——建交以来大事纵览》，226页。

权",声称美国"应该把对待西藏人民的态度作为它处理同中国关系的一个重要因素"。时任美国总统的里根随后签署了这一修正案。

这一时期,美国还利用一切可能的机会向中国人民宣扬资本主义的所谓优越性。例如,1985年10月16日,时任美国副总统的布什在四川大学发表演讲时称,"我们满怀热情地相信我们的资本主义制度和私有制,这种制度使我国变富"①。

值得注意的是,到里根下台之前,美国当局对中国的历史进程抱着一种乐观态度,似乎中国正沿着美国希望的路线向前发展。时任美国国务卿的舒尔茨1988年7月21日在夏威夷大学的演讲说明了这一点。舒尔茨在这篇题为《美国:太平洋国家》的演说中这样讲:"集体安全、解决地区性冲突、开放性市场以及民主的价值准则,这些40年来一直是促进民族发展、国家安全以及世界和亚太地区区域性稳定的强有力的方略。……今天,共产大国——先是中国,现在是苏联——似乎已开始认识到这些政策的力量。""形势正依循我们的途径发展——迈向和平,迈向缓和紧张局势,迈向自由市场和民主的价值标准。"②

如果仔细品味一下舒尔茨上述讲话的内容,不难发现,他在竭力把美国打扮成一个一向爱好和平的天使的同时,把主要注意力放在兜售美国式资本主义和价值观上,并且认为中国已先于苏联开始受到美国政策的吸引。这或许就是美国当局当时对其"和平演变"中国所取得成就的沾沾自喜的自白吧。

总体来看,从卡特到里根执政这12年间,美国对华的人权外交逐步转向了公开化并使斗争长期化。尽管美国在这一段的重点放到了苏联东欧,但对中国的政治影响和"和平演变"的考虑却一天也没有停止。他们甚至把中国看作是先于苏联接受美国政策影响的国家。

但是,发人深思的是,美国当局如此大张旗鼓地发动对共产主义的全球攻势并日益明显地威胁中国之时,竟然没有在20世纪80年代担任中国

---

① 路透社成都电,1985-10-16。
② 美国驻中国大使馆新闻文化处:《美国政策资料》,1983(3)。

共产党总书记的两任领导人的政治活动实践中引起应有的认识和警惕,更没有采取任何相应的有力的对策。相反,他们看不清美国人权外交的帝国主义本质,在美国人权外交和国内资产阶级自由化思潮和政治势力面前,容忍甚至放任鼓励,这就在客观上迎合了"和平演变"战略的目标和要求。正如邓小平同志所说,"过去两个总书记都没有站住",就是因为"后来他们在根本问题上,就是在坚持四项基本原则的问题上犯了错误,栽了跟头。四个坚持中最核心的是党的领导和社会主义。四个坚持的对立面是资产阶级自由化。坚持四项基本原则,反对资产阶级自由化,这些年来每年我都讲多次,但是他们没有执行"①。他后来进一步强调,这两任总书记"不是在经济上出问题,都是在反对资产阶级自由化的问题上栽跟头。这就不能让了"②。

这样,到了 20 世纪 80 年代末,中国确实面临着相当严峻的政治形势。一方面,里根发动的反共主义全球运动在大力推行;另一方面,是我国资产阶级自由化政治势力的形成和扩大。在一段时间里,马克思列宁主义、毛泽东思想的理论体系几乎在每一个领域、每一个基本观点上,都遭到诋毁和挑战;我们党和人民所珍视、引为骄傲的一切,包括自己的光荣历史和传统,都无例外地遭到凌辱和亵渎;我们用以完善、巩固、发展社会主义制度的所有革命口号,包括"改革""开放""思想解放""观念更新",也几乎无例外地被接过去加以歪曲,并把它们变成推动中国向资本主义"和平演变"的口号。到最后,甚至连爱国主义都被当作"最后一道防线"加以抛弃。1988 年,围绕电视片《河殇》掀起的那场大鼓噪,把资产阶级自由化思潮的咄咄逼人的攻势推向高潮。《河殇》以"历史总体反思"为标榜,实质上是对我们民族的历史、革命史,对社会主义制度和共产主义理想的总体否定。正如《河殇》这部电视片的"总顾问"金观涛所断言的,他们所要说明的是"社会主义的尝试及其失败,是 20 世纪人类的两大遗产之一"③。显然,

---

① 《邓小平文选》,第 3 卷,324 页。
② 《邓小平文选》,第 3 卷,380 页。
③ 理查德·伯恩斯坦、罗斯·芒罗:《正在到来的与美国的冲突》(Richard Bernstein & Ross H. Munro, *The Coming Conflict with America*),载《外交》,1997(3/4)。

他们的论调是和美国当局遥相呼应的。

由于上述情况，美国当局一些人对当时中国的发展方向确实做出了认为十分有利于他们的乐观估计。例如，美国《外交》季刊1997年3、4月合刊的一篇文章指出：直到20世纪80年代末，美国一直"相信中国将不可避免地变得像西方一样非意识形态(化)、实用主义，并在文化上和政治上更加自由"①。由此可见美国当局当时的心态。

4. 1989年"六四"前后

1989年1月，美国共和党人布什继里根之后入主白宫。这时，正是中国资产阶级自由化恶性发展之时，更是东欧发生历史剧变的前夜。布什一上台，就风尘仆仆地开始了他的中国和东欧的波、匈两国之行。对于他这两次访问，用他自己和他的谋士的话说，是"就共产主义危机采取行动"的重大步骤，是抓住一个千载难逢的"历史性机遇"来加速"共产主义制度的失败"的过程②。在谈到为什么上任才一个月就这么快地对中国进行访问时，布什说，"因为，我认为中美之间的关系是极为重要的，是我们已建立的最重要的关系之一"③。他特别强调，"当今世界上'正吹拂着一股清新的和风'。全世界正出现一个争取更大自由的运动，即人类创造的自由和经济机会的自由"，而"中国是最先感受到这股清新的和风的国家之一"。显然，在布什看来，中国应当是最有希望"和平演变"的国家之一。

因此，虽然当时从布什整个对外战略看，苏联仍然是被置于最核心的地位，但中国却被认为是美国最有希望予以"演变"的国家。这当然有来自对我国改革开放政策之错觉，也有对中国在中央领导核心中出现美国所企望的转向的极大幻想。为此，他们在"六四"之前进行了一系列紧锣密鼓的活动。

在经济上，他们在向中国提供贷款和最惠国待遇的同时，力图通过发

---

① 以上内容详见戚方编：《"和平演变"战略的产生及其发展》，27～29页，北京，东方出版社，1990。

② 戚方编：《"和平演变"战略的产生及其发展》，32页。

③ 《意义重大的美中关系——乔治·布什总统答中国电视台记者(1989年2月26日，北京)》，见美国驻中国大使馆新闻文化处：《美国政策资料》，1989(2)。

展美中两国经济、贸易和技术合作来影响中国的经济决策，诱导中国经济改革转向资本主义市场经济。在政治上，煞费苦心地培植亲西方势力，特别是注重在领导层身上做文章。此外，还加强了对留美学生的"战略投资"，以改变"未来领导人"的政治立场和信念。在思想文化领域里则大搞攻心战，通过各种文化、学术交流、报纸、杂志等新闻媒体向中国宣传资本主义模式及其制度的优越性，宣传资产阶级腐朽生活方式和"民主""自由""人权"等西方价值观。更露骨的是，美国一些报刊和"美国之音"等利用1989年4月15日胡耀邦同志逝世的时机，大肆进行歪曲报道，煽动和支持学生上街游行，以达到不可告人的目的。4月16日，由在美国的"中国民联"部分人组成的"中国民主党"向北京一些大学生发出《告全国同胞书》，煽动学生"要求保守派官僚们下台"，"促使中共结束其专制统治"①，矛头直指邓小平和中国共产党的领导。4月21日得到美国支持的国内一小撮反动分子甚至贴出"打倒共产党""中华民国、国民党万岁"的标语。而美国国务院发言人等立即对中国出现的动乱表示支持。4月27日美国三大电视网都把这件事作为头条新闻加以报道。当时《华盛顿邮报》的一篇社论公然散布说，希望在中国发生的事情是"一种专断、残酷和不起作用的政治秩序——共产主义——的崩溃"。《华盛顿日报》说，"结束共产主义下的凄惨生活不是改革制度，而是彻底根除"②。布什多次表态，表示支持中国动乱分子的要求。

5月下旬，当北京一些大学生在天安门广场聚集并成立临时指挥部时，美国当局和一些报纸更是欣喜若狂。5月21日，美国《华盛顿邮报》以《北京起义——在人民新革命的背后》为题发表文章，宣传"（中国）政府遭到人们彻底的公开反抗"③。在美国当局的怂恿鼓励下，6月2日在北京多所高等院校反复出现公开主张组织武装，联合台湾国民党力量并取得国外支持

---

① 转引自牛羊：《北京动乱暴乱背景——国际大气候和国内小气候》，载《当代思潮》，1990(3)。

② 转引自牛羊：《北京动乱暴乱背景——国际大气候和国内小气候》，载《当代思潮》，1990(3)。

③ 《当代思潮》，1990(6)。

进行反对共产党活动的传单——《如果星星之火可以燎原——当今中国时局可能性预测与分析》。①

从美国总统到传媒的所作所为，不难看出，美国处心积虑地想通过支持中国的动乱把中国引向资本主义。这一行动极大地鼓励了中国的自由化分子和颠覆分子。对于如此猖狂的进攻如果不加反击，甚至退让妥协，其后果不堪设想。

"六四"风波正是在这一国际大背景下爆发的。正如当时中央军委主席邓小平在接见戒严部队军以上干部时发表的重要讲话所指出的，"这场风波迟早要来。这是国际大气候和中国自己的小气候决定了的，是一定要来的，是不以人们的意志为转移的，只不过是迟早的问题，大小的问题"②。

"六四"反革命暴乱被粉碎的当天，美国总统布什立即发表声明，攻击中国政府平息暴乱的行动，并宣布采取一系列所谓制裁中国的措施，还声称"共产党社会民主化过程决不会是顺利的"③，准备做长期斗争的打算。

"六四"事件发生后，在布什、贝克等高层人士的首肯下，美国中央情报局和美驻华使馆利用高技术装备，通过"地下铁道"组织了帮助被通缉的"民运"重要头目潜逃的"黄雀行动"。④ 布什政府带头在西方国家中实施对中国的政治、经济、技术制裁。接着，美国国会又以保护人权、防止留学生回国受迫害为名，通过了一项关于中国留学生长期留居美国的"佩洛西法案"。1990年年初，美国国务院发表了《国别人权报告》，从此开始将中国列为其攻击的重点目标，攻击中国是"专制国家"，实行的是"极权统治"等。1990年3月，在联合国人权委员会会议上第一次开始炮制有关中国人权问题的决议案。5月12日，布什签署公告，宣布5月13日为"全国支持自由和人权日"，对中国政府横加指责。1992年2月，苏联瓦解后仅两个月，当时任美国国务卿的詹姆斯·贝克就急不可耐地说，"苏联的崩溃产

---

① 《当代思潮》，1990(6)。
② 《邓小平文选》，第3卷，302页。
③ 《当代思潮》，1990(6)。
④ 马克·佩里：《美国中央情报局最新秘闻——黯然失色》，汪有芬等译，296页，北京，东方出版社，1993。

生了一个世纪才有一次的机会在全世界推行美国的利益和价值观念"①。"和平演变"的目标更加对准了中国。20世纪80年代，曾幻想中国会自动地走向资本主义并把中国视为"朋友"的美国，此时则把中国看成是危险的"敌人"。由此也更加增添了美国对华政策中的新内容与新特点。这些在1993年上台执政的克林顿政权中得到了充分的体现。

5. 1993年以来

1993年1月起，美国民主党人，原阿肯色州州长克林顿担任美国总统。这是在美苏"冷战"结束，两极格局解体之后上台的第一任美国总统。克林顿上台时美国面临的国际形势是，一方面，美国的长期对手苏联已不复存在；另一方面，世界却出现向多极化发展的趋势。由民族、宗教、领土等引起的地区冲突明显增多。令美国始料未及的是，中国在苏联解体、东欧剧变的国际大背景下，在经历了"六四"风波之后，不仅没有垮台或发生演变，而且坚持改革开放，政局稳定，经济以令人瞠目的速度健康地向前发展，社会主义综合国力稳步增长，在国际事务中的影响力不断增强。在这种情况下，美国虽然更为迫切地想要采取一切可能的手段向中国施加压力，逼迫中国"西化"和"分化"，只是又觉一时难以下手，更无法操之过急。但是"和平演变"中国的基本方针还是通过克林顿的主要助手和盘托出。1993年1月13日，被提名为国务卿的沃伦·克里斯托弗声称，对中国"我们的政策将是设法通过鼓励那个伟大国家的经济和政治自由化势力，来促进中国从共产主义向民主的和平演变"②。

经过8个月的酝酿与研究，1993年9月，克林顿政府提出了所谓"扩展战略"。这可看作是美国新的对外战略，包括对华战略的形成。时任美国国家安全事务顾问的安东尼·莱克9月21日在阐述这一战略时说，在冷战时期实行的针对全球威胁的遏制政策之后，"继之而起的战略必须是扩大世界上由实行经济的民主国家组成的自由大家庭"，而其中美国"要起领导作用"③。莱克说，"核心思想是民主与市场经济"。在谈到中国时，莱克

---

① 路透社华盛顿电，1990-02-05。
② 美新署华盛顿电，1993-01-13。
③ 美新署华盛顿电，1993-09-02。

表达了美国当局的利诱与威逼兼施的策略。一方面在保持与中国接触的前提下，拉中国走资本主义自由化道路；另一方面，又实际上不指名地攻击中国是"提高压迫和侵略行为的代价的国家"，应"给予惩罚"，还要"最大程度地缩小"中国等国对美构成威胁的"能力"等。[①] "扩展战略"之于中国乃是一种新型的"接触加遏制"的"和平演变"政策。

这以后，随着中国进一步的发展壮大，"遏制"中国因素不断上升。自1995年8、9月起，"遏制"(Containment)中国一词竟成了美国的一大热门话题。

美国《纽约时报》1995年8月15日的一篇文章指出，"中国正摆脱200年的软弱和耻辱。它终于掌握西方的技术和经济思想（这多少反映了他们对我国经济思想的片面理解——笔者）。许多中国人感到，他们终于能博得他们应受的尊敬和尊重。但是，中国不论朝哪个方向看，美国都在对它进行挑衅"[②]。日本《世界周报》也在1995年8月15日发表以《美中会迎来"新的冷战时代"吗？》为题的文章。文章揭露说，"对于以世界的领导者而自诩的美国来说，最大的课题是如何使中国成为不给美国及盟国带来'危害'的国家"。《周报》援引时任美国国防部副部长帮办埃佩尔的话说，"今后的10年将决定中国的性质"。他暗示，"今后的10年要努力把中国引导到理想的方向"。这种对美国来说的"理想方向"，就是"西化"与"和平演变"中国。

事实是，自1994年、1995年起，美国舆论越来越把中国当成一个对美国最具潜在威胁性的敌手。一位专栏作家在《纽约时报》上撰文，认为中国是继纳粹德国、日本、苏联、伊拉克之后的美国有史以来的第五个敌人。美国要像对待以前四个敌国一样以军事和综合的手段把它打败。为此，美国当局和舆论界一门心思地从事"妖魔化"中国的活动。正如我国新华社记者李希光在1995年冬在结束对《华盛顿邮报》半年工作访问之前撰写的一篇文章中所指出的，"美国等西方媒体用践踏人权、压榨和拐卖妇女、

---

① 美新署华盛顿电，1993-09-02。
② 沃尔特·拉塞尔·米德：《同中国人发生更大麻烦的危险》，载《纽约时报》，1995-08-15。

强迫流产节育、屠杀孤儿院的婴儿、出售犯人、走私军火、出售导弹、扩散核武器、武力威胁邻国、到处是便衣警察、半夜骚扰外国人、运动员服兴奋剂等大量的丑陋和恐怖信息,把美国公众和国会议员圈在一堵密不透风的'石幕'内,一点看不到改革开放10多年来,特别是邓小平南方讲话以来中国经济腾飞、民主法制建设和人权的改善"。李希光写道:"美国报界素以敢于发表不同意见而自居,但最近一年来他们关于中国的报道读起来完全是一个声音,如此舆论一致,如此有组织性,真是罕见。美国报人对于来自中国的消息,已完全不在乎这些东西是否编造或是高度夸大。他们只是一心一意地要妖魔化中国。"①1996年9月30日美国开播了"自由亚洲电台"。该台台长把电台宗旨确定为"如同自由欧洲电台一样……将在意识形态领域发挥其应有的作用"。说穿了,"亚洲自由电台"就是要在其对象国主要是中国扰乱人心,制造动乱。此外,在"妖魔化"中国的气氛中,美国国会在1997年度国防支出权限法案中首次把中国当作美国假想敌国而列入条款。②

随着1997年10月江泽民主席访美和1998年6月美国克林顿总统访华,处在十字路口的中美关系似乎出现了转机。自1997年10月以后,中美两国之间的高层互访频繁。美国政府更加重视同中国保持高层次、多领域的战略对话,并把"全面接触"政策推向前进。例如,寻求同中国建立定期的对话机制;重视同中国在安全和军事领域的对话与合作;在中美关系发展最关键的台湾问题上,美国从维护其自身战略利益出发,担心"台独"势力可能引起台湾海峡新的危机,给自己带来被动,而重申要致力于"一个中国"的政策。

美国之所以对对华政策做某些调整,其原因在于,美国当局在1997—1998年就美国21世纪国家安全所做的分析认为,至少在2015年前,世界上没有"可以向美提出军事挑战的势均力敌的对手",中国要过15到20年才会具备在亚太地区投入强大军事力量的能力,此前对美国不构成威胁。

---

① 李希光等著:《妖魔化中国的背后》,4~5页,北京,中国社会科学出版社,1996。

② 《读卖新闻》,1996-08-22。

相反，美国面临着直接严重的"非对称性威胁"，即来自大规模毁灭性武器的扩散、恐怖主义组织，或个人、极端民族主义分子、电子黑客等非国家角色的威胁。在这种情况下，美国特别感到同中国在对付这类威胁中合作的重要性，因此有求于中国。

此外，美国安全观的内涵已经大为扩大，日益把别国经济、政治和社会发展及全球性问题同美国的安全利益紧密结合起来，特别是把开拓出口市场机会的大小看作是美国经济安全领域安排轻重缓急次序的主要依据。由此对于中国这样一个巨大的中长期前景特别看好的新兴市场，美国不能不予以高度重视。而且，中国在世界经济尤其是在东亚经济中的重要地位和积极作用也已为世人所公认。

正是基于以上认识和对切身利益的权衡，美国当局不能不对1993年提出的"扩展战略"进行调整。在对中国的政策上相对减少价值观因素的考虑以淡化对中国的敌意。这些，也是克林顿总统多次表示，为了美国的利益必须加深与中国的对话，孤立中国对美国没有好处的原因。[①]

但是，对于社会主义中国，美国始终心存芥蒂。他们担心中国进入国际机制后会在其中自主发挥作用和制约美国。美国前商务部副部长、现耶鲁大学教授杰弗里·加滕说，使中国全面地成为国际社会的成员既有吸引力也有缺陷；中国改变全球资本主义的能力可能不亚于它受这一制度管束的程度。[②] 这样就形成美国对华政策的两重性特点：既不公开以中国为敌人或作为中国近期的主要对手，又对中国抱有巨大戒心；既想把中国吸引进现有国际机制又试图以此为契机推行美国价值观与人权观，"和平演变"中国。这些，在美国克林顿总统1997年接待江泽民主席访美和1998年克林顿访华过程中就明显地表现出来。

就拿美国总统克林顿1998年6月底7月初的对华访问而言，从酝酿到实现访华的全过程，就总有一些美国政界和新闻界人士出于某种政治目的而不断地以中国的所谓人权问题为由进行干扰破坏。还在1997年10月，

---

① 克林顿总统发表国情咨文，载《人民日报》，1997-02-07。
② 《金融时报》，1997-10-21。

美国政府就放出风来，除非中国的人权状况有所改善，否则，克林顿总统不会接受访华邀请①。及至1998年，据美国报纸载，"在宣布克林顿总统将于6月底对中国进行国事访问之后，美国国内就开始一场旨在破坏美中关系的运动"，而其主要借口之一又是所谓中国的人权问题。至于克林顿总统本人，在他启程来中国之前撰写的《我为什么去北京》的文章中，表示"在会见中国领导人时，我将继续在人权问题上做出努力，牢记这样一个目的：使情况发生变化"②。果然，自踏上中国土地那天起，他就大谈人权。在两国领导人会谈中谈，在与江泽民主席联合答中外记者问题时谈，在与北京大学学生见面等各种场合都谈。这既是受制于美国国内反对派的压力，也是其内心愿望的真实表达。他也确实"牢记这样一个目的：使情况发生变化"。难怪1998年6月29日当克林顿访问北京大学并对师生发表讲话之后，一位北京大学学生发问到，"您带着友好的微笑，踏上了中国的土地，并来到北大校园，因此，您的光临使我们非常激动和荣幸，因为中国人民真正渴望中国和美国在平等的基础上建立友谊"。但是这位学生接着又说，"据我所知，在您离开美国之前，您说您访华的原因，是因为中国太重要了，接触胜过遏制"，"我想问您这句话是不是您为这次访问所做出的一种承诺，还是在您的微笑之后是不是还隐藏了其他什么话。您是不是有什么遏制中国的其他企图？"③克林顿赶紧矢口否认。但是，这里似乎用得着中国一句古话，叫做"司马昭之心，路人皆知"。因为美国政界上至总统下至一些地方议员关于通过"接触"改变中国人的价值观和社会政治制度的话已经说得太多了，克林顿自己说的"牢记这样一个目的：使情况发生变化"，也已经把此行的一个重要动机点明了。在这种情况下，北京大学的学生发出那样的提问也就是十分自然的了。

香港《星岛日报》1998年6月30日在题为《北大学生的提问实在太精

---

① 马丁·西夫：《克林顿若受到邀请也不会到中国去》，载《华盛顿时报》，1997-10-06。
② 克林顿：《我为什么去北京》，载《新闻周刊》，1998-06-29。
③ 《威廉姆·杰斐逊·克林顿对北京大学师生的讲话》，见美国驻华大使馆新闻文化处，外交政策背景资料，1998-07-02。

彩》的报道中说,"没料到这回北大学生的问题却如此尖锐,一次又一次戳中克林顿的痛处。更令人意料不到的是,克林顿一直宣扬学生所追求的自由,又屡次勾起中国人民的'六四'情结,到头来非但没有离间中国政府与学生的关系,反而挑起学生们更激动地敢于向美国说'不'的情绪"。

1997年以来,美国一直信誓旦旦地要和中国共同致力于建立建设性伙伴关系,但是时隔不久,1999年,以美国为首的北约对南斯拉夫进行狂轰滥炸的同时,竟然于5月7日冒天下之大不韪,派出美国B-2飞机,用导弹袭击我国驻南斯拉夫大使馆,造成20多人伤亡的惨剧。以美国为首的北约打着捍卫"人权"和防止"人道主义"灾难的旗号,却对南斯拉夫人民和中国人民制造了一场空前的人道主义大灾难。事件发生后激起我国人民的愤怒抗议,引起世界主持正义的国家和人民的同声谴责,为美国始料所未及。美国当局用种种抵赖办法把这场蓄意的暴行说成是"误炸"。其实,这一恶性事件再次突出说明了对于美国当局来说,中国虽有某种战略上的重要性与共同利益,但美国骨子里的反共反社会主义实质丝毫不会改变。

其实,为了搞垮社会主义的中国,他们正在不断积蓄"弹药"。他们恶毒攻击中国的政权性质、社会制度,在台湾问题、宗教问题、西藏问题、司法问题,所谓"不同政见者问题"、盗窃核机密问题等一系列问题上极尽诬蔑攻击中国之能事。他们在随时窥测方向,一旦认为时机成熟就会吹起"人权高于主权"的法螺,打着"为价值观而战"的旗号,对中国进行各种形式的破坏和攻击,达到改变中国社会主义制度、"西化""分化"中国的目的。

(三)美国高度重视对华意识形态渗透政策的根源

1. 意识形态渗透被认为是"和平演变"与"制服"中国的最重要手段

美国是注重吸取历史经验,特别是国际斗争经验的国家。他们看到,在历史上,还没有一个社会主义国家是被帝国主义用军事手段所消灭的,而和平手段却往往得手。美国在与中国的军事较量中特别是在朝鲜战场上已经多少领教了中国的力量。正因此,美国在汲取过去与中国军事冲突中尝到的"苦头"和在苏联解体、东欧剧变中尝到的甜头之后,更加注重把意识形态渗透作为对付中国的主要手段。

邓小平同志早在 1989 年 11 月就对世界局势做出了一个精辟论断。他说:"可能是一个冷战结束了,另外两个冷战又已经开始。一个是针对整个南方、第三世界的,另一个是针对社会主义的。西方国家正在打一场没有硝烟的第三次世界大战。所谓没有硝烟,就是要社会主义国家和平演变。"①这是深刻的历史警示。

多年来,西方国家发动"没有硝烟的战争",要社会主义国家和平演变的图谋是毫不隐讳的,一直是公开地大量地宣传和实施的。

早在 1980 年,尼克松就宣称,针对社会主义国家的"第三次世界大战在第二次世界大战结束以前就开始了……到现在已进行了三分之一世纪"②。他把新中国的成立、朝鲜战争、印度支那战争、古巴革命战争等,都归入正在进行的所谓"第三次世界大战"。他认为:"第三次世界大战是第一次真正的全球战争,这场战争已经到达地球的任何一个角落。……它是在生活和社会的每一个方面进行的。军事力量、经济力量、意志力量、一国的激励性思想的力量及其目的感的明确性——所有这些中的每一点,对于这场战争的结局都是十分重要的。"③

尼克松继而在 1984 年出版的《现实的和平》一书中鼓吹对社会主义国家的"和平演变"政策。他说,"要进行争取世界人民'民心'的竞赛","随着一代一代往下传,我们将开始看到和平演变的进程在东方集团中扎下根来","它播下的不满的种子,有一天将开出和平演变的花朵"。④

东欧剧变和苏联解体时,尼克松已是近 80 高龄,但他仍不遗余力地为反对社会主义国家而奔走呼号。他说:"我是一个反共分子,……如果俄罗斯取得成功,那将会大大冲淡中国模式的影响力,就会成为一个活生生

---

① 《邓小平文选》,第 3 卷,344 页。
② 理查德·尼克松:《真正的战争》,常铮译,21～24 页,北京,新华出版社,1980。
③ 理查德·尼克松:《真正的战争》,21～24 页,
④ 理查德·尼克松:《现实的和平》,92～94 页。

的证据向第三世界证明自由可以带来好处。"①

尽管尼克松因"水门事件"丑闻而自动下台，但他的主张和谋略却深得美国当局的赏识并被奉为圭臬。

对于中国，美国抱有意识形态渗透的最大热情。曾在美国中央情报局混过几年又当过美国驻中国大使和美国国防部助理部长的李洁明公开表示："我们提供奖学金给中国学生，邀请政府官员来美国访问的做法，就是要'和平演变'中国大陆。"②一些国家的学术界、新闻界人士均客观地指出：对于最大的发展中国家、社会主义大国的中国，美国一些人认为这是他们"最后一个眼中钉"，力求"利用经济交流使中国解体"③。美国《纽约时报》在一篇评论中露骨地攻击中国是"日渐缩小的共产党国家的代言人"，"当今世界没有哪个国家比中国更敢于这么大胆地维护大部分美国人认为过时或邪恶的意识形态和价值观念"。该报声称，"随着苏联共产党政权的解体，使美国谩骂的'邪恶帝国'的位置出现了真空。现在有迹象表明，中国将填补这个真空，成为美国主要的意识形态的对手和美国人在很大程度上感到讨厌的象征"④。这代表了美国国内一些极端仇视社会主义中国的政客的立场。

由此人们不难理解，美国当局一些人为何这些年来处处在中国问题和中美关系上制造事端。所谓人权问题，所谓"中国威胁论"，以及制造"银河号事件"，支持达赖分裂祖国的活动，为台湾李登辉访美大开绿灯，直接间接制造"两个中国"等，其根本目的都是为了反对并最终搞垮社会主义中国，"和平演变"中国。事实上，在美国当局看来，这也是它们制服中国的唯一可行的途径。

2. 意识形态因素是服务于美国统治集团的根本利益——世界经济霸权利益的必要手段

我们知道，美国早就为其经济霸权主义的需要而瞩望于对中国的控

---

① 瑟奇·谢曼：《现在谁会为俄罗斯说话？竟然是尼克松！》，载《纽约时报》，1993-02-19。

② 《世界日报》，1991-12-06。

③ 《美国的目标是使中国解体，从而除去最后一个眼中钉》，载《选择》，1991-11。

④ 《纽约时报》，1991-09-10。

制。据美国历史学家沃尔特·拉菲伯记载："1945 年 9 月，他（指杜鲁门——笔者）对一位顾问说，'美国未来的外交重点在西半球和太平洋地区'，总统认为，亚洲的利益取决于强化中国蒋介石的国民党政权，蒋将取代日本的地位，成为亚洲的稳定力量。美国还可以因此获得经济利益。"美国当局认为，假手蒋介石，他们不仅能开辟巨大的中国市场，还可以开辟其他亚洲国家的市场。一个多世纪以来美国商人梦寐以求的市场要成为现实，"10 亿亚洲主顾会大有助于避免另一个经济危机"①。

美国之所以如此依赖开放的世界市场是由其经济制度决定的。正如一位美国官员所说："资本主义是一个国际体系，一旦在国际上行动不开，就要彻底崩溃的。"②美国杜鲁门总统把这一点说得十分明白。他说，"全世界都应当采用美国的制度"，因为"美国的制度只有在它成为全球制度之时，才可能在美国生存下去"③。也就是说，美国只有在全球进行扩张才得以生存。这种情形到现在是更为突出了。1997 年《外交》季刊上一篇文章指出，美国经济的健康发展比过去任何时刻都更依赖于外部市场。美国不再能够依靠国内来保证足够的增长，提供足够的工作，获得足够的利润和储蓄。目前，美国超过 1/3 的经济增长来自出口。到世纪之交，超过 1600 万的工作岗位依靠向海外出口来维持。可口可乐等许多美国公司，它们 50% 以上的收益来自国外。"从对外政策看，美国与最多的国家发生关系，其对这些国家的潜在的影响，都日益增加地靠着这种商业联系。"④

正因此，对于中国革命的胜利和社会主义中国的一天天走向强盛，美国是不会甘心的。建立主要由美国控制的"世界经济秩序"，是美国当权者的基本政策。克林顿总统提出"扩大战略"，"即扩大全世界市场民主国家的自由大家庭"，说穿了，就是让美国实现世界经济霸权的同义语。仅仅为此目的，它也绝不能容忍中国社会主义经济独立地发展下去。但是，美

---

① 沃尔特·拉菲伯：《美国、苏联和冷战（1945—1980）》，30 页。
② 沃尔特·拉菲伯：《美国、苏联和冷战（1945—1980）》，10 页。
③ 维森特·戴维斯、莫里斯·A. 伊斯特：《美国外交政策中的意识形态：洛克自由主义范例》，54 页，纽约，1973。
④ 杰弗里·E. 加滕：《商业与外交政策》，载《外交》，1997(5/6)。

国当局懂得，为了实现这种世界经济霸权，仅仅用经济政治和军事手段是难以实现的。于是，通过传播美国意识形态和价值观，和平改变中国的社会主义制度，进而控制中国经济，控制世界经济，就成了美国当局的首选策略了。

3. 意识形态因素直接体现了美国政治战略目标——反对全球共产主义的需要

美国一向自诩为世界文明的"灯塔"和各国效法的榜样，从来不允许有另一种社会制度与之竞争，何况这是一种比资本主义制度更先进的社会主义制度。他们从来认为社会主义的存在本身就构成了一种威胁，在他们看来，"共产主义意味着一种意识形态，一种政治运动，一种分析方法和一种生活方式"。"共产主义不仅包括了政党的成长，而且也包括了一个国家，一个社会的发展。"①这一切在美国当局看来不能不是对其思想意识、经济制度和政治制度提出的严重挑战。由此，也正如法国学者克劳迪·朱里安所说："针对共产主义而展开一切活动"，就成为"美利坚帝国的特色"②。

这一点，在美国对苏联推行的人权外交上得到了集中体现。在苏联戈尔巴乔夫当政那几年，尽管苏联在美国"人权"压力下一再让步，美国却毫不放松。原因何在？美国对外关系委员会成员、东西方关系问题专家迈克尔·曼德尔鲍姆透露了实情。他说："像苏联这样一个国家，即使它更自由化一些，也很难逃脱来自美国的指责。无疑，使俄罗斯人和其他原苏联人建立起一整套资本主义经济和政治体系，应该成为美国的一个长期奋斗目标；美国的最终目标应该是使全世界每一个国家都实现这一点。"③

苏联解体后，美国又把矛头对准中国，这并不奇怪。早在十多年前，美国著名历史学家费正清就把美国当局对中国的心态刻画得入木三分。他说："我们感到我们的基本价值标准直接受到威胁，如果中国人自愿选择共产主义，那就可以断定人类的大多数是不会走我们的路——至少目前是

---

① 艾尔弗雷德·G. 迈耶：《共产主义》，3页，纽约，1967。
② 克劳迪·朱里安：《美利坚帝国》，7页。
③ 迈克尔·曼德尔鲍姆：《结束冷战》，载《外交》，1989(4)。

如此。因此，我们在这场危机中聊以自慰的是，认为新的中共独裁政权并不代表中国人民相当大的一部分人的利益，认为它只是靠武力和操纵手段才能维持下去。总之，我们认为它太坏，不能持久。因此作为一种原则和义务，我们必须反对它。"①这样，就很清楚地把反对社会主义中国提到了美国对外战略的高度。

中国经济的持续发展和防止两极分化，这又引起美国当局一部分人更大的不安和仇恨。

墨西哥《至上报》1995年7月30日的一篇文章说："自1949年革命成功后的毛泽东时代起，这个国家发生了翻天覆地的变化，它的资源得到了开发，增长是强劲的、稳固的。""中国的各个方面都在发展"，但是"中国的社会发展才是最突出的。它克服了贫困，各个阶层的生活都大有改善，尤其是农民。""它的社会和经济是在和谐地增长，这将使它能以一种完善的形象屹立于世界。……哈利法克斯首脑会议声明说，'持续发展的目标是提高所有人的生活质量'。如果的确有国家在这样做，无疑就是中国。"②

中国是社会主义国家，它要走向消灭贫富差距，实现共同富裕，这与目前美国贫富差距日渐扩大的情况，不能不形成一种明显的反差。中国的实践对世界人民是一个很大的鼓舞，而对美国当权者而言，则成为其推行全球霸权主义战略实现资本主义一统天下的更大障碍。正因为如此，他们也决不会放过对中国的攻击和诬蔑。这是无法改变的现实。

此外，正如前文所提及的，美国在处心积虑地企图"和平演变"中国的同时，已经提出，中国改变全球资本主义的能力可能不亚于它受这一制度管束的程度。这反映了资本主义代表人物特有的敏感。

(四)对策研究："知己知彼，百战不殆"

"知己知彼，百战不殆"这是中国的一条千年古训。在对付美国的意识形态渗透政策时亦需要牢记这一点。由此，我们的对策似应归结为以下几点。

---

① 费正清：《美国与中国》，334～335页。
② 伊格纳西奥·卡斯蒂略·梅纳：《中国将进入经济强国之列》，载《至上报》，1995-07-30。

1. 要充分估计到今后斗争的复杂性、艰苦性和长期性，清除麻痹思想

前已说明，用资产阶级意识形态向中国渗透并以此达到"和平演变"中国的目的，这一反映美国资本帝国主义本质的对外方针，是绝不会改变的。而美国作为目前世界上唯一的超级大国，倚恃其在经济、军事、外交、科学技术、文化乃至意识形态上的优势，使意识形态斗争处于"西攻东守"的态势，这一斗争的基本特点，今后也将在相当长时期内存在。特别是自20世纪90年代初以来，由于以信息技术为龙头的高科技产业的兴起而导致美国持续了100个月的高增长、低通胀的经济发展，使美国似乎更有了称霸世界干涉别国的资本。西方各国尽管内部存在矛盾，但他们具有大体相同的价值观、人权观，同属典型的资产阶级意识形态，有维护资本主义一统天下的共同利益，因此，在涉及清除被他们认为是扩张资本主义势力的共同障碍时，在涉及打击那些不接受他们的政治经济模式的国家时，他们中间一些主要国家，表现出了一致性，如美英就是如此。在用意识形态影响别国，实现社会主义国家的"和平演变"，压制和剥削第三世界国家时，也往往存在某种一致性。1999年年初以来，以美国为首的北约不就是在共同鼓吹"人权高于主权""主权有限论""人道主义干预论""新干涉主义""为价值而战"这类力图使他们霸权主义行径"合法化"的谬论吗？他们动辄把资产阶级的标准冒充为全民和全世界的标准。在这种情况下，如果不辨真伪，没有勇气冲破资产阶级思想的迷雾，就会招致灾难性后果。苏联戈尔巴乔夫宣扬"民主社会主义"，鼓吹以"全人类的共同价值观"为标准，就是极其深刻的反面教训。

至于美国政客，如前所述，他们中相当一部分人对中国的敌意是根本不会消除的。对此绝不能心存幻想。1998年他们还在散布说，"尽管经过了20年的市场改革，中国人的政治体系不仅保持着压制和不民主性质，而且成为对世界民主制度的威胁"[①]。因此，正如美国《华尔街日报》1999年5月26日的一篇题为《另一个威胁正在逼近》的文章所指出的，"把中国妖魔化的活动眼下似乎正在如火如荼。为了在冷战后的世界中物色一个能够替

---

① 苤明新：《中国正在民主化吗？》，载《外交》，1998(1/2)。

代苏联的敌人,美国政治家在越来越大的程度上试图让中国人充当这个角色"。对于这一斗争形势,我们必须有足够的估计并准备进行长期的韧性斗争。

记得鲁迅说过,"震骇一时的牺牲,不如深沉的韧性的战斗"①。看来,对付美国的意识形态渗透的斗争,特别需要这"韧"的精神。

2. 站在时代的高度,坚持中国共产党的领导和社会主义方向

应当承认,美国是当今世界上最强大的国家。我国的实力与美国相比还有很大差距。但是,这绝不意味着中国要接受美国的意识形态和社会制度。因为如果站在时代的高度,从根本上说,美国的意识形态和价值观,特别是它的核心部分,在世界范围内看已是一种起破坏作用的落后的意识形态和价值观了。

我们知道,美利坚民族的意识形态和价值观包含着若干方面:个人主义、个人自由、平等、竞争、勤奋工作、讲究实际和革新创造精神等。其中有许多至今仍对其他民族和国家具有积极的借鉴意义。然而以商业精神立国的美国,其占主导地位的意识形态和价值观却是个人主义。还在美国独立不久,汉密尔顿就曾说,美利坚人"占优势的激情是雄心和私欲"。曾任美国总统的胡佛在1927年说,"三个世纪来个人主义是美国文明的基本动力。它在所有这些年代里为美国的政治、经济和精神提供了动力"。历史地看,个人主义在美国这块广袤的人迹稀少的大陆上曾起过开拓荒野、发展经济、反抗外来压迫与抗拒封建残余的积极作用。然而,随着时间的推移,随着资本主义固有矛盾的发展,个人主义虽然至今并未穷尽其对推动经济发展的作用,但对于整个社会而言,正越来越走向事物的反面。美国著名学者丹尼尔·贝尔指出,这种个人主义强调的是"不受束缚的自我"和"享乐主义",其恶性发展已威胁着资本主义的正常运转,使"美国资本主义已经失去了它传统的合法性",并"构成了西方所有资产阶级社会的历史性文化危机,这种文化矛盾将作为关系到社会存亡的最重大的分歧将长

---

① 鲁迅:《娜拉走后怎样》,见《鲁迅全集》,第1卷,171页,北京,人民文学出版社,2005。

期存在下去"①。美国前总统卡特执政时的国家安全事务助理布热津斯基在《大失控与大混乱》一书中指出了美国面临的十分严重的20个难题,诸如,债台高筑,贸易赤字,贪婪的富有阶级,日益加深的种族和贫困问题,广泛的犯罪和暴力行为,大规模吸毒现象的蔓延,过度的性自由,视觉媒体大规模传授道德败坏之风以及日益弥漫的精神空虚感等。他发问道:"一个不受一系列全球至关重要的价值观念指导的大国,究竟能不能长时间地发挥其优势。"②"由于纵欲无度而产生的种种弱点,集中地体现了目前美国文化可能界定的趋向。"③事实上,在经济日益全球化的今天,美国的个人主义价值观从根本上说是一种对世界产生巨大破坏作用的力量。美国当代著名经济学家,《资本主义的未来》一书的作者莱斯特·瑟罗指出,资本主义除了贪婪和最大限度地追逐利润,并无其他指导思想。他认为,由于资本主义制度缺乏一整套能把公民凝聚起来的共同目标与价值观,"最终,有一代人将无法在变化了的地球环境中生存。到了那个时候,他们就是想采取任何措施防止自身的灭绝也为时太晚了。每一代人都做出了正当的、资本主义式的决定,然而最后的效应则是集体的社会自杀"④。事实上,我们从美国疯狂地挥霍人类资源,肆无忌惮地剥削第三世界,特别是以美国为首的北约在南斯拉夫所干的罪恶勾当所造成的大批平民伤亡、难民逃亡和自然环境遭到的毁灭性破坏中,不是清楚地看到了资本主义及其价值观的卑鄙、无耻和野蛮?!

至于说到我们自己,我们对中国共产党领导的亿万人民从事的社会主义事业充满信心。因为这一事业符合人民的愿望,适应历史发展的规律,是中国历史发展的必然。也正是由于这一缘故,以美国为首的西方国家始终把中国共产党和社会主义道路作为他们攻击的首要对象。

---

① 丹尼尔·贝尔:《资本主义文化矛盾》,132页。
② 兹比格涅夫·布热津斯基:《大失控与大混乱》,潘嘉玢等译,5页,北京,中国社会科学出版社,1995。
③ 兹比格涅夫·布热津斯基:《大失控与大混乱》,5页。
④ 莱斯特·瑟罗:《资本主义的未来》,周晓钟译,297页,北京,中国社会科学出版社,1998。

为了搞垮中国社会主义制度，美国当局每次都首先拿中国共产党作为攻击的目标。例如，他们在每年的《国别人权报告》（中国部分）中的第一句话几乎都是"中华人民共和国是一个由中国共产党垄断决策权的集权国家"或"极权国家"。这种对我国国体和政体的令人不可容忍的攻击和诽谤，反映出他们害怕中国人民走独立富强的社会主义道路的阴暗心理。其实，中国共产党领导乃是中国人民历尽磨难而得出的宝贵结论。正如美国著名历史学家费正清所说："1949年后出现的中央政权的组成部分是几十年积累起来的，它不仅有中共掌权前28年的经验，也有全中国人民的经验。长期的军阀统治和国民革命，接着是八年日本侵略和四年内战，使全国人民渴望有中央权威、坚强的领导、和平与秩序。"①

最能说明中国共产党领导和中国走社会主义道路必然性与必要性的，莫过于历史事实本身。从1949年10月中华人民共和国成立至今的半个世纪里，我们党领导人民顶住了帝国主义、霸权主义的巨大压力，独立自主地探索社会主义革命和建设的道路，获得了巨大的成功。尽管由于经验不足和主观指导思想上的失误，也经历了严重的挫折，包括十年"文化大革命"的严重的错误。但是，自1978年12月党的十一届三中全会以来，以邓小平为代表的中国共产党人在总结新中国成立以来正反两方面经验的基础上，在研究国际经验和国际形势的基础上，在改革开放的崭新实践中，在建立社会主义市场经济体制的深刻变革中，开始找到了中国自己的建设道路，创立了邓小平建设有中国特色的社会主义理论，从而成功地实现了新中国成立以来我党历史上具有深远意义的伟大转折，开创了社会主义现代化建设的新局面。

50年来我国经济实力大大增强，1949年新中国刚刚成立时，呈现在亿万人面前的是一片饱经列强欺凌、惨遭战乱摧残的国土。当时国民收入只有约358亿元，人均约66.1元，折合美元约18元。1998年，我国国内生产总值约达79553亿元，人均约6347元，按年末汇率计算，大约折合770美元。按世界银行公布的资料，1998年我国国民生产总值在世界排名

---

① 费正清：《美国与中国》，260页。

第7位，居发展中国家首位。

50年来，我们成功地解决了世界上人口最多国家的吃饭问题，占世界人口1/5的中国人民基本得到温饱，愈来愈多的农民进入小康，并继续向比较富裕的生活迈进。

50年来，我们不仅成功地建立起独立的比较完整的现代工业体系，还成为少数几个拥有人造卫星的国家。我国自行研制的长征系列火箭，已经进行了57次发射。

到1998年，我国钢、煤炭、服装、水泥、电视机、数字程控交换机以及谷物、棉花、水果、肉类等产量已居世界第一位。

50年来，全国人民奋发努力，在960万平方公里的土地上创造了旧中国难以想象的奇迹。尤其是改革开放以来实现了经济持续快速增长。1979—1998年近20年，国内生产总值年均增长9.7%，引起全世界的瞩目。①

一位美国学者把中美两国经济发展速度做了一个比较。他说："一份关于中国社会经济发展规模与速度的可靠指数表明的事实是，美国用了47年把人均收入增加一倍，中国只用了9年，实际上，中国在过去18年使人均收入翻了两番。美国用了50年时间把从事农业的劳动力比例从70%降至50%，中国在实现同样变化时只用了17年。"②

所有上述成就都说明，在东方地平线上，一个巨人正在迅速成长。而且更为可贵的是，我们今天仍保持着20年来改革开放的好势头，并且正在积蓄起又一次腾飞的力量，去迎接21世纪的挑战。

近20年来，中国的政治体制改革和经济体制改革是同步进行的。政治体制改革的核心是加强民主与法制建设，保障公民享有充分的政治权利。这里仅举出若干方面实例即可说明。

例如，近20年来，我国根本的民主政治制度——人民代表大会制度得到认真的坚持，并逐步得到加强和完善。

---

① 参见《站起来的东方巨人》，载《人民日报》，1998-08-30。
② 苤明新：《中国正在民主化吗？》，载《外交》，1998(1/2)。

作为人民最高权力机关的全国人民代表大会，年年按规定日期隆重举行。总理的《政府工作报告》、四个发展国民经济的五年计划及2010年远景目标纲要，兴建三峡水利工程等重大事项的决策，中央政府领导人的任免，无一不经全国人民代表大会审议、讨论。国家根本大法宪法的修改，《香港特别行政区基本法》等基本法律的制定，也都是全国人民代表大会讨论和通过的。这些年来，对民主选举制度也做了一些改进。各级人民代表的选举，由过去的等额改为差额。直接选举人民代表的范围，由过去的乡、镇一级，扩大到县一级。

中国共产党领导的多党合作和政治协商制度，也是中国民主政治制度的重要组成部分。近20年来，各民主党派和政协组织在政治协商、民主监督、参政议政等方面比过去更加活跃，发挥着更大的作用。他们积极谏言献策，每年提出大量的提案和建议，其中相当大一部分被采纳。如《关于加强宏观调控抑制通货膨胀的建议》，被国务院采纳施行后，对国民经济的持续、快速、健康发展，起了很好的作用。

近20年来，中国基层民主也显著扩大。全国农村普遍推行了村民自治制度。各地农民采取直接的秘密的和差额选举的方式，选出本村的自治机构——村民委员会和村干部，并普遍实行村务公开和民主管理制度，定期举行全村民主生活日。约占世界人口1/6的中国9亿农民，以主人翁的姿态选举和监督本村的干部，开展群众性的民主自治活动，引起了世界的注目。美国卡特中心1997年、1998年两度派出小组来中国参观农村基层选举活动。他们回国后发表文章和讲话，称赞中国农民享有他们意想不到的民主权利，认为民主选举的某些方面（如不受财产限制等）优越于美国。同时，城镇基层民主也得到扩大。许多地方的居民委员会和职工代表会议的职能和作用都有所加强。

随着政治体制改革的推行，中国的法制建设20年来大大加强。依法治国的方针，得以确立和贯彻。改革开放以来，我国从社会主义初级阶段的国情出发，按照全国人民的意志，本着发展经济、扩大民主的原则，对《宪法》做了大小三次修正，对人权的维护和发展包括公民应享有的各种自由，做了更加明确的规定。现在，中国政治、经济、文化、社会生活的各个方面，已基本做到有法可依。通过《刑法》《刑事诉讼法》的修订，通过《律师法》《人民警察法》《检察官法》《法官法》《监狱法》《行政诉讼法》《国家赔偿法》等法的制定，司法中的人权保障明显加强。

特别值得一提的是被称之为"民告官的法律"——《行政诉讼法》。该法自 1990 年 10 月施行以来，各级人民法院受理了 20 多万起行政诉讼案件。这些案件中，涉及公民基本权利的占大多数，相当一部分涉及公民的人身权、财产权；原告中有农民、工人和知识分子，被告中有县、市、省政府部门和中央国家机关。约 2/3 的诉讼都以行政机关改变原决定而终结。

还值得一提的是，法律在制定或修订过程中，都征求人民群众的意见。1998 年 5 月，全国人大常委会将《村民委员会组织法》（修订草案）公之于报端，广泛征求人民群众的意见，时任委员长的李鹏还去东北农村考察《村民委员会组织法》实施情况，直接同农民交谈，请他们对条例的修改发表看法。有些法律还是人民群众建议制定并参与起草的。江苏省江都县农民费桂龙建议制定一部农业法，自己起草了初稿。结果他的建议被采纳，他被吸收进《农业法》起草小组，他的许多意见也被吸收进《农业法》中。

西方某些人认为中国政治上没有改革，主要原因是他们要求中国在改革中照搬西方的一套政治模式，否则就不算改。而中国只能按照本国的国情和人民的意志改革，绝对不能照搬西方的政治模式。

中国的改革开放和社会主义事业的巨大发展，博得了世界各国人民和一切有识之士的高度赞扬。例如，俄罗斯莫斯科大学出版的被俄联邦高等教育部推荐为高等学校经济学方向和理论经济学专业的大学教材的《过渡时期的经济》一书，就把中国、越南列为"市场社会主义"的模式，并认为从经济学观点看，这是改革旧的体制的唯一成功的例证。书中还特别强调中国依靠制度和政治体制的质量和其他非经济因素的质量，从而使这一模式可以保证经济迅速地发展和高涨。[①]

关于这一点，《苏维埃俄罗斯报》1994 年 10 月 25 日的一篇文章说得更

---

① В.В. 拉达也夫、А.В. 布兹加利编：《过渡时期的经济》，412、414 页，莫斯科，莫斯科大学出版社，1995。

为明朗。文章说，中国这些年来的巨大发展证明，"社会主义国家本身和世界上最大的拥有4000万共产党人的中国共产党是稳定的保障"。"这个党用实践证明，它善于学习和提出作为几代人行动纲领的构想。这几代人会把中国变成一个强大的国家。"

我们还可以看到许多来自联合国和西方国家的反映。例如，联合国发表的《1993年世界经济调查报告》高度评价中国经济独特发展模式，指出，"尽管财富积累似乎是企业家的主要动力，但（中国的）事实说明创业精神与私人拥有权并无必然的联系"。"集体企业是中国80年代企业活力增长的最大来源。"报告对比中国和苏联东欧国家情况，认为，体制独具一格的中国经济将继续迅速增长，而大规模走向私有化的绝大多数东欧国家和俄罗斯等苏联衍生国家将继续面临经济大滑坡，并已出现社会动荡迹象。[①]

美国著名学者，《巨龙——中国的未来》一书的作者丹尼尔·伯斯坦指出，"中国属于20世纪世界上富有革命思想的国家，中国的发展对世界有巨大的影响。因此，中国的改革开放不仅是中国的福音，也是对世界的贡献"。他着重指出，"中国始终坚持以经济建设为中心，首先致力于经济的现代化，切实提高人民的生活水平，而不是在让旧经济体系继续运行的情况下企图建设新的政治体制；更重要的是中国的政策是根据自己的国家、社会、人民的特点制定的"[②]。

美国在世界上最有影响的专家之一、前世界银行副行长约瑟夫·斯蒂格利茨指出，中国"没有实行私有化，他们集中精力搞了一些新的企业；他们没有实行贸易自由化，而是努力提高商业企业的竞争能力。而这样做的结果是，中国作为一个经济形势最好的国家已经出现在世人面前！"[③]

也许正是基于上述事实，时任世界银行行长的沃尔森于1999年2月做出了如下评价："现在可以说没有哪个领导班子比中国的领导班子更

---

① 《侨报》，1993-06-22。
② 《人民日报》，1998-12-14。
③ 《世界银行的一位异端分子——采访世界银行副行长约瑟夫·斯蒂格利茨》，载《解放报》，1999-06-25。

优秀。"①

事实上，这在一定意义上正是对中国共产党领导和中国选择的有中国特色的社会主义道路的肯定。

尽管在前进的道路上仍然是荆棘丛生，充满着艰险与曲折，但只要坚持中国共产党的领导和社会主义道路，充分依靠广大群众，不断做出改革开放的新探索，我们国家就大有希望。美国等西方国家"分化""西化"中国的图谋就必定会失败。

3. 加强思想教育，占领意识形态阵地

前已说明，美国等西方国家一贯重视意识形态工作，并把向社会主义国家进行意识形态渗透作为自己的国策。对此我们本应有高度的警惕。可是，自实行改革开放政策以后，一些人产生了否定社会主义与资本主义存在意识形态差异与斗争的思想，鼓吹"非意识形态化"的论调，甚至把坚持马克思主义和社会主义意识形态一概斥之为"左"。这种思潮与当时苏联戈尔巴乔夫的"新思维"及西方的资产阶级自由主义思潮相互呼应，对我国社会主义曾造成极为严重的危害。

邓小平同志早在1989年年初同外国朋友的谈话中就指出，改革10年最大的失误是教育。同年6月，在平息了北京的政治动乱之后，他又进一步明确指出："我对外国人讲，10年最大的失误是教育，这里我主要是讲思想政治教育，不单纯是对学校、青年学生，是泛指对人民的教育。"②就教育内容而言，则首先应是坚持四项基本原则。他特别指出10年失误中没有把四项原则"作为基本思想来教育人民，教育学生，教育全体干部和共产党员。这次事件的性质，就是资产阶级自由化和四个坚持的对立"③。这实质上也是抓住了社会主义意识形态与资产阶级意识形态深刻对立的根本。邓小平同志这一思想在今天和今后相当长时间仍是我们在思想领域克敌制胜的法宝，对于"非意识形态化"主张是一个深刻的批驳。今天，当我们研究针对西方意识形态攻势的对策时，还有必要对"非意识形态化"等错

---

① 世界银行行长沃尔森同记者谈话纪要，载《世界报》，1999-02-02。
② 《邓小平文选》，第3卷，306页。
③ 《邓小平文选》，第3卷，305页。

误主张做进一步的分析批判。

我们知道，人与一般动物不同，是有思想、有意识的；人类社会则是有社会意识的。作为一种上层建筑的一定的意识形态是一定社会经济的产物，在阶级社会中各种意识形态不能不打上阶级的烙印。作为阶级的意识形态事实上起到维护占统治地位的社会经济制度和政权的巨大作用。这些是不依人们意志为转移的客观存在，是无法由任何人主观加以消除的。

前已说明，美国就十分懂得意识形态的重要性。1958年哈佛大学国际事务研究中心发表的那份受参议院委托撰写的报告，就提出意识形态在国际关系中是"一个重要的因素"[1]。前总统尼克松在1984年发表的《现实的和平》一书中提出，"至关重要的是西方发动攻势来赢得这场（意识形态）斗争"，"要进行争取世界人民'民心'的竞赛"。他相信美国"播下不满的种子，有一天将开出和平演变的花朵"[2]。尼克松于1988年写的《1999：不战而胜》和美国另一反共谋士兹·布热津斯基1989年写的《大失败——20世纪共产主义的兴亡》，则更为精巧地设计了一套如何从意识形态上彻底战胜社会主义、共产主义的策略手法。布热津斯基特别提出抓人权口号。他说："倡导尊重人权影响巨大，意义深远，可加速共产主义衰亡的过程。"[3]这难道不是美国当局始终在保持意识形态进攻吗？

面对西方发动的意识形态攻势，社会主义国家的人们决不能用什么"非意识形态化"来自己欺骗自己。列宁指出："我们所处的历史时期是我们同比我们强大许多倍的世界资产阶级进行斗争的时期，我们应当在这个时期内坚持革命建设，用军事的方法，尤其是用思想的方法、教育的方法同资产阶级进行斗争。"[4]邓小平同志早在1980年就指出："我们的宣传工作还存在严重缺点，主要是没有积极主动、理直气壮而又有说服力地宣传四项基本原则，对一些反对四项基本原则的严重错误思想没有进行有力的

---

[1] 哈佛大学国际事务研究中心：《意识形态与外交事务》，19页。
[2] 理查德·尼克松：《现实的和平》，92～94页。
[3] 兹·布热津斯基：《大失败——20世纪共产主义的兴亡》，303页。
[4] 《列宁选集》，第4卷，303页。

斗争。"①他在1992年南方谈话中指出，"资产阶级自由化泛滥，后果极其严重。特区搞建设，花了十几年时间才有这个样子，垮起来可是一夜之间啊"②。这些语重心长的话，是值得我们认真学习和深切思考的。

可见，放弃意识形态斗争，就无异于在资产阶级思潮进攻面前放下武器。正因为如此，江泽民同志在党的"十四大"报告中明确宣告："在国际交往中，我们绝不把自己的社会制度和意识形态强加于人，同样，也不允许别的国家将自己的社会制度和意识形态强加于中国。我们的这个原则立场，是不会改变的。"

我们还可以从苏联解体的过程进一步洞察"非意识形态化"的主张对社会主义的致命威胁。事实上，当戈尔巴乔夫等人一再宣称要用"全人类共同价值标准"的"民主和人道主义"来改造苏联和苏联的对外政策时，他们实际上是在向国际资产阶级投降，其突出表现为在国际交往中的"软骨病"。1991年苏联《俄罗斯文学报》的一篇文章指出，"在苏联滑入深重危机的时刻，过分积极的对外政策举动，使苏联较多地依赖外部世界，较少地独立自主……苏联领导把本国的'改革'变成了世界各国的大业，自我置身于这样一种局面：每走一步都担心外国会对我们搞经济制裁，担心布什不来访，担心外国舆论对我们不理解。这就不得不唯美国和西方马首是瞻"③。在这种"软骨病"的背后隐藏着的却是戈尔巴乔夫等人要在苏联推行资本主义的自觉行动。戈尔巴乔夫在1991年6月即苏联解体前半年宣称，"我们已经摆脱了一种制度，更准确地说是完成了一种制度的瓦解工作，但还没有进入新的制度"。"8·19"事件失败后，他迫不及待地宣布："从今以后，苏联已经被看作是民主社会不可分割的一部分了。"④

历史事实清楚地说明：国际关系的"非意识形态化"主张，本质上是适应西方敌对势力颠覆社会主义国家的需要而具有极大危险性的一种思潮。

---

① 《邓小平文选》，第2卷，364页。

② 《邓小平文选》，第3卷，379页。

③ 《集中抓国内，为时尚不晚》，载《俄罗斯文学报》，1991(5)。

④ 戈尔巴乔夫在会见欧洲人权会议各国代表团团长时的谈话。塔斯社莫斯科电，1991-09-10。

它用所谓"全人类利益高于一切"的动听口号掩盖了垄断资本主义压迫、剥削和对外侵略扩张、搞"和平演变"战略的基本事实，因而又具有极大的欺骗性。

主张"非意识形态化"的人们所追求的"现代文明准则"究竟是什么呢？对此许多发展中国家可谓是"洞若观火"。就拿西方国家认为是居于意识形态战略制高点的"人权"主张来说，其本来面目已日益被第三世界国家有识之士所戳穿。菲律宾一家报纸在1991年指出，美国等国过分关心其他国家的所谓"人权"状况，是"别有企图"，"这些国家过去用炮舰政策征服落后国家，在炮舰政策因被压迫国家的觉醒而失灵后，它们又以'人权'和'经济制裁'为手段，企图整垮和孤立不听他们话的国家"①。时任巴勒斯坦解放组织执委会主席的阿拉法特则于1993年6月在维也纳召开的世界人权大会上说，某些西方国家"以人权做幌子，把它们的政治立场强加于人，从而导致了人权领域实行双重标准现象的泛滥。某些霸权主义势力一方面千方百计阻止发展中国家实施发展权，导致南北经济差距日益扩大；另一方面打着维护人权的招牌，从而达到它们对别国内政进行直接干涉的目的"②。这些都清楚地说明，所谓西方"现代文明准则"以及在人权问题上的双重标准，不过是现代霸权主义压迫发展中国家的一种策略手段而已。

在美国进一步"妖魔化"中国并加强人权攻势的今天，特别是他们打出"人道主义干涉有理"和"为价值观而战"的旗号时，国际关系中更加充斥着意识形态的斗争。在这样的条件下只有保持清醒头脑，才能不重蹈苏联解体的覆辙。

4. 坚持国际关系中和平共处原则，坚决反对霸权主义

在当今国际社会中，和平共处主张与霸权主义是根本对立的。我们主张与包括美国在内的一切国家和平共处，而美国却一再声称自己是世界当然的领导者，坚持搞霸权主义，肆意干涉别国内政，破坏和平共处这一国际关系准则。为了击破美国当局的图谋，我们必须始终坚持和平共处原

---

① 《世界日报》，1991-11-07。
② 《人民日报》，1993-06-18。

则，与世界爱好和平的国家和人民一道去赢得反对美国霸权主义的胜利。

记得在1955年亚非会议上，我们的周恩来总理坦诚地讲了以下一段话：我们"从来不讳言我们相信共产主义和认为社会主义制度是好的。但是，在这个会议上用不着来宣传个人的思想意识和各国的政治制度"。"我们应该承认，在亚非国家中是存在有不同的思想意识和社会制度的，但这不妨碍我们求同和团结。"[1]周总理的这段话，清楚说明了在国际交往中既坚持自身意识形态，又不把意识形态强加于人的辩证关系。这一思想不仅适用于亚非国家之间，也适用于亚非国家与其他国家，包括中美两国之间的关系。

谁都承认，中美两国由于社会制度不同，历史发展迥异，在意识形态上存在着极大差别。但这并不妨碍中美两大民族互相学习、取长补短，也不妨碍中美两国求同存异，友好相处。这对我们中国学者来说是一个不难理解的问题。这是因为：第一，作为有几千年悠久历史的中国，历来在文化心理上具有极大的包容性。对外来的好的东西总是抱着欢迎的态度。虽然在特定条件下曾经有过"闭关自守"，但时间毕竟是相对短暂的。正因此，即使今天，我们对于美国人民中存在的革新精神、平等精神和求实态度等优秀品质仍然抱着学习的态度。第二，我们懂得历史的辩证的发展，因此也就没有理由、没有必要对外来文化采取一概排斥的错误做法。列宁曾经说，马克思主义这一思想体系"并没有抛弃资产阶级时代最宝贵的成就。相反却吸收和改造了两千多年来人类思想和文化发展中一切有价值的东西"[2]。毛泽东也同样指出，我们绝不可能拒绝继承和借鉴古人和外国人，哪怕是封建阶级和资产阶级的东西。他还明确地说，"我们对资产阶级民主不能一概抹杀"[3]。这就是说，对于意识形态问题绝不应采取否定一切的虚无主义的错误态度。当然我们反对把外来文化中的糟粕，特别是以个人主义为核心的价值观和西方的政治体制全盘地强行灌输进来。因为这

---

[1] 《周恩来总理在亚非会议全体会议上的补充发言》（1995年4月19日），载《新华月报》，1955-04。

[2] 《列宁选集》，第4卷，299页。

[3] 《毛泽东著作选读》，下册，708页。

是与我国社会主义制度和我国人民的利益格格不入的。反过来说，我们也反对把自己的意识形态、价值观念和社会制度强加于人。因为我们对此曾经有过正反两方面的教训和切身体会。近代以来，中国在帝国主义、封建主义双重压迫下积贫积弱，只是在找到马克思主义之后才一步步走向独立和富强，这不是什么外来势力强加的，而是中国人民经历了无数艰难曲折才找到的真理。因此也绝不会抛弃这一真理。我们又曾多次经历过来自外部世界的"左"右两方面的意识形态压力，一些国家曾指手画脚地要我们干这干那，实际上是要我们背离自己的历史和现实，也背离马克思主义本身，这给我国人民造成过巨大的损失和带来过致命的威胁。中国古话说，"己所不欲，勿施于人"，难道今天我们还会信奉把意识形态强加于人的蠢事吗？我们始终坚持一个国家、一个民族的前途命运靠本国人民和民族去把握。任何试图充当"救世主"的态度都是错误的。正因此，我国政府自1954年与印度、缅甸共同倡导和平共处五项原则以来，一贯坚持主张以这些原则作为指导国际关系的一般准则，主张在包括意识形态领域在内的一切领域"互不干涉内政"。这一精神也完全符合联合国宪章规定的"自决原则"。

目前存在着一种极其模糊与错误的观点，似乎在对外关系中坚持自己的意识形态就是违反国际局势缓和的大方向，就是反对"和平共处"。其实，由中国等国倡导的"和平共处"原则，恰恰反映了社会主义国家和新兴独立国家的意识形态，而与帝国主义、霸权主义的意识形态格格不入。美国政界某些人置联合国宪章与和平共处五项原则于不顾，非要干涉别国内政。这才是从根本上逆世界历史潮流而动，是反对世界人民的。我们只要始终坚持和平共处五项原则，坚决反对霸权主义，就一定能够团结全世界一切主张正义、爱好和平的人民和国家，顶住来自美国的压力而立于不败之地。

5. 一切为增强综合国力而奋斗

意识形态属于上层建筑。它决定于社会存在又反作用于社会存在。我们反对美国意识形态渗透的斗争集中表现为坚持四项基本原则与资产阶级自由化的斗争。这场斗争的本质是社会主义与资本主义制度谁优谁劣，谁胜谁负的斗争。斗争的结局归根到底取决于我们自身的发展与强大，也就是说，取决于我们综合国力的增强。综合国力包括经济实力、国防实力和民族凝聚力等方面。从根本上说我们在所有这些方面的力量都不断得到增强就最能调动群众的爱国热情和增强对抗外来意识形态渗透的能力。因此，不管国际形势如何风云变幻，我们都要集中精力，抓住以经济建设为中心这个主题不放，坚持党的基本路线，基本纲领，把自己的事办好，不断发展壮大自己，不断增强综合国力。

我们不断增强社会主义的意识形态的阵地，不断提高凝聚力，又将反过来大大增强我国的综合国力。我国有五千年的文明史，有着弥足珍贵的优良传统道德，特别是有着经过科学论证的社会主义、共产主义思想体系和全心全意为人民服务的思想，这些都终将成为战胜资产阶级意识形态的有力武器并使美国当局的"和平演变"中国的图谋最终变得无计可施。

写到这里，我们想起了美国前总统尼克松的一段话。尼克松生前曾多次鼓吹用人权和西方意识形态等手段演变中国。但人之将死，其言也善。他在遗著《超越和平》一书中说道："如今，中国的经济实力使美国关于道德和人权的说教显得十分无礼。10年后，中国将使它们显得苍白无力。20年后，中国将使它们显得荒唐可笑。到那时，中国人可能会威胁说，如果我们不采取措施改善底特律、哈勒姆和洛杉矶中南部的生活条件，就取消美国的最惠国待遇。"[①]

应当说，美国朝野始终有一批有识之士清醒地看到中国发展的趋势而主张现实地对待中国，与中国友好交往而反对遏制中国。他们一再表示"美国经不起再次失掉中国"，"遏制中国肯定会违背美国利益"。他们都表示要"加深"同中国的"对话"。1997年6月，美国3位前总统布什、福特和卡特，6位前国务卿舒尔茨、基辛格等，10位前国防部长佩里、麦克纳马拉等都联名写信给白宫，要求保持中国的最惠国贸易地位。这些不能不对美国当局的决策产生影响。正是在这种情况下，连时任美国国务卿的奥尔

---

① 理查德·尼克松：《超越和平》，范建民等译，106页，北京，世界知识出版社，1995。笔者依据原文对译文稍作修改。

布赖特都在1997年5月明确表示,"在影响亚洲21世纪的发展进程方面,没有一个国家的作用会超过中国。中国人口众多,幅员广大,它成为不断发展的现代经济和军事强国是历史上的一件大事",遏制"政策设想,实际上肯定会得出违背美国利益的结果"[①]。看来,这句话抓住了问题的实质。

(此系2004年国家社会科学基金项目最终成果,原载梁柱主编:《社会主义初级阶段与四项基本原则》,北京,人民出版社,2002年)

四、当前国际人权斗争形势和我们对人权问题的基本态度

1999年,以美国为首的北约对南斯拉夫进行了长时间的狂轰滥炸,5月7日他们更冒天下之大不韪,悍然袭击中国驻南斯拉夫联盟共和国大使馆,造成20多人伤亡的惨剧。以美国为首的北约打着捍卫"人权"和防止"人道主义灾难"的旗号,制造了一场空前的人道主义大灾难。而且事情还刚刚开始,按照以美国为首的北约于1999年4月出笼的所谓的"战略新概念",今后可以以同样的维护"人权",防止"人道主义灾难"的"理由",对任何一个他们看来不顺眼、不听话和不接受他们政治经济模式的国家进行惨无人道的军事打击,甚至施行种族灭绝政策,与此同时,把他们的个人主义价值观、反共产主义的政治意识形态和以美国为霸主的资本主义制度一股脑儿地强加给世界。如果他们的阴谋得逞,世界将被打入黑暗的深渊,各国人民将永无宁日。

在这样一个关系到中国人民和世界人民前途命运的关键时刻,确实需要认真思考一下摆在我们面前的几个基本问题:美国为什么这样做?美国推行"人权外交"和鼓吹"人道主义"的本质究竟是什么?我们如何肩负起时代、国家和民族的重任,以坚韧不拔的毅力与之展开一场长期的斗争,争取世界光明的前途。对此,有必要对美国人权外交和20世纪90年代整个国际人权斗争形势进行一番认真的探讨。

---

① 《航空和空间技术周刊》,1997-05-12。

(一)20世纪90年代以来国际人权斗争形势和特点

从1990年起,美国每年都要纠集一些西方国家在联合国人权委员会上搞反华提案,企图在全世界丑化中国形象,置中国于被动地位,从根本上说,就是要以人权为武器,搞垮中国的社会主义,根本改变中国的发展方向。这样,自1990年以来,我们跟西方斗了八九年(只有1991年和1998年没有搞成反华提案。1991年是因为1990年下半年海湾战争爆发,美国为取得中国的支持,跟西方其他国家打招呼,算是"放过"了中国一次。1998年因美国怕输得太惨而放弃了一次)。

下面让我们回顾一下20世纪90年代以来联合国人权委员会内外的斗争形势。

联合国人权委员会①共53个成员国,每年改选其中1/3。非成员国也可参加。过去美国等西方国家在会上集中攻击苏联、东欧各国和古巴的"人权"问题。1991年年底苏联解体后,他们把矛头转向了中国。自1990年以来,美国几乎年年纠集一些国家在联合国人权委员会搞反华提案。我们则年年反击,使其反华提案始终未获通过。

1992年我国以压倒多数的支持票(27票:15票,10票弃权)挫败了西方的图谋。1993年支持我们的多5票;1994年多4票;但1995年只多了1票。究其原因,一是成员构成有变化,一些原先支持我们的国家被选了下去;二是西方施加了强大压力并更加注意策略。1995年他们气势汹汹,玩弄了许多花招。在攻击中国的报告中也写进一些肯定中国人权状况有所改进的话,以便于通过,但基调不变。美国在会内外对我国进行了多方面的恶毒攻击。时任美国国务院负责人权事务的助理国务卿沙特克亲自去日内瓦督战。有时一天找20多国代表谈话,大大加大了对第三世界的压力。他公然声称,第三世界国家如不站在西方而站在中国一边,就是对西方的敌意;如果站在他们一边,那么这些国家的利益他们会予以考虑。威逼利诱,无所不用其极。

我国代表在会上进行了义正词严的驳斥。第三世界许多国家则仗义执

---

① 2006年3月15日,联合国大会通过决议,决定设立人权理事会取代人权委员会。

言，说中国解决了12亿人口的吃饭穿衣问题，为什么还要攻击中国？！1995年3月7日那天进行了程序表决。西方国家提出谴责中国的议案。我们提出反对讨论的动议，叫作"不付诸表决"。结果22票：22票，9票弃权。我方动议未获通过。美国代表为此而兴高采烈。

第二天会上，就西方攻击中国的提案进行公开投票。投票结果21票：20票，11票弃权。西方反华提案又一次被否决。总的看，支持我们的是我们在世界上的"穷朋友"，即第三世界的朋友。弃权的也主要是第三世界国家。这次俄罗斯爆了冷门，反对西方而支持了中国。我国在世界上主持正义国家的支持下，再次挫败了西方反对中国的图谋。美国对此大失所望。然而第三世界高兴。投票结果公布后，第三世界国家许多代表与我国代表热烈握手拥抱。他们认为谴责中国就是谴责他们，中国的胜利就是他们的胜利。

美国代表团团长和沙特克说，明年（1996年）一定要争取通过。沙特克还向上帝发誓要通过反华提案，认为提案如被通过，美国就可以说全世界都在谴责中国的人权状况。

果然，1996年和1997年以美国为首的西方部分国家又连续搞了两次反华提案，但都遭到了失败。1996年以27票：20票，1997年以27票：17票之比分两次通过了不付诸表决的动议，美国又未能使其反华图谋得逞。1997年第53届人权会上的表决事实上在事前就已可预测到结果。因为西方阵线第一次遇到麻烦。在该年联合国人权委员会开会不久，3月28日，法国外交部发言人宣布，经同德国、意大利、西班牙三国政府磋商，四国一致决定不参加反华提案，法国外交部发言人强调，三国不愿继续与中国进行对抗而愿意对话。随后，历年均作为反华提案国的日本、澳大利亚、希腊和加拿大也宣布不参加反华提案。这样，就无法形成1996年52届人权会上欧盟作为集体提出反华决议案那样的局面。尽管美国纠集一些西欧国家提出反华提案，实际上更多地是为了保全面子，自知必然失败而又不能不做的一种姿态。

西方阵线开始分化这种情形之所以出现，除了这些西方国家看到他们多次支持美国反华提案遭到失败的事实，承认此路不通，而愿转而采取对话的态度外，也与他们对华的经济贸易利益直接有关；同时，还反映了整个国际形势和人权斗争形势的某种微妙变化，那就是一些西方有识之士开始以现实的眼光看待中国。1994年，德国彼得·路德维希教授讲了一段很实在的话。他说："中国领导人对个人人权的理解与我们不同，但他们做到了使12亿人不再挨饿，使他们有房住、有衣穿、有医疗和养老保险，失业率也相对较低。这样，中国的共产党领导不正是完全保障了合法的人权吗？中国如果像我们那样运用个人人权，这个国家将会是什么样子呢？他们可能由于缺少权威而陷入混乱。"

英国《独立报》1995年8月21日一篇文章则从批评西方优越论的角度谈了自己的看法。该文指出，亚洲日益增强的实力和影响，是当代最有吸引力的主题，而且它终将普遍出现在西方整个政治辩论之中。在这种情况下，"最重要的是，我们将不得不去调整我们对非欧洲的非西方的价值观和制度的整个思想方法。对于这个问题，有必要采取相当冷静的态度"①。

从这里可以看出，美国等西方国家赖以自傲并用以攻击中国等国人权问题的两个基础——价值观和制度问题，已不再是无可置疑的了。

考虑到欧盟和许多欧洲大国都不再主动搞反华提案，1997年11、12月，我们与欧盟进行了两轮人权对话，在司法、公民政治权等问题上进行交流。我国还提出在经济、社会文化权利方面进行对话。两轮对话很有成效。原来顽固反华的一些国家认为中方在人权问题上的合作是有诚意的。1998年2月，中方提出举行有关司法问题研讨会更为他们始料所不及。1998年2月28日，欧盟正式提出不搞反华提案。该年欧盟主席轮值国英国的外交与联邦事务大臣劳埃德说，欧盟不想重蹈失败的覆辙。这说明美国的后院已经起火。正是在这种情况下，美国权衡利弊，不得不最后放弃了再搞反华提案的图谋。这当然不是美国"大发善心"，而是害怕输得更惨，更加孤立。值得一提的是，一开始时任美国国务卿的奥尔布赖特仍坚持说，还要搞反华提案，称这是原则问题，政治需要。但这已是再次故作姿态。经我方提出强硬交涉，3月初，美国派特使秘密访华，最终改变了

---

① 《欧洲必须为东方化作好准备》，载《独立报》，1995-08-21。

态度。

总的讲，美国之所以改变态度是由于其反华提案越来越受到第三世界国家的反对，西方其他国家的冷淡。特别是中国改革开放的大好形势，中央正确的决策及内外协调作战，使得美国难售其奸。经过多年斗争，我们终于取得了这场斗争的阶段性胜利。

但是，这绝不意味着美国放弃了利用人权外交"分化""西化"中国的图谋。就在美国宣布不再参与涉华人权提案的同时，美国当局的官员就宣称，"这反映出政府对中国正在改善的人权状况采取了一项新的政策"，并称"打算利用一切机会向他们（中国）施加压力"。美国"现在已把注意力集中在要求中国签署国际人权公约上……是慢慢迫使中国改变做法"[1]。总之，美国对华人权外交的方针"从长计议，小步进逼，稳中求变"，是不会轻易改变的。

事实上，美国仍然每年一次地提出所谓中国人权问题的报告，并且继续攻击中国是"极权主义"国家。克林顿甚至公开指责中国对人权问题的处理走在了错误道路上等，态度傲慢而咄咄逼人。

即使欧盟，其人权专家也声称，1998年不搞针对中国的人权提案，不等于今后不搞，要每年更新，而且"取决于中国今后在这方面的进展"。

值得注意的是从1998年下半年起出现了一些新的动向。美国等西方国家企图抓住几个问题向我国施压，即宗教问题、西藏问题和结社（组织政党）问题。

关于宗教问题，他们攻击中国共产党人不信神，因而不会真的保护宗教信仰自由，中国是专制国家必然压制宗教。他们不断地抓所谓"个案"，例如，说中国迫害基督教徒，甚至把邪教徒破坏分子也当作是受迫害者，递交出这些人的名单，要求释放这些"受迫害人"。

关于西藏问题，这是美国对中国另一大攻击点。美国表面上承认西藏是中国的一部分，却又不遗余力地造谣说西藏人权受到严重侵犯，攻击西藏废除农奴制的民主改革，把带给藏胞幸福的百余项援藏工程诬蔑为"汉

---

[1] 《美国不再支持每年一度的谴责中国的提案》，载《纽约时报》，1998-03-14。

化工程"，等等，多方鼓励和支持达赖集团的分裂活动，企图以西藏作为分化中国的突破口。

1998年11月，江泽民主席在马来西亚会见时任美国副总统的戈尔时用了大量事实说明达赖是在从事分裂祖国的活动。可西方却一味指责中国在西藏人权问题上倒退了，企图共同向中国施压。

美国对华又一个重要攻击点是所谓"违反自由结社原则"，把我国惩处犯罪分子说成是"镇压持不同政见者"。去年底今年初，美国等一些西方国家的媒体和人士，就中国司法机关对徐文立、王有才、秦永敏三人涉嫌颠覆国家政权依法进行审判一事，大造舆论，指责中国"镇压持不同政见者"，并耸人听闻地攻击中国人权状况倒退，就是一例。

其实，徐文立等人利用境外资金从事颠覆中国合法政府和危害国家安全的犯罪活动，事实清楚，证据确凿。对于这样的违法犯罪活动，任何一个法治国家，任何一个负责任的政府都是不会允许的。中国的法律规定与国际人权公约是一致的。联合国《公民及政治权利国际公约》第18条至第21条在规定信仰、言论、集会、结社等自由权利的同时，也明确规定行使这些权利依法要受到必要的限制，如不得损害国家安全、公共安全、公共秩序、公共卫生或道德以及他人的权利和自由等。至于美国，其法律规定不允许利用境外资金从事竞选活动，更不用说借助外国势力颠覆政府了。《美国法典》第18篇第2381至2391条对滥用言论、集会、结社等权利危害国家安全的行为规定了极为严厉的惩罚措施。其中，第2385条明文规定，任何蓄意"鼓吹、煽动、劝说或讲授"推翻或摧毁美国政府的行为，包括为此而"印刷、出版、发表、传递、出售、分发或公开展出任何书写或印刷品"者，均要处以20年徒刑或2万美元罚款，或两者并罚。根据美国联邦法院历来在案例中的解释，言论自由的运用以不致妨碍美国宪法的规定为限，任何出版物的刊行以不得恶意诽谤政府或企图颠覆政府的存在为限。既然美国不允许危害国家安全的反政府活动，为什么中国依法办案就成了"侵犯人权"了呢？

事实上，中国人民现在正享受前所未有的人权和自由。但美国等西方国家的一些传媒人士总是无视中国人权的总体情况和客观实际，热衷于搜集一些所谓"个案",特别是一些颠覆国家政权的犯罪案件,作为所谓"中国侵犯人权的证据",把中国的人权状况描绘成一团漆黑,这完全是别有用心。在中国,从事危害国家安全活动的只是极少数,把极少数人的犯罪活动依法受到限制和制裁说成是12亿中国人的人权状况,也就无怪乎他们一听说徐文立之流受到法律制裁就大呼中国人权状况"倒退"了。

果然,1999年美国在联合国人权委员会上再次提出反华提案。尽管只纠集了东欧某个小国家作为他的共同提案国,仍然要壮着胆子赤膊上阵。最后再次以惨败而告终。

总体来看,当前中国与美国等西方国家人权斗争的特点是:美国等西方国家以人权外交为手段"西化""分化"中国的方针始终不变,西方恃其科技经济军事等方面优势使人权斗争处于"西攻东守"的形势难以一时改变。尽管经过若干年艰苦斗争,我们在联合国人权委员会等领域的斗争取得了阶段性胜利,但绝非决定性胜利。随着人权斗争形势的变化,特别是整个世界经济政治形势的变化,人权斗争会呈现出更复杂的特点。对此必须有清醒认识。1999年,以美国为首的北约借口维护"人权"和"人道主义"对南联盟的狂轰滥炸以及5月7日对中国驻南联盟大使馆的袭击,就是其人权外交的一次恶性升级。

(二)斗争的焦点和实质

现在关于东西方在人权问题上的斗争有一种说法,即西方主要讲公民权政治权,而我们主要讲生存权发展权,各执一词,都有片面性;另一种说法是,西方人士指责中国人权问题并不都是别有用心,中国本来就有人权问题,为什么不许人家讲。

这里存在着相当糊涂的片面的看法,涉及如何看待这场斗争的焦点和实质的问题。我们知道,关于人权基本观点的斗争,绝不是什么纯理论之争,它关系到人类今天和今后用什么样价值观、人权观来指导实践的大问题。以美国为首的北约在华盛顿首脑会议上通过的北约"新战略概念",就在其宗旨中提出他们是"基于在民主、人权和法治方面共同的价值观念"行动的。他们对南联盟的野蛮侵略就是基于他们共同的价值观。美国攻击中国坚持被他们认为是邪恶的价值观和意识形态,也是基于他们的价值观和人权标准来判断的。可见，这是绝不能等闲视之的大是大非问题。下面，让我们来考察一下，在这些基本问题上，中国和一些第三世界国家的观点与西方少数国家的有什么不同。

1. 斗争的焦点

一是，什么是人权的内涵？

西方主要讲公民的个人权利，即个人的政治自由民主权利，如选举权和被选举权；而我们认为人权是包括生存权、发展权、公民权在内的一切政治、经济、文化、社会权利以及整个国家的独立和主权在内的人权综合体。

二是，什么是人权的由来？

西方主张"天赋人权"，把人权说成是人所固有的、永恒不变的"自然本性"。我们则强调人权是社会历史发展的产物，是人们在与自然界斗争中及在社会上反抗压迫剥削的过程中争取来的。如果给人权下个定义，那么，人权就是人按照其自然属性和社会本质（属性）享有和应该享有的基本权利。各国历史证明，人权的发展，受着社会经济政治文化条件的制约，它随着社会经济政治文化的发展而发展。

三是，什么是首要的基本人权？

西方主要强调选举权、被选举权这样的公民权利，而我们则主张生存权才是首要的基本人权，认为这是其他人权得以实现的前提。如果连生存权都无法保障，还能谈其他什么人权？这种生存权又与国家独立主权紧密相连。此外，生存权是个动态概念，其内涵在不断发展变化之中。其实，关于生存权是首要人权的思想也是西方严肃学者的共识。如英国学者 R. J. 文森特教授在《人权与国际关系》（知识出版社，1998）一书序言中说："本书提出的政策建议的中心思想是：作为一项面对社会的人权计划，那种要求优先保障生存权的主张同要求优先保障其他人权的主张相比，具有更有力的支持。""具体地说，这种论点认为忍饥挨饿是当今社会最严重的侵犯人权的现象。"

四是，什么是人权的主体？

西方着眼于少数人。特别是当他们指责第三世界国家没有或缺少人权时，常常是着眼于与政府当局对抗的少数人。对中国，更是要求以释放魏京生这类图谋危害国家、颠覆政府的人来体现"人权"；我们则坚决主张维护广大人民群众的权利。正如邓小平同志所指出的："什么是人权？首先一条，是多少人的人权？是少数人的人权，还是多数人的人权，全国人民的人权？西方世界的所谓'人权'和我们讲的人权，本质上是两回事，观点不同。"①

五是，人权标准是一个还是几个？

西方强调只有一个。那就是一切依他们的人权观为圭臬，凡不合者一律视为违反人权。我们则强调人权既具有普遍性，又具有特殊性，是两者的辩证统一。由于世界各国的联系日益紧密频繁，在人类生存和发展的共同需要和共同认识的基础上，人们会在人权问题上形成某种共识并通过国际人权宣言和公约加以确认，因而人权就具有某种普遍性。同时，由于各国经济文化发展水平各异，社会制度、历史传统、民族心理、宗教信仰不同，生活在不同国家的人们就具有不同的价值观和人权观。这就是人权的特殊性。为了本国社会的稳定和发展，各国人民有权选择自己的人权模式，别国无权干涉，更不允许把一国的人权模式冒充为普遍人权而强加于人。

六是，如何看待人权与主权的关系？

西方一些人拼命鼓吹"人权无国界""人权高于主权"。我们认为，这种观点歪曲了主权和人权、人权的国内管辖与国际保护的关系，是完全错误的。邓小平同志指出，"国家的主权、国家的安全要始终放在第一位"。"西方的一些国家拿什么人权、什么社会主义制度不合理不合法等做幌子，实际上是要损害我们的国权。"而且强调指出，"搞强权政治的国家根本就没有资格讲人权"②。这透辟地说明了人权与主权的关系。事实上，丧失国家主权，人民就无法逃脱被帝国主义、殖民主义、霸权主义压迫的厄运，那还有什么人权可言？！所谓"人权无国界""人权高于主权"不过是西方国

---

① 《邓小平文选》，第3卷，125页。
② 《邓小平文选》，第3卷，348页。

家用以把自己信奉的价值观和人权模式强加给全世界的一种策略罢了。这里，让我们引时任中国驻南联盟使馆三等秘书的陈波于1999年5月21日在我国驻南联盟使馆工作人员和新闻工作者事迹报告会上的一段讲话。她说："最近一段时间以来，一些人不是很爱讲什么'人权高于主权'吗？现在我们可以读懂这六个字了。我们是从美国大兵的笑脸、中国母亲的眼泪以及满目疮痍的南联盟国土上读懂的。所谓'人权高于主权'，实质是：强权者的人权高于弱者的主权，大国的人权高于小国的主权，轰炸者的人权高于被炸者的主权，美国的人权高于别国的主权！"①这是对人权高于主权的鼓吹者的淋漓尽致的深刻揭露。

七是，在国际人权领域是合作协商还是强加于人？

我们主张平等对话，美国则一贯强加于人，搞"人权外交"。这些年，我国积极地用建设性对话来打破西方的"对抗"和强加于人。这体现了中国社会主义外交的本质。而美国等国以维护"人权"和"人道主义"为名，在南斯拉夫大动干戈，就最典型地说明了霸权主义者是最反对最害怕平等对话的。

2. 斗争的实质

有人说美国攻击别国"人权"似乎是在"替天行道"，是出于善良的动机。我们不否认有的美国老百姓出于对中国情况的不了解和长期在国内受资产阶级的宣传而在人权问题上会做出错误判断，但对于美国当权者来说，就完全是出于政治目的，是别有用心地借人权做文章。

大家记得，1991年我国南方发生大水灾，受灾人口达一亿。中国在自力抗灾的同时，向国际社会呼吁援助。许多国家包括西方14个国家都向中国伸出了援助之手。美国却只捐了2.5万美元，约相当于一个美国中学教师一年的工资。当时一些美国报刊透露，美国当局正等待着中国因水灾而发生骚乱，并由此造成中国政府的垮台。

美国利用人权攻击中国主要是企图以此作为推行"和平演变"中国的工具。自1990年以来，由于东欧剧变，苏联解体，美国确实把中国看成眼中

---

① 《人民日报》，1999-05-22。

钉，必欲置之死地而后快。他们说中国目前是最大的共产主义国家，要按照前面已提到的"从长计议，小步进逼，稳中求变"方针，加速中国的演变进程，要以人权为手段，并以10年为期。布热津斯基说，到2017年，即苏俄十月革命爆发100周年时，将举办世界共产主义灭亡大展览。有的人还规定在2005年左右在中国实现"和平演变"。

美国为什么如此处心积虑地要"和平演变"中国？这里有深刻的经济政治和意识形态上的根源。

首先，从经济上看，早在第二次世界大战后初期，美国就企图建立在它控制下的以美元为中心的"世界经济秩序"，而占有"巨大的中国市场"乃是"一个多世纪以来美国商人梦寐以求的"①。但是，中国革命的胜利打破了美国的迷梦。它怎能不痛心疾首？今天，中国一天天强盛起来，它又怎能甘心呢？特别是美国非常清楚，"资本主义是一个国际体系，一旦在国际上行动不开，就要彻底崩溃的"②。当今，美国的安全更取决于美国经济的强大，而美国经济又更加有赖于美国开发国外市场，美国所要做的首先是维持和扩大其在世界上的经济霸权地位。克林顿上台后提出"扩展战略"，即"扩大全世界市场民主国家的自由大家庭"③，说穿了，这是以美国为主导实现全球经济霸权主义的同义语。仅仅为此目的，它也绝不容忍中国社会主义经济独立地发展下去。

其次，从政治和战略上看，美国一向自诩为世界文明的"灯塔"和各国效法的榜样，从来不允许有另一种制度与之竞争，何况这是一种比它更先进的社会主义制度。对于苏联它就是这样做的。美国对外关系委员会成员、东西方关系问题专家迈克尔·曼德尔鲍姆曾说："像苏联这样一个国家，即使它更自由化一些，也很难逃脱来自美国的指责，无疑，使俄罗斯人和其他原苏联人建立起一整套资本主义经济和政治体系，应该成为美国的一个长期奋斗目标，美国的最终目标应该是使全世界每一个国家都实现

---

① 沃尔特·拉菲伯：《美国、苏联和冷战(1945—1980)》，30页。
② 沃尔特·拉菲伯：《美国、苏联和冷战(1945—1980)》，10页。
③ 《美国改变对外方针》，载《纽约时报》，1993-09-22。

这一点。"①

苏联解体后，美国又把矛头对准中国。这并不奇怪。早在十多年前，美国著名历史学家费正清就把美国当局对中国的心态刻画得入木三分。他说："我们感到我们的基本价值标准直接受到威胁，如果中国人自愿选择共产主义，那就可以断定人类的大多数是不会走我们的路——至少目前是如此。因此，我们在这场危机中聊以自慰的，是认为新的中共独裁政权并不代表中国人民相当大的一部分人的利益，认为它只是靠武力和操纵手段才能维持下去。总之我们认为它太坏，不能持久。因此作为一种原则和义务，我们必须反对它。"②这样，就把反对社会主义中国提到了美国对外战略的高度。

自20世纪70年代末开始，中国实行改革开放，美国曾认为这是"和平演变"中国的大好时机。他们也一直一厢情愿地估计中国当时是走在资本主义道路上。如美国《外交》1997年3、4月合刊《正在到来的与中国的冲突》一文说，直到20世纪80年代末美国始终"相信中国将不可避免地变得像西方一样——非意识形态(化)、实用主义、实利主义并在文化上和政治上更加自由"。美国领导人来华访问，不放过一切机会鼓吹资本主义。1989年5月布什总统来华访问时，竟然擅自邀请方励之出席美方告别宴会，就好像中国已不得不对美国言听计从了。但是1989年春夏之交政治风波的平息使他们的幻想彻底破灭，中国继续走在社会主义改革开放的健康道路上。

特别令美国当局敏感的是中国的明确目标是逐步消灭贫富差距和实现共同富裕。墨西哥《至上报》1995年7月30日的一篇文章说，"自1949年革命成功后的毛泽东时代起，这个国家发生了翻天覆地的变化"，但是其中"中国的社会主义发展才是最突出的。它克服了贫困，各个阶层的生活都大有改善，尤其是农民"，"它的社会和经济是在和谐地增长，这将使它能以一种完美的形象屹立于世界"。"哈利法克斯首脑会议声明说，持续发

---

① 迈克尔·曼德尔鲍姆：《结束冷战》，载《外交》，1989(4)。
② 费正清：《美国与中国》，334～335页。

展的目标是提高所有人的生活质量,如果的确有国家在这样做,无疑就是中国。"①

中国的上述成就,与贫富差距不断扩大的美国,不能不形成一种明显的反差,而对世界人民,特别是第三世界国家人民是个很大的鼓舞。这对于美国推行全球霸权主义战略无疑是更大的障碍。

此外,中国的强大是有利于促进中国统一的,而这又恰恰是美国不愿看到的。正如台湾逢甲大学副教授杨志诚所说,美国"对于中国的统一,基本上是不会乐观其成的,因为中国的统一严重违背了美国在后冷战时期的重大利益。因此,不管是两岸的和平统一或是武力统一,都是美国所必须阻止的。一旦中国统一……美国的'新围堵战略'将无立足之点,美国想继续保持影响力插足亚太地区的情势,必更形困难,此岂美国的中国政策所能容忍?"②

三边委员会在一份长达77页的报告中说,苏联的崛起主要是在军事上,日本的崛起主要在经济上,中国的崛起则是政治、经济、军事上全面的崛起。在他们看来就显得特别可怕。正因此,美国是绝不会放过利用人权攻击和诬蔑中国的,绝不会放弃"西化""分化"中国的政策。这是无法改变的客观规律。连时任美国驻华大使、前参议员詹姆斯·萨瑟都承认,随着中国这个世界上最大的国家成为重要的国际力量,美中之间将出现更多的紧张因素。③ 但根源在于美国。

目前美国提出"双轨两化"的方针。一面向中国做生意,一面遏制中国,鼓励培植中国的"诸侯经济",以人权为突破口,达到"西化""分化"中国的目的。他们最看重扶植政治上的反对派。可见,他们关心中国人权是假,演变中国是真。目的是把中国由社会主义变为资本主义,由统一变为分裂,由独立变为西方的附庸。

---

① 伊格纳西奥·卡斯蒂略·梅纳:《中国将进入经济强国之列》,载《至上报》,1995-07-30。
② 《后冷战时期美国的中国政策》,载《海峡评论》,1995(60)。
③ 法新社田纳西州纳什维尔电,1996-01-15。

(三)我们对人权问题的基本态度

可概括为十二个字:"反对霸权;捍卫主权;保障人权。"

第一是"反对霸权"。

前已说明,美国推行人权外交并不是在捍卫人权,而是以人权为武器推行侵略别国、"西化""分化"别国的政策,实质上是新型的霸权主义。而1999年3月24日起对南斯拉夫的野蛮侵略又把霸权主义推向一个新的更危险,更具威胁性、虚伪性的新阶段,即以防止人道主义灾难为名,将人权外交与军事侵略更紧密结合的新阶段,是把伪善与残暴更无耻地结合起来的新阶段。

我们知道,贯穿美国整个对外政策的一条主线是扩张,这是美国进步学者也承认的,如美国外交史学家协会前主席托马斯·帕特森教授在他和另两名美国学者合著的《美国外交政策》的序言中就说,他们在书中"强调了扩张主义这一主题"①。扩张也是理解美国外交政策发展的关键。美国外交政策的发展大致分为三个时期,即大陆扩张时期(1775年大陆会议秘密通讯委员会建立至1897年美西战争前)、海外扩张时期(1898年美西战争至1945年第二次世界大战结束)和全球称霸时期(第二次世界大战结束至今)。过去主要依靠经济、政治、军事手段。后来看到这些手段已无法完全满足其扩张的需要,特别是在侵越战争中连遭失败,加之国内因20世纪70年代前期的"水门事件"而使其国内外政策遭到普遍指责,遂改变策略,在1977年正式推行人权外交,以便"摆脱越战后处于守势的地位,开始再次采取进攻性姿态"②。在上述文字的前面还有这样一段话:美国要利用"人权运动给美国对外政策增添"在"道义方面的内容"。"这有助于树立一种为美国在越战后重建霸权所迫切需要的仁慈、正直和正义的形象;有助于使美国卷入和干涉世界各地的政治斗争合法化。"及至20世纪80年代中期,尤其是1991年苏联解体后,美国更急不可耐地以人权为武器以建立美国领导的"世界新秩序"。1992年2月,时任美国国务卿的詹姆斯·贝克

---

① 托马斯·G. 帕特森等著:《美国外交政策》,上册,序言2页。
② 劳伦斯·肖普:《卡特总统和美国政坛内幕——八十年代的权力和政治》,154~155页。

说,"苏联的崩溃产生了一个世纪才有一次的机会在全世界推行美国的利益和价值观念"①。美国认为,凡是不服从西方,尤其是不合美国人权观念的政权都是专制和非法政权,都必欲颠覆而后快。而且从1977年开始,美国国务院每年都要发表对世界近200个国家和地区人权状况的年度报告,对别国大加指责,对本国严重的人权问题却讳莫如深。美国国务院竟然吹嘘,他们正使人权外交成为一场"真正的世界革命"②。中国自然成了他们"世界革命"的主要对象。

对于美国推行人权外交的真实用心,国外许多有识之士都是一清二楚的,并有着深刻揭露。例如,菲律宾一家报纸早在1991年即指出,美国等国过分关心其他国家的所谓"人权"状况,是"别有企图"。"这些国家过去用舰炮政策征服落后国家,在炮舰政策因被压迫国家的觉醒而失灵后,它们又以'人权'和'经济制裁'为手段企图整垮和孤立不听他们话的国家。"③英国前首相希思在1991年指出:美国所要建立的以西方价值观为指导的"世界新秩序","只不过是一种新帝国主义"④。有人则指出美国推行的不过是"人权帝国主义"⑤,或企图与"亚洲模式"相对抗的"文化帝国主义"⑥。现在人们则可以称它为"无赖超级大国"的"人权军事帝国主义"了。可见,要保障真正的人权,必须反对一切形式的帝国主义和霸权主义。关于这一点,时任美国总统的克林顿1998年6月29日访问北京大学时,北京大学的学生可以说是给他上了一课⑦。香港《星岛日报》1998年6月30日以《北大学生的提问实在太精彩》为题报道说:"没料到这回北大学生的问题却如此尖锐,一次又一次戳中克林顿的痛处。更令人意料不到的是,克林顿一直宣扬学生所追求的自由,又屡次勾起中国人民的'六四'情结,到头来非

---

① 路透社华盛顿电,1992-02-05。
② 美国新闻署华盛顿电,1994-03-28。
③ 《世界时报》,1991-11-07。
④ 《人民日报》,1991-02-06。
⑤ 塞缪尔·亨廷顿:《文明冲突》,载《外交》,1993(夏季号)。
⑥ 约翰·格雷:《拒不接受东方有希望的前景》,载《卫报》,1994-04-04。
⑦ 内容详见《威廉姆·杰斐逊·克林顿对北京大学师生的讲话》,见美国驻华大使馆新闻文化处,外交政策背景资料,1998-07-02。

但未有离间中国政府与学生的关系,反而挑起学生们更激动地敢于向美国说'不'的情绪。"

面对以美国为首的北约对中国驻南联盟使馆的无耻的导弹袭击和美国霸权主义者的空前狂妄的挑衅,北京大学的学生和全体中国青年发出了"中国不能软,中国不能乱,中国更不能变"的口号,对美国式的新霸权主义做了最明确响亮的回答。

第二是"捍卫主权"。

美国等西方国家推行人权外交和霸权主义,他们所要突破的第一道防线自然是各主权国家的主权,对中国尤其如此。正如邓小平同志1989年10月在会见美国前总统尼克松时所说:"西方有一些人要推翻中国的社会主义制度,这只能激起中国人民的反感,使中国人民自己奋发图强。人们支持人权,但不要忘记还有一个国权。谈到人格,但不要忘记还有一个国格。特别是像我们这样一些发展中国家和第三世界国家,没有民族自尊心,不珍惜自己民族的独立,国家是立不起来的。"[1]

江泽民主席1990年5月3日在首都青年纪念五四报告会上的讲话中也说,国内外敌对势力企图通过"和平演变"颠覆中国的社会主义制度,使中国变成西方大国的附庸。如果失去了国家主权、民族独立和国家尊严,也就从根本上失去了人权。[2]

这些话是对中国历史教训的深刻总结,也是对未来发展的一个重要警示。我们回忆起,新中国成立前,由于国家在相当程度上丧失了主权和尊严,中国在帝国主义、封建主义、官僚资本主义三座大山压迫下,经济衰败,政局混乱,文化凋敝,全国人民陷于水深火热之中,毫无人权可言,特别是劳动人民处境如同牛马。上海外国租界公园门前"华人与狗不得入内"的牌子,就反映了旧中国人民的处境。可以设想,如果中国一旦和平演变,那将是一变带三变:社会主义国家将变成资本主义国家,统一的国家将变成四分五裂的国家,独立自主的国家将变成西方资本主义大国

---

[1] 《邓小平文选》,第3卷,331页。

[2] 《人民日报》,1990-05-04。

的附庸。那样，中国人的人权将从根本上丧失，中国人民将重新陷入苦难的深渊。

这些年有一种理论，即所谓"人权无国界""人道主义干涉有理"，在经济全球化的今天似乎变得更加有理。这是必须引起我们高度警惕的。事实证明，在由1997年开始的东南亚金融危机中，一些国家因过分依赖外资和外援而招致严重后果；而我们中国由于始终坚持以自力更生为主，争取外援为辅的方针，强调在任何时候都要把力量的基点放在自力更生上面，从而使我们立于不败之地。在经历了严重经济危机之后的俄罗斯似乎也觉悟到了此点。1999年年初呈现出一些新的气象。很多公共场所竖起了巨幅宣传标语、广告，为俄罗斯人民鼓劲加油。俄罗斯经济亦呈回升趋势。有两条标语很具代表性。其中之一是"除了我们自己，谁也不能帮助我们"。另一条是"齐心协力，振兴俄罗斯"①。

第三，也是最后落脚点，"保障人权"。

保障人权实际上是中国共产党的根本宗旨。1997年9月党的十五大通过的《中国共产党章程》明确规定，党必须"坚持全心全意为人民服务。党除了工人阶级和最广大群众的利益，没有自己特殊的利益"。江泽民总书记在十五大报告中专门指出了共产党执政和保障人权的关系。他说："共产党执政就是领导和支持人民掌握管理国家的权力，实行民主选举、民主决策、民主管理和民主监督，保证人民依法享有广泛的权利和自由，尊重和保障人权。"

一部中国共产党领导人民革命斗争的历史就是争取广大人民人权的历史。尽管在斗争过程中党也犯过这样那样的错误，党的性质宗旨却始终没有改变。粉碎"四人帮"以后，特别是1978年党的十一届三中全会以后，我国从以"阶级斗争为纲"转为以经济建设为中心，实行改革开放，使经济快速发展，社会全面进步，人权事业获得空前的进展。

改革开放以来，国民经济一直在快车道上运行。1979年至1997年，国内生产总值年均增长率达9.8%。1997年国内生产总值达74772亿元，

---

① 《人民日报》，1999-02-15。

按不变价格计算，是1978年的5.92倍。经济的持续发展，为中国人权事业的发展，特别是为生存权和发展权的实现，创造了比较坚实的物质基础。

生存权是中国人民首要的人权。发展权是生存权的延伸。而温饱问题则是生存权的基本要求。今天，12亿中国人民的温饱问题基本得到解决。目前是"温饱有余，正在接近小康。"美国前国务卿杜勒斯曾经断言，中国人口众多，任何一届政府都无法解决人民的吃饭问题。他的这一断言已经破产。中国以占世界7％的耕地，养活了占世界22％的人口。这被许多外国人称之为奇迹。

近20年来，世界贫困人口不断增加，而中国贫困人口不断减少。中国政府领导人民开展了声势浩大的"扶贫工程"，尤其是近几年来打响了"扶贫攻坚战"。1978年，中国贫困人口达2亿5千万人，到1997年锐减为5000万人。1978年，中国贫困人口占世界贫困人口的1/4，1997年降为1/20。目前世界上还有13亿贫困人口并以每年增加2500万人的速度增长。正因此，中国人民向贫困开战的行动及其战果，被称为"当代世界上的一大壮举"。

新中国成立前，中国人被称为"东亚病夫"，平均预期寿命只有35岁，现在已提高到71岁。

人的全面发展需要教育。20年来，中国政府采取各种措施，促进公民受教育权利的实现。全国普及九年制义务教育，并推行帮助贫困儿童上学的"希望工程"。全国学龄儿童入学率1997年已达到98.81％。成人教育也得到加强。全国青壮年文盲率由1979年16％下降到1997年6％。全国高等院校有两千多所，在校学生300多万人，比改革开放前大幅度增加。大学生入学率提高到9.07％，高于世界发展中国家的平均率。此外，据统计，中国25岁及25岁以上的人口中，受中学教育的比重为42.5％，已接近美国等发达国家的水平。

20年来，中国文化、科技事业也有很大发展，少数民族的权益，妇女、儿童以及残疾人的权益得到更有力的保障，公民享有的社会权利日益广泛和丰富。

伟大的文学家鲁迅曾疾呼："我们目下的当务之急，是：一要生存，二要温饱，三要发展。"①这一愿望已成为现实。

联合国开发计划署1998年7月3日发表的《中国人类发展报告(1997)》中指出，中国在促进人类发展方面的记录令人钦佩：贫困人口比例下降，国民健康和教育状况得到改善，平均寿命等人类发展主要指数都已接近经济发达国家的水平。从总体看，中国人民比以往任何时候都更健康，受教育程度更高而且更加长寿。《报告》还指出，中国在人类发展方面也面临许多巨大挑战，相信中国必将战胜这些挑战。

西方不少人认为，中国只实行经济体制改革，不实行政治体制改革，认为中国人民只享有经济权利，而未能享有政治权利。这种看法是不符合实际的。实际情况是，近20年来，中国的政治体制改革和经济体制改革是同步进行的。政治体制改革的核心，是加强民主与法制建设，保障公民享有充分的政治权利。

近20年来，我国根本的民主政治制度——人民代表大会制度得到认真的坚持，并逐步得到加强和完善。作为人民最高权力机关的全国人民代表大会，年年按规定日期隆重举行。总理的《政府工作报告》，发展国民经济的五年计划及2010年远景目标纲要，兴建三峡水利工程等重大事项的决策，中央政府领导人的任免，无一不经全国人民代表大会审议、讨论。国家根本大法《宪法》的修改，《香港特别行政区基本法》等基本法律的制定，也都是经全国人民代表大会讨论和通过的。

共产党领导的多党合作和政治协商制度，是中国民主政治制度的重要组成部分。近20年来，各民主党派和政协组织在政治协商、民主监督、参政议政等方面比过去更加活跃，发挥着更大的作用。他们积极谏言献策，每年提出大量的提案和建议，其中相当大一部分被采纳。例如，《关于加强宏观调控抑制通货膨胀的建议》，被国务院采纳施行后，对国民经济的持续、快速、健康发展，起了很好的作用。

近20年来，中国基层民主也显著扩大。全国农村普遍推行了村民自治

---

① 鲁迅：《鲁迅全集》，第3卷，47页，北京，人民文学出版社，2005。

制度。各地农民采取直接选举和差额选举的方式，选出本村的自治机构——村民委员会和村干部，并普遍实行村务公开和民主管理制度，定期举行全村民主生活日。约占世界人口1/6的中国9亿农民，以主人翁的姿态选举和监督本村的干部，开展群众性的民主自治活动，引起了世界的注目。美国卡特中心1997年、1998年两度派出小组来中国参观农村基层选举活动。他们回国后发表文章和讲话，称赞中国农民享有他们意想不到的民主权利，认为民主选举的某些方面（如不受财产限制等）优越于美国。城镇基层民主也得到扩大。许多地方的居民委员会和职工代表会议的职能和作用都有所加强。

随着政治体制改革的推行，中国的法制建设20年来大大加强。特别值得一提的是被称之为"民告官的法律"——《行政诉讼法》。该法自1990年10月施行以来，各级人民法院受理了20多万起行政诉讼案件。这些案件中，涉及公民基本权利的占大多数，相当一部分涉及公民的人身权、财产权；原告中有农民、工人和知识分子，被告中有县、市、省政府部门和中央国家机关。约2/3的诉讼都以行政机关改变原决定而终结。

还值得一提的是，法律在制定或修订过程中，都征求人民群众的意见。有些法律还是人民群众建议制定并参与起草的。江苏省江都县农民费桂龙建议制定一部农业法，自己起草了初稿。他的建议被采纳，他本人也被吸收进《农业法》起草小组，他的许多意见则被吸收进《农业法》中。

西方某些人攻击中国政治上没有改革，主要原因是他们要求中国在改革中照搬西方的一套政治模式，否则就不算改革。而中国只能按照本国的国情和人民的意志改革，绝对不能照搬西方的政治模式。

还应当提到的是，20年来，中国以主动积极和建设性的态度参加联合国人权领域的活动。1979年至1980年，中国派代表团作为观察员列席联合国人权委员会会议，1981年当选人权委员会成员国，并连任至今。在参与联合国涉及人权的各个会议时，中国坚决站在正义的立场上，为维护世界人权事业特别是发展中国家的权益而斗争。1995年，中国作为联合国第四届世界妇女大会的东道国，提出了维护世界妇女权益的主张，投入了大量的人力物力财力。这是联合国成立以来规模最大的一次国际会议，它对维护各国妇女人权起了重大的推进作用。时任联合国副秘书长的基塔尼称："这次会议奠定了中国与联合国关系的新时代，是联合国妇女史上的里程碑！"

中国积极参与了联合国系统内国际人权法律文书的起草和制定，多次派遣工作组参与联合国人权法律文书起草工作会议，提出的许多意见和建议受到重视。自1981年起，中国参加了联合国人权委员会起草《发展权宣言》的政府专家组历届会议，在会上排除干扰，积极提出意见，直至《发展权宣言》于1986年在联合国大会获得通过。

中国政府自1980年起至1999年，共加入17个国际人权公约，其中包括《消除一切形式种族歧视国际公约》《消除对妇女一切形式歧视公约》《儿童权利公约》《禁止酷刑和其他残忍、不人道或有辱人格的待遇或处罚公约》等。1997年10月，中国签署了《经济社会文化权利国际公约》。1998年10月，中国又签署了《公民权利和政治权利国际公约》。对于已经加入的人权公约，中国政府一贯按规定提交执行情况报告，严肃地履行所承担的各项义务。中国加入国际人权公约的数量比美国更多，执行公约的态度也更认真。

如果以1948年《世界人权宣言》发表以来的50年计算，中国人权事业进展走过了三大步。

第一步是中国人民的解放。江泽民在1998年12月10日致中国人权研究会召开的《世界人权宣言》发表50周年纪念会的贺信中指出，"第二次世界大战后，世界人民更加蓬勃地开展反对帝国主义、殖民主义、种族主义的伟大斗争，上百个原殖民地附属国赢得了独立，十几亿人获得了民族解放，从而为实现人类的人权和基本自由开辟了广阔的前景。占世界人口近1/4的中华民族的独立和解放，是这一历史进步潮流中最具世界意义的成果"。

第二步是"中华人民共和国成立以来，特别是改革开放以来，中国政府和人民将人权的普遍性原则和中国的具体国情结合起来，在促进和保护人权方面做出了巨大的努力，取得了举世瞩目的成就"。

第三步是正在做的，即在全面推进人权事业的同时，"我们要继续加强民主法制建设,依法治国,建设社会主义法治国家,进一步推进我国人权事业,充分保障人民依法享受人权和民主自由权利",并"与国际社会一道,为缔造一个公正合理、和平繁荣的世界做出自己的贡献"①。

(四)今后国际人权斗争的发展趋向和我们的对策

1. 要充分估计到今后人权斗争的复杂性、艰巨性和长期性

前已说明,美国等西方国家恃其经济、科技和军事等方面优势使人权斗争处于"西攻东守"的形势。这是目前的一个基本特点,也将是今后长期存在的一个特点。这种情况在以美国为首的北约对南联盟的狂轰滥炸中也反映出来。西方国家尽管内部存在矛盾,但他们具有大体相同的价值观,有维护资本主义一统天下的共同利益,因此,在涉及清除他们认为是扩张资本主义势力的共同障碍或是打击那些不接受他们的政治经济模式的国家时,他们,至少是其中一些主要国家,表现出了一致性。美英就是如此。而且,这些国家鼓吹的"人权高于主权""主权有限论""人道主义干预论""新干涉主义""为价值而战"等这样一类力图使它们霸权行径"合法化"的谬论,还有相当的市场。美英等国还可以利用他们占优势的机构,如联合国审判前南斯拉夫战争罪行法庭,颠倒黑白,以战争罪起诉受害国南斯拉夫总统米洛舍维奇,而他们这些双手沾满人民鲜血的战争贩子却成了正人君子。在他们那里,哪里还有公理可言?!我们还不能不看到对"人道主义"和"人权"的"解释"的垄断权已被资产阶级窃居了几百年之久。他们会利用这种传统的文化上和心理上的优势,配之以经济政治军事手段,软硬兼施,推行霸权主义。第三世界国家中一些领导人由于从政前是在西方国家接受教育,也容易受到蒙蔽而一时分辨不清方向,只有不断地在实践中擦亮眼睛,提高觉悟。也有的国家可能慑于美国等国的经济军事强力,即使存在不满与愤恨,也不敢正面对抗。这些都增加了斗争的复杂性、艰巨性,并且不能不是一场长期的斗争。对此绝对不能掉以轻心。

至于一些美国政客对中国的敌意是根本不会消除的。他们散布说"尽管经过了20年的市场改革,中国人的政治体系不仅保持着压制和不民主性

---

① 《人民日报》,1998-12-11。

质,而且成为对世界民主制度的威胁"①。显然,他们痛恨中国坚持走社会主义道路,并把这看成是对世界资本主义制度的威胁。因此,正如美国《华尔街日报》1999年5月26日一篇题为《另一个威胁正在逼近》的文章所指出的,"把中国妖魔化的活动眼下似乎正在如火如荼。为了在冷战后的世界中物色一个能够替代苏联的敌人,美国政治家在越来越大的程度上试图让中国人充当这个角色"。这是美国为了在美苏冷战结束后称霸世界必然要推行的外交政策。对于这一斗争形势,我们必须有足够的估计并准备进行长期的韧性斗争。

2. 站在时代的高度,坚定必胜的信念

早在1958年12月,毛泽东同志就指出,"同世界上一切事物无不具有两重性(即对立统一规律)一样,帝国主义和一切反动派也有两面性,它们是真老虎又是纸老虎"。"一面,真老虎,吃人,成百万人成千万人地吃。人民斗争事业处在艰难困苦的时代,出现许多弯弯曲曲的道路……但是,它们终究转化成了纸老虎,死老虎,豆腐老虎。""所以从本质上看,从长期上看,从战略上看,必须如实地把帝国主义和一切反动派,都看成纸老虎。从这点上,建立我们的战略思想。另一方面,它们又是活的铁的真的老虎,它们会吃人的。从这点上,建立人们的策略思想和战术思想。"②

对于以美国为首的北约我们也应这样看。一方面,他们对南斯拉夫的侵略充分暴露了帝国主义的凶残本性;但另一方面,也暴露了他们虚弱的本质。他们在南斯拉夫制造的"人道主义"灾难正在擦亮世界人民的眼睛,遭到越来越多的国家和包括美国人民在内的世界人民的反对。北约内部也正在分化。至于从长远来看,美国赖以向外侵略的"为价值观而战"等口号是不可能长久蒙蔽人们的。这是因为美国所要向世界推销的价值观本身就是逆历史潮流而动的。

我们知道,以商业精神立国的美国,其占主导地位的价值观是个人主义。这种价值观强调的是"不受束缚的自我"和"享乐主义"。按照美国学者

---

① 《中国正在民主化吗?》,载《外交》,1998(1/2)。
② 毛泽东:《关于帝国主义和一切反动派是不是真老虎的问题》,见《毛泽东外交文选》,362~363页,北京,中央文献出版社,1994。

丹尼尔·贝尔的说法，其恶性发展已威胁着资本主义的正常运转，使"美国资本主义已经失去了它传统的合法性"，并"构成了西方所有资产阶级社会的历史性文化危机，这种文化矛盾将作为关系到社会存亡的最重大的分歧长期存在下去"①。美国前总统卡特的国家安全事务助理布热津斯基在《大失控与大混乱》一书中指出了美国面临的十分严重的20个难题，诸如债台高筑，贸易赤字，贪婪的富有阶级，日益加深的种族和贫困问题，广泛的犯罪和暴力行为，大规模吸毒现象的蔓延，过度的性自由，视觉媒体大规模传播道德败坏之风以及日益弥漫的精神空虚感等。他发问道："一个不受一系列全球至关重要的价值观念指导的大国，究竟能不能长时间地发挥其优势？"他认为"由于纵欲无度而产生的种种弱点，集中地体现了目前美国文化可能界定的趋向"②。事实上，在经济日益全球化的今天，美国的个人主义价值观从根本上说是一种对世界产生巨大破坏作用的力量。美国当代著名经济学家、《资本主义的未来》一书的作者莱斯特·瑟罗指出，资本主义除了贪婪和最大限度地追逐利润，并无其他指导思想。他认为，由于资本主义制度缺乏一整套能把公民凝聚起来的共同目标与价值观，"最终，有一代人将无法在变化了的地球环境中生存。到了那个时候，他们就是想采取任何措施防止自身的灭绝也为时太晚了。每一代人都做出了正当的、资本主义式的决定，然而最后的效应则是集体的社会自杀"③。事实上，我们从美国疯狂地挥霍人类资源，肆无忌惮地剥削第三世界，特别是以美国为首的北约在南斯拉夫所干的罪恶勾当，所造成的大批平民伤亡、难民逃亡和自然环境的毁灭性破坏中，不是清楚地看到了资本主义及其价值观的卑鄙、无耻和野蛮吗？！

今天，世界上越来越多的人正在觉醒。针对今日占主导地位的全球化的弊病，包括西方有识之士在内的世界进步人士都大声疾呼，应抛弃一切以利润为中心的资本主义价值观而构建起新的价值观。有人明确提出，"展望21世纪，我们应当以'公共时代'而不是'市场时代'作为新世纪的口

① 丹尼尔·贝尔：《资本主义文化矛盾》，132页。
② 兹比格涅夫·布热津斯基：《大失控与大混乱》，5页。
③ 莱斯特·瑟罗：《资本主义的未来》，297页。

号"。总之，21世纪人类要生存要进步要发展，必须坚决抵制美国等西方国家鼓吹的极端个人主义与享乐主义的价值观。这必将成为越来越多的人的共识。

至于美国所鼓吹的"人权高于主权"的口号，尽管它是那么伪善，但当他们一经撕破"人权"那一层薄薄的面纱，而粗暴干涉别国主权，践踏别国人权时，也就立刻把它们的真面目暴露无遗。这将更有利于从反面教育人民，对其群起而攻之。这是不可避免的历史必然。

总之，我们坚信世界人民的觉悟，坚信美国等国的倒行逆施终究会"搬起石头砸了自己的脚"，而最后归于可耻的失败。

3. 努力学习，提高觉悟，增长才干，为增强祖国的综合国力而奋斗

从以上内容我们可以看出，美国疯狂推行霸权主义完全是为着资本主义扩张的需要，为着这种需要甚至可以不惜发动战争。这就再次证明了列宁关于战争"是帝国主义的本质产生的"①这一论断的正确性。这次与美国一道发动侵略的几个主要国家如英国，这些年来宣传走"第三条道路"，有人认为从此帝国主义本性改变了，或即将改变了。事实说明这种结论是没有根据的。什么是资本主义？人们正在进一步地冷静思考。事实上，我们要坚持走有中国特色的社会主义道路，必须对以美国为代表的资本帝国主义有本质的全面的认识。

纵观今日之世界，所发生的许多乱子都有美国的插手，或者有美国的背景，它到处捣乱，肆意侵略，想打就打，想制裁就制裁。美国主要是依仗其科技经济实力。为了从根本上对付美国的霸权主义，最重要的是要增强我国的综合国力。而学好本领，做好本职工作，在党中央领导下，坚定不移地推进改革开放，就是我们为增强综合国力所应尽的责任。

我国与美国"人权外交"的斗争，本质上是社会主义与资本主义制度谁优谁劣，谁胜谁负的斗争。斗争的结局归根到底取决于我们自身的发展，人民的团结，以及世界人民的觉醒。真理和正义在我们一边，不管斗争多么复杂，道路多么曲折，我们对前途充满信心。美国前总统尼克松生前曾

---

① 《列宁全集》，第29卷，186页。

多次说要用人权等手段"演变"中国。但人之将死，其言也善。他在1994年遗著《超越和平》一书中说道："如今，中国的经济实力使美国关于道德和人权的说教显得十分无礼。10年后，中国将使它们显得苍白无力。20年后，中国将使它们显得荒唐可笑。到那时，中国人可能会威胁说，如果我们不采取措施改善底特律、哈勒姆和洛杉矶中南部的生活条件，就取消美国的最惠国待遇。"①看来，历史正朝着这一方向前进。

（以上内容系作者应教育部和中共北京市委联合举办的首都大学生形势报告会组织者邀请，于1999年5月17日向首都高校2000余名大学生所做报告的全文。1999年5月18日分别在《人民日报》《光明日报》和《北京日报》发表内容摘要。《高校理论战线》，1999年第6、7两期全文刊载。）

---

① 理查德·尼克松：《超越和平》，106页。笔者依据英文原文对译文稍作修改。

第五章　中国和平发展的必然性及其世界影响

一、抗美援朝的正义性不容否定

2015年是抗美援朝战争胜利62周年。在7月27日朝鲜祖国解放战争胜利日当天，朝鲜最高领导人金正恩向平安南道桧仓郡中国人民志愿军烈士陵园献花圈。之前，金正恩还在平壤举行的第四次老兵大会上发表演讲，向朝鲜人民军烈士和中国人民志愿军烈士表达崇高敬意。国际国内舆论对此高度关注。

60多年前，中国人民喊出了"抗美援朝、保家卫国"，派出志愿军赴朝作战并最终夺取了新中国成立后第一场反侵略战争的伟大胜利。这对于巩固中国人民长期奋斗获得的革命成果，争取有利于和平建设的国际环境，提高中国国际地位都具有重大意义。但不能不看到，这些年来，一些境外势力和国内少数人在抗美援朝问题上做足了文章，把朝鲜战争歪曲成"北朝鲜对南朝鲜的侵略战争"，把中国人民志愿军出兵朝鲜诬蔑为"支持侵略者"，利用某些片面的资料来印证他们的所谓观点，对于美国这样的分裂朝鲜和利用朝鲜问题发动侵略战争的始作俑者却不去追究，甚至加以美化。这种做法搞乱了一些对那段历史了解不多的人的思想，因此笔者认为有必要澄清事实，还历史一个公道。

(一)美国是朝鲜分裂及战争的始作俑者

1910年朝鲜被日本吞并后，朝鲜人民为争取民族独立从未停止过战斗。1945年日本战败，朝鲜本应作为一个统一独立的国家开始新的历程。然而，当时的美国为了防止南下中国东北打击日寇的苏联军队进而解放整个朝鲜，便匆忙向苏联提出在朝鲜划定38度线作为美苏双方分别占领南北朝鲜的分界线。这一提议得到苏联同意，后者当时奉行"安全带"政策，不愿与美国发生正面冲突。因而，美苏两国无视朝鲜人民要求独立统一的强烈愿望，为了一己私利，强行分割了朝鲜。正如美国学者贝文·亚历山大称："选定三八线作为一条分界线，立即引起了朝鲜人的愤怒。它将这个国家不自然地分割开来，这使三八线两边的朝鲜人群情激愤，他们都强烈希望将其清除掉，把国家统一起来。"

在如何建立一个统一的朝鲜临时政府的问题上，美苏两国意见尖锐对立。1948年8月15日，朝鲜南方受美国扶持的李承晚集团上台，成立大韩民国政府。针对这种情况，朝鲜北方于9月9日成立以金日成为最高领导人的朝鲜民主主义人民共和国政府。南北朝鲜形成分裂。同年12月，苏军根据朝鲜民主主义人民共和国政府的要求，从朝鲜北部撤出。次年6月，美军也从朝鲜南部撤出。由此，如何实现民族统一便成为朝鲜内部的事务。

根据以上史实，所有持严肃态度的人都看得清楚，导致朝鲜战争爆发的罪魁祸首不是别人，正是那些制造朝鲜分裂的人。在任何情况下，苏、美都对引起这场战争负有责任。而且笔者认为，当时朝鲜南北双方解决民族内部分歧，如果能以和平方式加以解决是最佳结局。但是如果有一方诉诸武力，那是朝鲜民族的内部事务，他人无权说三道四。

还有一个不可否认的事实是，许多美国著作都承认，朝鲜战争爆发前，南北双方都已做好准备。双方在38度线上的零星交火不断，这预示着战争随时都有爆发的可能。仅强调一方的准备而忽略另一方，是不科学，也是不严肃的。

(二) 志愿军出兵朝鲜是迫不得已的正义之举

1950年6月25日，朝鲜内战爆发。美国政府立即决定对朝鲜实行武装干涉，并将干涉的范围扩大到朝鲜以外的亚洲地区。6月26日，美军侵入朝鲜，支援南朝鲜军队作战。同时，美国派遣其第七舰队侵入台湾海峡。美国还操纵联合国安理会通过向韩国政府提供援助的决议，组织"联合国军"开入朝鲜半岛作战，由此朝鲜问题被演化为国际问题。

在这种情况下，美国侵略气焰日益嚣张，不顾中国一再警告，侵朝美军于9月底越过三八线，继而直逼中朝边境达到鸭绿江南岸，从而直接威胁到新中国的安全和生存。正是在美国步步紧逼的情况下，中国人民志愿军最终不得不赴朝作战，开始了中国人民伟大的抗美援朝战争。

对于中国抗美援朝的正当性和必然性，美国有识之士是予以承认和理解的。例如，基辛格曾指出："中国绝不可能默许美军挥师朝鲜边境，因为朝鲜是历史上入侵中国的必经之地，特别是日本就曾以朝鲜为基地占领满洲，侵略中国北方。况且美国出兵朝鲜在战略上还意味着北京在台湾海峡和朝鲜两线受敌，所以中国就更不会袖手旁观。他们没想过要在军事上挑战美国，是几经思考，才决定以攻为守，赴朝参战的。"

正因为抗美援朝是一场正义之战，中国志愿军将士才奋不顾身、英勇作战，全中国人民才团结一致，同仇敌忾。笔者认为，中国这样一个刚刚成立、国内工农业总产值只及世界首富美国1/28（1950年美国是2800亿美元，而中国仅有100亿美元），在军事装备方面基本上还处于"小米加步枪"水平的国家，敢于跟拥有原子弹在内的大量先进武器和现代化后勤保障的美军相对抗，只能说是在现实逼迫下做出了这个决定。而抗美援朝战争的胜利，顶住了美国侵略扩张的势头，维护了亚洲和世界的和平。

最后，笔者认为，研究抗美援朝历史必须以全部事实总和为依据，坚持长时段和整体观点。依据马克思主义观点，科学研究应"从最顽强的事实出发"。而这里所指的事实不是一两件事实或部分事实的片断，而是与事件相关的全部事实的总和。同时必须坚持以长时段整体观点来考察历史，特别是像朝鲜战争这样重大的历史事件。法国著名历史学家费尔南·布罗代尔就曾猛烈抨击那种只注重历史"事件"的短期研究的做法，认为"短时间是最任性和最富欺骗性的时间"。

只有这样，才能在评价朝鲜战争问题时避免仅仅抓住"谁放了第一枪"这个问题不放，而忽略或有意无意掩盖矛盾各方的其他一系列事实真相。我们可以理直气壮地说，依据当今已经面世的种种史料，足以证明中国人民志愿军出兵朝鲜的重大意义和义举，是任何人都歪曲和抹杀不了的。

(原载《环球时报》，2015年7月29日)

二、独立自主外交思想更放光芒

邓小平同志在新形势下继承和发展了毛泽东思想，提出了一整套包括外交工作在内的建设有中国特色社会主义的理论。特别是作为毛泽东外交思想核心的独立自主，得到了更为系统深刻的论证和进一步的发展。这里仅就此点谈谈学习邓小平外交思想的初步体会。

(一)独立自主思想的内涵——坚持有中国特色的社会主义

"独立自主"对于饱受帝国主义侵略、经过无数仁人志士一百多年艰苦卓绝斗争方才获得真正独立并走上社会主义道路的中国来说，如同布帛菽粟一般是须臾不可离开的。而且在今天国际国内形势下，这一点变得更为可贵。正如邓小平同志所说："为什么说我们是独立自主的？就是因为我们坚持有中国特色的社会主义道路。否则，只能是看着美国人的脸色行事，看着发达国家的脸色行事，或者看着苏联人的脸色行事，那还有什么独立性啊！"[①]他还说："中国的事情要按照中国的情况来办，要依靠中国人民自己的力量来办。独立自主，自力更生，无论过去、现在和将来，都是我们的立足点。中国人民珍惜同其他国家和人民的友谊和合作，更加珍惜自己经过长期奋斗而得来的独立自主权利。任何外国不要指望中国做他们的附庸，不要指望中国会吞下损害我国利益的苦果。"[②]他强调："我们坚定不移地实行对外开放政策，在平等互利的基础上积极扩大对外交流。同时，我们保持清醒的头脑，坚决抵制外来腐朽思想的侵蚀，决不允许资产阶级生活方式在我国泛滥。中国人民有自己的民族自尊心和自豪感，以热爱祖国、贡献全部力量建设社会主义祖国为最大光荣，以损害社会主义祖国利益、尊严和荣誉为最大耻辱。"[③]

从邓小平同志的论述中，我们体会到，决不屈服任何外来压力，坚定不移地走有中国特色的社会主义道路，乃是我国独立自主的核心。而这种

---

① 《邓小平文选》，第3卷，311页。

② 《邓小平文选》，第3卷，3页。

③ 《邓小平文选》，第3卷，3页。

"外来压力"绝不局限于政治、经济和军事，还包括了思想意识形态和生活方式。只有顶住所有这些压力，才有真正意义上的独立自主。这显然是对我国独立自主思想的全面的阐述。

（二）独立自主的基础——社会主义经济的大发展

毛泽东倡导的独立自主思想在"四人帮"横行时期曾受到严重歪曲。他们鼓吹极"左"思潮，大批"唯生产力论"，反对"崇洋媚外"，对外一概排斥，企图把国家自我封闭起来，给我国经济造成很大灾难。粉碎"四人帮"之后，邓小平同志一再强调以经济建设为中心，并将此点与坚持独立自主建设社会主义联系起来。邓小平于1990年指出，"世界上一些国家发生问题，从根本上说，都是因为经济上不去，没有饭吃，没有衣穿，工资增长被通货膨胀抵消，生活水平下降，长期过紧日子。如果经济发展老是停留在低速度，生活水平就很难提高。……这不只是经济问题，实际上是个政治问题"。他还进一步指出，"使我们真正睡不着觉的，恐怕长期是这个问题，至少十年。中国能不能顶住霸权主义、强权政治的压力，坚持我们的社会主义制度，关键就看能不能争得较快的增长速度，实现我们的发展战略"[1]。

他强调，经济不发展不行，"低速度"也不行，必须"取得适度的发展"。他在1990年3月同几位中央负责同志的谈话中说，"适度的要求就是确实保证这十年能够再翻一番"[2]。

邓小平同志这些论断是高瞻远瞩的。经过党的十一届三中全会以来10多年的飞速发展，中国的经济实力已令世界刮目相看，令那些企图以经济手段压垮中国的西方国家开始改弦易辙。俄罗斯《真理报》1994年3月6日刊登的一篇文章指出，"近几个月来，美国不止一次地想让中国'听话'。克林顿故意接见了达赖喇嘛，美国就'人权'问题不断训斥北京。北京从不忍气吞声，每次都明确地正式驳斥"。文章认为，原因之一就在于"中国这20年没有白费时间。……中国现在已经强大，成了许多资本主义国家的重

---

[1]《邓小平文选》，第3卷，354～356页。
[2]《邓小平文选》，第3卷，354页。

要经济伙伴"①。基辛格博士则告诫美国当局,"一味把改善中国的人权状况当作美中关系的基础,这等于把重要的两国关系和人权问题都拿来抵押,这是不符合现实的。今天中国经济在世界上发展最快,超过10亿人的人口将形成世界上最大的单一市场。美国不能轻易让人挤出这个有前途的市场,更何况其他所有的发达国家都在拼命想填补美国留下的真空"②。

尽管党的"十一届三中全会以来的"世界风云变幻,东欧剧变,苏联解体,在世界范围内社会主义遭到空前挫折,但社会主义的中国却更加强大地屹立于世界。这不能不首先归功于社会主义经济在中国的巨大发展。

(三)独立自主的政治保证——坚持、完善有中国特色的政治体制

针对美国为代表的西方国家处心积虑地想把中国演变成资本主义的图谋,邓小平于1989年11月指出,"可能是一个冷战结束了,另外两个冷战已经开始。一个是针对整个南方、第三世界的,另一个是针对社会主义的。西方国家正在打一场没有硝烟的第三次世界大战。所谓没有硝烟,就是要社会主义国家和平演变"③。为了做到这点,他们力图改变我国现行政治体制。因为他们十分清楚,政治上层建筑一旦改变颜色,中国大地的社会性质也就必然跟着改变。最能表现他们这种攻击和最能反映他们用心的也许就是这几年来美国国务院每年一度地发表的美国国务院《中国人权报告》(中国部分)。报告首先把攻击的矛头指向我国的根本制度。他们以西方的虚伪的民主尺度为武器,攻击我国是"实行一党统治的国家",把全国人民代表大会和各民主党派统统说成是"在共产党的严密控制之下"。他们意在以此煽动人民对中国共产党领导的不满,意在挑拨人民群众、民主党派和中国共产党的关系,以达到改变中国现行制度的目的。针对西方的攻击,邓小平同志多次指出,"我们讲民主,不能搬用资产阶级民主,不能搞三权鼎立那一套","中国没有共产党的领导,不搞社会主义是没有前途

---

① 《向超级大国挑战》,载《真理报》,1994-03-06。
② 基辛格:《在人权问题上不要强加于人》,载《读卖新闻》,1994-04-18。
③ 《邓小平文选》,第3卷,344页。

的"①。同样,"我们的改革不能离开社会主义道路,不能没有共产党的领导"②。谈到我国人民代表大会等制度,邓小平同志指出,"关于民主,我们大陆讲社会主义民主,和资产阶级民主的概念不同。西方的民主就是三权分立,多党竞选等等。我们并不反对西方国家这样搞,但我们中国大陆不搞多党竞选,不搞三权分立、两院制。我们实行的就是全国人民代表大会一院制,这最符合中国实际。如果政策正确,方向正确,这种体制益处很大,很有助于国家的兴旺发达,避免很多牵扯"③。邓小平同志的论述为我们从政治上反击西方的"和平演变"攻势提供了锐利武器。

事实上,多少懂得一点中国历史和中外关系史的人都会知道,今天中国人民建立起来的国家制度,乃是中国人民经过长期反帝反封建斗争所做的历史选择,也是建立有中国特色的社会主义的根本保证。它经历了一个发展和不断完善的过程,并且今后仍将通过改革而自我完善。对于这一切,世界有识之士都做出了公允评价。美国已故著名历史学家费正清指出,"1949年后出现的中央政权的组成部分是几十年积累起来的,它不仅有中共掌权前二十八年的经验,也有全中国人民的经验。长期的军阀统治和国民革命,接着是八年日本侵略和四年内战,使全国人民渴望有中央权威,坚强的领导,和平与秩序"④。尽管中国共产党受到全国人民的拥戴,但中国共产党却绝不像西方某些政党那样为一己私利而争权夺势。早在抗日战争时期,中国共产党就在抗日根据地实行吸收民主爱国人士参政的"三三制",即如费正清所说,将他们自己的代表名额限定为总数的三分之一,而力求把其余三分之二的职位留给国民党和无党派人士。⑤ 一些美国学者曾盛赞这种制度是"民主"精神的体现。⑥ 1994年3月俄罗斯《真理报》在一篇文章中也说,"带有明显中国特色的全国人大,其组成与工作方

---

① 《邓小平文选》,第3卷,195页。
② 《邓小平文选》,第3卷,242页。
③ 《邓小平文选》,第3卷,220页。
④ 费正清:《美国与中国》,260页。
⑤ 费正清:《美国与中国》,211页。
⑥ 菲力普·赖利等:《全球经历——1500年以来世界历史读物》,第2卷,265页,新泽西,1978。

法……不是西方的'经典'议会。这种人民政权早在30年代就在这里试用过,当时全国都出现了相当多的'苏区'。它们的生命力极强,千真万确地坚不可摧"①。1949年10月中华人民共和国成立后,根据历史传统,采用了民主集中制,而非西方的议会制;确立了人民代表大会制度和共产党领导的多党合作和政治协商制度,这一基本的政治制度。吸收非党人士参加政府,并与民族资产阶级合作。根据苏联报刊介绍,这些措施曾激怒过斯大林,以为是走"南斯拉夫道路"②。但中国人民坚定地沿着自己选择的国家制度和政治制度走下去,并使之日臻完善。改革开放10多年来,中国共产党与各民主党派"长期共存、互相监督、肝胆相照、荣辱与共"的优良传统不断焕发出新的光辉。中国共产党领导的多党合作和政治协商制度成为中国革命与建设的杰出创举。至于中国共产党的领导,外国公正舆论也有评价。原联邦德国驻上海总领事汉德克于1990年指出,"经济改革的同时必须加强政治领导,即坚持四项基本原则,这是中国改革思想的一贯内容。西方忽视了这点,混淆了中国开放与西方民主的区别。不现实的期望带来的总是失望"③。关于这一点,俄罗斯《真理报》在我们前已引述的文章中说得更为直接。文章指出,"要是把市场改革比作瓶中放出的魔鬼,那么这个魔鬼在中国则是可以控制的。这是因为世界上最成功的市场改革是在中国共产党的领导下和国家计委的密切监督下进行的"④。

可见中国共产党的领导和我国形成的具有中国特色的国家体制,是我国坚持独立自主走社会主义道路的坚强的政治保证。西方国家企图否定这一点并使我国现行政治体制转向西方模式,其实质不过是企图使中国丢掉自己最宝贵的东西而重新回到任人摆布与宰割的旧社会。这是我们必须高度警惕的。

(四)独立自主的精神支柱——坚决顶住外来威胁与压力的民族自尊心

一个国家要坚持独立自主,除了物质力量,还要有精神力量。邓小平

---

① 《具有中国特色》,载《真理报》,1994-03-23。
② 依·帕·巴萨诺夫:《苏中关系:以往的教训与现时代》,载《近现代史》,1989(2)。
③ 刘洪潮、蔡光荣主编:《外国要人名人看中国(1989—1992)》,178页,北京,中共中央党校出版社,1993。
④ 《集中抓国内,为时尚不晚》,载《俄罗斯文学报》,1991(5)。

同志的著作和讲话中无不浸透着这种思想。他说:"谈到人格,但不要忘记还有一个国格。特别是像我们这样第三世界的发展中国家,没有民族自尊心,不珍惜自己民族的独立,国家是立不起来的。"①针对西方国家对中国的所谓"制裁",他说:"要中国来乞求,办不到。哪怕拖一百年,中国人也不会乞求取消制裁。如果中国不尊重自己,中国就站不住,国格没有了,关系太大了。"②

对于具有五千年文明史和光荣斗争史的中华民族而言,自信、自尊,从来是中华民族精神的主流。但是封建没落阶级特别是100多年来半殖民地社会里出现了那么一些拜倒在洋人脚下的人。如果让这种人的心态控制了人心,那是十分危险的。针对此点,邓小平同志处处以大无畏的浩然正气激励全国人民并且告诫人们从历史的发展中,从我们从事的事业中汲取力量,他指出,"世界上最不怕封锁、最不怕制裁的就是中国"③。"什么威胁也吓不倒我们。我们这个党就是在威胁中诞生的,在威胁中奋斗出来的,奋斗了28年才真正建立了人民共和国。现在我们总比过去好得多。只要中国社会主义不倒,社会主义在世界将始终站得住。"④他还说:"中国的特点是建国四十多年来大部分时间是在国际制裁之下发展起来的。我们别的本事没有,但抵抗制裁是够格的。"⑤是的,我们正是在中国共产党的斗争历程和社会主义事业中获得了最大的民族自信和自尊。而失去了这种自尊又将如何呢?苏联的例子不能不是深刻教训。由于在戈尔巴乔夫"新思维"影响下,把一场使社会主义自我完善的改革引向了社会主义自我毁灭的邪路,还有什么社会主义的自信可言?记得1991年苏联解体前,苏联一些有识之士就曾针对苏联当时外交上的危险倾向提出了警告:"在苏联滑入深重危机的时刻,过分积极的对外政策举动,使苏联较多地依赖于外部世界,较少的独立自主,……苏联领导把本国的'改革'变成了世界各国的

---

① 《邓小平文选》,第3卷,331页。
② 《邓小平文选》,第3卷,332页。
③ 《邓小平文选》,第3卷,329页。
④ 《邓小平文选》,第3卷,346页。
⑤ 《邓小平文选》,第3卷,359页。

大业，自我置身于这样一种局面，每走一步都担心外国会对我们搞经济制裁，担心布什不来访，担心外国舆论对我们不理解。这就不得不唯美国和西方马首是瞻。"①

1991年以来中苏发展的不同结果的事实，何等鲜明地说明民族自尊之可贵！

(五)独立自主的理论指导——唯物辩证法

一提起独立自主，人们往往会与旧社会做类比，并高度警惕资本主义和殖民主义卷土重来。但有的人由此而往往使思想局限于直线思维，实际上倾向于闭关自守，并未解决如何才能使我国这样一个人口众多，幅员广大，生产还相对落后的发展中国家尽快富强起来，真正在世界民族之林立于不败之地。在这一问题上，邓小平同志以其无产阶级革命家的胆识为我们指明了方向。

小平同志首先强调，"社会主义的优越性归根到底要体现在它的生产力比资本主义发展得更快一些、更高一些，并且在发展生产力的基础上不断改善人民的物质文化生活。如果说我们建国以后有缺点，那就是对发展生产力有某种忽略"②。为了发展生产，就要改革开放。"三十几年的经验教训告诉我们，关起门来搞建设是不行的"③。在谈到我国开放沿海城市吸收外资时，他指出，"因为我国是以社会主义经济为主体的。社会主义的经济基础很大，吸收几百亿、上千亿外资，冲击不了这个基础。吸收外国资金肯定可以作为我国社会主义建设的重要补充，今天看来可以说是不可缺少的补充。当然，这会带来一些问题，但是带来的消极因素比起利用外资加速发展的积极效果，毕竟要小得多。危险有一点，不大"④。他还说，"历史经验教训说明，不开放不行。开放伤害不了我们。……肯定会带来一些消极因素，要意识到这一点，但不难克服，有办法克服。你不开放，

---

① 《集中抓国内，为时尚不晚》，载《俄罗斯文学报》，1991(5)。
② 《邓小平文选》，第3卷，63页。
③ 《邓小平文选》，第3卷，64页。
④ 《邓小平文选》，第3卷，65页。

再来个闭关自守，五十年要接近经济发达国家水平，肯定不可能"①。这就清楚地告诉我们改革开放与独立自主的辩证关系。邓小平同志还谈到为了保证我国社会主义建设的顺利进行和保卫世界和平，"我们坚持独立自主和平外交政策，不参加任何集团，同谁都来往，同谁都交朋友，谁搞霸权主义我们就反对谁，谁侵略别人我们就反对谁。我们讲公道话，办公道事。这样，我们国家的政治分量就更加重了。这个政策很见效，我们要坚持到底"②。

从邓小平同志这些主张中可以看到实事求是，一切从实际出发，坚持两点论，是他外交思想的理论基础，并由此把我国独立自主外交思想和实践推向了新的高峰。邓小平同志的外交思想在今天复杂多变的国际形势中犹如大海中的灯塔，照亮了我们前进的道路。

(原载《外交学院学报》，1994年第4期)

三、坚持和平共处五项原则，抵制西方意识形态的挑战

毛泽东思想博大精深，高屋建瓴。作为这一宝库有机组成部分的毛泽东外交思想犹如一盏明灯，指引我们在处理国际关系问题时始终把握正确的航向。在前苏共总书记戈尔巴乔夫等人鼓吹"全人类的利益高于一切"，要求根本否定国际关系中的意识形态因素并造成恶劣影响之时，在西方某些敌对势力一再散布所谓国际关系中应当"淡化"以至取消意识形态因素时，重温毛泽东的有关论述实在是倍感亲切。

(一)

质言之，人与一般动物不同，是有思想，有意识的。人类社会则是有社会意识的。作为一种上层建筑的一定的社会意识形态是一定社会经济的产物。毛泽东指出，"在阶级社会中，每一个人都在一定的阶级地位中生活，各种思想无不打上阶级的烙印"③。这些是不以人的意志为转移的客观

---

① 《邓小平文选》，第3卷，90页。
② 《邓小平文选》，第3卷，162页。
③ 《毛泽东选集》，第1卷，283页。

存在，是无法由任何人主观加以消除的。同理，在当今世界上，所有国家都代表着一定阶级和民族的利益，超阶级的国家和非阶级的世界不过是海市蜃楼。因之，每一个国家的对外政策都有某种意识形态做指导。李鹏总理于1993年3月在政府工作报告中明确指出，"必须承认世界的多样性，各国都有权选择适合本国国情的社会制度、意识形态、经济模式和发展道路，别国不得干涉"①。这种既承认不同社会制度意识形态的客观存在，又尊重各国的选择的立场，反映了以马列主义毛泽东思想为指导的我国外交政策的高度成熟。这与那些以虚幻的所谓"全人类的利益高于一切"和"同屋思维"的说教，不可同日而语。而这后一种观点不仅根本违反科学违反客观实际，而且在实践上造成灾难性后果。

（二）

翻开历史看到，西方在要求社会主义国家"非意识形态化"时，自己不仅决不放弃意识形态，而且不断加强其意识形态攻势。还在20世纪50年代美国艾森豪威尔政府的国务卿杜勒斯就主张加紧对社会主义国家意识形态的渗透，首先使社会主义国家的人民对马列主义失去信仰，以达到"解放"的目的。②

1958年哈佛大学国际事务研究中心发表了受参议院委托撰写的一份报告，提出意识形态在国际关系中是"一个重要的因素"，而且特别强调工业时代扩大了政治理想的作用。前总统尼克松在1984年发表的《现实的和平》一书中提出，"至关重要的是西方发动攻势来赢得这场（意识形态）斗争"，他相信美国"播下不满的种子，有一天将开出和平演变的花朵"③。尼克松于1988年写的《1999：不战而胜》和布热津斯基1989年写的《大失败——20世纪共产主义的兴亡》，则更为精巧地设计了一套如何从意识形态上彻底战胜社会主义、共产主义的策略手法。他们的目标是很明确的。这一切，也正是毛泽东同志早在1959年就揭露的，是美国一整套的"和平演变"政

---

① 《人民日报》，1993-04-02。
② 参见约翰·福斯特·杜勒斯：《战争或和平》，北京编译社译，19页，北京，世界知识出版社，1959。
③ 哈佛大学国际事务研究中心：《意识形态与外交事务》，12页。

策。"和平转变谁呢？就是转变我们这些国家，搞颠覆活动，内部转到合乎他的那个思想。美国它那个秩序要维持，不要动，要动我们，用和平转变，腐蚀我们。"①就这一问题，邓小平同志也多次尖锐地提出警告。他说："反对资产阶级自由化，我讲得最多，而且我最坚持。……自由化本身就是资产阶级的，没有什么无产阶级的社会主义自由化，自由化本身就是对我们现行政策、现行制度的反抗，或者叫反对，或者叫修改。实际情况是，搞自由化就是要把我们引导到资本主义道路上去。"②苏联等国的演变恰恰是从国内外敌对势力进行反共反社会主义意识形态进攻开始，同时是从处于领导岗位的人物主动放弃意识形态斗争、鼓吹"非意识形态化"打开缺口的。毛泽东同志指出，"凡是要推翻一个政权，总要先造成舆论，总要先做意识形态方面的工作。革命的阶级是这样，反革命的阶级也是这样"③。苏联的演变进一步证明了这一论点的正确性。

实际情况是，1985年3月苏联戈尔巴乔夫担任苏共总书记后的一段时间并没有否定社会主义，但是，由于其意识形态逐步"西化"，而以"全人类共同价值标准"为准绳，因此，当经济改革遇到困难时，便一步步放弃社会主义，并进而全面彻底地批判社会主义本身，企图用"民主和人道主义"即用"全人类标准"来改造社会主义。

苏联领导人如此自觉地"西化"，绝不说明他们在推行什么"非意识形态化"，恰恰相反，是一切拜倒在资本主义意识形态的脚下，里应外合地向社会主义进攻。当时的莫斯科市委第一书记普罗科菲耶夫说得好，"这是从政治上和意识形态上转向资本主义"，表明"社会意识的堕落发展到了极点"④。苏共领导鼓吹非意识形态化的最终结果这是众所周知的。

(三)

有人主张处理国际关系"非意识形态化"，以为只要一提意识形态就意

---

① 逢先知：《回顾毛泽东关于防止和平演变的论述》，2页，北京，中央文献出版社，1991。

② 中共中央文献研究室编：《邓小平关于建设有中国特色社会主义的论述专题摘编》，211~212页，北京，中央文献出版社，1992。

③ 《伟大的真理，锐利的武器》，载《红旗》，1967(9)。

④ 《真理报》，1990-11-30。

味着我们在处理国际关系时是用社会制度之异同决定亲疏。他们说，这就是"国际关系意识形态化"，因之要加以反对。这实在是莫大的误解。与以辩证唯物主义为指导，一切从实际出发的中国外交思想相距十万八千里。

以中苏两国关系为例。尽管在新中国成立之初由于面临帝国主义封锁包围威胁而提出过"一边倒"的政策，但当时毛泽东同志就强调要用自己的腿走路，用自己的头脑思考。对苏联有团结、有批评。赫鲁晓夫执政时期，苏联以老子党自居，企图控制包括中国在内的社会主义国家，实现其"苏美合作，主宰世界"的野心，中国与之进行了坚决斗争，并且在1956年就率先提出社会主义国家间的关系亦应建立在和平共处五项原则的基础上。尽管苏联是社会主义国家，但由于其愈来愈露骨地推行霸权主义，因之在新中国成立后的40余年中，中苏处于对抗状态就有30年之久。相反，我们遵循毛泽东同志关于"联合世界上以平等待我之民族，共同奋斗"①的教导，一贯坚持独立自主的和平外交政策并且于20世纪50年代初与缅甸、印度首创了和平共处五项原则以之作为处理国际关系的准则。这五项原则是，互相尊重领土主权、互不侵犯、互不干涉内政、平等互利和和平共处。这一切说明，我们从来不是形而上学地机械地以"意识形态"和社会制度画线，恰恰相反，是从世界人民和中国人民利益出发，实事求是地以是否遵守和平共处五项原则来区别亲疏好恶。对于那些在国际经济政治关系体系中仍处于受压抑和被剥削地位，在政治上仍受超级大国强权政治干涉的第三世界国家寄以极大的同情。1986年6月邓小平同志在会见马里总统特拉奥雷时说，中国将来发展了，还是搞社会主义，仍然属于第三世界，不会忘记全世界所有的穷朋友，还是把帮助穷朋友摆脱贫困作为自己的任务。如果要问我国在处理国际关系时意识形态因素是如何起作用的，这就是其中的一个突出例证。由于中国是由劳动人民当家做主的社会主义国家，其根本利益与世界广大人民的利益是一致的，是坚决反对一切形式的新老殖民主义和霸权主义的。这样一种意识形态代表了世界大多数人民的根本利益，也是与第三世界的看法一致的。正是由于中国的真诚态度和坚

---

① 《毛泽东选集》，第4卷，1472、1495~1496页。

定立场，从而得到了第三世界国家的普遍赞同和好评。他们称中国是"全天候的可靠朋友"，并且说只要他们按和平共处思想办事，中国就是一个最易于捉摸，也最易于打交道的社会主义国家。联合国原秘书长佩雷斯·德奎利亚尔在1990年12月指出，在南南合作中，"中国的援助是最受欢迎的，因为中国的援助从来不附带任何政治条件"①。

这一切都说明，以马克思列宁主义、毛泽东思想为指导的中国外交是真正独立自主的和平外交，是符合世界人民利益的外交。这里还存在另一种误解。有人认为，既然我们各项工作以经济建设为中心，突出生产力标准，那么我国外交工作也应一切以是否有利于我国建设为标准，而不应有意识形态因素，这种想法显然是片面的。

毫无疑问，抓住有利时机，把经济建设搞上去，是我国当前的中心工作，不懂得发展这个硬道理就会被动挨打。但是马克思主义者从来重视经济基础与上层建筑之间的辩证关系，认为意识对物质的反映是能动的，意识在一定条件下，能够反过来对物质发展进程起巨大的作用。正因此，邓小平同志和党中央在强调以经济建设为中心时，提出了坚持四项基本原则和坚持改革开放两个基本点，从而使党的基本路线成为指导当今和今后相当长时期工作的唯一正确的路线。外交是内政的延伸。我国的外事工作必须为贯彻党的基本路线服务，才不致偏离方向。值得注意的一个动向是，自从东欧剧变、苏联解体后，一种新的强权政治正在国际上抬头。它们把矛头针对中国等社会主义国家，企图使这些国家放弃社会主义。一些国家的学术界、新闻界人士均客观地指出，对于最大的发展中国家，社会主义大国的中国，美国一些人认为这是他们"最后一个眼中钉"，力求"利用经济交流使中国解体"②。尽管中国为了本国的经济建设坚持独立自主的和平外交，一再表示"中美两国经济互补性强，发展互利合作有着巨大潜力和广阔前景。发展健康的中美关系，加强双方在各个领域的合作，符合中美两国和两国人民的根本利益，也有利于亚太和世界的和平和稳定"③。但美

---

① 《人民日报》，1990-12-20。
② 《美国的目标是使中国解体，从而除去最后一个眼中钉》，载《选择》，1991-11。
③ 钱其琛在美国亚洲协会发表的演说，载《人民日报》，1993-09-30。

国当局某些人对中国光明磊落、正义而友善的声音充耳不闻，却顽固坚持干涉中国内政的霸权主义外交，不仅在最惠国待遇、人权等问题上不断施压于中国，并且指称中国是"美国主要的意识形态对手和美国人在很大程度上感到讨厌的表征"。① 公然违背美国自己签署的三个中美联合公报，企图使中国演变为资本主义。在这种情况下，我们必须坚决维护独立自主和社会主义，只有在这个前提下才有真正的经济发展和国家的富强。如果不站在这一原则高度，那就会被美国等西方国家在经贸领域设置的障碍所压服，引发起"恐美症""软骨症"，那就正好中了西方少数人的圈套，并会导致难以预料的严重后果。当然，这并不是说我们任何时候不做必要的妥协。但前提必须是坚持我国仁人志士百余年来为之奋斗的国家的独立、主权和社会主义制度。在这方面，正如毛泽东所说，"我们中国人是有骨气的。……中国人死都不怕，还怕困难么？老子说过，'民不畏死，奈何以死惧之'"②。也正如邓小平同志所说的，"独立自主，自力更生，无论过去、现在和将来，都是我们的立足点。中国人民珍惜同其他国家和人民的友谊和合作，更加珍惜自己经过长期奋斗而得来的独立自主权利。任何外国不要指望中国做他们的附庸，不要指望中国会吞下损害我国利益的苦果"③。有了这种精神中华民族才能永远立于不败之地，才能真正把经济搞上去。放弃斗争，通过向霸权主义者做无原则让步，向对方"乞讨"，到头来，不仅毁了经济建设还会毁了社会主义制度和中国的独立完整。总之，我们公开申明，社会主义国家的外交政策与其他国家的一样，是有意识形态指导的。只是我们的意识形态与推行帝国主义、霸权主义国家的不同。我们从中国人民利益和全世界大多数爱好和平、主张进步的人民的利益出发，以马克思列宁主义和毛泽东思想为指导，坚持实事求是、理论联系实际，一切从实际出发，奉行独立自主的和平外交政策，反对霸权主义，并主张用最经得起考验的和平共处五项原则来代替霸权主义、强权政治。

(原载《外交学院学报》，1994年第1期)

---

① 《纽约时报》，1991-09-10。
② 《毛泽东选集》，第4卷，1495～1496页。
③ 《邓小平文选》，第3卷，3页。

四、中国和平发展的必然性及其世界影响
——从《中国的非和平崛起》一文谈起

随着中国改革开放进程的加速和国力的不断增强,许多外国评论都认为,中国正奇迹般地重新崛起。

但是,这是怎样的一种崛起?和平的还是非和平的?看法却大相径庭。2006年4月号美国《当代史》杂志刊载了一篇文章,题目就叫《中国的非和平崛起》①。在众多分析中国"崛起"的文章中,这一篇很有代表性。文章作者也许并无恶意,但总是把西方扩张崛起的经历当成"规律",通过西方特有的有色眼镜观察中国,因此难免得出错误的结论。由于这种论调往往会成为所谓"中国威胁论"的"理论"依据,因此有必要认真地加以辩证。

(一)所谓中国只能"非和平崛起"的论断源于西方的传统观念

《中国的非和平崛起》一文开门见山,首先设问"中国有可能和平崛起吗?我的回答是不可能"。作者断言,"如果中国在今后几十年继续其令人难忘的经济增长,美国和中国看来可能要发生一场剧烈的为各自安全而进行的战争。多数中国的邻国包括印度、日本、新加坡、韩国、俄罗斯和越南都将和美国一道去遏制中国的势力"。为了表明其判断的正确性,作者援引他所信奉的国际关系理论说,"我的国际政治理论谈的是,最强大的国家试图在世界上建立他们的地区霸权时,需要确信其他地区没有可与之匹敌的大国占据统治。这一理论可以帮助解释美国自建国以来的外交政策,也多少指出了中美关系的未来"。作者进一步引申说,根据他对国际政治的理解,"生存是一个国家最重要的目标,因为如果一个国家不能生存,它就不可能追求任何其他目标。国际体系的基本结构迫使各国关心他们自身的安全而相互间展开权力之争,而每一个大国的最终目的是最大限度地扩大在世界权力中的份额,并最终控制这一体系"。

---

① 米尔斯海默:《中国的非和平崛起》(Uearsheimer J. China's Unpeaceful Rise),载《当代史》(Current History),2006(4)。

接着，文章以美国为例来说明上述"理论"。作者描述了美国自1783年从英国人那里获得独立后如何从一个只有13个州的弱小国家，到1898年美西战争时其边界扩张为从大西洋到达太平洋的国家。"美国有一个19世纪任何国家都无法与之相比的征服、殖民开拓和领土扩张的记录。"在20世纪，美国战胜了同样渴望霸权的德国和日本，并在20世纪80年代末促使苏联解体。这一切都说明"美国不会容忍势均力敌的竞争者存在"。

据此，作者提出这样的问题："美国过去的行为对于中国的崛起意味着什么？"答曰："中国看来可能试图像美国控制西半球那样控制亚洲。""一个日益强大的中国还可能试图把美国赶出亚洲，就像美国把欧洲强国赶出西半球那样。""北京应该希望有一个军事上软弱的日本和俄国做它的邻居，就像美国更喜欢一个军事上软弱的加拿大和墨西哥做它的邻居一样。有哪一个思维正常的国家希望本地区有其他强国存在呢？""所以，为什么一个强大的中国要认可美国军事力量在其后院活动？……为什么中国会对美国军事力量部署在家门口感到安全？依照门罗宣言的逻辑，把美国军事力量赶出亚洲对中国不是更安全吗？为什么我们想让中国在行动上与美国有任何不同？难道北京比华盛顿更讲原则？更讲道德？更少民族主义？更少关心自己的生存？当然，中国不是这样……""国际政治是一种丑恶的和危险的买卖，当一种追求霸权的情况出现在欧亚大陆时，没有什么善举可以缓和激烈的安全竞争。这是大国政治的悲剧。"

根据前几个世纪美国等西方国家的所作所为，文章说"国际政治是一种丑恶的和危险的买卖"，的确并不为过。从15世纪开始，那些一度称霸世界或地区的强国，从西班牙、葡萄牙、荷兰，到英、法、德、日，哪一个不是靠扩张起家？一部美国对外政策史实际上就是不断向外扩张的历史。西方人看惯了这种历史，并且相信崛起与扩张有着必然的联系。当看到中国一天天地发展、壮大，自然会形成上述观点。很显然，这个观点是片面的，它未能正确理解中国的实际和当今的时代潮流。

（二）走和平发展道路是中国历史和世界历史发展的必然

中国走和平发展道路而绝不走"非和平崛起"道路，是自中华人民共和国成立之日起就定下的国策。中国政府认为，保持国家的独立生存，要靠自己的建设和发展，而不能靠对外掠夺。20世纪50年代，面对第二次世界大战后众多民族国家争得独立的新情况，中国在1953年提出了处理国际问题的和平共处五项原则，并于1955年万隆会议上与印度等发展中国家一起推动会议达成了万隆十项原则，使和平共处五项原则在国际上深入人心，成为公认的国际关系准则。一些外国朋友至今仍盛赞"万隆会议可以被认为是迈向新的全球世界的重要一步"，中国"通过周恩来，阐述了其对未来对外政策的路线图"[①]。新中国成立以来，中国一直奉行和平政策。外国舆论公正地指出"事实是，中国历史上曾饱受外来列强的野蛮侵略，而中华人民共和国成立50多年来，中国从来没有侵略过其他国家"[②]。

今天，中国提出坚决走和平发展道路，既是受中国历史传统的影响，又是在新形势下做出的科学的战略决策，是由国际、国内多种因素决定的。

第一，中国几千年历史发展的特点与西方大国有很大不同。

中国是一个具有几千年历史的文明古国，是世界早期四大发明——造纸术、印刷术、指南针和火药的发源地。法国人阿兰·佩雷菲说，中国文明是世界上唯一一个连续数千年没有中断的文明，直到今天，依然没有中断。美国著名国际战略家兹比格涅夫·布热津斯基发现：在一个民族国家的世界里，中国不仅仅是一个民族国家。它是一个民族国家，同时又是世界上唯一一个有真正独特文明的国家。美国人奈斯比特发现：中国文明提倡努力工作，勤俭为本，讲商业道德等。许多外国友人提出，中国文明不仅具有高度的稳定性、连续性、凝聚性和自我修复性，而且具有高度的包容性、和平性和世界性[③]。与西方工业文明那种对外扩张型的文明相比，中国历史上很少对外穷兵黩武，侵略他人。明朝末年来华的意大利传教士利玛窦在他撰写的《中国札记》中说过，虽然中国当时各种物产"极为丰

---

① 杜尔特：《现代中国：50年和平共处外交政策》(Jose Nanuel Duarte de Jesus, *Modern China: Fifty Years of a Non-Confrontational Foreign Policy*)，上海社会科学院主办"第二届世界中国学论坛"论文，2006。

② 拉斐尔·波奇：《"中国威胁"的历史》，载《先锋报》，2006-02-14，转引自《参考消息》，2006-02-16。

③ 倪力亚、倪健民主编：《文明中国——把怎样的一个国家带入21世纪》，23～24页，北京，中国社会出版社，1996。

富","有着装备精良的陆军和海军","却从未想过要发动侵略战争"。他们"没有征服的野心。在这方面,他们和欧洲人很不相同"①。确实,历史地看,"和为贵"早已成为中华民族的一个信条。温家宝总理曾经指出,中国走和平发展道路,"是由中国历史文化传统所决定的。中华民族历来讲信修睦、崇尚和平。'己所不欲,勿施于人','利而不害,为而不争'反映出中华民族'天下情怀与道德理性'的品格"②。

到了近代,由于中国封建统治造成社会的停滞和腐朽,中国遭受了西方帝国主义、殖民主义和霸权主义的长期侵略,中国人民遭受了巨大的痛苦和灾难。中国人民强烈地渴望自由与和平,对霸权主义深恶痛绝。这已成为中华民族性格特征中的一个组成部分。这在所有大国中是少有的,也是那些靠扩张崛起的国家所难以体会到的③。一位美国学者表达了他对所谓"中国威胁论"的相反看法。他说:"从历史上看,中国的军事一直是防御的或者是惩罚性的,很少是帝国主义性质的。而由已故总理周恩来设计的人民共和国的和平共处五项原则,是基于不干涉内政和不在外国领土派驻军队的思想。这样,从中国的视角看,军事力量仅仅用于保持国内稳定或国防。"④由此可以看出,多少懂得些中国历史文化传统的人,他们对中国的评论会客观得多。

第二,是由中国特色社会主义制度和理念所决定。

提起社会主义外交政策,有人会以苏联为例来做评论。事实上,苏联历史上的对外政策,在相当一段时间,可以说是和平、平等的对外政策与民族利己主义政策并存。苏联刚建国时颁布的《和平法令》以及1917年12月苏维埃政府发表的《告俄罗斯及东方全体穆斯林劳动人民书》,1919年和

---

① 利玛窦、金尼阁:《利玛窦中国札记》,上册,何高济、王遵仲、李申译,58~59页,北京,中华书局,1983。

② 温家宝总理在为澳大利亚总理霍华德举行的欢迎宴会上的演讲:《坚持走和平发展道路,促进世界和平与繁荣》,载《人民日报》,2006-04-04。

③ 张宏毅:《近代以来中美俄日关系的特点》,见国家教委高校社会科学发展研究中心组织编写:《中外历史问题八人谈》,155~156页,北京,中共中央党校出版社,1998。

④ B. A. Soong, China as Number One, *Current History*, 2001(9).

1920年发表的两次对华宣言，都突出表明了社会主义国家新型外交的特色，与帝国主义掠夺、压迫他国政策形成鲜明对照。但是，社会主义国家的诞生，并不意味着外交领域中传统影响立刻就可以涤荡得无影无踪。沙俄时代的大国沙文主义和扩张主义传统，如不注意随时清除，就会在后来的对外政策中产生恶劣影响，苏联后期恰恰没有做好这方面的工作，而是不断推行霸权主义政策，这竟成为它最后解体的重要原因之一。中国政府对苏联的错误做法早就采取坚决抵制与批判的态度，并多次公开宣布自己不搞霸权主义，永远不做超级大国。1974年4月，邓小平在联大第六届特别会议上代表中国政府和人民庄严宣告，"中国是一个社会主义国家，也是一个发展中国家。中国属于第三世界。""中国现在不是，将来也不做超级大国……如果中国有朝一日变了颜色，变成一个超级大国，也在世界上称王称霸，到处欺负人家，侵略人家，剥削人家，那么，世界人民就应当给中国戴上一顶社会帝国主义的帽子，就应当揭露它，反对它，并且同中国人民一道，打倒它。"[①]中国认为一个号称社会主义的国家，不管以何种理由和借口去压迫别国，就说明它在基本原则问题上背叛了为中国人民和世界人民服务的一贯宗旨，是绝对不能允许的。迄今为止，世界上没有第二个大国敢于像中国那样以如此明白无误的语言，把自己反对霸权主义的决心昭告于世。这些年来，我国提出坚持以人为本、全面、协调、可持续的科学发展观，坚持走中国特色的社会主义道路，以及在国际事务中继续遵循真诚友好、平等相待、互利互惠、共同发展等原则，都是我国内政外交的一贯方针，是完全经得起时间考验的。

前不久，在温家宝总理访问非洲前夕，一些西方国家挑衅性地指责中国是非洲的"新殖民者"，南非中国问题研究专家、南非斯坦伦布斯大学中国研究中心主任马丁·戴维斯博士愤怒地斥之为"一派胡言"。他指出，多年来中国从未停止过对非洲国家的援助，很多非洲国家在基础设施、医疗、教育、住房等诸多领域都受益于中国。中国没有在非洲进行过任何形

[①] 《中华人民共和国代表团团长邓小平在联大特别会议上的发言》，42、44页，北京，商务印书馆，1975。

式的殖民活动，双方没有历史恩怨。马丁博士强调说："人们对于突然的变化总是感到不适应。欧洲人看到他们与非洲传统的联系受到来自中国的挑战，当然会不舒服，从战略上也认为是一种挑战。对此，我认为中国应该拍案而起，进行理直气壮的反击：中国在非洲从来都不是殖民者，中国没有占领任何一块非洲的土地，更没有侵略过哪个非洲国家。欧洲人占领非洲大陆几个世纪，但中国从来也没有控制过哪个非洲国家。"①

第三，中国自身发展的需要。

正如胡锦涛主席2006年4月21日在美国耶鲁大学发表演讲时指出的，改革开放以来，"中国尽管取得了巨大的发展成就，但仍是世界上最大的发展中国家，人均国内生产总值仍排在世界100名之后，中国人民的生活还不富裕，中国的发展还面临着不少突出的矛盾和问题，要彻底改变中国的面貌和改善中国人民的生活，需要继续持之以恒地艰苦奋斗"②。为了加快我国的经济和社会发展，建设现代国家，中国需要有长期和平稳定的国际环境，与各国相互信任，和睦相处。中国政府正以自己的实际行动，通过维护世界和平来发展自己，又通过自身的发展来促进世界和平。

中国坚持和平发展的鲜明立场，得到世界上有识之士的理解和赞扬。新加坡内阁资政李光耀说，他访问中国期间接触到的中国官员都给他留下了这样的印象，即中国致力于和平发展。他说，中国给他的印象是，和平发展是战略需要，即使中国变得富强了，和平发展这一立场依然不会改变。他说，中国的开放和发展是"历史上难得一遇的契机"，他敦促新加坡人不要错失在中国工作和学习的各种机会，要把在中国的初步立足点变为稳固的立足点③。香港《明报》2005年11月11日一篇文章以"胡锦涛以'和'安天下"为题，指出，"近年来，国际上的'中国威胁论'不时泛起，其中固然有对中国不了解的疑虑，但更多的是背后有人在操弄，以此作为钳

---

① 李锋：《中国从来不是非洲殖民者》，载《人民日报》，2006-06-23。
② 胡锦涛在美国耶鲁大学的讲话，载《人民日报》，2006-04-23。
③ Shing Huei, Turn Toeholds in China into Foothold, Says MM, Singaporeans Urged to Size Opportunities Including Working and Studying There, *The Straits Times*, 2006-05-18.

制中国的借口，并浑水摸鱼捞到好处。如果国际社会对中国心存疑虑，没有一个相对和平的国际环境，对中国的发展显然十分不利"。中国提出"对内'和谐发展'，对外'和平发展'，将以一个'和'字治国安天下"是大得人心的。中国坚持走和平发展道路，确实"是基于中国国情的必然选择"①。

第四，顺应当今世界发展潮流。

今天中国和平发展面临的国际条件与过去西方大国崛起时的国际环境有很大不同。过去几百年，资本帝国主义的强权政治曾主导了整个国际关系进程，占世界人口80%的居民被殖民主义者踩在脚下，弱小国家根本没有和平发展的可能。今天的世界已与过去有着根本的不同。经济全球化与世界多极化迅猛发展，过去的殖民地、半殖民地国家纷纷独立，第三世界作为一支推动世界前进的巨大力量日益崛起。求和平、谋合作、促发展是各国人民的共同企求。在这种形势下再要追求地区和世界霸权只能是一种历史倒退，归根到底是行不通的。即使像美国这样世界上唯一的超级大国，由于它不断推行全球霸权主义，到处树敌，结果，战线太长，不仅造成严重的经常项目赤字和财政赤字，而且加剧了全世界的反美主义，因而处于非常不利的被动地位。曾几何时，过去长期被认为最具优势的美国，"软实力"渐渐丧失，而且至今也找不出摆脱困境的良策。

我们中国百多年来始终是霸权主义的受害者，曾亲眼看到那些搞霸权的国家一个个地走向自己愿望的反面，走向衰落。在今天世界和平与发展的大潮下，中国为什么还要去做那种损人而又害己的蠢事！中国是国际社会中负责任的一员，要实现自己的发展，就一定要顺应天下大势，与各国共同承担起维护世界和平的责任。

中国走和平发展道路的提出和实践已在世界产生极大反响。英国一家报纸说："在20世纪90年代，全球化被绝大多数人视为西化。在中国崛起后，这种傲慢观念已逐渐消失。几乎没有人认为中国实现现代化就是建立一个西式国家。恰恰相反，人们都心照不宣：中国将是一个几乎在所有方

---

① 《港报认为胡锦涛伦敦演讲昭示世人，中国坚持走和平发展道路》，转引自《参考消息》，2005-11-12。

面都非常独特的国家。"①也许，由于立场不同，视角不同，西方某些人士尚无法理解中国的"独特性"，所以才有对中国"崛起"的恐惧。

（三）中国和平发展是对构建和谐世界的贡献

第一，中国和平发展本身有力地推动了世界发展。

中国是占世界人口1/5的大国，中国和平健康地发展就是对世界的巨大贡献。改革开放以来，中国以占世界7%的耕地养活了占世界22%的人口，这被许多外国人称为奇迹。中国贫困人口在改革开放前占世界贫困人口1/4，现在降到1/20以下，这被称为"当代世界上一大壮举"。而中国的发展正被越来越多的国家看成是机遇而不是威胁。世界贸易组织高度评价中国加入世贸组织给世界带来了机遇，认为中国信守承诺是对多边贸易体系的重大贡献②。美国前国务卿鲍威尔针对美国五角大楼2006年提出的《四年防务评估报告》中将中国看成是潜在的威胁时称，从他与中国接触35年的经验来看，中国正以经济大国的身份走向国际舞台，同时寻求与其相称的政治影响。中国的发展对世界是机会，而不是威胁。一个国家强大了，其影响力自然会增加，这合情合理。而美中之间现存的问题不是战争与和平，而是经贸问题③。自2006年7月1日起开始担任新一任欧盟轮值国主席的芬兰外长称，中国的发展是世界的机遇，任何一个国家忽视与中国的关系，都是不明智的选择④。英国记者詹姆斯·金奇则认为，中国的崛起对世界而言正释放出了"一股有史以来最强烈的共同繁荣的驱动力"⑤。

第二，中国和平发展代表了广大第三世界国家和人民的心声。

中国认为和平发展是全人类的共同事业。2005年中国提出建设"和谐世界"的主张，2006年又进一步提出建设"和谐亚洲"的主张。这种外交主张和理念与过去西方的信念迥然不同。这种理念反对干涉发展中国家内

---

① 《中国即将成为另一个超级大国》，载《卫报》网站，2005-12-08，转引自《参考消息》，2005-12-11。
② 《中国给世界带来机遇》，载《人民日报》，2006-04-20。
③ 《中国对世界不是威胁》，载《人民日报》，2006-05-04。
④ 《中国发展是世界的机遇》，载《人民日报》，2006-06-17。
⑤ 迈克尔·谢里登：《中国摇撼世界》，载《星期日泰晤士报》，2006-04-09。

政，反对动辄使用武力，反对强行输出价值观和政治制度，而主张各国将按照本国实际来选择自己的发展道路和价值取向。所有这些，都符合人性和人权发展的要求，是与当今世界发展的要求相一致的。"其实，在西方之外，这些原则都被广泛接受……在这些地区，中国被看成是发展中国家独立性的潜在维护者。"①有的西方舆论也公开承认，"北京对亚洲传递的外交信息主要是让它们放心：让我们一起变富。只有中国的邻国也变得繁荣，中国的现代化才能成功。中国不提人权问题，而且除了稳定、自由贸易和坚持台湾属于中国领土之外，几乎什么要求也没有。这与以前的意识形态上的冲突相去甚远"②。

事实上，随着越来越多的第三世界国家和其他国家的不断发展，国际关系会变得更为民主。俄罗斯一篇文章针对美国继续对第三世界国家推行霸权主义的做法略带讽刺地说："世界完全可能习惯于没有霸权和'世界领袖'而生活，而美国可以被光荣地称之为'大陆国家'。"③

第三，将争取在大国间形成双赢局面。

面对中国的和平发展，西方某些媒体不断制造不利于中国的谎言，制造"中国威胁论"。其实这些人不了解或不愿了解中国提出的"中国与世界和谐相处"的和谐观的深刻内涵，特别是其中也包括与西方发达国家的和谐相处。

在与欧盟的关系中，中国尊重欧洲走和平发展道路。中国和欧洲有着重大共同利益，这就为建立一种全面战略伙伴关系提供了基础。欧洲在同中国发展经贸关系方面获益匪浅；同样，中国也高度重视欧洲的高技术和管理经验等。

关于中美关系，中国早就提出"合则两利，破则两伤"的正确见解。许多美国学者指出，中美关系确实非常复杂。但双方完全可以通过正式对话

---

① 司马安洲：《中国也是西方的政治机遇》，载《环球时报》，2006-07-27。

② 泰勒·马歇尔：《东南亚的新的好朋友》，载《洛杉矶报》网站，2006-06-17，转引自《参考消息》，2006-06-17。

③ Салицкий А Китайская Цивилиэация в Современном, *Мирная Экономкаи Международное Отношение*，2003(8)。

消除误解，以利于两国未来关系的进一步发展。贸易关系对中美两国关系都是有利的，正如美国一些报刊所指出的，贸易问题"恰恰是最不让人担心的问题"。美国战略和国际问题研究中心及国际经济研究所指出，"综合起来看，美国在中国大陆经济崛起过程中获得的好处远远超过了其损失，估计平均每户美国家庭每年受益约625美元"①。由此可见，只要美国当局不坚持霸权主义而心平气和地与中国沟通和交流，中美关系完全可能往健康方向发展，获得双赢结局，根本不会出现《中国非和平崛起》一文作者所预料的中国崛起会威胁美国"生存"的局面。

至于中日关系，在古代，两国有着长期友好交往的历史，但近代以来，日本侵略中国，给中国造成了巨大的民族灾难，三千多万中国人死伤，财产损失无数。如果日本当局能够学习德国对于战争教训的深刻总结，正视历史问题，中日之间的友好关系同样可以再次建立起来，并不断地向前发展。

第四，中国和平发展和实现与外部世界和谐相处的主张，既为国际社会提供了新的发展模式，又从根本上改变了几百年来的国际关系理念。

有人说，19世纪世界带有英国特征，20世纪世界带有美国特征，而21世纪世界则会带上中国特征。如果说这话有一定道理，这绝不是说，中国要走过去英、美国家走过的老路，也像它们那样称霸世界；恰恰相反，中国正在走一条不同于西方国家的发展道路，在一个相对落后的国家实现了社会主义和市场经济体制的成功结合，不仅迅速地实现经济增长，而且使社会发展取得明显进步，从而为世界，特别是为发展中国家提供了一种新的发展模式。中国强调世界各国和谐相处，其意义在于为和平发展寻找最终目标——不仅理智地处理与美国的关系，更要理顺与周边和整个世界的关系。和谐世界观超越了西方"民主和平论"的狭隘和"文明冲突论"的偏执，为21世纪的国际关系指明了方向②。这样的影响自然是非同小可的。尽管前进的道路是曲折的，但是这种符合历史发展方向的"模式"和国际关

---

① Holland T，More Gains than Losses for US from China，*South China Morning Post*，2006-04-06.

② 王义桅：《和谐世界观改变国际政治视角》，载《环球时报》，2005-12-02。

系理念终将为越来越多的人所理解和接受,从而为人类文明事业做出新的贡献。

(原载《北京师范大学学报(人文社会科学版)》,2007年第2期。
《高等学校文科学术文稿》,2007年第3期摘要转载)

五、从国际社会反响看新中国成立的划时代意义

2009年是新中国成立60周年。60年来中国社会经济、政治、文化的全面快速发展和进步,促使中国国际地位和影响空前提升,产生了巨大的国际反响。正是从这些反响中使我们更深切地体会到中华人民共和国建立的划时代意义。

(一)"中国崛起已是一个事实"

2007年年初,美国《时代》周刊以封面文章的形式全方位评估中国的崛起。在杂志中,文章以《中国世纪》为题用好几版的篇幅报道中国力量在世界的影响。文章全面分析中国近年快速发展之态势,从中国在非洲的投资到在拉美的外交活动,从能源需求到地缘影响,从内部挑战到外交成就,从民主人权到领土主权问题,无所不包。文章指出,"从世纪的角度透视出中国崛起已是一个事实"。这些反映了美国主流媒体对中国崛起相对全面、深入的分析报道。[1] 一般来说,我们并不认同"某个世纪"是"某国世纪"的武断的、非科学的提法,但可以看出,"中国崛起"已是一个不争的事实。

法国《回声报》副主编埃里克·伊兹托莱继奇在其2005年2月出版的新书《当中国改变世界的时候》中,套用当年拿破仑的话语称,"中国已经醒来,世界正在颤抖"。在他看来,如今对世界经济影响最大的因素就是中国。

---

[1] 袁鹏:《美国"中国观"悄然变化》,载《人民日报》,2007-01-23。

(二)"没有中国产品的生活一团糟",中国已成为"一股改变世界的力量"

"没有中国产品的生活一团糟"这句话是一位美国家庭主妇经过一年有意抵制中国货物的"实验"之后在2005年年底得出的结论。她说,没有中国(产品)你的"生活会越来越麻烦而且代价会越来越大。以后10年我可能都没有勇气再去尝试这种日子"①。这位美国妇女的话引起人群中的广泛议论,"实验"证实了"中国制造"如何以其物美价廉的商品和劳务而增进了世界的福利。中国已成为当之无愧的"世界工厂"。

英国《金融时报》2005年12月一篇文章指出,"中国不仅仅是一个迅猛增长的市场。在当前科技革命的伴随和推动下,中国已然成为一股改变世界的力量"。所有那些具有更强购买力的消费者、学生、投资者等,"可能还没有意识到,中国正在某种程度塑造他们的生活。但事实就是如此。这正是一个具备如此经济规模、如此增长速度的国家崛起的含义所在"②。

(三)充满魅力的"中国模式"成为世界热门话题

几十年来一直从事中国问题研究的巴黎大学人文地理学博士皮埃尔·皮卡尔表示,改革开放是一条康庄大道,它给中国带来的真正变化发生于千百万中国人的日常生活中。他同时指出世界的目光正转向"中国模式"——一种将本国国情与具体实践巧妙结合的模式,一种将过去与未来相结合的模式,一种将中国发展与世界进步相结合的双赢模式。③

当然,对于国际友人提出的"中国模式",我们需持谨慎态度。各国有各国的国情,相互间经验不宜随意套用,更不能强加于人。这里我们借用"中国模式"的提法,无非是想由此透视出中国经验的世界影响力。

2007年7月,"德国之声"在波恩举行了一场题为"中国模式——亚洲国家力量制衡"的讨论会。令人感兴趣的是,一位德国的印度问题专家瓦

---

① 萨拉·邦焦尔尼:《没有"中国制造"的一年》,载《基督教科学箴言报》,2005-12-20。

② 《了解中国——新的数据将有助于解释它是如何改变世界的》,载《金融时报》,2005-12-17。

③ 顾玉清:《中国模式令人瞩目》,载《人民日报》,2008-10-21。

格纳博士在认真研究之后得出了如下结论：20世纪五六十年代，印度是被西方世界看作与中国相对的案例和模式。当时西方国家寄希望于印度的民主制度与共产主义制度下的中国相对峙。但随着中国经济的崛起，这种感觉发生了明显的变化。他说，"如果仔细研究印度的外交政策，就会发现，印度在很多方面效仿中国的做法"①。

许多发展中国家认为中国的发展为所有发展中国家提供了有益的借鉴并可能成为一种有别于西方的发展模式。巴基斯坦总理基拉尼指出："中国是世界上最大和最成功的发展中国家，中国用自己辉煌的业绩证明了中国的发展模式为发展中国家的经济腾飞树立了榜样，是发展中国家经济腾飞的希望。"②

目前，国际上对中国发展经验的最新概括——"中国模式"本身的认识仍在继续。首先应当说，人们认为，"中国模式"是相对于美国模式、德国模式、日本模式和亚洲四小龙模式而言的，特别是对美国著名政治学家福山先生1989年在其《历史的终结》一书中做出的"美国模式优于任何发展模式"的断言的一种否定，是宣布"美国模式优越论"的破产。至于说到"中国模式"或"中国经验"，许多外国学者认为至少有如下特点：强调一个国家的发展模式应该由一个主权国家独立自主地进行探索；强调发展的包容性、兼容性，努力把社会主义制度与市场经济结合起来，把经济高速增长与社会全面发展协调起来，把政府宏观调控与市场微观运行结合起来，把效率与公平协调起来；强调发展的人民性，坚持以人为本；强调本民族的文化和文明传统；强调发展的积累性，渐进性。③ 最近一些分析家们还着重强调了另外两点。一是"中国模式"意味着政治稳定，而稳定的政治局势对任何国家的政府和民众来说，都具有强大的吸引力。认为"中国模式"是以强有力的政府主导、渐进式改革、对内改革与对外开放为特征。二是在对外关系上不把经济问题政治化，不搞虚张声势的威胁，不搞小圈子，不

---

① 《德国之声》，2007-07-02。

② 周戍：《"中国模式是发展中国家的希望"——访巴基斯坦总理基拉尼》，载《光明日报》，2009-05-11。

③ 《人民日报》，2006-09-16。

拉帮结伙，并尽可能考虑到对方国家民众的感受。在习惯了冷战思维的国际舞台上，中国冷静、务实而又不乏儒家风范的外交风格令人耳目一新。正如布鲁塞尔当代中国研究所主任霍尔斯拉格先生所言，中国外交有效地使其他国家认可中国的发展，并确信中国的发展对世界并非挑战，而是难得的机遇。①

"中国模式"之所以吸引世界如此巨大的关注，从根本上讲，在于其意义和影响已关系到世界将以何种方式走向何方这样一个有关世界和各国前途的重大问题。这也许正是世人如此热议"中国模式"的一个深层次原因。

（四）中国人权状况进步很大，不怕"深入讨论"人权问题

西方一些反华势力在东欧剧变、苏联解体后，不断祭起人权大棒向中国发难，以为借助人权问题向中国施压，就可以在中国重演苏联解体、东欧剧变的悲剧。但是，中国捍卫人权和发展人权事业的决心和诚意是有目共睹的，社会主义是最讲人权的。某些西方国家用人权向中国施压的做法越来越不得人心。

自1990年至2005年的16年中，美国在联合国人权委员会会议上曾11次提出反华议案，该国官员扬言，他们希望年年在联合国人权委员会会议上提"谴责中国人权"的议案，"始终在中国头顶上放置一把达摩克利斯之剑"。但是这种做法不仅遭到中国代表团坚决回击，也遭到许多发展中国家的反对。他们认为，中国人权状况进步很大，理应受到称赞，而不应受到指责。非洲一个国家的代表说，如果我们支持美国一些顽固势力攻击中国，那意味着用自己的右手打自己的左手。"得道者多助，失道者寡助。"美国一些势力每次在联合国人权委员会会议上提出反华提案，每次都以失败告终。

美国顽固势力曾把人权问题引入经济领域。自1990年开始，多年在审议是否延长对华最惠国待遇时，总是借口人权问题制造麻烦，以中国"是否改善人权"作为是否延长最惠国待遇的条件。中国政府对此进行了坚决的抵制和斗争。美国政府慑于中国的坚定立场，而且根据自己的估计，取

---

① 汪嘉波：《"中国模式"缘何对世界充满魅力》，载《光明日报》，2009-06-27。

消对中国最惠国待遇至少会使美国对外贸易损失1/3，并且会影响美国的经济发展和美国人民的生活，因而每年都不得不继续延长对中国的最惠国待遇。到了1999年，情况改观，11月，美国总统签署了对华永久性正常贸易的关系法案。2001年，中国正式加入世界贸易组织，使中美围绕最惠国待遇问题的纷争告一段落。

2006年5月联合国成立人权理事会以取代原人权委员会后，中国以高票当选理事，并在2009年2月人权理事会召开的国别人权审议会议（按规定，人权理事会计划在2008年到2012年的4年间审议完192个会员国的人权状况）上顺利通过涉及中国人权状况的最终报告。中国并不满足于现有成就，也不因大多数国家支持中国而沾沾自喜。中国始终把实现充分人权作为执政为民的一个不断追求的目标。近年来，中国共产党和中国政府把尊重和保障人权作为治国理政的一项重要原则，庄严地载入了《中国共产党章程》和《中华人民共和国宪法》。2009年4月13日中国政府又发布了《国家人权行动计划（2009—2010）》，这是我国第一次制定国家人权行动计划，是中国政府促进中国人权事业全面发展的一个重要举措。受到国内外广泛关注和积极评价。

（五）"中国共产党拯救了社会主义在全世界的威望"

墨西哥《至上报》1995年5月以《中国——我们的榜样》为题写道："在那个拥有12亿人的幅员辽阔的国家，共产主义制度在一帆风顺地发展着，这是一种积极的'威胁'。当然，并不是'共产主义'这一词汇的通常意义上的那种威胁，而是作为一种来自社会经济制度的巨大竞争力和生产力的威胁。""背信弃义的算命先生曾经预言，马克思主义很快就会消亡。但是，历史却做出了自己的安排，在苏联式的马克思主义消失的同时，把使命赋予了中国人民。看来鉴于其人文、政治、历史、社会和文化等因素，中国人民更有条件完成这一使命。事实证明，中华人民共和国已成为世界上最为朝气蓬勃的国家。"

保加利亚一位经济学教授指出："与欧洲国家相比中国改革的主要优势是它成功地维持和发展了国有企业并使之适应市场机制。这种优势为经济繁荣、解决劳动力就业和社会的稳定提供了保障。中国几十年来如此快的发展速度得益于其工业,特别是国营工业的发展。与东欧国家不同的是,中国私营部门拥有一个'自由发展的空间',同时它避免了东欧国家往往以私有化为借口将国有财产据为己有并因此导致社会混乱的悲剧。"作者最后指出:"'共产主义会导致经济崩溃'只是一种理论神话,中国奇迹使那些关于共产主义体制与提高经济效益相互矛盾之类的说法不攻自破。"①

俄罗斯《真理报》2000年9月的一篇文章说:"今天的中国有力地驳斥了关于社会主义将把人类引向死胡同的无稽之谈。""共产党起领导作用,坚持按社会主义原则发展国民经济,包括多种形式经济的中国取得了巨大成功……如果说俄罗斯的使命是开始建设世界社会主义的大厦,那么建成这个大厦的使命注定要由另一个大国来完成。由哪个国家来完成呢?种种迹象表明,中国将起这个历史作用。"②也正是在上述意义上,有的外国朋友称"中国共产党拯救了社会主义在全世界的威望"。

随着时间的推移,当世界进入21世纪,世人对中国共产党领导建设社会主义的能力更有了新的认识。英国《金融时报》2000年11月一篇文章指出,"共产党执政的合理性来源于它促进经济增长和提高中国在世界地位的能力,这一点已不再有任何疑问"③。《韩国经济周刊》2006年2月刊文说:"人们不禁要问:中国繁荣稳定的力量来自哪里?对此,我的回答是'中国共产党',这是我们理解中国的关键词。""中国共产党通过干部年轻化和党员培训加强自身建设。""党员成了中国的精英。"④

对于中国共产党及其领导的社会主义国家的未来,人们也越来越抱以乐观的态度。一位认真观察中国现状的英国学者塔妮娅·布兰尼根女士指出,世界上最大的政党中国共产党正悄然进行自我改造并改善同公众的关系。中国"共产党逐渐将自身由一个着眼于群众运动和意识形态的庞大组织,转型为专家治国的领导团队"。青年"构成了中国共产党新的面孔"。

---

① 杨科夫:《保加利亚如何看待"中国奇迹"》,载《经济论坛》,1995-09-06。
② 列夫·克里什塔波鲍奇:《俄罗斯和中国:世界历史上的两个形象——一个白俄罗斯学者的思考》,载《真理报》,2000-09-29。
③ 《崛起的巨人走向世界》,载《金融时报》,2000-11-13。
④ 韩禹德:《中国的国家发展和共产党》,载《韩国经济周刊》,2006-02-26。

对于申请入党的青年学生,"选拔者们会挑选那些学习成绩优秀、有领导潜质,以及拥有理想主义的学生。学生们能看到党的问题,但仍旧认为在党的领导下,中国能发展得更好"①。

由此不难看出,中国共产党领导的合理性,党的依法治国能力以及中国共产党的未来正得到越来越多国际有识之士的肯定。这在几十年前甚至十年前是难以想象的。

(六)"一个摧不垮的民族"

曾有一些西方人士认为,随着中国的富裕和强盛,中国人的享乐主义和极端个人主义会随之增长并成为"西化"中国的一种潜在腐蚀因素。令他们万万没有想到的是,富裕起来的一代中国人包括那些在优裕环境中成长的独生子女一代,竟然一次又一次在民族巨大灾难面前表现出无坚不摧的精神力量。面对2008年5月四川汶川遭遇的特大地震灾害,西班牙《世界报》2008年5月19日以"一个摧不垮的民族"为题,高度赞扬"这个国家在30年来经历的巨大转变,而它的人民也许正是因为那些失去的时光而走得更快,工作得更加勤奋,而且看得更远。大地震只不过是这个国家在朝着新兴大国迈进道路上遇到的一点点挫折"。文章说,"当国家处于危难时刻,中国的国家领导人为人民做出了榜样。应该承认他们在大地震发生后表现出了高效率和真诚的同情心"。一位曾参与汶川救灾的美国志愿者恩格尔深情地谈了他的感受。恩格尔是纽约一家设计公司的老板,汶川发生地震前他原打算去中国旅游。但"地震改变了我的计划,我决定利用这次机会亲自看看中国人民是如何战胜如此大规模的天灾的,重要的是,我有救灾经验,因此特别想为中国人做些力所能及的工作"。进入灾区后,惨烈的灾后场面令他感到"极度震惊"。他说,如果这种情况发生在有些国家也许是一件非常难以应对的场面。但中国政府对灾难的反应速度和救灾效率,人民军队舍己忘我的救灾行动,中共领导人的率先垂范,民众在灾难面前所表现的大度、乐观与自信完全颠覆了他过去对中国尤其是对中国共

---

① 塔妮娅·布兰尼根:《又红又专的青年人:共产党的新面孔》,载《卫报》,2009-05-21。

产党持有的偏见。他感慨地说:"汶川地震灾区的所见所闻彻底改变了我对中国的认识。中国曾经是一个我原来只能远距离观察的国家,然而这场毁灭性的地震同时也摧毁了几十年我对中国的许多成见。"①

一位冷战中成长的美国人,一位美国公司老板,能有如此发自内心的感慨,恰好说明了60年来中国人民的伟大民族精神不仅没有泯灭,反而在发扬光大。这种精神是一种鼓舞人们永远奋发向前的"软实力"。一般而言,综合国力是一国国际地位和影响力的核心标志,其中包括科技、经济、军事等硬实力和政治、文化、意识形态等软实力。但西方政界从不把社会主义国家共产党的领导和马克思主义意识形态的指导当作软实力中正面的积极因素,反而贬斥为消极的破坏性因素。这反映了他们极大的政治偏见。然而,从上述反应中,我们却听到了另外一种声音:"中国共产党,我们理解中国的关键词。"确实,没有中国共产党的领导,中国60年的辉煌成就也就根本无从谈起。国际社会一部分有识之士开始看到并承认这点,这是一个可喜的进展,代表了一种理性的声音。尽管,由于西方社会舆论的不断歪曲,使这种声音目前还相对微弱,但它必将随着中国的不断发展壮大而成为国际社会上一种时代的强音。

在庆贺新中国60年伟大成就的同时,我们必须始终保持"不骄不躁"的清醒头脑。对来自国际社会的评价,不管是真诚赞扬与严肃批评,还是故意吹捧与恶毒攻击,一概采取冷静的分析态度。我们在前进的道路上还充满着矛盾和问题,对许多规律性的东西我们还不熟悉。胡锦涛同志多次强调,中国过去的快速发展,靠的是改革开放;中国未来的发展,也必须靠改革开放。我们要坚定不移地走中国特色社会主义道路,坚定不移地继续推进改革开放的伟大事业,继往开来,夺取共和国发展与建设的新的更伟大的胜利。

(原载《中国党政干部论坛》,2009年第10期)

---

① 《曾参与救灾的美国志愿者:"地震摧毁了我对中国的成见"》,载《参考消息》,2009-05-14。

第六章 国际关系研究中若干方法论问题

一、重视国与国之间的横向比较研究

横向比较是从事比较研究中经常使用的方法,这几年逐渐成为热门话题。中印之间哪种模式更成功?巴西、俄罗斯、印度和中国的优势和劣势各是什么?中国、欧洲和美国之间的力量消长以及德、日两国对待第二次世界大战历史的不同态度及其深层次原因是什么?如此等等,各种国与国之间横向比较不断见诸中外报端,其中不乏真知灼见。

这种现象的出现并非偶然。一般地说,有比较才有鉴别,才能知己知彼、百战不殆。具体地说,进入新世纪后,国际局势发生了新的深刻变化,科技进步日新月异,综合国力竞争日趋激烈,各种矛盾错综复杂。世界多样化与统一性这两个方面都更为突出地表现出来。在这种情况下,不深刻懂得外部世界,不懂得从比较中学习,将会犯历史性错误。苏联对外部世界的看法曾一度囿于资本主义会永远处于总危机的偏见,看不到或不承认通过改革摆脱困境的能力;而一旦自身面临社会停滞的严重矛盾,便180度地转向西方讨生活,结果招致灾难性后果。中国改革开放以来的巨大发展,恰恰得益于放眼世界,不断从比较中鉴别外国的有益经验和失败的教训。由此看来,在当今世界,必须把国与国之间的横向比较看成是一项使国家立足于世界民族之林的战略性任务,切不可等闲视之。

要更好地进行这种比较研究,就有一个开拓思路、摆脱思想禁锢的问题。过去有一种颇具影响的看法,即只有处于同一社会形态或同一历史发展阶段的国家才有可比性,否则就不能进行比较。这种看法是不科学的。拿20世纪的苏联和美国来说,尽管两国的社会制度不同,却存在多方面的可比性。问题是比较什么,如何比较。事实上这两个大国曾经有过的巨大进展,说明20世纪的生产力既适合于资本主义,也适合于社会主义。但是，美苏两国在促进生产力发展方面，在如何坚持各自的核心价值观方面，在对外政策方面，等等，都可以总结出一些有利于和不利于本国发展的经验教训。我们当然坚信社会主义制度具有巨大的优越性，但这种基本制度必须有一系列具体制度与之相配套，如果不认真解决好制度建设，优越性就不容易发挥出来甚至会走向反面。邓小平特别强调制度建设。他指出，"我们今天再不健全社会主义制度，人们就会说，为什么资本主义制度所能解决的一些问题，社会主义制度反而不能解决呢？这种比较方法虽然不全面，但我们不能因此而不加以重视"。

要使比较具有科学性和深刻借鉴意义，最重要的当然是要对比较的对象有系统深入的了解，并以唯物史观为指导进行实事求是的全面分析。这里，实事求是的态度至关重要。我们看到，一些外国报刊文章尽管与我们观点并不完全相同，却因为敢于正视现实而写出了具有说服力的文章。例如，一篇对比中国和俄罗斯各自优势的文章，特别强调了中国因正确地对待过去的历史和懂得建立法治政府的重要性等，因而具有明显优势。但作者也提到中国对外部经济和贸易依赖程度越来越高，相比之下，俄罗斯的自给自足就显示了巨大优势。在对比中国和印度哪种模式更成功时，外国一篇文章指出，中国在经济成就方面、解决贫困饥饿方面和整体社会发展方面，显然都更为成功；然而，在财富分配方面，印度则好于中国。不止一位外国学者指出"中国贫富悬殊"是一个"令人担心的因素"。一些报纸甚至发出了谨防中国出现经济、社会发展失调的"拉美化"趋势的忠告。

我们不能说上述评论百分之百都对，但正如中国古语说"兼听则明"，对于各种善意的批评与分析，都应当予以高度重视，择其善而从之。值得庆幸的是，我们国家已越来越重视国与国之间的比较研究，越来越强调正视我们自身存在的问题。科学发展观和构建社会主义和谐社会的提出，在一定程度上也是借鉴别国经验教训的结果。实践将证明，马克思主义指导下的比较研究，是我们得以立于不败之地的重要条件之一。

（原载《世界经济与政治》，2005 年第 7 期）

二、加强对国际科技格局、经济格局与政治格局及其相互关系的研究

20世纪的世界，经历了三次国际格局的变动：从20世纪上半叶的欧洲优势，到第二次世界大战后的美苏两极对峙，到世界多极化格局的逐渐形成。以综合国力为依据的三次国际政治格局的变动，又是以科技格局、经济格局的变动为基础的。研究与总结这三次国际格局的变动及相互关系，不仅可以帮助我们更加深刻地总结20世纪人类历史的进程，而且对于我们更自觉地把握21世纪的发展，都具有重要的启示意义。然而，这一领域的研究一直比较薄弱，我们有必要认真补上这一课。

19世纪末20世纪初欧洲资本主义国家为什么能够占有绝对优势，称王称霸，把世界绝大多数国家踩在脚下，变为它们的殖民地半殖民地？关键在于它们在世界科技格局和经济格局中占有绝对优势。

以机器为主体的工厂制度代替以手工技术为基础的手工工场的第一次技术革命发端于欧洲；19世纪末开始的以电力技术和内燃机发明运用为标志的第二次技术革命，也发端于欧洲。由此，使欧洲在世界科技格局中占有明显优势，使之在世界的经济格局中也占有绝对的优势。20世纪初，欧洲是世界银行家和世界工业工厂。1913年其工业产量占世界总产量的47.7％，从而把亚、非、拉美绝大多数的国家远远抛在了后面。由于第二次技术革命的展开几乎与当时欧美一些主要资本主义国家由自由资本主义向垄断资本主义过渡同步，从而使得这些先进的资本帝国主义国家得以依靠自己的科技经济和军事优势，疯狂征服与瓜分世界，把贪婪的触角伸向全世界每个角落。

两极政治格局代替欧洲优势格局，其根本动因仍在科技与经济。

早在第一次世界大战时，欧洲的科技经济乃至综合国力的优势就逐渐削弱，而美国、日本等国开始发起了挑战。第二次世界大战的结果使欧洲的绝对优势从此一去不复返，而美国和苏联在科技经济方面上升到优势的地位。这种优势地位的获得，与第二次世界大战时期开始的第三次技术革

命有关。这次以原子技术、空间技术和电子计算机技术为主要标志的技术革命发端于美国。苏联由于卫国战争的需要，也在军事工业如坦克、飞机、导弹等项的研制和生产中获得巨大发展并处于世界领先地位。美国1945年首次试爆原子弹成功，1946年第一台电子计算机问世，1957年苏联第一颗人造卫星上天，等等，都毋庸置疑地说明，第二次世界大战后初期在科技上形成了美苏并列的两极格局。从经济格局看，第二次世界大战后到60年代末也基本上是美苏两极格局，只是苏联一极的力量远逊于美国。第二次世界大战后初期，美国拥有资本主义世界工业产量的一半以上，黄金储备的3/4，是历史上头号超级大国，并且是世界上唯一的大债权国。以它为主导建立起来的布雷顿森林体系，在世界经济中占有绝对优势。苏联尽管经济实力大不如美国，但毕竟在世界上仍名列前茅，加上一批新建立的人民民主国家，从而使其在经济上成为一极有了可能。而其他任何国家或国家集团当时都不具备这样的条件。

正是新出现的两极科技与经济格局，为第二次世界大战后两极政治格局的出现打下了基础。当然，苏联成为一极还在相当程度上依靠其军事力量和政治影响力作为支撑。

20世纪90年代初，两极格局的解体和世界日益走向多极化，其根源仍在科技与经济。

世界多极化趋势早在20世纪60年代后期已见端倪。而在近20年来第三次技术革命的高级阶段——信息革命浪潮的冲击下，世界科技格局正趋向多极化。一方面，美国在高科技领域仍处于明显优势，但日本、欧洲各国都在奋起直追，从而在90年代初形成美日欧三足鼎立之势。一些发展中国家如中国、印度、巴西等也都在科技领域占有一席之地。由此，也加速了世界经济权力结构的多极化。90年代世界经济三足鼎立之势正向美国、西欧、日本和东亚"四极"相互抗争的局面转移。苏联一极之所以垮台，说到底，还是在于苏联的高度集权的封闭的中央计划经济体制越来越不适应第三次技术革命的需要，使科技水平日趋下降，并使苏联、东欧经济被困扰于体制功能的衰退之中，最后在西方国家"和平演变"政策和戈尔巴乔夫等人的"西化"政策下归于演变和解体。

这些事实告诉我们，科技和经济在当代世界中具有举足轻重的地位，任何一个国家要自立于世界民族之林，在21世纪的多极世界中占有一席之地，都必须首先努力占领高科技这个制高点，同时处理好科技、经济、政治、军事与意识形态等方面的辩证关系，努力增强综合国力。

目前，国际上多极化趋势正遭到美国的严重阻挠。美国企图利用其科技、经济和军事上的优势，推行"网络资本主义""经济外交"和"人权外交"，提出"人权高于主权"等，其核心就是企图取消主权国家的主权，实现美国的单极统治。他们还故意把"极"的概念绝对化，似乎目前世界上除了美国，谁也没有资格成为一极。其实，"极"一般指的是某一"力量核心"。正如邓小平同志所说，"所谓多极，中国算一极。中国不要贬低自己，怎么也算一极"。当前，以江泽民同志为核心的党中央第三代领导集体正密切注视当代世界科技、经济和整个国际关系的发展趋势，提出"创新是一个民族进步的灵魂，是一个国家发展的不竭动力"的科学论断和"科教兴国"的方针。这是高瞻远瞩的重要决策。我们历史工作者有责任也有可能从总结国际斗争与合作的经验中获得某些新的带规律性的认识，为使我国在今后多极化的世界中占有应有的地位，为争取世界光明前途做出自己的贡献。

（原载《世界历史》，2000年第1期）

三、经济全球化与21世纪的价值取向

经济全球化是不可阻挡的历史必然，也是人类的一大进步。

但是，当今全球化趋势又是在资本主义占主导地位的情况下发生的，因之很难摆脱资本主义体系固有的内在矛盾和弊端，如造成国际金融领域无政府状态和财富分配不公。它的负面影响对于发展中国家更是一个巨大的威胁。西方的垄断资本正通过直接投资、国际信贷、国际贸易、技术转让等各种途径，对发展中国家进行剥削和支配，在国际范围内进行不利于发展中国家的收入再分配。这种情形使发展中国家的经济发展时时处于威胁之中。在全球化进程中，资本主义在创造巨大物质财富的同时，也进一

步加剧了贫富两极分化和南北对立。据统计，目前发达国家与发展中国家人均GDP的差距已从1983年的43倍增至1994年的62倍。而眼下这场战后最严重的世界性金融危机，也仍然是资本主义生产方式内在矛盾在经济全球化过程中的突出表现，并给发展中国家经济带来特别惨重的损失。

经济全球化和由此产生的一系列全球性问题，要求人们以全球的眼光和胸襟，着眼于世界人民的福利去解决这些问题。但是，资本主义价值观的核心是个人主义，是对利润的追逐，它不可能真正解决这些全球性问题。美国学者《资本主义文化矛盾》的作者丹尼尔·贝尔曾深刻指出，资本主义价值观强调的是"不受束缚的自我"和"享乐主义"，其恶性发展已威胁着资本主义的正常运转，并"构成了西方所有资产阶级社会的历史性文化危机。这种文化矛盾作为关系到社会存亡的最重大分歧将长期存在下去"。美国当代著名经济学家、《资本主义的未来》一书的作者莱斯特·瑟罗也指出，资本主义除了贪婪和最大限度地追逐利润外并无其他指导思想。他甚至认为，由于资本主义制度缺少一整套能够把公民凝聚起来的共同目标与价值观，"最终，有一代人将无法在变化了的地球环境中生存。到了那个时候，他们就是想采取任何措施防止自身的灭绝也为时太晚了"。总之，希冀依靠传统的资本主义价值观去解决今后的世界性问题，无异于缘木求鱼。

针对今日资本主义占主导地位的全球化存在的弊病，包括西方有识之士在内的世界进步人士都大声疾呼，应抛弃一切以利润为导向的资本主义价值观而构建起新的价值观。有人明确指出，"展望21世纪，我们应当以'公共时代'而不是'市场时代'作为新世纪的口号"。还有人提出，为了防止世界的"自行毁灭"，必须"要建立一个人道世界"，"一种合乎人道主义的国际秩序"。

1997年9月，国际行动理事会发表的由德国前总理施密特起草的《世界人类责任宣言》等文件鲜明地指出，在今天，"全球性问题伴随世界经济的全球化而产生，而全球性问题则要求在所有的文化和社会都尊重的理念、价值观和准则的基础上达成全球性的解决办法"，并"需要有一种全球性的道德标准"。《宣言》起草人指出，"如果一个人或一个政府以牺牲他人为代价获得最大限度的自由，众多人将受损。如果人类靠掠夺地球上的自然资源获得最大限度的自由，那么下一代将受损"。"坚持独享权利会造成冲突……忽略人类责任会导致无法纪和混乱。"出路何在呢？《宣言》提出，"所有具有理性和良知的人，都必须在团结一致的精神下，对家庭和社会以及民族、国家和宗教负责"，这种精神就是"己所不欲，勿施于人"。施密特甚至把这个"古老的规则"称为"黄金规则"。他认为，重要的是要时刻牢记这一黄金规则，把权利和义务很好地结合起来。

所有上述主张都从不同方面对资本主义价值观的核心做了否定，都在相当程度上吸取了社会主义的价值观平等主张。对我们中国而言，这也提出了再现传统优良道德的积极意义。事实上，"己所不欲，勿施于人"的提出者正是我国春秋时代的圣人孔夫子。

总之，我们对20世纪90年代的经济全球化需要有一个辩证的历史的认识。它是人类进步的产物，因此我们以乐观主义的态度迎接它的到来；但又必须看到，资本主义的主导地位使它存在一系列弊端。我们既不能因噎废食，不去利用全球化带来的机遇和条件，不参加国际经济合作和竞争；又不能在价值观上跟在资本主义后面亦步亦趋。历史赋予我们一项重任，就是与世界人民一道去确立一种符合经济全球化要求的价值观，从而建立起一套公正的国际规则，以遏止资本主义的无限贪欲及其对世界的危害，争取世界光明的未来。

（原载《世界知识》，1999年第2期）

四、坚持正确历史观　开创人类美好未来

习近平总书记在纪念中国人民抗日战争暨世界反法西斯战争胜利70周年招待会上的重要讲话中强调，"要坚持正确历史观，牢记历史的启迪和教训"，"只有正确认识历史，才能更好开创未来"。这些重要论述，连同他近年来对历史和历史观的一系列论述，形成一个科学整体，具有十分重要的现实指导意义。

(一)国际社会高度赞扬习近平总书记关于坚持正确历史观的重要论述

习近平总书记在讲话中指出,历史会逐渐久远,但历史的启迪和教训,不管承认不承认,永远就在那儿。人类历史必然会有曲折,也必然会不断前进。历史是写在人民心中的,历史不能抹杀,也是抹杀不了的。昨天的历史不是今天的人们书写的,但今天的人们不能脱离昨天的历史来把握今天,开创明天。他特别强调,无论是当年勇敢抗击侵略战争的国家的人民还是当年发动侵略战争的国家的人民,无论是经历了那个时代的人们还是那个时代以后出生的人们,都要坚持正确的历史观,牢记历史的启迪和教训。

外国领导人和专家学者普遍高度评价习近平总书记的重要讲话。哈萨克斯坦总统纳扎尔巴耶夫表示,第二次世界大战的历史由千万人的鲜血和功勋凝结而成,没有任何人有资格遗忘或篡改第二次世界大战历史。但目前世界上一些势力妄图伪造历史的趋势愈演愈烈,因此,哈方对于中国维护第二次世界大战客观历史的原则立场表示坚定支持,因为只有尊重历史,才能更好地把握现在,面向未来。

俄罗斯科学院远东研究所日本研究中心高级研究员弗拉基米尔·格里纽克表示,日本右翼分子拒绝面对真相,多年来不停试图否认和粉饰侵略历史,这种错误史现导致日本至今不能得到周边国家的谅解。

日本同志社大学教授浅野健一指出,习近平总书记的讲话立足历史,面向未来,必将对亚洲以及世界历史产生积极而深远的影响。对日本人来说,如果不认真学习过去侵略与殖民地统治历史,就有可能让战争的悲剧重演。对日本来说,如果不能正视那段历史,也就不会有美好的未来,亚洲以及世界和平将面临危险。

比利时历史研究与文献中心主任鲁迪·范·杜斯拉尔教授指出,欧洲国家之所以能够在战后比较顺利地达成和解并且走出战争阴影,直至建立欧盟,关键在于承认和正视历史,尤其是德国对战争罪行长期以来的深刻反省和真诚道歉。第二次世界大战的历史和成果不容掩盖和篡改;唯有承认并尊重历史,才能开启和解之路。

可以说,这些认识道出了世界进步人类的共同心声,那就是,只有尊重历史，才能争取人类美好未来。习近平总书记指出，"历史的启迪和教训是人类共同的精神财富"。世界上有越来越多的人，能以正确历史观理性地看待历史，那么，历史这一人类共同精神财富必将转化为巨大的物质力量，为争取世界光明前景做出贡献。

（二）否认和粉饰侵略历史只能使日本当局失信于世界人民

像日本一些右翼政要那样，对侵略罪行如此百般抵赖，甚至美化，肆无忌惮地、不间断地参拜供奉有对人类犯下滔天罪行的日本甲级战犯的靖国神社，公然挑衅世界人民良知，这在世界各国中绝无仅有。这突出反映了日本一些人仍然在奉行一种野蛮无知的历史观。有正义感的日本人士纷纷对此加以揭露：

1."战争是日本国家发展的原动力"

日本国立山口大学副校长纐纈厚指出，"日本差不多在成为近代国家的同时，就成为一个战争国家。日本最早的对外战争是出兵台湾。1868年明治政府成立，不到10年就出动3500多名士兵侵略台湾，20年之后就发动甲午战争"。他说："如果翻开历史就会发现，1874年出兵台湾，1894年甲午战争，1904年日俄战争，1914年一战，每逢4的年份，日本就会参与大的战争。""战争是日本国家发展的原动力，以为一旦战争胜利，日本可以获得发展。"

2.被扭曲的民族精神

与世界其他民族一样，日本民族也是优秀民族，特别是近代以来在科技、经济等领域做出过可贵贡献。然而，由于军国主义和右翼势力的长期毒化，日本民族中相当一部分人的思想是被扭曲的。

譬如，2015年去世的、具有忏悔精神的知识分子代表津田道夫先生发问道："为什么在日常生活中的'善良的劳动者''平凡家庭的父亲''礼仪端正的人'之类的日本庶民，到了中国战场会变得那么残暴?"他在剖析根源时指出了"庶民的利己主义"和蔑视中国的思想。他认为，正是因为日本在战后从未对侵略战争进行过全民性的反省，"以至于在战后的今天，为战争鸣冤叫屈的种种怪异之论，才得以甚嚣尘上"。

日本另一位有良心的知识分子，作家新井一二三则直指代表日本精神的"大和魂",她指出,持有此种精神的人,"当外国人批评军国主义罪行时,他们容易变得情绪化,就像自己的爷爷被骂了一般"。

美国人类学家鲁思·本尼迪克特在《菊与刀》一书中曾对日本集体心灵做过分析,认为日本只有"丢脸意识",而没有"罪恶意识",这使其永不知忏悔。日本会记得广岛、长崎原子弹爆炸的惨痛教训,但自己对别人所犯下的罪行,却完全不复记忆。因此,直到今天,日本对造成中国军民至少3500万人伤亡的罪恶,竟毫无反省和忏悔。它的教科书把这一切都说成是战争的必然,南京大屠杀和"731部队"的罪行俨然也都有了理由,而对自己的军国主义侵略未置一词,元凶战犯反倒被供奉在靖国神社里。作者对比德日两国对第二次世界大战责任的不同态度得出结论,"德国是世界中道德的良心大国,日本则是另一新兴超级独强的鹰犬大国。在这种情况下,亚洲无法摆脱真正强国的干涉而走向和平繁荣"。

第二次世界大战后,美国由于扩张和冷战的需要,对日本绝大多数战犯采取放纵态度,使得这种被日本右翼势力扭曲的日本民族性格和思维特征在一些右翼分子那里变得更加畸形。但是,正如习近平总书记讲话中所指出的,否认侵略历史,是对历史的嘲弄,是对人类良知的侮辱,必然失信于世界人民。

可喜的是,越来越多的日本民众,包括许多学者,强烈要求日本当局以负责任的态度对待历史,还原历史真相,对安倍政府违反民意一意孤行表现出极大愤慨。许多日本民众意识到,"不真正继承"承认日本第二次世界大战罪责的"村山谈话",就等于向全世界宣战。值得注意的是,过去被认为不关心政治的日本年轻人也站了出来,连续举办反战集会,抗议安倍强推"战争立法"。尽管日本社会矛盾错综复杂,背负的政治难题积重难返,但作为日本社会中最积极最有生气的力量,日本青年的觉醒,在一定程度上代表着日本的未来。

(三)坚持正确历史观是我们共同的神圣职责

坚持正确历史观直接关系国家前途命运和人类未来,需要我们以严肃的科学态度认真对待。可是,在现实中,有人歪曲历史定论,想要"重写历史",把历史当作"任人涂抹的村姑";有人扰乱历史认知,试图"再造规律",把历史当作"随意捏弄的橡皮";有人消解历史价值,妄言"告别崇高",把历史当作"没有厚度的白纸"。从"共产党抗战中只杀敌851人"的说法,到把游击战争贬低为"土匪战术"的认识,再到汉奸是"为民族不惜背负骂名的真英雄"的谬论,折射出的都是颠倒主次黑白、颠覆历史是非的"历史虚无主义"。散布这些谬论的人,有些是出于对历史的无知,有些是商业炒作的需要,但有的则不能不说带有"以古讽今"和反正确历史观的明显政治倾向。这些谬论造成的后果极为严重,开始会搞乱人们思想,否认事实真相和客观真理,完全置是非成败、高尚卑劣分野于不顾;继而根本否定几千年的人类文明史,百年来中国人民在中国共产党领导下的英勇奋斗史,从而根本否定中国特色社会主义道路和美好未来。遗憾的是,上述错误的历史观近年来也弥散到一些研究历史、传承精神的专业人士身上。

为了解决上述问题,史学工作者应以实际行动肩负起捍卫、传播正确历史观的崇高职责。

第一,要认真学习领会习近平总书记关于"历史是最好的教科书""历史是最好的老师""中国革命历史是最好的营养剂",学习党史国史是"必修课",以及"不忘本来才能开辟未来"等重要论述,以对国家民族高度负责精神研究历史,与一切歪曲正确历史观的现象做斗争。

第二,要"让历史说话,用史实发言","更多通过档案资料、事实、当事人证词等各种人证、物证来说话"。当然,如何运用史料同样是个严肃问题。正如当年列宁所言,"没有哪种方法比胡乱抽出一些个别事实和玩弄实例更普遍更站不住脚的了……如果从事实的整体上,从它们的联系中掌握事实,那么,事实不仅是'顽强的东西',而且是绝对确凿的证据。如果不是从整体上、不是从联系中去掌握事实,如果事实是零碎的和随意挑出来的,那么,它们只能是一种儿戏,或者连儿戏都不如"。总之,对历史永怀敬畏之心,坚持并善于用史实说话,用事实发言,这恰恰是确立正确历史观,保持清醒判断的基础。

第三,要高度重视理论思维。恩格斯指出,理论思维"这种能力必须加以发展和培养","一个民族要站在科学的最高峰,就一刻也不能没有理论思维"。在掌握翔实史料的同时,还必须运用理论思维加以分析,才能由表及里地揭示事物的本质和规律。这就要求我们，学习马列主义、毛泽东思想、中国特色社会主义理论体系，掌握贯穿其中的立场、观点和方法。习近平总书记在纪念毛泽东同志诞辰120周年座谈会上关于毛泽东同志历史功绩和如何正确评价历史人物的论述，就是一个很好的示范。习近平总书记既高度评价毛泽东的伟大历史功绩，赞扬他是"马克思主义中国化的伟大开拓者"，又对他晚年所犯错误做了实事求是的评价；强调"在中国这样的社会历史条件下建设社会主义，没有先例，犹如攀登一座人迹未至的高山，一切攀登者都要披荆斩棘，开通道路"。这些论述是多么全面、公正、客观而富有说服力！

第四，要辩证地对待西方史学。马克思主义从来不是离开人类文明大道的偏窄理论，而是需要不断吸收世界文明中的先进文化。总体而言，西方史学不赞成探寻规律，特别是那些与历史相关的或可称之为"准历史著作"的国际政治学著作，更多地包含向外渗透意识形态的因素。然而，仍有不少著作在一些重大问题上采取了比较严肃的态度。例如，从著名史学家费正清写《美国与中国》开始，一些美国学者顶住当局压力，力求客观研究中国，以独特眼光评价"伟大的中国革命"。近年来，他们更是从"中国学"扩展为"中共学"，认为"只有人们更加了解中共，才会更加尊重中国所取得的成就"。在涉及中美两国建立新型大国关系问题时，基辛格博士在承认两国存在分歧前提下提出中美两国"共同进化"的思路，并且以"倘若美国和中国能够同心协力建设世界，而不是震撼世界，那将是何等大的成就啊"来结束全书。由此可见，谨慎辩证对待西方史学，注意吸取其中的先进理念，不仅有利于中国发展，而且也有利于开创人类美好未来。

（原载《光明日报》，2015年9月18日。
后被收入教育部中国特色社会主义理论研究中心主编：《21世纪中国的马克思主义研究文萃》，北京，人民出版社，2016年）

大事年表

1607 年	英国在北美大陆建立詹姆斯敦殖民地
1620 年 11 月	英国新英格兰清教徒移民订立"五月花号公约"
1768 年—1774 年	俄土战争
1780 年 2 月 28 日	叶卡捷琳娜二世发表"武装中立宣言",并组织"武装中立联盟"
1789 年 4 月	美利坚联邦成立,华盛顿当选首任总统
1796 年 9 月 17 日	华盛顿总统发表《告别词》
1823 年 12 月 2 日	门罗总统发表《门罗宣言》
1844 年 7 月 3 日	美国迫使清政府签订《望厦条约》
1861 年 3 月 1 日	俄国开始推行农奴制改革
1867 年 3 月 30 日	美俄签订条约,美国购得阿拉斯加
1882 年 5 月 6 日	美国国会通过《排华法案》
1898 年 9 月—12 月	美国国务卿约翰·海伊向相关各国发出第一次"门户开放"照会
1903 年 10 月	美国强迫清政府签订《中美通商行船续订条约》
1904 年—1905 年	日俄战争
1905 年 1 月 9 日	圣彼得堡军警镇压示威工人,造成"流血星期日"
10 月 17 日	沙皇颁布《整顿国家秩序宣言》
1914 年 8 月	第一次世界大战爆发
1915 年 1 月	日本与袁世凯签订《二十一条约》
1917 年 2 月 25 日(俄历)	俄国二月革命爆发
3 月 2 日	沙皇尼古拉二世宣布退位
3 月 22 日	美国宣布承认俄国临时政府

	4月	美国宣布参加第一次世界大战
	10月25日（俄历）	俄国十月革命爆发
	12月6日—15日	美国政府电示驻俄及各国大使拒绝同布尔什维克政府的直接联系
1918年1月8日		威尔逊总统提出十四点"世界和平纲领"
1919年1月18日—6月28日		巴黎和会
	5月4日	中国爆发五四运动
1920年8月9日		美国正式发表不承认俄国苏维埃政权的官方照会
1921年11月—1922年2月		华盛顿会议召开，《九国公约》签订，重新确认"门户开放"原则
1924年1月21日		列宁逝世
1929年—1933年		世界经济大危机
1931年9月18日		日本关东军制造"九一八事变"
1932年1月7日		美国就日本在中国东北的行动分别向日本和中国发出照会
1933年1月		罗斯福在美国上台执政，希特勒在德国上台
	3月27日	日本宣布退出国联
	11月17日	美苏正式建立外交关系
	12月	美驻苏大使布利特抵达莫斯科，并与苏联政治军事高层会谈
1934年2月		美国建立第一进出口银行，特别用以处理对苏财政贸易问题
	4月13日	美国国会通过《约翰逊法案》，禁止向拖欠美国债务的国家提供贷款
	12月1日	苏共（布）中央政治局委员基洛夫遇刺，"大清洗"运动随即展开
1936年11月25日		德日签署《反共产国际协定》
1937年7月7日		"七七事变"，中国抗日战争全面爆发

	10 月	罗斯福总统发表"防疫演说"
1938 年 5 月		美国众议院非美活动委员会成立
	9 月	英法德意签订《慕尼黑协定》
1939 年 8 月 23 日		《苏德互不侵犯条约》签订
	11 月 30 日	苏联进攻芬兰
1940 年 8 月		日本"东亚新秩序"计划出笼
1941 年 6 月 22 日		德国入侵苏联,美国《租借法案》扩展适用于苏联
	7 月 30 日—8 月 1 日	罗斯福个人代表霍普金斯访苏,以求了解苏联实力真相
	12 月 7 日	日本发动袭击美国的珍珠港事件,太平洋战争爆发
1943 年 11 月 22 日—26 日		美英中三国首脑在开罗举行国际会议
1944 年 7 月		布雷顿森林会议召开
1945 年 2 月 4 日—11 日		雅尔塔会议召开
	5 月 8 日	德国无条件投降
	7 月 17 日—8 月 2 日	波茨坦会议召开
	8 月 6 日、9 日	美国在日本广岛、长崎投下原子弹
	8 月 8 日	苏联对日宣战
	9 月 2 日	日本投降,第二次世界大战结束
	10 月 10 日	国共双方签订《政府与中共代表会谈纪要》,即《双十协定》
	10 月 24 日	联合国成立
	12 月 20 日	马歇尔将军使华
1946 年 2 月 22 日		美驻苏代办乔治·凯南发回八千字电报,提出对苏全面遏制的主张
	3 月 5 日	英国前首相丘吉尔发表"铁幕演说"
	4 月	苏共召开中央宣传工作会议,要求严肃"对待意识形态前沿存在的缺陷"

	6月	美国众议院通过《军事援华法案》
	8月	斯大林对《星》和《列宁格勒》杂志及一系列作家点名批判
1947年1月		斯大林对《西方哲学史》进行批判
	1月7日	马歇尔离华返美
	2月21日	英国发出照会,希望美国接手对希腊和土耳其的援助
	3月12日	杜鲁门在国会参众两院发表咨文,提出"杜鲁门主义"
	6月5日	国务卿马歇尔提出"欧洲复兴计划"
	7月	乔治·凯南在《外交》季刊发表题为《苏联行为的根源》的文章;苏联同东欧各国开始实施"莫洛托夫计划"
1948年4月2日		美国国会通过《1948年援华法》
	4月3日	杜鲁门正式签署援助欧洲复兴的法案
1949年1月11日		美国国家安全委员会通过NSC34/1号文件,提出美国应"阻止中国成为苏联力量的附庸"
	1月20日	杜鲁门提出"第四点计划"
	2月7日	美国国务卿艾奇逊提出被描述为"等待尘埃落定"的对华政策
	3月	中共七届二中全会制定出"一边倒""另起炉灶""打扫干净屋子再请客"的外交方针
	4月	经济互助委员会正式宣告成立
	4月4日	《北大西洋公约》签署,北约组织成立
	8月5日	美国国务院发表《美中关系白皮书》
	10月1日	中华人民共和国成立
1950年1月5日		杜鲁门发表声明,表示"美国无意在台湾获取特别权利,或建立军事基地"
	2月14日	《中苏友好同盟互助条约》签订

5月	苏联对马尔语言学进行批判
6月25日	朝鲜战争爆发
12月3日	美国商务部启动对中国大陆及香港、澳门地区出口的全面许可证制度
1951年8月	《美菲共同防御条约》签订
9月1日	《美、澳、新安全条约》签订
9月8日	《美日安全保障条约》签订
10月	美国国会批准NSC10/5号文件《隐蔽行动的范围和步骤》
10月26日	美国国会通过《共同防御援助控制法案》
1952年2月28日	《日美行政协定》签订,确认美军在日本的合法地位
1953年1月	苏联发生"医生间谍案"
1月20日	艾森豪威尔出任美国总统
3月5日	斯大林逝世
3月—6月	苏联出现短暂的"三驾马车"时期(贝利亚、马林科夫、赫鲁晓夫)
7月27日	《朝鲜停战协定》在板门店签订,朝鲜战争结束
1954年12月2日	《美台共同防御条约》签订
1955年7月	苏美英法四国首脑会议在日内瓦召开
7月中旬	中美双方决定将原来的领事级会谈上升为大使级会谈
9月	联邦德国总理阿登纳访苏;中美达成关于遣返平民的协议;美国策划组建东南亚防务联盟
11月	美国发表题为《世界形势和趋向》的评估报告,表示对苏联政策改变不抱信心
1956年2月	苏共举行第二十次代表大会

2月24日—25日	赫鲁晓夫在苏共(布)中央做题为《关于个人崇拜及其后果》的长篇秘密报告
1958年8月	第二次台海危机爆发
9月	美国州长史蒂文森访苏
10月	美国电影协会主席埃里克·约翰斯通访苏
1959年5月—6月	美国前驻苏大使和纽约前州长哈里曼·艾夫里尔访苏
7月	美国副总统理查德·尼克松对苏联进行非正式访问
7月25日	尼克松和赫鲁晓夫发生"厨房辩论"
9月	赫鲁晓夫访美
1960年	民主党总统候选人肯尼迪在美国总统大选中获胜
1961年年初	肯尼迪和赫鲁晓夫就禁止核试验、德国和柏林问题等举行会谈
8月	民主德国修筑"柏林墙",形成新一轮柏林危机
1962年年底	美国U-2高空侦察机在古巴上空发现苏联设立的近程导弹发射场
1963年8月5日	美英苏三国正式签署《禁止在大气层、外层空间和水下进行核武器试验条约》
11月	肯尼迪遇刺,副总统约翰逊继任总统
1964年10月	赫鲁晓夫被解职,勃列日涅夫接任苏共中央第一书记
11月5日	中国政府总理周恩来率团参加苏联十月革命纪念活动
1969年1月	尼克松入主白宫
3月	中苏发生边境冲突
7月	"尼克松主义"提出

1971年7月9日—11日	基辛格秘密访华
1972年2月	尼克松访华
2月28日	《中美联合公报》发表
4月	中国乒乓球代表团回访美国
5月	尼克松和勃列日涅夫举行最高级会议，就"美国与苏联两国关系的基本原则"达成协议
7月8日	美苏签订粮食及贷款协定
7月14日	苏联与西方石油公司签订科技合作协议
7月28日	美苏签订科技协定书
1972年11月—1973年1月	美国同北越重开和平谈判，最终签订《关于在越南结束战争、恢复和平的协定》
1972年12月	沈阳杂技团在美国四大城市进行巡回演出
1973年	基辛格两度访华，中美决定互设联络处
1974年4月	邓小平赴美出席联合国大会第六届特别会议
8月	尼克松因"水门事件"辞职
12月	美国国会通过杰克逊—瓦尼克修正案
1975年	美国国会通过史蒂文森修正案
7月31日—8月1日	欧安会第三阶段会议在赫尔辛基举行，《欧洲安全与合作会议最后文件》正式签署
12月1日—4日	福特总统访华
1977年1月20日	民主党人吉米·卡特就任美国第39届总统
3月	国务卿万斯访苏
8月	国务卿万斯访华
1978年12月16日	中美同时发表《中美建交联合公报》
1979年1月1日	中美相互承认并建立外交关系
1月	中美签署科技合作协定和文化协定
4月10日	卡特签署《与台湾关系法》
7月	中美签署贸易协定
12月	苏联出兵阿富汗

1980年7月	中美签署民航协定、海运协定、纺织品协定和领事协定
11月	波兰团结工会成立
1981年1月	共和党人罗纳德·里根出任美国第40任总统
6月	国务卿黑格访华
10月	里根提出"人权备忘录"
1982年6月8日	里根在英国议会发表演说，表达其"长期计划和希望"——将"马克思列宁主义弃置在历史的灰烬中"
6月18日	里根宣布扩大禁止对苏联出口石油和天然气设备的决定
8月17日	中美发表联合公报（八一七公报）
1983年3月23日	里根提出"战略防御倡议"，即所谓的"星球大战"计划
1984年4月	里根访华
5月	苏联完成《国家情报特别评估报告》
1985年3月	戈尔巴乔夫出任苏共中央总书记
1987年	戈尔巴乔夫出版《改革与新思维》，苏联改革开始由经济转向政治
12月8日—10日	苏美两国首脑在华盛顿会晤，签署《中导条约》
1988年5月	苏联开始从阿富汗撤军
1989年	乔治·布什出任美国第41任总统；弗兰西斯·福山发表《历史的终结？》一文，提出"自由民主制度"将成人类"历史的终结"
7月	西方七国首脑会议一反惯例，主要讨论政治问题，特别是着重讨论东欧问题
1990年年初	美国国务院发表了《年度国别人权报告》，攻

	击中国为"极权""专制"国家
3月	在联合国人权委员会会议上,以美国为首的西方国家开始炮制有关中国人权问题的决议案
1991年3月17日	80%苏联公民参加是否保留苏维埃共和国联盟的全民公决,其中76.4%的人赞成保留联盟。
8月19日	苏联副总统亚纳耶夫等组成"国家紧急状态委员会",发动"8·19"事件
12月上旬	欧共体12国通过《马斯特里赫特条约》
12月25日	苏联戈尔巴乔夫辞去总统职务,同日,苏联解体
1993年1月	美国总统克林顿提出美国对外政策三支柱
7月26日	美众议院悍然通过决议,反对北京举办2000年奥运会
1996年3月	新一轮台海危机爆发
1997年10月29日	中国国家主席江泽民访美,两国发表《中美联合声明》
1998年6月	克林顿总统对中国进行国事访问
1999年2月26日	克林顿发表对华政策演说
5月8日	美军轰炸中国驻南联盟使馆
5月25日	美国发布《考克斯报告》,指责中国窃取美国核技术
2001年4月1日	中美发生撞机事件
5月	达赖喇嘛访美
9月11日	"9·11"事件发生

参考书目举要

一、英文文献及著作

A. 伊瑞依：《亚洲的冷战：一个历史的介绍》(Iriye, Akira, *The Cold War in Asia: A Historical Introduction*)，新泽西，1977。

安布鲁斯，斯蒂芬·E.：《走向全球主义：美国外交政策(1938—1980)》(Ambrose, Stephen E., *Rise to Globalism: American Foreign Policy, 1938—1980*)，纽约，1980。

鲍大可：《中国与东亚各大国》(Barnett, A. Doak, *China and the Major Powers in East Asia*)，华盛顿，1977。

贝雷，T. A.：《美国面对俄国：从早期至今的俄美关系》(Bailey, T. A., *America Faces Russia: Russian-American Relations from Early Time to Our Day*)，纽约，1950。

波伦，查尔斯·E.：《历史的见证(1929—1969)》(Bohlen, Charles E., *Witness to History, 1929—1969*)，纽约，1973。

博格，多萝西、海因里希主编：《未定之秋：1947—1950年的中美关系》(Borg, Dorothy & Heinrichs ed., *Uncertain Years: Chinese-American Relations, 1947—1950*)，纽约，哥伦比亚大学出版社，1980。

布劳德，罗伯特·保罗：《苏美外交的起源》(Browder, Robert Paul, *The Origin of Soviet-American Diplomacy*)，普林斯顿，1953。

布热津斯基、亨廷顿：《政治权力：美国和俄国》(Brzezinski & Huntinton, *Political Power: USA/USSR*)，纽约，1964。

陈兼：《中国出兵朝鲜之路：中美对抗的形成》(Chen Jian, *China's Road to the Korean War: the Making of the Sino-American Confrontation），纽约，1996。

陈杰：《美国外交政策中的意识形态：美国对华政策个案研究》(Chen Jie, *Ideology in US Foreign Policy*：*Case Studies in US China Policy*)，康涅狄格，1993。

冯格桑，戴维·S.：《美国使命与"邪恶帝国"：1881年以来以"自由俄国"为目标的十字军》(Foglesong, David S., *The American Mission and the "Evil Empire"*：*the Crusade for a "Free Russia" since 1881*)，纽约，2007。

富尼吉洛，菲利普·J.：《冷战时期的美苏贸易》(Funigiello, Philip J., *American-Soviet Trade in the Cold War*)，罗利，北卡罗来纳大学出版社，1988。

格鲁，约瑟夫·C.：《动荡的年代》(Grew, Joseph C., *Turbulent Era*)，伦敦，1953。

格瑞森，本森·L.：《美国人关于俄国的印象(1917—1977)》(Grayson, Bevson L., *The American Image of Russia, 1917—1977*)，纽约，1978。

国际冷战史项目公报：《冷战的终结》(Cold War International History Project Bulletin, *The End of the Cold War*, D. C.)，华盛顿，伍德罗·威尔逊国际学者中心，2001。

怀特，约翰·肯尼兹：《仍然看到红色：冷战如何塑造新的美国政治》(White, John Kenneth, *Still Seeing Red*：*How the Cold War Shapes New American Politics*)，科罗拉多，1997。

加迪斯，约翰·刘易斯：《遏制战略》(Gaddis, John Lewis, *Strategies of the Containment*)，纽约，1982。

加迪斯，约翰·刘易斯：《我们现在知道了：重新思考冷战史》(Gaddis, John Lewis, *We Now Know*：*Rethinking Cold War History*)，纽约，1997。

卡拉汉，戴维：《两个世界之间：现实主义、理想主义和冷战后美国外交政策》(Callahan, David, *Between Two Worlds*：*Realism, Idealism,* and American Foreign Policy after the Cold War），纽约，1994。

凯南，乔治·F.：《回忆录：1925—1950》(Kennan, Geogre F., *Memoirs*：*1925—1950*)，波士顿，1967。

凯南，乔治·F.：《美国外交(1900—1950)》(Kennan, Geogre F., *American Diplomacy, 1900—1950*)，芝加哥，1951。

科林斯，彼得：《共产主义垮台后的意识形态》(Collins, Peter, *Ideology after the Fall of Communism*)，伦敦、纽约，1993。

克雷，小塞西尔、马尔卡希，凯万：《总统外交政策的制定：从罗斯福到里根》(Crabb, Jr. Cecil & Mulcahy, Kevin V., *President Foreign Policy Making：From FDR to Reagan*)，路易斯安那，1986。

拉菲伯，沃尔特：《美国、苏联和冷战（1945—1992）》(Lafeber, Walter, *America, Russia, and the Cold War, 1945—1992*)，纽约，1993。

拉铁摩尔，欧文：《简明中国近代史》(Lattimore, Owen, *The Making of Modern China：A Short History*)，纽约，1944。

《历史文献——国会季刊》(*Historic Documents, Congressional Quarterly*)，华盛顿。

利弗林，拉尔夫·B.：《美国舆论与俄罗斯盟国(1939—1945)》(Levering, Ralph B., *American Opinion and the Russian Alliance, 1939—1945*)，罗利，北卡罗来纳大学出版社，1976。

林克，阿瑟·斯坦利：《伍德罗·威尔逊文件集》(Link, Arthur Stanly ed., *The Papers of Woodrow Wilson*)，第45卷，普林斯顿，1953—1993。

卢卡克斯，约翰：《冷战新史》(Lukacs, John, *The New History of the Cold War*)，纽约，1966。

迈耶，艾尔弗雷德·G.：《共产主义》(Meyer, Alfred G., *Communism*)，纽约，1967。

麦克马汉，杰夫：《里根和世界——新冷战下的帝国政策》(McMahan, Jeff, *Reagan and the World—Imperial Policy in the New Cold War*)，纽

约，1985。

美国国务院：《美国对外关系》(U. S. Department of State, *Foreign Relations of the United States*)，华盛顿。

《美国总统公开文件集》(*Public Papers of the Presidents of the United States*)，华盛顿。

帕特森，托马斯·G.：《美国外交政策：1900年以来的历史》(Paterson, Thomas G., *American Foreign Policy: A History since 1900*)，莱克星顿，1988。

乔姆斯基，诺姆：《关于权力和意识形态》(Chomsky, Noam, *On Power and Ideology*)，波士顿，1987。

琼斯，约瑟夫·M.：《十五个星期》(Jones, Joseph M., *The Fifteen Weeks*)，纽约，1955。

塞基本奥万内，乔治：《一种疑虑的潜流：第二次世界大战期间美国的反共主义》(Sirgiovanni, Geogre, *An Undercurrent of Suspicion: Anti-Communism in America during World War Ⅱ*)，事务出版公司，1990。

斯塔克，威廉·W.：《冲突之路：1947—1950年美国对中国和朝鲜的政策》(Stueck, William W., *The Road to Confrontation: American Policy toward China and Korea, 1947—1950*)，罗利，北卡罗来纳大学出版社，1981。

索尔，保罗·V.：《塞缪尔·N·哈珀回忆录(1902—1941)》(Harper, Paul V., *The Russia I Believe in: The Memoirs of Samuel N. Harper, 1902—1941*)，芝加哥，芝加哥大学出版社，1945。

索尔，诺曼·E.：《朋友还是敌人？美国与苏联(1921—1924)》(Saul, Norman E., *Friends or Foes? the United States & Soviet Russia, 1921—1924*)，劳伦斯，堪萨斯大学出版社，2006。

索尔，诺曼·E.：《一致与冲突：美国与俄国》(Saul, Norman E., *Concord & Conflict: the United States & Russia*)，劳伦斯，堪萨斯大学出版社，1996。

塔克，南希：《尘埃中的模式：中美关系和有关承认问题的论战

(1949—1950)》(Tucke, Nancy, *Patterns in the Dust*: *Chinese-American Relations and the Recognition Controversy*, 1949—1950),纽约,哥伦比亚大学出版社,1983。

汤普森,阿瑟·W.、哈特,罗伯特·A.:《不确定的十字军:美国与1905年俄国革命》(Thompson, Arthur W. & Hart, Robert A., *The Uncertain Crusade*: *America and the Russian Revolution of 1905*),波士顿,1970。

特拉维斯,弗雷德里克·F.:《乔治·凯南与美俄关系(1865—1924)》(Travis, Frederick F., *Geogre Kennan and the American-Russian Relationship*, 1865—1924),雅典,俄亥俄大学出版社,1990。

威廉姆斯,威廉姆·阿普曼:《美俄关系(1781—1947)》(Williams, William Appleman, *American-Russian Relations*, 1781—1947),纽约,1952。

威廉姆斯,威廉姆·阿普曼:《美国外交的悲剧》(Williams, William Appleman, *The Tragedy of American Diplomacy*),纽约,1959。

韦斯班德,爱德华:《美国外交政策中的意识形态:洛克自由主义范例》(Weisband, Edward, *The Ideology of American Foreign Policy*: *A Paradigm of Lockian Liberalism*),纽约,1973。

韦斯格伯,伯纳德 A.:《冷战争,冷和平》(Weisberger, Bernard A., *Cold War Cold Peace*),纽约,1985。

伍德伯,西尔维亚:《戈尔巴乔夫与苏联外交政策中意识形态的衰落》(Woodby, Sylvia, *Gorbachev and the Decline of Ideology in Soviet Policy*),旧金山,1989。

希尔德,莫雷尔、卡普兰,劳伦斯:《文化与外交:美国的经验》(Held, Morrell & Kaplan, Lawrence S., *Culture and Diplomacy*: *The American Experience*),康涅狄格,1977。

小莫厄尔,艾尔弗雷德·格伦:《人权与美国的外交政策:卡特和里根的经历》(Mower, Jr. Alfred Glenn, *Human Rights and American Foreign Policy*: *The Carter and Reagan Experiences*),纽约,1987。

小施莱辛格,阿瑟·M.:《美国历史的周期》(Schlesinger, Jr. Arthur M., *The Cycles of American History*），波士顿，霍顿米夫林出版公司，1986。

亚历山大，德孔德等编：《美国外交政策百科全书》（Alexander, DeConde & the others eds., *Encyclopedia of American Foreign Policy*），纽约，2002。

张少书：《朋友和敌人：1948—1972年的美中苏关系》（Chang, Gordon H., *Friends and Enemies: The United States, China and the Soviet Union, 1948—1972*），帕洛阿尔托，斯坦福大学出版社，1990。

二、俄文文献及著作

В. В. 索格林：《美国历史上的意识形态——从奠基者到20世纪末》（Согрин, В. В., *Идеология в Американской Истории—От Отцов Основателей до Конца 20 Века*），莫斯科，1995。

阿·阿尔巴托夫等：《现代美国对外政策》（Арбатов, Г. А, *Современая Внешная Политтика США*），第2卷，莫斯科，1984。

《А. Ф. 多勃雷宁——Г. 基辛格秘密渠道：俄罗斯联邦对外政策档案馆资料》（*Секретный Канал А. Ф. Добрынин—Г. Киссинджер: Документы Архива Внешней Политики Российской Федерации*），《近现代史》，2006(5)。

俄罗斯科学院俄罗斯历史研究所：《俄国史：从古代到20世纪末》（Институт Российской Истории РАН, *История России: С Древнейших Времен до Конца 20 Века*），莫斯科，1996。

俄罗斯科学院俄罗斯历史研究所：《"冷战"年代的苏联对外政策（1945—1985）》（Институт Российской Истории РАН, *Советская Внешняя Политика в Годы Холодной Войны*），莫斯科，国际关系出版社，1995。

俄罗斯科学院俄罗斯历史研究所：《20世纪俄罗斯史》（Институт Российской Истории РАН, *История России 20 Век*），莫斯科，1996。

《俄罗斯20世纪文献：苏美关系（1934—1939）》（*Советско Американские Отношения(1934—1939)—Россия 20 Век Документы*），莫

斯科，2003。

《俄罗斯 20 世纪文献：苏美关系（1939—1945）》(Советско Американские Отношения(1939—1945)—Россия 20 Век Документы)，莫斯科，2004。

《俄罗斯 20 世纪文献：苏美关系（1949—1952）》(Советско Американские Отношения(1949—1952)—Россия 20 Век Документы)，莫斯科，2006。

《俄美经济关系（1933—1941）文献汇编》(*Россия и США：Экономические Отношения（1933—1941）Сборник Документов*)，莫斯科，2001。

帕·特·彼德莱斯内依：《苏美五十年来的外交关系》(Подлесный, П. Т, *СССР и США 50 Лет Дипломатических Отношенйй*)，莫斯科，1983。

Г. Н. 谢沃斯基扬诺夫：《莫斯科—华盛顿，通向承认之路（1918—1933）》(Севостьянов, Г. Н, *Москва—Вашингтон на Пути к Признанию, 1918—1933*)，莫斯科，2004。

Г. Н. 谢沃斯基扬诺夫：《莫斯科—华盛顿外交关系（1933—1936）》(Севостьянов, Г. Н, *Москва—Вашингтон Дипломатические Отношения, 1933—1936*)，莫斯科，2002。

苏联科学院美加研究所编：《现代美国对外政策》(Академия Наук СССР Институт Соедненных Штатов Америки и Канады, *Современая Внешнаяпо литтика США*)，第1卷，莫斯科，1984。

三、中文文献及著作

《毛泽东年谱》，北京，人民出版社，1993。
《毛泽东外交文选》，北京，中央文献出版社，1994。
《毛泽东选集》，第1—4卷，北京，人民出版社，1991。
《刘少奇年谱》，北京，中央文献出版社，1996。
《周恩来年谱》，北京，中央文献出版社，1997。

《周恩来外交文选》，北京，中央文献出版社，1990。

《邓小平年谱》，北京，中央文献出版社，2004。

《邓小平文选》，第2卷，北京，人民出版社，1983。

《邓小平文选》，第3卷，北京，人民出版社，1993。

《江泽民文选》，第1—3卷，北京，人民出版社，2006。

《习近平谈治国理政》，北京，外文出版社，2014。

白寿彝主编：《中国通史》，第1卷，上海，上海人民出版社，1989。

北京大学哲学系外国哲学史教研室编译：《古希腊罗马哲学》，北京，商务印书馆，1962。

曹长盛等主编：《苏联演变进程中的意识形态研究》，北京，人民出版社，2004。

陈之骅等主编：《苏联兴亡史纲》，北京，中国社会科学出版社，2004。

程又中：《苏联模式的兴衰》，武汉，湖北人民出版社，2002。

冬梅编：《中美关系资料选编（1971.7—1981.7）》，北京，时事出版社，1982。

杜攻主编：《转换中的世界格局》，北京，世界知识出版社，1992。

宫达非主编：《苏联剧变新探》，北京，世界知识出版社，1998。

桂立：《苏美关系70年》，北京，人民出版社，2005。

郝雨凡：《白宫决策——从杜鲁门到克林顿的对华政策内幕》，北京，东方出版社，2002。

胡绳：《从鸦片战争到五四运动》，北京，人民出版社，1981。

黄立茀：《苏联社会阶层与苏联剧变研究》，北京，社会科学文献出版社，2006。

黄绍湘：《黄绍湘集》，北京，中国社会科学出版社，2001。

姜长斌等主编：《从对峙走向缓和——冷战时期中美关系再探讨》，北京，世界知识出版社，2000。

蒋相泽、吴机鹏主编：《简明中美关系史》，广州，中山大学出版社，1989。

李慎明主编：《历史的风——中国学者论苏联解体和对苏联历史的评价》，北京，人民出版社，2007。

李世安：《美国人权政策的历史考察》，石家庄，河北人民出版社，2001。

林利民：《遏制中国——朝鲜战争与中美关系》，北京，时事出版社，2000。

刘建飞：《美国与反共主义》，北京，中国社会科学出版社，2001。

刘连第：《中美关系的轨迹：1993—2000年大事纵览》，北京，时事出版社，2001。

刘同舜主编：《"冷战"、"遏制"和大西洋联盟》，上海，复旦大学出版社，1993。

刘绪贻、杨生茂总主编：《美国通史》，北京，人民出版社，2002。

陆南泉等主编：《苏联兴亡史论》，北京，人民出版社，2004。

陆南泉等主编：《苏联真相——对101个重要问题的思考》，北京，新华出版社，2010。

美国驻华大使馆新闻文化处编：《美国历史文献选集》，北京，美国驻华大使馆新闻文化处，1985。

倪孝铨、罗伯特·罗斯主编：《美中苏三角关系（70—80年代）》，北京，人民出版社，1993。

牛军主编：《冷战时期的美苏关系》，北京，北京大学出版社，2006。

戚方编：《"和平演变"战略的产生及其发展》，北京，东方出版社，1990。

齐世荣、钱乘旦、张宏毅主编：《15世纪以来世界九强兴衰史》，北京，人民出版社，2009。

齐世荣、张宏毅主编：《当代世界史资料选辑》，第1分册，北京，北京师范学院出版社，1990。

齐世荣主编：《15世纪以来世界九强的历史演变》，广州，广东人民出版社，2005。

全国干部培训教材编审指导委员会：《人权知识干部读本》，北京，人民出版社，2006。

茹莹：《从协调走向对立——美苏对华政策研究（1945—1949）》，北京，中共党史出版社，2002。

师哲回忆，李海文整理：《在历史巨人身边》，北京，中央文献出版社，1991。

世界知识出版社编：《杜勒斯言论选辑》，北京，世界知识出版社，1959。

世界知识出版社编：《中美关系资料汇编》，第1辑，北京，世界知识出版社，1957。

宋晓芹：《对抗与结盟——1949—1953年美苏对华政策研究》，太原，书海出版社，2001。

陶文钊：《中美关系史（1911—1950）》，重庆，重庆出版社，1993。

陶文钊主编：《冷战后的美国对华政策》，重庆，重庆出版社，2006。

童世俊主编：《意识形态新论》，上海，上海人民出版社，2006。

王立新：《美国对华政策与中国民族主义运动（1904—1928）》，北京，中国社会科学出版社，2000。

王立新：《意识形态与美国外交政策——以20世纪美国对华政策为个案的研究》，北京，北京大学出版社，2007。

王玮、戴超武著：《美国外交思想史：1775—2005年》，北京，人民出版社，2007。

王晓德：《美国文化与外交》，北京，世界知识出版社，2000。

吴冷西：《十年论战》，北京，中央文献出版社，1999。

现代国际关系研究所选编：《美中建交前后——卡特、布热津斯基和万斯的回忆》，北京，时事出版社，1984。

杨生茂：《探径集》，北京，中华书局，2002。

杨生茂主编：《美国外交政策史（1775—1989）》，北京，人民出版社，1991。

于可主编：《世界三大宗教及其流派》，长沙，湖南人民出版社，1988。

俞邃：《俞邃论集》，北京，当代世界出版社，2013。

俞邃：《俞邃文集》，北京，当代世界出版社，2005。

袁明、哈里·哈丁主编：《中美关系史上沉重的一页》，北京，北京大学出版社，1989。

张宏毅等著：《意识形态与美国对苏联和中国的政策》，北京，人民出版社，2011。

张宏毅：《现代国际关系发展史（1917—2015）》，北京，北京师范大学出版社，2016。

张宏毅主编：《美国人权与人权外交》，北京，人民出版社，1993。

张建华：《俄国史》，北京，人民出版社，2004。

张治中：《张治中回忆录》，北京，中国文史出版社，1993。

赵学功：《巨大的转变：战后美国对东亚的政策》，天津，天津人民出版社，2002。

中国美国史研究会编：《美国史论文集（1981—1983）》，北京，生活·读书·新知三联书店，1983。

中国社会科学院美国研究所编译组编：《美中关系未来十年》，北京，中国社会科学出版社，1984。

中国社会科学院美国研究所、中华美国学会编：《中美关系十年》，北京，商务印书馆，1989。

周琪主编：《意识形态与美国外交》，上海，上海人民出版社，2006。

资中筠：《追根溯源：战后美国对华政策的缘起与发展（1945—1950）》，上海，上海人民出版社，2000。

四、马列中译本及其他译著

《马克思恩格斯文集》，第1—10卷，北京，人民出版社，2009。

《列宁专题文集》，北京，人民出版社，2009。

沈志华、杨奎松主编：《美国对华情报解密档案（1948—1976）》，第1—8卷，上海，东方出版中心，2008。

陶文钊主编：《美国对华政策文件集(1949—1972)》，第1卷，北京，世界知识出版社，2003。

陶文钊主编：《美国对华政策文件集(1949—1972)》，第2卷，北京，世界知识出版社，2004。

陶文钊主编：《美国对华政策文件集(1949—1972)》，第3卷，北京，世界知识出版社，2005。

[澳]安德鲁·文森特：《现代政治意识形态》，袁久红等译，南京，江苏人民出版社，2005。

[德]妮科勒·施莱、莎贝娜·布塞：《美国的战争——一个好战国家的编年史》，陶佩云译，北京，生活·读书·新知三联书店，2006。

[俄]别尔嘉耶夫：《俄罗斯的命运》，汪剑钊译，昆明，云南人民出版社，1999。

[俄]菲·丘耶夫：《莫洛托夫秘谈录——与莫洛托夫140次谈话》，刘存宽等译，北京，社会科学文献出版社，1992。

[俄]尼·伊·雷日科夫：《大国悲剧——苏联解体的前因后果》，徐昌翰等译，北京，新华出版社，2008。

[俄]恰达耶夫：《箴言集》，刘文飞译，昆明，云南人民出版社，1999。

[俄]《苏联共产党最后一个"反党"集团》，赵永穆等译，北京，中国社会出版社，1997。

[俄]瓦列里·博尔金：《震撼世界的十年——苏联解体与戈尔巴乔夫》，甄西主译，北京，昆仑出版社，1998。

[俄]谢·尤·维特：《俄国末代沙皇尼古拉二世　维特伯爵的回忆》，张开译，北京，新华出版社，1983。

[俄]亚历山大·季诺维也夫：《俄罗斯共产主义的悲剧》，侯艾君等译，北京，新华出版社，2004。

[俄]亚·维·菲利波夫：《俄罗斯现代史(1945—2006)》，吴恩远等译，北京，中国社会科学出版社，2009。

[法]克劳迪·朱里安：《美利坚帝国》，龚念年译，香港，文教出版

社，1971。

［美］A. W. 德波特：《欧洲与超级大国》，唐雪葆等译，北京，中国社会科学出版社，1986。

［美］J. 布鲁姆等合著：《美国的历程》，杨国标、张儒林译，北京，商务印书馆，1988。

［美］J. 斯帕尼尔：《第二次世界大战后美国的外交政策》，段若石译，北京，商务印书馆，1992。

［美］M. 贝科威茨等：《美国对外政策的政治背景》，张禾译，北京，商务印书馆，1979。

［美］阿兰·内文斯编：《和平战略——肯尼迪言论集》，北京编译社译，北京，世界知识出版社，1961。

［美］爱德温·W. 马丁：《抉择与分歧》，姜中才等译，北京，中央党史资料出版社，1990。

［美］安德鲁·内森、罗伯特·罗斯：《长城与空城计——中国对安全的寻求》，柯雄等译，北京，新华出版社，1997。

［美］保罗·肯尼迪：《大国的兴衰》，王保存等译，北京，求实出版社，1988。

［美］比尔·克林顿：《希望与历史之间——迎接21世纪对美国的挑战》，金灿荣等译，海口，海南出版社，1997。

［美］彼得·施魏策尔：《里根政府是怎样搞垮苏联的》，殷雄译，北京，新华出版社，2001。

［美］达斯科·多德尔、路易斯·布兰森：《戈尔巴乔夫——克里姆林宫的异教徒》，隋丽君、施鲁佳译，北京，新华出版社，1991。

［美］戴维·霍罗威茨：《美国冷战时期的外交政策》，上海市"五·七"干校六连翻译组译，上海，上海人民出版社，1974。

［美］丹尼尔·贝尔：《意识形态的终结——五十年代政治观念衰微之考察》，张国清译，南京，江苏人民出版社，2001。

［美］德怀特·D. 艾森豪威尔：《缔造和平》，静海译，北京，生活·读书·新知三联书店，1977。

［美］迪安·艾奇逊：《艾奇逊回忆录》，上海国际问题资料编辑组译，上海，上海译文出版社，1973。

［美］费正清、罗德里克·麦克法夸尔主编：《剑桥中华人民共和国史（1949—1965）》，王建朗等译，上海，上海人民出版社，1990。

［美］费正清：《美国与中国》，张理京译，北京，商务印书馆，1987。

［美］费正清：《伟大的中国革命（1800—1985）》，刘尊棋译，北京，世界知识出版社，1999。

［美］弗朗西斯·福山：《历史的终结及其最后之人》，黄胜强、许铭原译，北京，中国社会科学出版社，2003。

［美］哈佛大学国际事务研究中心：《意识形态与外交事务》，北京编译社译，北京，世界知识出版社，1960。

［美］哈里·杜鲁门：《杜鲁门回忆录》，李石译，北京，生活·读书·新知三联书店，1974。

［美］哈里·马格多夫：《帝国主义时代——美国对外政策的经济学》，伍仞译，北京，商务印书馆，1975。

［美］韩德：《中美特殊关系的形成：1914年前的美国与中国》，项立岭、林勇军译，上海，复旦大学出版社，1997。

［美］汉斯·丁·摩根索：《国家间政治——寻求权力与和平的斗争》，徐昕等译，北京，中国人民公安大学出版社，1990。

［美］赫伯特·菲斯：《中国的纠葛》，林海等译，北京，北京大学出版社，1989。

［美］亨利·布兰登：《美国力量的收缩》，齐沛合译，北京，生活·读书·新知三联书店，1974。

［美］亨利·基辛格：《白宫岁月——基辛格回忆录》，吴继淦等译，北京，世界知识出版社，1980。

［美］亨利·基辛格：《大外交》，顾淑馨、林添贵译，海口，海南出版社，1997。

［美］霍布斯鲍姆：《极端的年代》，郑明萱译，南京，江苏人民出版社，1998。

[美]吉米·卡特：《忠于信仰——一位美国总统的回忆录》，卢君甫等译，北京，新华出版社，1985。

[美]杰里尔·A. 罗赛蒂：《美国对外政策的政治学》，周启朋等译，北京，世界知识出版社，2005。

[美]康伦公司：《美国对亚洲的外交政策——美国康伦公司研究报告》，何慧译，北京，世界知识出版社，1960。

[美]孔华润：《剑桥美国对外关系史》，王琛等译，北京，新华出版社，2004。

[美]孔华润：《美国对中国的反应》，张静尔译，上海，复旦大学出版社，1997。

[美]拉铁摩尔：《亚洲的决策》，曹未风等译，北京，商务印书馆，1962。

[美]劳伦斯·肖普：《卡特总统和美国政坛内幕——八十年代的权力和政治》，冬梅译，北京，时事出版社，1980。

[美]雷蒙德·加特霍夫：《冷战史——遏制与共存备忘录》，伍牛、王薇译，北京，新华出版社，2003。

[美]理查德·N. 哈斯：《"规制主义"——冷战后的美国全球新战略》，陈遥遥、荣凌译，北京，新华出版社，1999。

[美]理查德·尼克松：《1999：不战而胜》，朱佳穗等译，北京，长征出版社，1988。

[美]理查德·尼克松：《超越和平》，范建民等译，北京，世界知识出版社，1995。

[美]理查德·尼克松：《领袖们》，刘湖等译，北京，知识出版社，1983。

[美]理查德·尼克松：《尼克松回忆录》，伍任等译，北京，商务印书馆，1978。

[美]理查德·尼克松：《现实的和平》，陈杨、杨乐译，北京，世界知识出版社，1984。

[美]理查德·尼克松：《真正的战争》，常铮译，北京，新华出版

社，1980。

[美]罗纳德·里根：《里根回忆录——一个美国人的生平》，何力译，北京，新华出版社，1991。

[美]马克·佩里：《美国中央情报局最新秘闻——黯然失色》，汪有芬等译，北京，东方出版社，1993。

[美]迈克尔·H.亨特：《意识形态与美国外交政策》，褚律元译，北京，世界知识出版社，1999。

[美]迈克尔·谢勒：《二十世纪的美国与中国》，徐泽荣译，北京，生活·读书·新知三联书店，1985。

[美]梅孜编译：《美国国家安全战略报告汇编》，北京，时事出版社，1996。

[美]美国当代问题研究所编：《论美国在缓和后世界中的新作用 保卫美国》，国际问题研究所、齐沛合译，北京，商务印书馆，1980。

[美]《美国对华政策文件选编——从鸦片战争到第一次世界大战》，阎广耀、方生选译，北京，人民出版社，1990。

[美]米歇尔·曼德尔伯姆、斯特罗伯·塔尔伯特：《里根与戈尔巴乔夫》，韩华译，北京，国际文化出版公司，1988。

[美]莫里斯·梅斯纳：《毛泽东的中国及其发展——中华人民共和国史》，张瑛等译，北京，社会科学文献出版社，1992。

[美]尼古拉·梁赞诺夫斯基、马克·斯坦伯格：《俄罗斯史》，杨烨、卿文辉译，上海，上海人民出版社，2007。

[美]乔治·凯南：《美国对外政策的现实》，王殿宸、陈少衡译，北京，商务印书馆，1958。

[美]塞勒斯·万斯：《困难的抉择——美国对外政策的危急年代》，郭靖安等译，北京，中国对外翻译出版公司，1987。

[美]塞利格·哈里逊：《扩大中的鸿沟》，徐孝骞等译，北京，中国社会科学出版社，1985。

[美]施莱辛格：《一千天：约翰·菲·肯尼迪在白宫》，仲宜译，北京，生活·读书·新知三联书店，1981。

［美］斯塔夫里阿诺斯：《全球通史——1500年以后的世界》，吴象婴、梁赤民译，上海，上海社会科学院出版社，1999。

［美］泰勒·丹涅特：《美国人在东亚》，姚曾虞译，北京，商务印书馆，1959。

［美］唐纳德·E. 戴维斯、尤金·P. 特兰尼：《第一次冷战——伍德罗·威尔逊对美苏关系的遗产》，徐以骅等译，北京，北京大学出版社，2007。

［美］托马斯·G. 帕特森：《美国外交政策》，李庆余译，北京，中国社会科学出版社，1989。

［美］威廉·富布赖特：《跛足巨人：美国对外政策及其国内影响》，伍协力译，上海，上海人民出版社，1976。

［美］威廉·赫·沙利文：《出使伊朗》，邱应觉等译，北京，世界知识出版社，1984。

［美］沃尔特·艾萨克森、埃文·托马斯：《美国智囊六人传》，王观声等译，北京，世界知识出版社，1991。

［美］沃尔特·拉塞尔·米德：《美国外交政策及其如何影响了世界》，曹化银译，北京，中信出版社，沈阳，辽宁教育出版社，2003。

［美］小查尔斯·米：《在波茨坦的会晤》，上海《国际问题资料》编辑组译，北京，生活·读书·新知三联书店，1978。

［美］小杰克·F. 马特洛克：《苏联解体亲历记》，吴乃华等译，北京，世界知识出版社，1996。

［美］亚·鲍·恰科夫斯基：《未完成的画像》，贾宗谊、周爱琦译，北京，世界知识出版社，1984。

［美］伊·卡恩：《中国通——美国一代外交官的悲剧》，陈亮等译，北京，新华出版社，1980。

［美］约瑟夫·奈：《美国霸权的困惑——为什么美国不能独断专行》，郑志国等译，北京，世界知识出版社，2002。

［美］中国美国史研究会、江西美国史研究中心编：《奴役与自由：美国的悖论——美国历史学家组织主席演说集》，贵阳，贵州人民出版社，1993。

［美］兹比格涅夫·布热津斯基：《大失败——20 世纪共产主义的兴亡》，军事科学院外国军事研究部译，北京，军事科学出版社，1989。

［美］兹比格涅夫·布热津斯基：《实力与原则——1977—1981 年国家安全顾问回忆录》，邱应觉译，北京，世界知识出版社，1985。

［美］邹谠：《美国在中国的失败》，王宁、周先进译，上海，上海人民出版社，1997。

［南］弗拉迪米尔·德迪耶尔：《苏南冲突的经历(1948—1953)》，达洲译，北京，生活·读书·新知三联书店，1977。

［苏］H. H. 雅科夫列夫：《轮椅总统罗斯福》，宋竹音等译，北京，北京出版社，1987。

［苏］米·谢·戈尔巴乔夫：《改革与新思维》，苏群译，北京，新华出版社，1987。

［英］莫瓦特编：《新编剑桥世界近代史》，中国社会科学院世界历史研究所译，北京，中国社会科学出版社，1999。

后　记

1991年苏联解体后世界走势和中美俄关系特点

本书的正式出版，距离1991年苏联解体、两极格局终结，已经过去大约1/4世纪。简单梳理这一历史时期世界的大事和大势，人们不能不惊叹于国际风云变化之剧烈，其影响之深远前所未有。

美国和西方自认为是冷战胜利者。想当年，他们弹冠相庆，忘乎所以。美国前卡特总统国家安全事务助理兹·布热津斯基誓言，要在2017年举办纪念世界共产主义灭亡大展览；日裔美国学者弗朗西斯·福山急不可耐地抛出历史终结论，断言世界历史将永远定格在资本主义。美国许多政客认定，21世纪仍将是美国世纪。他们千方百计要在俄罗斯土地上扼杀一切可能复活苏联"共产主义"的因素，并使俄罗斯从此一蹶不振。他们肆意发动侵略战争，1999年美国领导北约对南联盟持续78天的狂轰滥炸；2003年3月美国以伊拉克拥有大规模杀伤性武器为借口，绕开联合国对伊拉克发动侵略战争，等等。所有这些疯狂侵略的行径，造成空前的人道主义灾难。

中国被美国视为"最后一个眼中钉"。美国推出"接触加遏制"政策，用软硬两手对付中国，竭力把中国引向资本主义。从1990年开始，美国每年发布年度国别人权报告，肆意攻击中国，在联合国人权委员会上累计11次提出"谴责中国人权状况"的议案，更将中国人权状况与延长中国最惠国待遇挂钩，企图从经济上压垮中国。他们利用一切可能的手段向中国社会、特别是向中国青年灌输资本主义民主、自由和人权思想，试图动摇中国的社会主义价值观，在中国制造动乱和"颜色革命"。

美国在两极格局解体后的所作所为，再次向世人揭示了资本主义帝国的本质特征。早在20世纪50年代，一位美国官员就说过："资本主义是一个国际体系,一旦在国际上行动不开,就要彻底崩溃的。"①当年美国总统杜鲁门把这点说得十分明白。他说:"全世界都应当采用美国的制度",因为"美国的制度只有成为全球制度之时,才可能在美国生存下去"。②为了美国垄断资本的世界经济利益,"美国对外战略被要求尽可能多地寻求权势的积累","在这方面,隐藏于美国战略背后的理论基础就像一个在市场供应中处于垄断地位的商号,它要去除他的商业上的敌手而不是拿他的利润在竞争的环境中冒险。从理论上讲,如果一个国家在国际体系中能够建立并保持自己唯一的大国地位,那它就会变得绝对安全"。③ 无需多加一字,美国相关人士的直白让我们对美国为什么顽固推行全球霸权主义政策有了清楚认识。

然而,今日之世界已不是美国等资本主义大国可以横行霸道的时代。今天的世界已进入信息革命时代,21世纪全球新一轮科技创新正风起云涌。在这一背景下的经济全球化潮流不可阻挡。经济全球化大大促进生产力水平的提高,但由于当今经济全球化是在资本主义生产关系占主导地位情况下发生的,资本寻求增值,追求投机暴利,不可抑制地向全球扩展,从而大大加速了世界经济的两极分化,并带来环境污染全球化、移民全球化、犯罪活动全球化、传染疾病全球化、毒品买卖全球化等一系列问题。特别是2008年金融危机呼啸而来,至今仍留下满目疮痍。在这种情况下,美国当局不是负责地参与全球治理,反而在"美国优先"的口号下,挥舞关税大棒,推行单边主义和贸易保护主义。这不能不使一大批新兴市场国家和发展中国家进一步认清美国真面目。针对美国当局在国际上一系列极其自私而顽固的表现,连美国的西欧盟友都以讽刺口吻说:"有了美国这样

---

① 沃尔特·拉菲伯:《美国、俄国和冷战(1945——1992)》(Walter LaFeber, *America, Russia, and the Cold War*),9页,纽约,1993。

② 维森特·戴维斯和莫里斯·A. 伊斯特:《美国外交政策中的意识形态——洛克自由主义范例》(Vincent Davis and Maurice A. Enst, *The Ideology of American Foreign Policy: A Paradigm of Lockian Liberalism*),54页,纽约,1973。

③ 本杰明·塞尔沃克和克里斯托弗·莱恩:《一个新的大战略》(Benjamin Sehwarx and Christopher Layne, A New Grand Strategy),载《大西洋月刊》(*The Atlantic Monthly*),2002(1)。

的'朋友',你难道还要找敌人吗?"(欧洲理事会主席图斯克语)

回过头来再看看美国等西方国家处心积虑要予以压服乃至彻底铲除的俄罗斯和中国,已被美国当权者一再宣称为主要的敌手。

苏联在西方国家经济、政治、军事及意识形态诱压下于1991年底自行解体。其主要继承者俄罗斯尝尽解体和私有化带来的苦果。据美国《国际先驱论坛报》1999年8月一篇文章指出,"以西方国家为首的通过大规模私有化改变苏联阵营国家经济模式的努力已经使1亿多人陷入赤贫并使数以百万的人完全失去了经济的保障""而实行大规模私有化正是西方大学、国际机构和政府职业经济学家提出的建议""世界银行公布的数字:1989年,苏联阵营中有1400万人的生活费每天不足4美元,在共产党统治崩溃后的第一个5年里,这个人口数字达到了1.47亿左右"。[①] 这中间,俄罗斯人当然是最大的受害者。

即使这样,西方国家仍不甘心,他们不断向俄罗斯施压,以图"大大削弱俄罗斯的军事潜力及其经济能力"。

这些年来,吃尽苦头的俄罗斯人民族主义情绪日益强烈。他们把美国定为"头号假想敌"。写过《古拉格群岛》、全盘否定过斯大林的索尔仁尼琴在反思时也说:"我害了俄罗斯祖国。"曾经亲自参与签署协议将苏联解体的三巨头之一、乌克兰前总统克拉夫丘克后来说:"如果说在1991年,我知道国家会发展到今天这样的状况,我宁愿斩断自己的手,也不会签署(导致苏联解体的)《别洛韦日协议》。"

普京说:"苏联的解体,是20世纪最严重的地缘政治灾难,对于俄罗斯人民来讲,它是一场真正的悲剧。"2014年乌克兰危机是俄罗斯与西方关系的一个重要转折点,俄罗斯对国际战略环境和自身处境的看法发生了重要变化。当年3月18日,普京在接受克里米亚"入俄"讲话中,火山喷发般地道出了俄罗斯人长期积累的愤懑与不满。他说:"1991年,大国已不复存在,当时俄罗斯感到自己不是被偷光了,而是被抢光了。"他以北约东扩

---

① 《经济学的至理名言?也许,但对老百姓是真正的灾难》,载美国《先驱论坛报》,1999-08-26。

和美国加紧在欧洲部署反导系统为例，指出尽管"俄真心希望与西方对话，希望相互关系是平等、开放且诚实的。但没有看到西方为此所做的任何努力。相反，我们一次又一次地被欺骗，别人在我们背后替我们做决定，留给我们的都是既成事实"。他表示"无法容忍这种令人发指的历史的不公正"，要求西方"必须承认俄国是国际事务中自主且积极的参与者"。① 普京的愤怒是完全可以理解的。西方国家不是口口声声尊重民意吗?! 为什么他们对1991年3月在覆盖苏联93％居民的俄罗斯和其他8个加盟共和国举行的史无前例的全民公决中，76.4％的参加者投票赞成保持联盟这一事实闭口不提？为什么北约对他们在苏联解体前向苏联做出的承诺：北约绝不东扩？千方百计地回避和否认，反而口口声声指责俄罗斯扩张。其手段之卑劣，令任何正常人都难以容忍。

面对急剧变化的国际形势，苏联解体和两极格局终结，中国"任凭风浪起，稳坐钓鱼船"，处变不惊，泰然自若的态度，令许多国际人士大为惊叹。西班牙前首相费利佩·冈萨雷斯2000年撰文认为，中国是全球化中真正自主的国家，"中国是唯一在采取决定方面有着重大意义的自主行事的国家，也是在当前这个单极和不平衡的全球化世界上唯一有条件这样做的国家"。②

中国的"真正自主"，首先来自我们的理论自信和道路自信。当年，邓小平即指出"我坚信，世界上赞成马克思主义的人会多起来的，因为马克思主义是科学。它运用历史唯物主义揭示了人类社会发展的规律……一些国家出现严重曲折，社会主义好像被削弱了，但人民经受锻炼，从中吸收教训，将促使社会主义向着更加健康的方向发展。因此，不要惊慌失措，不要认为马克思主义就消失了，没用了，失败了。哪有这回事！"③

早在苏联解体前的20世纪70年代末，中国就开始了史无前例的改革开放，邓小平强调："坚持改革开放是决定中国命运的一招。"④ 经过40年

---

① 冯玉军：《俄罗斯展现大国战略雄心》，载《人民日报》，2014-05-26。
② 冈萨雷斯：《中国：全球化中的自主国家》，载西班牙《国家报》，2000-05-15。
③ 见《邓小平文选》，第3卷，382～4383页。
④ 《邓小平文选》，第3卷，370页。

的改革开放,正如习近平总书记所指出的:"中国已经成为世界第二大经济体;第一大工业国,第一大货物贸易国,第一大外汇储备国。""中国人民生活从短缺走向充裕,从贫困走向小康,现行联合国标准下的 7 亿多贫困人口成功脱贫,占同期全球减贫人口总数 70% 以上。"①他还全面而多角度地总结了中国的成就和对世界的贡献,强调指出:"今天,中国人民完全可以自豪地说,改革开放这场中国的第二次革命,不仅深刻改变了中国,也深刻影响了世界!"②

中国站在世界历史的高度把坚守人民立场推广到国际关系领域,同各国人民一道构建人类命运共同体并为此而身体力行。实施共建"一带一路"倡议,发起创办亚洲基础设施投资银行,设立丝路基金等等,惠及欧亚广大居民。

习近平总书记关于建立人类命运共同体的主张得到国际社会的高度赞扬。在 2017 年 11 月底至 12 月初的中国共产党与世界政党高层对话会上,120 多个国家近 300 个政党和政治组织领导人参加,与会代表纷纷表示愿与中国共产党携手合作,共同推动构建人类共同体,建设一个更加美好的世界。

我们欣喜地看到,面对复杂的国际形势,中俄友谊不断升温。2018 年 6 月 8 日,我国国家主席习近平和俄罗斯总统普京在北京的会谈中高度评价两国关系。中俄一致同意,秉持世代友好理念和战略协作精神,拓展和深化各领域合作,推动新时代中俄关系在高水平上实现更大发展。习近平总书记指出:"无论国际形势如何变幻,中俄始终坚定支持对方维护核心利益,深入开展各领域合作,积极参与全球治理,为推动建设新型国际关系,构建人类命运共同体发挥了中流砥柱作用。"普京表示:"深化俄中全面战略协作伙伴关系是俄罗斯外交的优先方向。"目前,"双方关系达到了历史最好水平,成为当今世界国与国关系的典范,为维护国际和平、安全

---

① 习近平:《开放共创繁荣 创新引领未来——在博鳌亚洲论坛 2018 年年会开幕式上的主旨演讲》,载《人民日报》,2018-04-11。

② 习近平:《开放共创繁荣 创新引领未来——在博鳌亚洲论坛 2018 年年会开幕式上的主旨演讲》,载《人民日报》,2018-04-11。

与稳定发挥了重要作用"。①

正如一些西方报刊所指出,当今世界只有"美国、中国和俄罗斯是全球外交、安全和防务政策的主要参与者"。"欧盟尽管拥有很强的经济实力,却不是一个统一的角色。"②而中美俄三大国发展趋势,它们之间相互关系及世界影响,仍然是当今国际关系的重中之重。中俄两国关系战略合作不断升级的同时,中国也完全有信心、有能力,依托世界发展大势来处理好中美关系,化解挑战。习近平总书记近来反复强调要抓住历史机遇,顺势而为,以此推动中美关系向好发展。其实,中国在处理中美关系问题上有多条道路可供选择。美国的谋士们应当懂得,基辛格博士关于中美两国"共同进化"的主张,可能是最符合美国利益的选择。因为这种主张符合当今世界发展规律和符合中美人民利益,乃至世界人民利益。值得美国当政者深思。

总体而言,今日之世界恰如英国上议院国际关系委员会主席戴维·豪厄尔所言,美国主宰世界的时代、西方主宰全球体制的时代即将终结,新的全球机制应当在亚洲参与度大大提高的情况下建立起来,这种参与至少与西方秩序平行。他最后提醒说,上合组织给西方战略家提供了一个促进各种联系的网络和宝贵的机会,可以在全球最危险的威胁面前控制敌对,建立国际共同主场。西方应该抓住这个机会。③ 这段话,值得深思。

张宏毅
2018 年 6 月 14 日

---

① 见《人民日报》,2018-06-09,第一版。
② 见德国《联邦边防军》月刊,2018 年 2 月号文章,题,大国的角色,作者:柏林联邦安全政策学院院长卡尔——海固茨·坎普。
③ 载于《日本时报》网络 2018 年 6 月 7 日文章,题,认真对待上合组织。